Le Temps retrouvé

JULIE MANET

JOURNAL

(1893-1899)

MERCVRE DE FRANCE

1893

J'ai souvent eu envie de faire mon journal, je compte le commencer maintenant. Il me semble qu'il est un peu tard, mais plus j'attendrai, plus il sera tard, et après tout je n'ai que quatorze ans.

Jeudi 24 août — Ce matin préparatifs de départ pour aller à Fontainebleau. Parties à deux heures, traversé Paris, arrivées gare de Lyon avec Octavie venue pour ramener Laërte [*le jeune chien de Julie*] si on ne voulait pas le laisser monter avec nous dans le train ; mais nous avons trouvé un compartiment pour voyageurs avec chiens. Le chemin de fer s'est mis en route, passé à Charenton, vu la Marne d'une jolie couleur, un peu verte, puis un petit lac ou étang bleu comme la Méditerranée. La campagne par où l'on passe est très jolie.

Arrivées à Fontainebleau à 4 h 1/2. Tous les cochers criaient et faisaient un petit speech sur les hôtels. Pris une voiture, allées à Valvins par la route bordée de propriétés sur les murs desquelles sont des pots de fleurs. Nous avons déposé nos affaires à l'hôtel de Valvins et sommes allées chez M. Mallarmé qui demeure de l'autre côté du pont, car l'hôtel de Valvins-les-Bains, comme on l'appelle, est au bord de la Seine. M. Mallarmé nous a menées au commencement de la forêt où se trouvaient Mme et Mlle Mallarmé ; nous sommes restés là jusqu'à l'heure du dîner. Dîné dehors devant l'auberge sous des arbres au bord de la Seine, on voit là un très joli paysage. Le soir visite chez M. Mallarmé. Couché dans une petite chambre, vue sur la Seine.

Vendredi 25 août — Levées tard, pris café au lait sur la terrasse, c'est ainsi que l'on appelle l'endroit où l'on déjeune et où l'on dîne au bord de l'eau. Maman a fait la connaissance du propriétaire d'un chêne géant datant des temps les plus reculés, trouvé dans le lit du Rhône ; il est dans un bateau amarré devant l'auberge. Le propriétaire a un chapeau de paille avec des rubans bleus, un habit d'un jaune étonnant, il est petit, a un dos énorme comme une tête très drôle tenant de Mme Yagère, de M. Astruc et d'un crocodile. Il parle beaucoup, m'a demandé ce que j'avais au doigt et a dit à Maman que j'avais besoin de choses très douces ; il a l'air très bon. Il est de Lyon et compte repartir pour cette ville lundi.

Allées ensuite en forêt, promenade du côté du chemin de fer à un endroit où il y a beaucoup de genévriers. Laërte était ravi de pouvoir courir dans une forêt. Dans le jour M. Mallarmé est venu nous voir en bateau, puis plus tard Mlle Geneviève est venue nous chercher pour faire une promenade de l'autre côté de l'eau, c'est-à-dire à droite en descendant le cours de la Seine. C'est très joli, nous avons suivi un chemin qui par endroits est bordé de peupliers. En passant près d'une prairie où se trouvaient des vaches, M. Mallarmé a parlé au laitier qui les gardait, il est très drôle, il nous a dit le nom de ses vaches, puis, quand nous avons repassé : « Vous avez un joli levré, il a peur des vaches. » Ce garçon a une tête qu'on ne peut pas regarder sans rire, il est rouge, a un nez recourbé, des cheveux roux et une mèche presque blanche par derrière, il est en blouse bleue.

Après cette promenade nous sommes rentrées dîner, toujours sur la terrasse. Chaque famille a sa table, il y a pas mal de monde, une famille se composant d'un père, d'une petite mère au nez pointu, d'une fille de quinze-seize ou dix-sept ans toujours en bleu, et d'un fils de douze ou treize ans. Une autre où le père a une peau rouge, a l'air très commun, la mère a l'air d'une Chinoise et marche très mal, et la fille Madeleine qui est petit bébé n'est pas jolie mais a l'air assez gentille. Puis il y a avec eux Marie qui doit être la sœur de la mère et Geneviève sa fille ; ces deux dernières partiront demain. Ce matin il y avait une personne américaine, je crois, qui riait toute seule et a beaucoup parlé de cirque au propriétaire du chêne. Le soir nous avions derrière nous une famille nouvelle, le père qui a un très drôle de cou et une grosse voix, puis la fille et le fils qui sont un peu galeux. Maman et moi nous avons commencé aujourd'hui quelque chose d'après la vue de notre fenêtre et le bateau de M. Mallarmé passant sur l'eau.

Samedi 26 août — Ce matin nous sommes allées voir le chêne géant, c'est un très gros tronc d'arbre un peu pourri qui n'a rien de très amusant. Son propriétaire nous a expliqué beaucoup de choses dessus. Il est associé avec un ami qui ne lui ressemble pas ; il est plutôt grand, mince, est habillé de gris, a un chapeau comme un casque et un binocle. Le propriétaire nous a dit qu'ils ne promenaient pas tous deux ce chêne pour faire de bonnes affaires, mais parce qu'ils avaient « l'amour des belles choses ». Ils ont fait faire une affiche où ils appellent leur vieux tronc « la merveille des merveilles ». Ils ont gagné beaucoup d'argent aux expositions d'Anvers et de Paris. Ils vont à Fontainebleau pour M. Carnot qui ne veut pas venir voir cet arbre, et pour le comparer avec les plus gros chênes de la forêt. Le propriétaire dit qu'ils sont moins gros que le sien. Il paraît qu'on lui a demandé plusieurs fois s'il avait le cerveau bien équilibré.

Après cette visite au chêne nous avons été faire de l'aquarelle dans la forêt à l'endroit où nous étions hier. Vers le milieu de la journée nous sommes allées à Samois par la route qui suit la Seine, nous avons passé devant les Plâtreries et des maisons remplies de fleurs. Il y a aussi beaucoup de fleurs sur les berges de la Seine. Samois est un très gentil petit endroit. Nous sommes allées dans une espèce de prairie à droite de laquelle se trouve la Seine et à gauche un petit bras d'eau rempli de nénuphars et d'herbes, des maisons se reflétaient dedans, cela m'a rappelé la Hollande.

Dimanche 27 août — Nous sommes depuis hier dans une chambre plus grande avec deux fenêtres donnant toujours sur la Seine. Le matin allées à Fontainebleau, dans le parc, suivi une longue pièce d'eau toute droite très jolie, bordée de peupliers. Le parterre joli aussi, mais les corbeilles de fleurs ne sont pas bien arrangées. Nous avons vu plusieurs cours du château et la porte de l'une qui est très belle, grande, avec des colonnes de côté, un petit toit en haut et dessous de très jolies sculptures représentant des femmes nues couchées. Puis on aperçoit par-dessus cette porte les galeries extérieures du château, ornées de gargouilles qui donnent sur la cour. Nous avons passé par la cour du cheval blanc, et comme il n'y avait de l'ombre que du côté de M. Carnot nous marchions de ce côté, alors on nous a dit d'aller au milieu de la cour. Nous sommes revenus à Valvins dans une magnifique voiture à quatre places avec des petits coussins de soie blanche. Dans le jour nous avons continué notre vue de la fenêtre, puis vers cinq heures lorsque nous sortions, nous avons rencontré M. Mallarmé sur la route qui descend à l'auberge, avec deux jeunes gens qui étaient venus le voir, l'un acteur et ami de Rossignol, l'autre, Mauclair, très bien avec des grands cheveux sur le front. M. Mallarmé les a remis sur la route de Fontainebleau, puis nous sommes allées nous asseoir avec lui sur un banc devant sa maison. Mme et Mlle Mallarmé étaient allées à Samois faire une visite dans leur petite voiture, avec un cheval qu'elles avaient loué pour la journée.

Maman demandant à M. Mallarmé si les habitants du pays étaient gentils, il nous a raconté qu'un ivrogne de Samoreau (village que l'on aperçoit de l'auberge et que je fais dans ma vue) se promenait sur le pont de Valvins en criant : « Mallarmé, c'est mon frère, c'est ma chimère, quand j'ai un petit chagrin, je pense à Mallarmé, et tout de suite c'est fini, on n'en fait plus comme cela ». Cela nous a beaucoup amusées.

Lorsque Mlle Geneviève est rentrée, j'ai fait une petite promenade avec elle, elle m'a menée à Vulaines, il y a beaucoup de fleurs dans ce village, l'église est entourée de genièvres, de petits sapins et d'arbres verts. Nous sommes revenues par une route à travers des vignes d'où l'on a une très jolie vue sur la forêt, elle avait une robe avec des petits carrés un peu verts et un grand chapeau avec des brides.

Maman et moi, nous sommes rentrées à l'auberge dîner. La personne américaine est une écuyère, son mari vient la voir le dimanche. Nous avions peur qu'il y ait beaucoup de monde ce soir, comme vendredi où des jeunes gens dînaient au bord de l'eau, chantaient tout le temps avec des voix fausses, faisaient beaucoup de bruit et jouaient du cor horriblement mal, entre chaque plat ; car on sert très lentement, et on avait même inventé hier de ne pas nous donner ce qu'il y avait sur le menu ; mais Maman s'est plainte à la patronne de l'auberge et maintenant on nous sert mieux. Assisté de mon lit à un feu d'artifice tiré de l'autre côté de la Seine.

Lundi 28 août — Nous avons passé la matinée à faire de l'aquarelle à Samois dans la prairie qui avance dans l'eau ; il y avait là un peintre qui faisait tout noir. Nous sommes revenues par une route sous des petits bois, qui est très gentille et nous avons passé derrière l'Hermitage de la Madeleine, propriété qui a la vue sur la Seine et sur la campagne qui, il paraît, était autrefois très jolie, mais on l'a abîmée. J'ai fini dans le jour la vue de ma fenêtre et nous sommes allées chez M. Mallarmé. Nous avons fait une promenade avec lui, et Mlle Geneviève nous a raconté que dernièrement elle avait rencontré l'ivrogne de Samoreau qui lui avait dit de son père : « Ah, ce petit homme, il est petit, mais ! » M. Mallarmé l'évite pour ne pas être pressé dans ses bras. Maman a dit à M. Mallarmé qu'il devrait poser sa candidature.

Laërte est très mal élevé, il met ses pattes sur toutes les tables et demande à manger à tout le monde, il reçoit beaucoup de compliments, on le trouve très joli, il a l'air très distingué au milieu de la société de l'auberge. Ce soir il a été voir la famille galeuse dont le père a parlé à Maman. Il y a maintenant ici le grand-père et la grand-mère de la petite Madeleine. On les appelle tout le temps père et mère, ils sont les parents de la femme. Père a l'air abruti et mère très coquette, elle est petite et tient sa tête en l'air pour avoir l'air digne.

Le chêne n'est pas parti aujourd'hui, la chaîne qui devait le prendre n'ayant pas passé. Cela ennuie les propriétaires qui avaient fait tous les préparatifs de départ.

Mardi 29 août — Ce matin assisté au départ du chêne, le propriétaire beau parleur était très ahuri, il ne pouvait même pas monter dans son bateau et oubliait de dire adieu. Ensuite nous sommes allées en forêt, nous avons passé sur le pont du chemin de fer et nous nous sommes trouvées sur une grande route bordée d'arbres aux troncs blancs, d'où on apercevait des bruyères et des bûcherons faisant des fagots ; nous avons suivi cette route pendant quelque temps, puis nous avons tourné à gauche et pris par une allée au milieu de rochers qui nous a conduits au rocher Cassepot. C'est un endroit très extraordinaire, le terrain est élevé, des rochers violets ont l'air de rouler le long de la pente et des sapins brûlés tout à fait rouges ou orange sont plantés parmi les rochers, et tout cela faisait bien avec le ciel très bleu d'aujourd'hui. Nous sommes allées à travers les fougères et les bruyères jusqu'à la Croix de Toulouse, puis nous sommes rentrées déjeuner par la grande route.

J'ai lu un livre d'Octave Feuillet que M. Mallarmé m'a prêté, ce n'est pas très amusant. À la fin de la journée nous sommes allées faire un petit tour du côté de Samoreau, puis avons été dire à M., Mme, Mlle Mallarmé que nous avions une voiture pour faire une grande promenade dans la forêt le lendemain.

Mercredi 30 août — Ce matin la famille galeuse partait en voiture pour faire une promenade en forêt, le fils n'était pas prêt ; en vain son père l'appelait et le grondait dans le couloir comme il a l'habitude de faire chaque matin : « Il lui faut une demi-heure pour chacune de ses moustaches », disait-il. Enfin le fils descend et demande à son père la permission de déjeuner, celui-ci lui répond : « Tu n'as pas le temps ». Mais un de ses amis qui est ici l'a apaisé. Ce père gronde tout le temps ses enfants qui sont un peu grands pour cela, mais il a l'air d'être au fond un très bon et très brave homme ; il est toqué de la promenade. Nous avons passé la matinée à peindre dans la forêt près de la route où nous étions hier. Au déjeuner, le chien de l'écuyère a aboyé après le M. commun, père de la petite Madeleine ; alors il s'est fâché après l'écuyère et a été très grossier avec elle. Il nous a fort déplu. Après, nous sommes allées en voiture chercher, M., Mme, Mlle Mallarmé. Maman, M. et Mme Mallarmé sont montés dans la grande voiture et moi je suis allée avec Mlle Geneviève dans la sienne ; elle a loué un cheval assez gentil, pour un mois depuis hier. Nous avons d'abord pris Laërte avec nous, mais il poussait des cris épouvantables et il est allé dans la grande voiture. Nous avons fait une très jolie promenade. Nous sommes allés d'abord au point de vue de la reine Amélie, d'où l'on a un joli aperçu sur une grande partie de la forêt de Fontainebleau, ensuite à la Roche Éponge au calvaire d'où l'on a vue sur Fontainebleau. Nous avons passé par des routes bordées de très beaux arbres. Après être passés sur le mont Chauvet et avoir aperçu le champ de course, nous sommes descendus près de grands rochers. M. Mallarmé avait apporté de quoi goûter, entre autres de petits gâteaux faits par Mlle Geneviève qui sont très bons. Maman, M. Mallarmé, Mlle Geneviève et moi nous sommes promenés dans des rochers à travers des bruyères. Mlle Mallarmé étant fatiguée est restée assise sous un arbre. On a une très belle vue du haut des rochers sur la vallée de la Solle. Lorsque nous sommes remontés en voiture, nous avons vu la famille galeuse en voiture ; elle a amusé Mlle Geneviève.

Nous avons traversé de très belles futaies de hêtres. Ces arbres plantés dans un joli terrain et s'élevant tout droit comme des colonnes avaient quelque chose de mystérieux. Mlle Geneviève disait qu'on s'attendait à y voir danser des fées. Nous avons vu les chênes, le Pharamond, très vieux sans écorce, raccommodé avec du zinc, l'autre à côté qui est tombé, puis le Jupiter, arbre magnifique en bonne santé ; ils m'ont tous paru aussi gros que le chêne du bateau amarré devant l'auberge. Le Pharamond était marqué sur le cadastre du temps de Saint-Louis. Nous sommes revenus par la futaie du gros Fonteau où il y a des arbres magnifiques, puis nous avons vu un chêne et un hêtre sur le même pied et d'autres phénomènes dans ce genre. Il y a beaucoup d'arbres cassés, quelques-uns brûlés. Les routes que nous avons prises pour revenir étaient sablonneuses et dures pour les chevaux. Le petit cheval de Mlle Mallarmé marche très bien.

Laërte était assez inquiet, à chaque tournant de route il regardait si la voiture était bien derrière, de loin on ne savait pas ce que c'était, il ressemblait à un oiseau. La grande voiture s'est arrêtée à l'auberge, Mme Mallarmé ayant quelque chose à prendre. Je suis allée avec Mlle Geneviève jusque chez elles, j'ai essayé de dételer le cheval avec elle, mais je ne l'ai pas beaucoup aidée. Ensuite elle m'a reconduite. Elle est vraiment très aimable, elle me parle beaucoup et n'a pas l'air de dédaigner les petites filles de quatorze ans. Elle m'a même dit une fois de l'appeler Geneviève, de sorte que depuis je ne lui dis plus que vous. Laërte qui l'aime beaucoup voulait repartir avec elle. Lorsqu'il a entendu Maman rentrer, il s'est presque jeté par la fenêtre. Je crois que sa promenade en voiture l'a rendu fou.

À dîner nous avons parlé à l'écuyère, elle a une très drôle de voix et ne parle que chien. Il n'y a plus qu'elle et nous qui dînons dehors, les autres sont rentrés à cause du vent de ces trois derniers jours. Nous assistons chaque soir à dîner au lever de la lune qui vient se refléter dans la Seine, c'est très beau.

Jeudi 31 août — Peint le matin en forêt. Dans le jour M. Mallarmé est venu chercher Maman pour aller en bateau. Maman y est allée. Il a commencé par pencher beaucoup, puis après pour revenir, il n'y avait absolument pas de vent. Le bateau de M. Mallarmé est très joli, il est verni, le dessous est vert clair, la voile d'une jolie forme avec en haut un petit drapeau sur lequel il y a S.M.

Moi, je suis allée avec Mme et Mlle Mallarmé en voiture à Héricy, village en face de Samois, où Mme Mallarmé voulait faire une visite. Mais malheureusement, la personne n'était pas chez elle. Nous avons vu, du bord de la Seine, Maman et M. Mallarmé en bateau. J'ai été rassurée en voyant Maman qui avait l'air de se trouver très bien. Ensuite nous sommes rentrées et nous avons attendu le bateau sur le banc devant la maison de M. Mallarmé. Comme il n'arrivait pas, Mlle Geneviève et moi nous sommes allées au devant. Le bateau a fini par arriver, et je suis rentrée avec Maman à l'auberge. L'écuyère nous a encore fait la conversation aujourd'hui. Elle demeure à « La Faisanderie » comme elle dit. Cela serait ennuyeux si nous allions la rencontrer au bois de Boulogne.

Nous avons eu un très beau temps depuis que nous sommes ici. Ce matin Maman a entendu tout à coup le père galeux crier : « Nous sommes perdus, elles rasent terre ». Maman a regardé à la fenêtre, c'étaient les hirondelles. Mais il n'a pas plu aujourd'hui.

Vendredi 1er septembre — Ce matin nous avons fait une ravissante promenade, nous sommes allées à Thomery. Nous avons suivi la Seine jusqu'à ce village, par moments sous bois, par d'autres à travers de l'herbe au soleil remplie de fleurs de colchiques, de mauves, de menthe et d'autres jolies fleurs. Nous avons passé sous une grande propriété où se trouvent des arbres magnifiques. Près du petit chemin que nous avons suivi, des saules se miraient dans la Seine où sont des nénuphars et d'autres fleurs d'eau. En face on apercevait Samoreau et son petit coteau. Thomery est très joli, de ravissants jardins remplis de dahlias, de roses, etc., donnent sur la Seine et sont d'un côté de la rue, de l'autre sont les maisons auxquelles les jardins appartiennent. En montant on se trouve dans les rues où il n'y a que de la vigne, les maisons, les murs sont tapissés de vigne ; le raisin est très beau. Cet endroit est très pittoresque.

Nous sommes revenues par le même chemin que par celui où nous étions venues, et j'ai rapporté un très joli bouquet. Dans le jour il a plu un peu, nous avons fait de l'aquarelle de nos fenêtres. Maman a fait deux sœurs blondes très gentilles, l'aînée doit avoir seize ans et l'autre onze ans. La première est toujours en bleu, la seconde en rose. Elles ont des bérets ou de grands chapeaux de paille très jolis. Elles ont l'air d'adorer leur père, quant à la mère elle pêche toute la journée et n'a l'air de penser qu'à ses poissons. Cette famille est à l'auberge mais elle déjeune et dîne toute seule dans le salon.

À la fin de la journée nous sommes allées chez M. Mallarmé qui nous a reçues devant sa maison. Nous avons vu passer le laitier en voiture qui nous a dit : « Vous êtes ben là », Mlle Geneviève lui répartit : « Vous aussi » sur quoi il a répondu : « oui » d'un air bête. Quelques minutes après il est repassé en courant avec sa grosse boîte à lait. Mme Mallarmé lui a demandé où il allait, il a répondu, toujours en courant ; « À l'Hermitage », c'est-à-dire l'Hermitage de la Madeleine. Laërte nous a un peu mis en relation avec le M. commun, ce soir, toujours en demandant à manger. Nous avons demandé des tomates pour faire une salade, ce qui a donné des idées à l'écuyère et au M. commun. Père et mère ne sont plus là. Nous comptons partir d'ici lundi, passer quelques jours à Paris, et aller ensuite au Mas Marvant, d'où

Jeannie m'écrit souvent. Cela me fera plaisir de la voir ainsi que Paule, mais cela ne m'amuse pas d'être dans un château, chez des personnes que je connais à peine. Jeannie m'ôtera une grande partie de cet ennui.

Samedi 2 septembre — Ce matin fini nos études de forêt. Dans le jour allées au château de Fontainebleau avec M. et Mlle Mallarmé dans leur petite voiture. On y est assez mal à quatre, la banquette de derrière sur laquelle j'étais avec Mlle Mallarmé, tombait très souvent. Nous avons visité le château très à fond, M. Mallarmé connaissant le conservateur. On nous a conduits d'abord dans des appartements de Napoléon Ier, où il y a de très jolies pièces, entre autres, une ronde tendue de vert avec des baguettes de cuivre, la salle de bain en glaces peintes et la baignoire est toute petite. Je croyais que l'empereur était tout de même plus grand que cela. Dans une pièce se trouve le bureau de Napoléon, qui est très beau. La chambre à coucher est grande, le berceau du roi de Rome en bois jaune un peu rose avec des cuivres et doublé de bleu, est ravissant.

La salle du Conseil décorée par Boucher et Van Loo de camaïeux bleus et roses sur des panneaux et de peintures au plafond représentant des amours et, au milieu un Apollon de Boucher est très joli. Les fenêtres sont en rotonde.

La salle du trône est très riche, or et rouge, le trône élevé par quelques marches est or avec des aigles et deux boules d'ivoire, qui ont l'air d'être en porcelaine aux bras. Par-dessus ce trône, tombe, comme d'un dais, du velours d'un rouge magnifique sur lequel sont des abeilles d'or. Ceci est doublé en dedans de soies violettes changeantes. La table a également un tapis de velours rouge avec or. Remarqué de jolis meubles avec beaux cuivres, entre autres meubles Riesener. Passé dans les appartements de Marie-Antoinette, joli petit boudoir garni de meubles très fins. Chambre riche tendue de tapisseries. Il paraît qu'autrefois des plaisantins s'amusaient à descendre par la cheminée dans la chambre de Marie-Antoinette et couchaient dans le lit. La galerie de Diane que je trouve un peu longue, est décorée de peintures laides. On y voit la bibliothèque, l'armure et l'épée de Monaldeschi lorsqu'il fut assassiné. Allés ensuite par un grand escalier décoré de peintures représentant des chasses avec chiens. Vu les trois salles des chasses de Louis XV où se trouvent encore des peintures de chasses de Desportes et d'Oudry.

Les trois pièces au rez-de-chaussée qui sont en dessous sont ornées de tapisseries faites d'après les peintures des trois autres. Je trouve les tapisseries plus jolies, elles rendent la verdure de la forêt. La galerie des cerfs se trouve sous celle de Diane, elle est entourée de plans de différentes forêts. Il y a de beaux meubles dedans.

Sortis sur la cour ovale, par une porte sous un péristyle. Cette cour est très jolie, nous l'avons traversée et nous sommes allés dans la basse et la haute chapelle de Saint-Saturnin, puis dans la galerie des fêtes ou d'Henri II décorée de peintures de Primatice qui ont été malheureusement abîmées par des restaurateurs, et beaucoup complètement refaites. On retrouve dans quelques-unes de très beaux morceaux. Cette salle est très belle, le parquet est en bois de diverses couleurs, les panneaux en bois avec des dorures. Il y a un renfoncement à chaque fenêtre. L'orchestre est en haut et a l'air d'un balcon.

Nous avons vu encore plusieurs pièces, mais elles ne me sont pas toutes restées dans l'esprit. La chambre du Pape Pie VII est très belle, toute tendue de soie rouge magnifique. La belle soie et le beau rouge pour un palais ou château de souverain font très bien.

Sorties par la galerie des assiettes. Descendus par le joli escalier en fer à cheval. Donné à manger aux carpes. Revu la porte Dauphine de la cour ovale, vraiment très jolie.

En rentrant chez Mme Mallarmé, le fameux laitier était là, il attendait qu'on lui ouvre la porte pour monter le petit escalier. Mlle Geneviève est allée le faire et lui a dit de la suivre ; il a commencé à monter derrière elle en la regardant, puis il est tombé avec sa grande boîte et le lait a jailli sur son dos, a coulé sur toutes les marches, c'était vraiment très drôle à voir ! Quand il s'est relevé Mlle Geneviève lui a dit qu'il avait du lait sur le dos, à quoi il a répondu : « Non », d'un air bête. Ce laitier est tout à fait un jocrisse à mettre dans une comédie, il amuserait beaucoup Berthe [*une amie de Julie*]. Il y a quelques jours il est passé en blouse bleue avec un coq blanc sous le bras, il était comique.

Dimanche 3 septembre — Nous avons fait ce matin une promenade dans la campagne, le temps était assez laid et triste. Dans le jour nous sommes restées à l'auberge à peindre, j'ai fait le pont de Valvins, puis le feu d'artifice de souvenir. Nous sommes allées ensuite chez M. Mallarmé, il était dans son cabinet de travail qui est très gentil, tendu de nattes et de choses japonaises, puis d'une étoffe brune avec des roses. Comme nous voulions envoyer un panier de raisin à l'oncle parrain, Mme Mallarmé nous a menées chez une paysanne, Mme Badet, qui nous a dit de revenir demain pour voir cueillir le raisin.

Lundi 4 septembre — Ce matin nous sommes allées faire les rochers Cassepot à l'aquarelle et j'ai pu mettre beaucoup de rouge de Saturne pour faire les arbres brûlés. Avant le déjeuner fait notre valise, après allés chez M. Mallarmé, puis chez Mme Badet ; son raisin est très beau. M. et Mlle Mallarmé nous ont accompagnées jusqu'à l'auberge et sont restés jusqu'à ce que nous partions dans une voiture dont le cheval avait l'air d'un squelette. Nous avons pris un express et sommes arrivés assez vite à Paris ; pris une voiture, passé devant une très jolie maison ancienne au haut des quais. Arrivé pour dîner, trouvé Octavie très gentille ; Laërte n'a pas daigné lui dire bonjour.

Mardi 5 et mercredi 6 septembre — Je croyais que j'allais revenir à Paris avec mon doigt guéri, mais voilà qu'il enfle énormément.

À la fin de ces deux journées nous sommes allées faire de l'aquarelle au Bois de Boulogne.

Jeudi 7 septembre — Nous avons été voir tante Suzanne à Gennevilliers, je l'ai trouvée mieux ; elle a avec elle depuis quelques jours Mme Deuvis. Mme Vibert est malade, nous ne l'avons pas vue. J'avais amené Laërte pour qu'il fasse la connaissance de Follette qui est encore plus laide que je ne croyais. Nous ne sommes pas restées très longtemps chez tante Suzanne, car nous étions venues en voiture et retournions de même.

Après être revenues de Gennevilliers nous sommes parties pour le Bois avec nos crayons de couleur. À la porte du Bois rencontré l'oncle parrain en voiture. Nous avons commencé à dessiner des gens qui passaient sur la route qui fait le tour du lac et nous étions sur une pelouse tout près de cette route, du côté du Pré-Catelan. Maman et moi nous étions tout près l'une de l'autre, et le sac entre nous deux par terre, un derrière, Laërte devant. Tout à coup un homme en noir avec une mauvaise tête toute jaune s'est approché de nous, a caressé Laërte, puis avec une affreuse main a pris le sac et s'est enfui en courant du côté du Pré-Catelan. Nous avons crié ; Maman lui avait d'abord jeté son canif et ses gants à la tête sans s'en apercevoir. Il n'y avait personne sur la route à ce moment naturellement. J'ai été raconter l'aventure à un homme d'un restaurant qui arrosait, et il restait tranquille et me disait d'un air bête : « C'est vrai ». Il y avait dans le sac le porte-monnaie de Maman avec 6 F 50 seulement, mais ce qu'il y a de très ennuyeux, le trousseau de clés comprenant les deux clefs de la porte et les clefs du secrétaire de l'argenterie et du secrétaire où sont l'argent et les bijoux. Nous étions indignées contre cet homme ; il paraît que j'étais blanche et je me sentais trembler. Maman a parlé à un garde qui se trouvait au commencement du lac, il a commencé par dire que l'endroit où nous étions n'était pas de son côté, il a pris notre adresse et nous lui avons fait le portrait de ce voleur. En revenant Maman en a encore parlé à des sergents de ville, et une personne en entendant l'histoire dit à Maman en parlant du voleur : « Vous le connaissiez ».

Vendredi 8 septembre — Ce matin j'ai posé pour Maman qui fait mon portrait. Dans le jour nous sommes allées chez M. Durand-Ruel où il y avait accroché pas mal de tableaux que je connaissais tous, à part trois Puvis de Chavannes.

Ayant appris que M. Renoir était à Paris, nous avons grimpé jusqu'en haut de Montmartre où se trouve sa maison. On a une très jolie vue de cet endroit. M. et Mme Renoir étant sortis, nous avons été reçues par Pierre, d'une façon très aimable dans le jardin. Il voulait nous montrer les tableaux de son père, puis disait que maintenant il avait deux ateliers, un un peu plus bas dans Montmartre, et un chez lui pour quand il serait enrhumé. Au bout de quelque temps Mme Renoir est rentrée, elle nous a fait monter dans l'atelier et nous a montré les paysages que M. Renoir a faits en Bretagne. Au premier moment ils produisent un drôle d'effet, ils ont toujours des tapées de soleil et des arbres faits avec de la laque, du vert émeraude et du jaune d'antimoine ; en les regardant on les trouve jolis. M. Renoir est rentré tard et il nous a conduites jusqu'au bas de Montmartre. Il était tard, sept heures passé, nous étions restées plus de deux heures chez lui. Il doit venir dîner demain.

Samedi 9 septembre — Maman a travaillé à mon portrait une grande partie de la matinée. Dans le jour nous sommes allées à Suresnes en bateau chez Me Fermé, la Seine était très jolie, ainsi que Saint-Cloud que l'on aperçoit si bien avec son clocher. Nous sommes revenues à pied par le Bois, on ne voyait que des noces, c'était très drôle, tous ces gens communs avaient l'air ravis d'être pour une fois de leur vie dans une voiture au Bois de Boulogne.

Nous sommes assises non loin du champ de course de Longchamp que l'oncle Édouard a si bien fait avec Saint-Cloud que l'on voit derrière. Là nous avons vu passer le docteur Evans qui a toujours l'air très aimable. Trois quaqueresses anglaises ont passé en fiacre avec leurs grands voiles noirs, toutes trois très laides, elles avaient quelque chose d'effrayant, on eut dit des fantômes. En remontant l'avenue des acacias, nous avons vu le peu qui reste à Paris de monde élégant.

M. Renoir est arrivé dîner très tard, le portrait de Wagner sous le bras, il revenait de chez Mme de Bonnières et s'était perdu dans les avenues qui se trouvent autour des Invalides. Il portait le portrait de Wagner parce qu'un monsieur lui en a demandé la copie et il ne sait comment le faire. Après le dîner nous avons regardé ce portrait qui est vraiment très beau. Maman a parlé de Valvins à M. Renoir, il dit qu'il ira si nous y retournons, ne recevant pas d'invitation du Limousin. Lui aussi a été une fois à moitié invité à aller dans le Limousin par M. Haviland, le mari de Mlle Burty.

M. Renoir n'est pas non plus très émerveillé par le journal de Delacroix.

Dimanche 10 septembre — Aujourd'hui, allés au Louvre, sculpture de la Renaissance, vu de très belles choses de Jean Goujon et de Germain Pilon, des tombeaux, des bustes, bas-reliefs et statue de Diane de Poitiers avec un lévrier qui a un très joli collier avec une boucle devant et des pendeloques, il en faudrait un comme cela pour Laërte. Nous avons vu aussi de jolies sculptures coloriées d'Andréa del Sarto.

Lundi 11 septembre — J'ai passé la matinée à faire des fleurs. Puis j'ai fait du violon pour la première fois depuis un mois, j'ai mis un doigtier de peau et c'était très laid, je n'ai pu étudier que pendant une demi-heure. Fait de l'aquarelle au lac à la fin de la journée.

Mardi 12 septembre — Ce matin allées dans Paris chez M. Morize, fait des emplettes et acheté un collier pour Laërte, très joli ressemblant un peu à celui du lévrier de Diane de Poitiers.

Maman a écrit à Mme Henet pour savoir si elle a une chambre libre à l'auberge, car décidément on ne nous invite pas au Mas Marvant.

On va démolir le dôme de la rue Pergolèse, aussi

nous nous hâtons de le faire ; j'ai acheté deux toiles de six pour cela avec Octavie. Laërte avait son beau collier qui lui va très bien.

Mercredi 13 septembre — Nous avons fait une très jolie promenade ce matin au bord du lac Noir. À un endroit de grandes branches d'arbres pendaient sur l'eau, et on les voyait derrière des arbres dans le gris, c'était ravissant, et la fin de la journée travaillé au Dôme.

Jeudi 14 septembre — Nous avons passé la matinée dans le parc de Saint-Cloud, et sommes restées assises longtemps sur un plateau d'où l'on apercevait la Seine, puis Sèvres je crois, et beaucoup de coteaux. Cette vue était très jolie, elle serait amusante à faire. Après avoir marché sur les pelouses et sous les marronniers du parc nous avons été reprendre le bateau qui nous avait déjà amenées. L'eau était douce et jolie.

Comme ces deux jours derniers, travaillé au Dôme.

Vendredi 15 septembre — Dîné chez l'oncle parrain qui nous a annoncé que le raisin que nous lui avions envoyé de Valvins était abîmé, et que la treille du roi avait été vendue moitié prix des autres années (drôle de remerciement).

Samedi 16 septembre — Nous avons beaucoup peint d'après le clown.

Dimanche 17 septembre — Appris la mort de cette pauvre Mlle Jacquemin, sa sœur doit être dans la désolation. Nous faisons nos paquets pour retourner à Valvins.

Lundi 18 septembre — Nous arrivons au milieu du jour à Valvins. Mlle Geneviève dort dans le jardin, couchée dans un hamac et elle n'en revient pas d'étonnement en nous voyant tout à coup auprès d'elle. Nous faisons une promenade avec M. Mallarmé au bord de la Seine.

Jeudi 21 septembre — Après une matinée de pluie nous avons eu une journée de soleil et nous sommes allés nous promener en voiture jusqu'à Moret, cela est très joli, nous avons été par la campagne et sommes revenus par la forêt. Nous avons vu Sisley à Moret.

Samedi 23 septembre — Après avoir peint le matin nous avons fait une promenade dans le jour du côté de la tour Dénecourt dans la forêt. En nous reconduisant le soir sur le pont de Valvins, M. Mallarmé racontait très joliment comment un Anglais avide, à un hôtel, voyant les premières fraises de la saison, les prenait toutes. Un Français son voisin lui dit : « Mais moi aussi, Monsieur, j'aime les fraises. »

Lundi 25 septembre — Très belle promenade dans la forêt à un endroit tout de frênes que M. Mallarmé appelle la salle de danse et où il dit qu'il mariera sa fille. Les gros troncs clairs sortent d'un terrain roussi par les feuilles mortes.

Jeudi 28 septembre — Été ce matin au parc du château, les parterres de fleurs devant les vieux bâtiments sont très jolis.

Le soir M. Mallarmé nous racontait comment Mme de Banville avait dit une fois à Mlle Geneviève de venir dîner chez elle le dernier vendredi du mois. Le quatrième vendredi ces dames ayant fait pas mal de toilette se présentèrent chez les de Banville. M. Mallarmé devait arriver de son côté. Quelle ne fut pas leur stupéfaction en voyant M. de Banville un madras sur la tête dans une pelisse de fourrure, attablé avec Mme de Banville au coin du feu devant une soupière. Il y avait cinq vendredis dans le mois. Aussitôt elles veulent repartir, M. de Banville les retient, Mme de Banville paraît furieuse, et les chats profitent de cet événement pour monter sur la table et manger dans la soupière. M. Mallarmé arrive tout pimpant disant : « Je ne suis pas en retard », « huit jours en avance », répond-on, et ils restent à dîner tout de même.

Un jour Gyp vient voir de Banville ; Mme de Banville ouvrit la porte et, entendant demander M. de Banville, répondit : « c'est moi » ; Gyp reprit : « Je ne savais pas que M. de Banville fût un pseudonyme », « Si, M. de Banville est une vieille femme », et elle referma la porte.

Dimanche 1er octobre — Nous sommes rentrées à Paris hier. Nous allons ce matin voir mon oncle Adolphe [*mari d'Edma, sœur de Berthe Morisot*] qui est seul à faire son déménagement, il dîne ce soir à la maison. Dans le jour, visite à mon oncle parrain.

Jeudi 5 octobre — Nous avons vu tante Félicie, tante Edma ; Mme Canet depuis que nous sommes revenues. Reçu aujourd'hui une lettre de Mme Boucherit disant qu'elle était disposée à me redonner des leçons.

Samedi 7 octobre — Jeanne et Blanche [*les cousines de Julie*] ont déjeuné à la maison et je me suis promenée avec elles dans le jour. Elles paraissaient trouver l'arrivée à Paris triste. Elles habitent rue Mignard. Quand nous sommes rentrées, Miss Vos, puis tante Edma, Jeanne et Blanche sont venues. Paule et Jeannie sont parties avec ces dernières.

Après le dîner, travaillé au manteau de Laërte.

Jeudi 12 octobre — Je me suis levée bien tard et n'ai fait que du violon dans la matinée. Dans le jour je suis allée à Passy avec Paule et Jeannie, chez tante Edma, tante Chevalier, tante Félicie, Mme Camat, toutes ces personnes sorties. Retournées chez tante Edma où Paule et Jeannie dînaient. Octavie y est venue m'y chercher.

Travaillé un peu jusqu'à ce que Maman, rentre. M., Mme et Mlle Mallarmé viendront dîner samedi ainsi que M. Renoir, Pierre étant malade, il aime autant ne pas venir demain.

Vendredi 13 octobre — Ce matin Maman a travaillé à mon portrait jouant du violon et j'en ai fait deux heures.

Après le déjeuner, nous sommes allées chercher Paule et Jeannie pour passer la journée avec nous et dîner. Eugénie vient aussi dîner avec Octavie emportant le poisson qu'elle devait faire.

Nous avons copié, Jeannie et moi, le portrait de bon Papa et de bonne Maman de l'oncle Édouard. J'avais commencé cette copie ce printemps et elle n'avance pas. Le soir nous avons fait du feu dans le salon, Paule et Jeannie sont parties assez tard.

Jeannie lit en ce moment la vie de Villiers de l'Isle-Adam ayant fait une pièce écrite par son cousin, elle m'en a raconté des passages que je trouve assez drôles. Villiers de l'Isle-Adam ayant fait une pièce pour un concours remporta le prix, et l'on devait lui donner dix mille francs et lui faire jouer sa pièce, mais on n'en fit rien. Alors, indigné, il arriva chez son cousin très drôlement habillé, les poches pleines de manuscrits de ses œuvres, puis lui raconta son histoire. Son cousin lui offrit de le présenter au directeur du théâtre de Bordeaux qui pourrait faire jouer sa pièce. Villiers de l'Isle-Adam alla chez le directeur du théâtre avec son cousin, admira sa femme, puis il lut le titre de sa pièce d'un air très grave, puis tout à coup se leva, gesticula, se mit à dire : « On entend les voix ; c'est la nuit, les voix disparaissent ; la lune, les étoiles ; on entend encore les voix, adieu ; adieu… », puis il se mettait au piano et jouait un accompagnement. Le directeur du théâtre n'y ayant rien compris, demanda à Villiers de l'Isle-Adam de lui lire sa pièce et celui-ci répondit en prenant son chapeau et disant : « Au plaisir ».

Cependant le directeur lut la pièce et sa femme accepta de la jouer ; alors Villiers la fit redemander ne désirant plus qu'elle fut jouée. Villiers de l'Isle-Adam avait fait répéter une pièce à Catulle Mendés et l'avait invité à la jouer, lui avait indiqué un cirier chez qui se faire nouer les cheveux. Puis le jour où Catulle Mendés arriva ainsi, il n'y avait personne et il s'aperçut que Villiers lui avait joué un tour. Il voulut se venger. C'était à l'époque où la Grèce était sans roi, où l'on s'occupait beaucoup d'en nommer un. Un jour Villiers de l'Isle-Adam vit dans le journal qu'il était appelé à prendre place sur le trône de Grèce, cette nouvelle le ravit et il écrivit au secrétaire de l'Empereur pour avoir un entretien avec ce dernier. Puis le jour de sa visite chez Napoléon III fut fixé, mais il avait assez peur en y allant, car on lui avait dit qu'il pourrait y avoir des trappes dans les appartements de l'empereur, qui s'ouvriraient sous ses pas. Le secrétaire ne comprit rien à sa visite, crut qu'il était fou et ne le laissa pas voir Napoléon III. Quelque temps après Villiers vit dans le journal qu'on n'avait décidément nommé aucun roi de Grèce. Mais il crut toujours qu'il aurait pu l'être, et ne soupçonna pas Catulle Mendés de lui avoir joué ce tour.

Samedi 14 octobre — Jeannie est venue déjeuner, nous avons peint, sommes allées au magasin du Louvre où nous avons vu une petite fille ressemblant à Madeleine Boucherit et qui nous regardait beaucoup.

Mercredi 18 octobre — Fait du violon avec Blanche et Jeannie, c'était assez laid. Blanche joue bien, mais manque de largeur dans son jeu.

Je n'ai encore rien fait aujourd'hui, il me semble que les journées sont trop courtes. Je prends la résolution de me lever plus tôt demain, de travailler et d'être gentille avec Maman. Je compte étudier mieux mon violon, faire beaucoup de gammes et apprendre à ne pas jouer mollement, j'ai horreur de cela.

Jeudi 19 octobre — Les petits Gabriel Thomas sont venus poser ce matin, Maman a fait une tête au pastel d'après Charles, Jeannine était très diable. J'ai fait deux heures de violon aujourd'hui, et j'ai joué mon air devant M. Rossignol, il me l'a emporté pour le corriger et y ajouter quatre pages, a-t-il dit ; ce n'est donc plus moi qui le fait. Maman, Paule, Jeannie, Marcel, M. Rossignol et moi sommes allés, après le dîner, sur la place de la Concorde, voir la retraite aux flambeaux, nous sommes restés assis pendant très longtemps, nous avions un peu froid, nous dormions à moitié et nous ne voyions qu'un fiacre devant nous. La place était illuminée ; on était monté sur les statues qui paraissaient immenses avec ces petits personnages noirs. Un individu était sur la tête de la statue. La retraite aux flambeaux n'arrivant pas, nous avons pris une voiture, Maman, Paule, Jeannie et moi. Nous sommes rentrées à minuit, nous avons fait du thé, Marcel ayant très faim, comme à l'ordinaire, a réclamé de la viande. Enfin, ce n'est que vers une heure du matin que nous nous sommes couchées.

Vendredi 20 octobre — M., Mme Renoir et Pierre sont venus déjeuner pour voir passer les Russes sur l'avenue du Bois. Ils se sont fait beaucoup attendre, et ils n'étaient pas très amusants à voir. Nous n'avons déjeuné qu'à 1 h 1/2. Il n'y avait pas énormément de monde sur l'avenue. Des ouvriers en blouses blanches étaient montés sur des échelles, ils avaient l'air de statues. Des hommes ayant amené des espèces de brouettes criaient « 1 Fr, la place dans la voiture ». L'on n'a pas beaucoup crié vive la Russie. Étant sortis de table à deux heures et demie passé, nous n'avons pris qu'une tasse de chocolat le soir et nous nous sommes couchées assez tôt.

Samedi 21 octobre — Les petits Gabriel Thomas sont venus ce matin. Aujourd'hui Jeannine a été plus sage que son frère. Paule, Jeannie et Marcel sont venus aussi.

Dimanche 22 octobre — J'ai été aujourd'hui avec Paule, Jeannie et Marcel à l'enterrement du maréchal Mac Mahon. Nous sommes arrivés un peu tard ; mais malgré cela nous avons trouvé des places sur des planches, placées sur des caisses, de sorte que nous apercevions toute l'esplanade des Invalides, où se trouvaient les troupes qui défilaient tour à tour devant le corps de Mac Mahon, tandis que les gardes de Paris empêchaient la foule de sortir de ses rangs, et de temps en temps chargeaient sur elle.

Cette cérémonie était très belle, la porte Napoléon ornée d'une draperie noire à frange d'argent assez simple, avec l'arme du Maréchal et des drapeaux autour. La grille qui se trouve devant avait aussi des drapeaux, et tout près était le corps du maréchal Mac Mahon avec un grand drapeau noir. Le général Lancier devant, regardait les troupes défiler. Il montait un très joli cheval et on l'apercevait de loin avec son chapeau à plumes blanches.

La foule montée sur des échelles, sur des planches n'avait qu'une envie, c'était de voir les Russes. Elle prenait des Français pour des Russes. Quand ceux-ci sont revenus, quelques gamins ont crié « Vive les Russes ». Puis les maris prenaient leurs femmes dans les bras pour qu'elles puissent les voir. Les magistrats en robes rouges et en robes noires ont défilé lentement. Nous avons pu voir les couronnes, celle des Français très jolie, formée de roses, de dahlias, d'héliotropes, de reines marguerites et d'œillets. Celle de la Reine d'Angleterre, assez jolie aussi, en violettes de Parme.

Le maréchal Mac Mahon a eu un enterrement digne de lui, je n'avais jamais vu une aussi belle cérémonie. Le sarcophage assez simple était traîné par six chevaux portant des plumets noirs sur la tête. Les becs de gaz, allumés et recouverts de crêpe faisaient très bien. La journée a été jolie, le soleil doux.

Lundi 30 octobre — Parties ce matin de bonne heure pour Giverny. Pluie toute la journée. M. Monet nous a montré ses cathédrales. Il y en a vingt-six, elles sont magnifiques, quelques-unes toutes violettes, d'autres blanches, jaunes, avec un ciel bleu, roses avec un ciel un peu vert, puis une dans le brouillard, deux ou trois dans l'ombre au bas et éclairées des rayons du soleil sur les tours. Ces cathédrales, admirablement dessinées sont faites par masses, et cependant on y découvre chaque détail, elles sont tellement dans l'air. Cela me semble si difficile de ne pas dessiner tous les détails.

Ces tableaux de M. Monet donnent une bonne leçon de peinture. La maison a changé depuis la dernière fois que nous sommes allées à Giverny. M. Monet s'est fait faire une chambre par-dessus l'atelier avec de grandes fenêtres, des portes et un parquet en pitchpin, et tendue de blanc. Dans cette chambre beaucoup de tableaux sont accrochés, entre autres : *Isabelle se peignant, Gabrielle à la jatte, Cocotte avec un chapeau,* un pastel de Maman, un pastel de l'oncle Édouard, une femme nue très jolie de M. Renoir, des Pissarro, etc.

La chambre de Mme Monet a des boiseries bleues, celles de Mlles Blanche et Germaine sont violettes. Nous n'avons pas vu la chambre de Mlle Marthe. Mlle Blanche nous a montré des tableaux d'elle, qui sont d'une jolie couleur, deux, des arbres se reflétant dans l'Epte ressemblent à la peinture de M. Monet.

Le salon est en boiseries violettes, beaucoup de gravures japonaises y sont accrochées, ainsi que dans la salle à manger qui est toute jaune. Nous sommes allées sous des peupliers voir la serre où se trouvent des chrysanthèmes magnifiques. Puis la pièce d'eau sur laquelle se trouve un pont vert à l'air japonais.

M. et Mme Butler sont venus, leur petit garçon est très gentil, il voulait tout le temps me tirer les cheveux ; il a six mois.

Nous sommes rentrées avant le dîner, toujours par la pluie. Le chemin de fer a passé par la nouvelle ligne de Mantes à Argenteuil. J'ai aperçu les arbres et le toit du Mesnil dans l'obscurité. Je trouve vraiment charmant d'avoir un château qu'on n'habite pas, et que de temps en temps on voit d'un chemin de fer, apparaître comme une ombre dans la nuit, et se dire : « il est à moi. »

Mardi 31 octobre — Jeannie est venue ce matin, ayant fait une lettre pour envoyer à Mme Boucherit à propos de l'habit de son fils, elle est très bien. J'ai trouvé une feuille de papier blanc, sur laquelle nous avons fait un chiffre rouge, puis j'ai fabriqué de l'encre bleue pour écrire. C'est soi-disant une vieille dame qui écrit. Elle commence par complimenter Jules sur son jeu, puis dit qu'elle l'a rencontré au détour d'une rue en tenue de petit commis de magasin. Elle donne des conseils sur la façon de l'arranger.

Mercredi 1er novembre — Fête de la Toussaint, jour triste. Il y a un an nous étions à Tours, et en 91 nous avions Papa avec nous. Qu'il est triste de perdre un père, avec lequel on vit toujours : ne plus le voir jamais, jamais. Souvent quand je rêve de Papa, je me sens si malheureuse en me réveillant, il me faut absolument, je voudrais le voir, l'entendre, parler et être gentille avec lui. Pourquoi n'ai-je pas un meilleur caractère avec Maman ! chaque jour je me le reproche, mais je ne m'y applique pas assez.

Jeudi 2 novembre — Maman, Paule, Jeannie et moi sommes allées ce matin à Saint-Germain entendre une messe chantée pour les morts ; elle était très belle, les cérémonies religieuses sont magnifiques, avec ces jolies voix qui ont l'air de planer par-dessus l'autel. On se sent bien à prier Dieu au milieu de ses splendeurs, il semble que l'on se rapproche de ceux que l'on aime et qui vous ont quitté pour monter près de Dieu dans le royaume éternel. Oh, que la religion est belle. Dans le jour, j'ai écrit la lettre que Jeannie m'a dictée. J'ai fait un chiffre bleu sur le papier.

Dimanche 5 novembre — Allées aujourd'hui, Maman, Jeannie et moi au Concert Colonne. Nous sommes arrivées lorsque l'on jouait la symphonie de Beethoven qui est très belle ; entendu ensuite Mlle Franck chanter *le Roi des Aulnes*. L'orchestre dominait sa voix. *La Chevauchée des Walkyries* m'a semblé mieux jouée par l'orchestre de Colonne que par celui de Lamoureux, c'est-à-dire avec plus de particularité. Ensuite on n'a joué que du Gounod, *l'Hymne à Sainte-Cécile* ressemblant à *l'Ave Maria,* a été très bien joué par les violons. Je n'aime pas la voix de Mlle Pacary qui a chanté la *Reine de Saba.* Dans *l'Ave Maria* et surtout dans le troisième morceau de Gallia j'ai beaucoup aimé la voix de Mlle Krauss. Elle ne m'a pas plu tout de même autant que celle de Veinbrodt, qui a chanté l'air de *Tobie* et une chanson d'un pâtre dans *Saphos,* toujours de Gounod. J'avais déjà entendu Veinbrodt l'année dernière dans *l'Enfance du Christ,* de Berlioz, cette chose délicieuse. Il dit très bien, sa voix est douce, assez haute, elle va très bien avec l'orchestre, et il ne tremble pas du tout, il est très simple. Le concert a été fini assez tôt. Nous sommes revenues à pied, en longeant les quais. Le jour commençait à baisser, quelques becs de gaz étaient allumés, le vieux Paris toujours joli, les tours s'élevaient près de la Seine, le paysage était ravissant.

Jeannie m'a apporté une enveloppe pour la lettre Boucherit, nous l'avons promenée toute la journée avec nous, mais ne l'avons pas mise à la poste.

Maman et moi sommes allées voir l'oncle parrain ce matin. Nous ne l'avions pas vu depuis l'arrivée des Russes. Il a toujours bonne mine.

Lundi 6 novembre — Fait du violon avec Blanche et Jeannie.

Mardi 7 novembre — Nous avons été voir pour un cours avenue de Villiers, chez un ami de Mlle Morand. Sommes allées faire une visite à M., Mme et Mlle Mallarmé. Nous avons vu l'amie de Mlle Geneviève, dont elle parle toujours. De là a été réclamé un de ses Monet chez Durand-Ruel. Je ne sais pas ce que j'avais, mais je prenais tout le monde pour des gens que nous connaissons. J'ai cru voir deux fois Mme Boucherit.

Mercredi 8 novembre — Ce matin courses dans Paris. Dans le jour Jeannie et Paule sont venues. Jeannie a promené la lettre B dans sa poche, puis l'a mise mardi boulevard Haussmann. À l'heure qu'il est Mme Boucherit a lu toutes les bêtises contenues dans cette lettre.

Après le dîner, j'ai lu la moitié du livre sur Villiers de l'Isle-Adam, j'y ai vu ce que Jeannie m'a raconté ainsi que son histoire à propos de la pièce Lotroys et Bourgeois, qui faisaient jouer un rôle de traître à un Villiers de l'Isle-Adam qui fut connu et nommé maréchal sous Charles VI. Mathias met une phrase que je trouve très jolie dans une lettre au rédacteur en chef d'un journal : « L'homme n'est que la pensée qu'il a. Pour toute réponse, je prie ceux qui ont eu cette pensée à mon égard, de vouloir bien la conserver précieusement. Ils en sont dignes et je me garderai de revendiquer leur estime ou leur sympathie ».

Jeudi 9 novembre — Allées à Suresnes ce matin chez Me Fermé, bois très joli, froid horrible sur le pont.

Paule, Jeannie et Marcel sont venus dîner. On a parlé de Mlle Bashkirtseff, comment elle écrivait à toutes les personnes connues. Elle avait demandé à Alexandre Dumas de se rendre à un rendez-vous qu'elle lui donnait. La conversation s'est arrêtée sur Blanche, qui ne donne plus signe de vie à Maman depuis quelque temps, puis sur M. de Wyzewa, qui l'année dernière a loué une maison de campagne et a été obligé de la quitter, disant qu'il y avait des revenants. Il ne vient jamais à la maison. Nous avons dit adieu à Marcel qui part samedi matin pour Commercy où il va faire son service militaire. Cette année est dure pour lui.

Vendredi 10 novembre — Nous sommes allées au Louvre, Maman et moi, le jour était un peu sombre, nous avons admiré un Jordaens représentant *l'Enfance de Jupiter,* que l'on a descendu depuis peu. Nos yeux arrêtés aussi sur un portrait d'un père avec son petit garçon, de Van Loo, qui est très beau. Dans le Salon Carré un petit Japonais copiait un Léonard de Vinci, tout à fait à la japonaise. C'était très drôle.

Ensuite visite à l'oncle parrain, et allées à l'institut Rudy sur les cours de français. La demoiselle qui les fait est très aimable. Ils sont deux fois par semaine, mardi et vendredi, de deux à quatre. Nous devons y assister mardi. Le cours de piano où Jeannie va peut-être aller, est aussi le mardi à la même heure, de sorte que cela serait très commode pour nous conduire.

1894

Dimanche 4 mars — Maman reçoit ce matin une dépêche de Jean lui disant que l'oncle parrain est plus mal, nous prenons une voiture et y allons. Quand je suis entrée dans la chambre, mon pauvre parrain m'a fait bien peur, il avait la figure tout de travers. Il m'a semblé que c'était le dernier jour que je le voyais. Nous sommes allées à Saint-Roch, j'ai prié pour lui ; oh, comme je me retenais pour ne pas pleurer.

Lundi 5 mars — Maman a été voir l'oncle parrain, il est toujours de même.

Mardi 6 mars — Reçu une dépêche, mon parrain également de même.

Mercredi 7 mars — Pendant que j'étais au cours ce matin, Maman est allée chez mon oncle parrain, il n'est pas plus mal, il a aujourd'hui 79 ans.

Jeudi 8 mars — Les petits Gabriel Thomas sont venus ce matin. Reçu une dépêche de Jean, rien n'a changé depuis hier.

Vendredi 9 mars — Ce matin mon pauvre oncle parrain est mort. Il y a juste deux ans qu'il est tombé malade. Ah quel malheur de voir ainsi mourir sa famille. Depuis deux ans, à chaque printemps nous voyons mourir quelqu'un que nous aimons, d'abord Papa (ah quel affreux malheur), puis ma tante Yves, et maintenant mon oncle parrain. Il était plus vieux, il est vrai, malade depuis longtemps ; mais on ne peut trouver de raisons qui fassent penser que la mort est moins horrible. Mon parrain était si bon pour moi, il m'aimait, je l'aimais, mais je ne lui parlais pas beaucoup, je regrette de n'avoir jamais été plus gentille avec lui. Je regrette toujours de ne pas être moins méchante, et je ne me corrige pas. Oh mon Dieu aidez-moi ! Mon parrain pardonnez-moi !! Oui, c'est bien dimanche, le dernier jour que je le voyais. Oh ! la mort ! La semaine dernière Maman a perdu son amie Mme Hubbard qu'elle aimait beaucoup.

Samedi 10 mars — Le petit Boucherit est venu me donner une leçon, il est pâle, l'orchestre de Lamoureux le fatigue, il a dit à Maman qu'il n'était pas bien, cela lui fait mal de déjeuner à 2 heures. Nous avons remis ma leçon de samedi à mercredi en huit, car nous allons aller cette semaine à Bruxelles. J'ai offert à Jules de faire sa photographie, il n'avait pas le temps aujourd'hui, mais il a accepté pour un autre jour.

Dimanche 11 mars — Gaby Hubbard a passé toute la journée, elle est bien remuante. La mort de sa grand-mère n'a pas l'air de l'avoir attristée. Je n'avais pas envie de m'amuser aujourd'hui, de sorte que la journée m'a paru longue. J'ai fait sa photographie.

Lundi 12 mars — C'était aujourd'hui l'enterrement de mon oncle parrain, à la Madeleine, demain il sera enterré à Gennevilliers. Maman est allée à la maison, et moi je ne suis allée qu'à l'église avec Paule. C'est la première fois que j'assistais à un enterrement. Que c'est triste de penser que je ne reverrai plus jamais mon parrain, comme tous ceux qui sont morts. Paule m'a embrassée d'une façon très affectueuse en sortant. Elle connaît le malheur. Pauvres Paule et Jeannie, elles sont orphelines. Toutes seules dans la vie. Leur frère ne leur est pas un soutien.

Mardi 13 mars — Aujourd'hui enterrement de mon pauvre parrain à Gennevilliers. Maman y est restée très longtemps. Le soir nous partons pour Bruxelles. Arrivons Hôtel de Suède que tante Suzanne a indiqué, le propriétaire a *Argenteuil* de mon oncle Édouard.

Mercredi 14 mars — Nous avons visité la ville toute la matinée, la cathédrale, Sainte-Gudule est ravissante, placée sur une place un peu en pente, elle a de grands escaliers et ses arêtes fines ont l'air d'être en marbre. Dans une chapelle de magnifiques vitraux anciens, d'une très jolie couleur. Nous avons passé par la place de l'Hôtel de Ville, qui est très beau, en face la maison du roi est dorée, ainsi que les autres constructions de la place. Cela donne un air très riche.

Nous voulions voir la collection du propriétaire de l'hôtel, mais il n'y avait personne chez lui. Cela a fait que nous avons eu le temps d'aller au Musée, où se trouvent de petites esquisses de Rubens, ravissantes. J'aime encore mieux ce peintre depuis que j'ai vu ces tableaux-là. Les esquisses qui m'ont le plus frappée sont *Mercure et Argos,* et *Le Massacre de sainte Ursule,* de petites vierges mourant, toutes blanches, quelques gouttes de sang coulant de leurs blessures. Il y en a dans toutes les poses, les cheveux de quelques-unes pendant autour d'elles, enfin c'est un tableau à voir. Nous avons vu aussi à ce musée de grands Rubens fort beaux, des Jordaens d'un dessin magnifique. Puis des peintures flamandes qui m'ont beaucoup plu, le triptyque de Quentin-Metsys, et un saint priant, et, descendant du ciel, une petite femme nue entourée de ses cheveux.

Nous sommes rentrées déjeuner très tard et nous ne sommes ressorties dans le jour que pour acheter de gros tricots car il fait très froid ici. À 6 heures, table d'hôtes où les voyageurs ne sont pas très nombreux. Je me suis couchée avec plaisir après avoir écrit à Jeannie, car je trouve notre voyage fatigant.

Jeudi 15 mars — Le matin, visité la collection de M. Van Cunsen, il n'y a à peu près que le tableau de mon oncle Édouard de joli. Le reste se compose de tableaux de peintres belges, entre autres un M. Collin qui nous faisait visiter, qui avait l'air bien content de ses œuvres, comme il disait (ses croûtes en vérité).

Retourné au musée dans le jour, admiré encore les Rubens, une Vierge avec l'Enfant Jésus, entourée de roses, que nous n'avions pas vue hier. Il y a de bien jolies choses dans une descente de croix de l'École Flamande. Nous sommes allées à *La Libre Esthétique* où Maman a exposé. C'est très bien arrangé. On voit de tout, de la peinture, des étains, des broderies, tapisseries, des livres et des meubles. Une petite pièce ornée entièrement par un Belge est très jolie, le papier un peu orange a comme une corniche de pavots roses, la cheminée est en briques, les meubles assez simples en bois unis. De la fenêtre on découvre Bruxelles et son Hôtel de Ville dont le Beffroi si fin s'élève par-dessus les toits.

Enfin comme peinture il y a beaucoup de choses, tous les Pissarro, père et fils, des aquarelles de l'un très jolies, des Denis, Gauguin, etc. J'oublie une très jolie chose de M. Renoir, de petites femmes lisant dans le même livre, l'une en rose, l'autre en vert, en pied. Cette toile se trouve dans la même salle que les tableaux de Maman qui font très bien aussi.

Vendredi 16 mars — Retourné au Musée, promenade dans le parc que je trouve très joli, promenade dans Bruxelles du côté d'une colline, d'où l'on a une belle vue. Déjeuné tôt, pris une voiture qui nous a menées à une église où nous avons beaucoup amusé des petites filles, auxquelles des prêtres faisaient le catéchisme, elles se retournaient toutes pour nous regarder passer. Nous avons vu aussi les quais de la Senne, ils sont ravissants ; des bateaux de très jolies couleurs sont sur la rivière, qui est traversée par de petits ponts. On pourrait faire un beau tableau à cet endroit.

À 2 heures *La Libre Esthétique* pour le concert d'Ysaïe. M. Maus, le directeur nous a bien placées. Ysaïe est grand, gros, assez laid (on le trouve très beau) il ressemble à un taureau, il a une belle main, remue beaucoup en jouant, son jeu est grand, il a un beau style, joue très bien la Chaconne de Bach pour violon seul, qui est d'ailleurs une chose magnifique. Enfin Ysaïe est un grand violoniste, il n'a pas la facilité naturelle de l'archet de Sarasate, mais plus de style. Son jeu ne ressemble pas du tout à celui de M. Lefort et non plus à celui de Jules B. Ysaïe a joué aussi un quatuor de C. Franck qui m'a plus assez.

Après le concert M. Maus nous a présentées à l'artiste en lui disant que je jouais du violon, ce qu'Ysaïe a cru et il a dit : « alors elle doit trouver cela très mal », et moi j'étais tout intimidée et remplie d'admiration. On nous a présenté aussi des peintres. L'un à barbe rousse m'a promenée dans l'exposition tandis que d'autres avec Maus accompagnaient Maman. Nous avons repris le train du soir.

Nous avons dîné dans le wagon-restaurant. À la douane nous sommes montées en première où nous avons dormi. Enfin à 11 heures nous étions à Paris, rue Weber, où nous nous couchions.

Samedi 17 mars — Paule et Jeannie sont venues nous voir ce matin. Dans le jour, exposition avant la vente de la collection de M. Duret, très belle collection qui se compose d'un tableau de Maman, une personne décolletée en blanc, avec une guirlande de fleurs blanches ravissantes sur sa robe, plusieurs grandes toiles de mon oncle Édouard, *Le Repos* (portrait de Maman en blanc sur un canapé rouge et un pied en avant), *Le Père Lathuile,* un petit portrait de Maman en noir avec un bouquet de violettes au corsage, un petit chapeau, la figure à contre-jour. J'aime beaucoup ce portrait-là, il est d'une très belle peinture, les noirs sont magnifiques comme les blancs de l'autre portrait. Quel joli coup de pinceau avait mon oncle Édouard. Il se trouve aussi dans cette collection une très jolie chose de M. Monet : des dindons blancs dans une grande pelouse et derrière, un château de brique, entouré de pins, puis une chasse. Quant aux deux toiles de M. Renoir, elles sont fort belles, un paysage, et une de figure nue qui se peigne, il y a une grâce dans cette chose, la tête vue un peu en raccourci est ravissante, le tout d'une couleur si fine et si agréable. Un peintre qui me plaît beaucoup d'après ce qui se trouve de lui réuni à ces toiles, c'est Cézanne ; ce sont surtout des pommes très peintes que je trouve jolies (je ne connais que ces trois tableaux de lui). J'oubliais un portrait d'Albert Wodf par mon oncle Édouard (inachevé) un portrait ravissant, une peinture qui est celle de Manet, et il doit être extrêmement ressemblant ; en voyant ce portrait, on se dit : quelle belle chose, d'après un homme si laid et qui a l'air si bête !

Dans cette collection on remarque aussi des chevaux de course de M. Degas et des danseuses si bien dessinées par ce grand maître en peinture.

Maman avait le soir du monde à dîner, M. Degas, M. Mallarmé, M. Renoir, M. Bartholomé, Paule et Jeannie. M. Degas était très gai et très aimable. Quant à M. Bartholomé il paraît horriblement triste et parle à peine.

Lundi 19 mars — Aujourd'hui vente de la collection Duret. Rencontré M. Chabrier, M. et Mme Lerolle, M. Monet, les Helleu, etc. Maman a acheté son portrait au chapeau 4 500 F. Mais son grand portrait *Le Repos* est resté à 11 000 F. *Le Torero saluant* (toujours de mon oncle Édouard) n'est pas monté très haut non plus.

Mercredi 8 août — Nous partons aujourd'hui pour la Bretagne par le train de 8 heures du soir, nous descendrons à Saint-Brieuc pour aller à Portrieux. Nous avons pour nous quatre un wagon avec un vieux monsieur qui a commencé par grogner en voyant Laërte. J'ai vu la cathédrale de Chartres à la nuit, elle m'a semblé très belle et très haute.

Jeudi 9 août — Réveillées à Vitré, qui paraît joli, nous passons par Rennes, qu'on ne voit pas de la gare, la campagne après est assez laide, puis elle embellit près de Lamballe, et nous admirons Iffiniac, village situé au nord de la mer, au fond de la baie de Saint-Brieuc, la mer formant une ligne bleue à l'horizon paraît douce.

Nous arrivons à Saint-Brieuc à 6 heures, cette ville a l'air très jolie, elle est bien posée sur de petites collines et est toute construite en granit gris. Le buffet n'a rien d'appétissant, tout y est sale. Nous prenons l'omnibus de Portrieux, le cocher parle horriblement mal, impossible presque de le comprendre, il bredouille, bégaye, ne peut dire un mot. La route de Saint-Brieuc à Portrieux est assez longue, on traverse des espèces de petites montagnes, d'une très jolie forme, il y a beaucoup de routes en pente, partout sur la route on voit des femmes avec des châles et de grands bonnets qui ont l'air d'ailes, puis en charrette des religieuses tout en blanc, cela est fort pittoresque.

Tout à coup après avoir cheminé assez longtemps la voiture est arrivée à Binic, où nous avons vu la mer, un port ravissant ; des bateaux en construction, nous avons trouvé un petit pont en pierre par-dessus une rivière, et sommes entrés dans le village où avait lieu le marché. La mer nous semble très agréable en Bretagne, elle est d'une jolie couleur. Nous avons envie de nous arrêter à Binic, mais sur le conseil du cocher, nous continuons notre route jusqu'à Portrieux, tout en regrettant ce joli endroit où nous voyons en partant une église qui paraît assez intéressante. Nous suivons une route d'où on aperçoit la mer et nous arrivons à Portrieux qui nous semble moins agréable que Binic, mais nous ne voyons d'abord que le port qui est devant l'hôtel, car nous pensons à nous laver, puis après à déjeuner. Ensuite des femmes viennent nous prendre pour visiter des maisons, nous en voyons plusieurs, et nous n'apercevons que champs de lavandes, derrière cela paraît la mer qui aujourd'hui était toute bleue, nous sommes émerveillées devant ce paysage breton, il me rappelle ceux de Nice. Nous restons un peu à la plage à regarder les vagues qui sans cesse montent et descendent sur le sable. Cela étonne Laërte, il est très drôle, s'approchant de la mer, et reculant devant les vagues.

À la fin de la journée nous nous décidons pour une maison à 400 frs. que nous avons vu aujourd'hui, elle est assez grande et a un joli jardin, mais elle manque de vue, elle est près de la plage. Nous y entrons après le dîner et prenons possession des lits sans se demander qui aura telle ou telle chambre, nous avons envie de dormir et nous nous couchons au plus vite.

Octavie qui n'avait jamais vu la mer la trouve très belle, au premier moment en la voyant, elle a déclaré qu'elle ne la croyait pas si grande, qu'elle croyait que c'était de l'eau.

Vendredi 10 août — Réveillées dans les lits de la « Roche Plate » assez fatiguées.

Dans le jour, promenade sur les falaises jusqu'à Saint-Quay, nous trouvons cela ravissant. Nous avons rencontré un petit garçon qui nous a offert des fruits, comme Maman en a acheté, il nous a donné à chacune une fleur de lavande. Il nous a expliqué que sur une grève que l'on apercevait de la falaise de Saint-Quay on trouvait : « de l'or parmi le sable ». Il avait l'air très aimable. De Saint-Quay nous voyons l'autre pointe de la baie de Saint-Brieuc, car de Portrieux on ne voit que la côte opposée, qui est d'ailleurs très jolie de loin, comme on l'aperçoit de la plage, elle est tout enveloppée des tons qui ont l'air de monter de la mer. La plage de Saint-Quay nous a semblé moins jolie que celle de la Comtesse. Nous sommes revenues par la grande route et nous avons été en très peu de temps à Portrieux.

Samedi 11 août — Les caisses que nous avions laissées en gare à Saint-Brieuc sont arrivées. Vers la fin de la journée nous sommes allées à Étables par les falaises toutes bordées de fleurs jaunes et violettes qui se détachaient sur la mer. Nous avons passé par des seigles et des blés assez courts, nous avons cueilli des fleurs, et avons vu la plage d'Étables d'un petit chemin très gentil, au premier plan des broussailles, de l'herbe, un pommier, ensuite une petite rivière, une plage et la mer. Paule, Jeannie et moi, nous sommes allées voir les grottes, qui ne nous ont pas intéressées, ce sont des cavités toutes noires dans les falaises. Pour y aller il fallait passer par la petite rivière ; un petit garçon très aimable, qui m'a donné de petits coquillages nous a mis quelques pierres pour que nous puissions passer, puis quand nous sommes revenues, il avait fait un pont. Les petits garçons ont l'air très gentil ici.

Nous avons marché ensuite vers les terres, en passant par un sentier bordant la rivière et recouvert de châtaigniers. Nous voulions monter sur une hauteur, mais le chemin s'arrêtait et c'était couvert d'herbes piquantes. Nous avons pris la route la plus directe pour revenir à la Roche-Plate.

Dimanche 12 août — Nous arrivons en retard à la messe de 8 heures à Saint-Quay croyant qu'elle avait lieu ici. Après, Paule et Jeannie prennent un premier bain, elles trouvent la mer désagréable. C'est aujourd'hui la fête de Portrieux, il y avait des régates, la mer était grise, ce n'était pas très joli, nous avons cependant fait de l'aquarelle sur la terrasse de la cabane.

Lundi 13 août — Nous avons fait une petite promenade au-dessus de Portrieux, des femmes en capelines blanches travaillaient aux moissons. On apercevait entre deux hauteurs une partie du village d'Étables. Un moulin se détachait sur le ciel, c'était joli avec le temps gris.

Mercredi 15 août — À la fin de la journée nous sommes retournées du côté de Saint-Quay que nous avons dépassé, les côtes nous ont paru très belles vers Paimpol ; l'on rencontre toutes les femmes dans leurs costumes du dimanche, aujourd'hui jour de l'Assomption. Elles ont toutes des bonnets blancs comme chaque jour, des grands châles presque toujours noirs, et des petits tabliers de soie noire. Le costume est assez triste.

Jeudi 16 août — Temps gris un peu triste, nous faisons dans le jour une promenade dans la campagne par une grande route enfoncée et sans vue. Nous revenons par ces petits chemins en ornières où se réfugiaient les paysans et où ils se cachaient pendant les guerres de Vendée. Nous sommes arrivées à un petit calvaire très joli. Une croix en granit très haute, au bas une vierge dont les traits sont déformés par l'eau ; elle tient le Christ. En revenant nous avons aperçu Portrieux. C'est vraiment joli d'avoir la mer derrière des blés, des champs de toutes sortes, des maisons.

Vendredi 17 août — Les Hitier auxquels Paule a écrit arrivent aujourd'hui. Ils déjeunent à la maison, notre repas donne des vertiges à M. Hitier, il saute à table, remue les jambes, finit par sortir de table. Mme Hitier est grosse, énorme, dans une robe rose à manches bouffantes. Elle prend un bain à la fin de la journée avec Jeannie qui maintenant trouve cela fort agréable.

Samedi 18 août — Nous avons peint dans le jardin ; il est très joli, il me rappelle celui de Mézy et Le Mesnil.

Dimanche 19 août — À la grand-messe de Saint-Quay ; nous y avons entendu un violon qui n'en avait pas l'air ; il n'y avait pas de sermon.

Après le déjeuner nous sommes parties pour une promenade qui a duré toute la journée. Nous avons passé par Saint-Quay, Saint-Marc et nous sommes arrivées sur le haut d'une falaise d'où l'on apercevait les côtes de Paimpol, comme de grandes montagnes bleues plongées dans une douce ombre, devant, parmi les champs de marguerites jaunes comme de l'or, qui poussaient à profusion, elles étaient éclatantes sur la belle mer bleue. Nous nous sommes assises un peu avant

Saint-Marc, sur de l'herbe d'un vert ravissant et si doux, et elle était très fine cette herbe poussée sur un terrain d'une jolie forme, sur des petits mamelons, il ne manquait que des aloès pour que ce paysage soit méridional. Je trouve qu'il y a beaucoup de Nice ici, comme aux environs de cette ville, tout est très coloré mais très doux. La Bretagne est très belle, les mouvements de terrain sont magnifiques, comme il y a là un joli petit creux où coule une rivière, une source bordée de menthes et d'iris, ici une hauteur dorée et verte plongeant dans la mer. À Saint-Marc il se trouve quelque chose vraiment de très touchant et très triste : c'est une chapelle élevée à la mémoire des marins bretons ayant péri en mer. Tous leurs noms sont écrits près de l'autel, oh ! comme il y en a, cette mer terrible en a tant englouti, je la croyais moins cruelle. Ils ont mérité une chapelle, ces malheureux, victimes de leur devoir, ils ont travaillé, sont morts dans cette immense mer furieuse loin de leurs femmes, leurs enfants, ceux et celles-ci sont sans soutien sur terre, pauvres familles. Les unes pleurent leurs maris et d'autres aussi leurs enfants, il y en a de quatorze ans, de seize ans, de dix-sept ans, morts dont les noms sont écrits dans cette chapelle. Dedans cette chapelle viennent prier ces familles malheureuses. Maintenant ils sont heureux ces marins, ils sont au ciel et prient Dieu pour leurs familles. Le plafond de la chapelle est en bois blanc comme l'intérieur d'un navire, des petits bateaux y sont accrochés.

Nous avons rapporté de notre belle promenade de ces fleurs d'or en masse et aussi des scabieuses.

Lundi 20 août — J'ai pris mon premier bain de mer ce matin de bonne heure. J'ai trouvé cela étourdissant et très fort.

Dans le jour Jeannie et moi avons péché à la crevette, nous en attrapons à peine, mais cela nous a amusées.

Mardi 21 août — Péché à la crevette, pris bain après.

Vendredi 24 août — Paule va faire une promenade en voiture avec les Hitier.

Maman, Jeannie et moi allons le matin à Binic, nous passons par Étables qui est très joli, tout à fait un ancien village, des toits de chaumes, des marches et des piliers en pierre pour arriver à la place de l'Église, qui est curieuse mais fortement restaurée, le toit a été remis en zinc.

Toute la route jusqu'à Binic est jolie, on passe parmi des champs, des maisons, nous avons remarqué un joli portail très simple à Étables. Arrivées près de Binic, nous commencions à avoir chaud sur cette route sans ombre. Nous étions parties par un temps gris, nous disant : « va-t-il pleuvoir, va-t-il faire beau » et il allait faire beau, le soleil commence à se montrer. La mer était grise et se tenait avec le ciel, on l'apercevait par-dessus les blés, les choux, derrière un moulin.

La descente sur Binic est très belle, on aperçoit une étendue de campagne, de collines d'une jolie forme et le clocher d'un village avant Saint-Brieuc, un clocher très pointu et très particulier.

Nous avons visité l'église de Saint-Brieuc, de grosses colonnes de granit retiennent la voûte. Nous revoyons encore ce village par le temps gris, car le temps se couvrait de nouveau, le soleil disparaissait ; Binic nous plaît moins, le port est cependant gentil, avec l'Ic qui se jette dedans et cette grande falaise qui avance tout près, elle est belle. Mais la plage n'est pas agréable, elle est juste derrière la jetée, une rue la borde, elle n'invite pas aux bains.

Maman étant fatiguée demanda une voiture au maître de l'hôtel de Bretagne, celui-ci appela Jean-Marie, cocher, pour savoir s'il avait le temps de nous conduire à Portrieux avant d'aller à Saint-Brieuc. Jean-Marie, souriait, avait l'air très aimable, mais il restait muet. Tout à coup il se mit à froncer le nez, sa voix sortit en sifflant et on ne comprit rien du tout, il avait l'air de se donner beaucoup de peine. Je n'ai jamais vu bégayer comme cela, c'était plus que du bégaiement.

Nous sommes rentrées à pied, mangeant des gâteaux, la route nous a paru moins longue en revenant. Nous avons pris par des petits chemins boisés qui préservaient du soleil.

Nous avons déjeuné un peu plus tard, pris un bain dans le jour. Paule est venue nous retrouver sur la plage.

Dimanche 26 août — À la messe de Portrieux à 6 h 1/2, elle était pleine et il y avait une odeur bien désagréable. À la plage, plus tard.

Lundi 27 août — Promenade à Étables, temps triste et pluie. Nous avons visité l'église qui est curieuse, très restaurée à l'intérieur, comme à l'extérieur, elle a une assez jolie forme, dans une chapelle, une religieuse en cire avec une couronne de roses, est couchée, cette figure dans l'ombre de l'entrée paraît très jolie. Le portail est gentil. En face de l'église se trouve une vieille ferme où l'on faisait les foins, la cour était animée par toutes les femmes en chapeaux, les charrettes, les chevaux, etc. C'était très pittoresque. Il se mit à pleuvoir très fort, aussitôt tout disparut. Nous nous réfugiâmes sous la porte de l'église, sur une petite place plantée d'arbres se trouvait une croix en granit sur laquelle était sculptée une couronne, derrière l'on apercevait les piliers qui entourent la place et où sont les marches pour descendre dans le village. Quand la pluie finissait, le soleil se montra un peu, il passait à travers les feuilles des arbres, il était doux et joli sur la terre mouillée. Je voyais des premières communiantes, dans la mousseline blanche parsemée de lueurs du soleil et d'ombre des feuilles, près du portail et autour de cette petite croix.

Mardi 28 août — Je prends une leçon de natation.

Vendredi 31 août — Nous avons pris une voiture à âne pour faire une promenade, on n'avance pas du tout, l'âne marche à peine et la personne qui le conduit ne fait que crier : « Allez Mignon ! Allez, attends va ! » Nous ne sommes pas allés loin, mais cependant à un endroit très joli à Plourhan dans les terres. La route passe par des endroits d'iris et de prairies vertes où se cache un petit ruisseau. Après Plourhan nous avons passé à la ville du Rouault où se trouve une très jolie propriété, vieille avec des tourelles aux jolis épis. Une allée d'arbres y conduit et un mouvement de ferme a lieu autour.

Nous sommes revenues par Étables où nous avons lâché la voiture ayant assez de cette secouade pour ne pas avancer. Là un homme très drôle marchant la tête en l'air, nous a offert des poires, nous sommes entrées chez lui où sa femme, la tête dans les épaules, nous a très bien reçues.

Dans la pièce que nous avons vue, se trouve un petit lit breton dans une armoire et fermé par des rideaux, il y a aussi de jolies armoires en bois avec des cuivres. Nous avons eu des poires, la femme a grondé son mari, Julien était vraiment drôle.

Nous voulions rentrer en visitant la chapelle que les marins ont élevée à la Vierge, au bord de la mer, mais elle était fermée. Nous avons marché par des sentiers et arrivées près de la grève d'Étables, nous nous trouvâmes prises par des herbes piquantes, obligées de rebrousser chemin, nous avons pris la grande route ; nous avions une vue merveilleuse d'où nous étions d'abord.

Samedi 1er septembre — Aujourd'hui, grande marée, les premières cabines de la plage de la comtesse sont dans l'eau le soir. Un épais brouillard a couvert la mer toute la nuit.

Dimanche 2 septembre — Nous sommes allées à la grand-messe de Saint-Quay où l'on jouait du violon et où l'on chantait. Un islandais (c'est ainsi que l'on appelle les bateaux de pêcheurs à la morue) est arrivé hier par la brume sans que l'on s'en aperçoive. Nous allons le voir entrer dans le port ce soir. Tous les bonnets sont sur la jetée, ils remuent, ils se pressent. Il n'y a pas de vent, une barque tire l'islandais avec une corde, il s'avance ce grand bateau, il devient grand sur la mer éclairée par les dernières lueurs du jour. Il devient beau, magnifique, la nuit tombe peu à peu, les marins d'Islande entonnent un chant de joie et de retour. La granvillaise devient immense, c'est le vaisseau fantôme. Sur la jetée des femmes calmes sont rangées avec leurs enfants, une ombre plane sur elles, seuls leurs bonnets sont brillants. Le bateau s'approche, des hommes sont parmi les cordages, on voit des éclairs, on entend le tonnerre, c'est féerique ; la pluie tombe très fort, nous partons et heureusement rencontrons Eugénie avec des parapluies.

Mardi 4 septembre — Très jolie promenade à Étables par des routes nouvelles, allées voir les grottes qui m'ont plu aujourd'hui, comme l'on ferait une jolie chapelle dedans et nous sommes rentrées avec des bouquets par un chemin près du moulin d'où l'on a une vue magnifique, l'on aperçoit Portrieux et les environs.

Mercredi 5 septembre — J'ai écrit ces jours-ci à mon oncle Adolphe qui est bien malade, il ne se remet pas à Cherbourg. Je reçois ce matin un mot qu'il m'a fait écrire par tante Edma, il est très affectueux. Tante Edma a l'air de dire qu'il est très mal, tout à fait perdu. Ils doivent être tous bien tristes.

Vendredi 7 septembre — J'ai fait de la photographie à la ville du Bout. Nous sommes passés chez Julien pour prendre des poires. Il n'y avait que sa femme. À la porte de sa maison se trouvait un baquet d'eau sale, où nageaient dans une petite écuelle des petites poupées trouvées dans des galettes : « Sont les petits Jésus de mon gars, comme il les appelle, qui nagent » dit la femme : « venez voir ce qu'il fait » nous dit-elle, et nous entrons dans une chambre où se trouve une petite chapelle : « C'est lui, mon gars qui arrange tout ça, il a 8 ans 1/2 ; à 5 ans, il m'a dit, mets-toi à genoux et dis la messe, je vais sonner ; si je vis, je serais étonnée s'il ne se fait pas prêtre, il dit la messe », et elle nous montra tous les objets de piété de son gars Julien. Maman lui donna 50 centimes pour le gars, et Julien arriva, il dit qu'il achèterait un petit saint Jean-Baptiste. Après cela nous avons eu des poires pas mûres.

Samedi 8 septembre — Nous allons beaucoup sur le port, qui se remplit de grands bateaux, tous les Islandais reviennent. Le mouvement qu'il y a sur la jetée est très gai.

Dimanche 9 septembre — Une dépêche de Blanche nous annonce la mort de mon pauvre oncle. Ah quelle malheureuse famille nous faisons, chacun à son tour est frappé. Tout le monde disparaît, on ne verra plus mon oncle Adolphe. Je l'aimais beaucoup, il était si bon aussi. J'ai écrit à Jeanne. Je les plains tous, tant je connais le malheur par où elles passent. Une seconde dépêche nous apprend que l'enterrement a lieu à Maurecourt.

Lundi 10 septembre — Nous comptons partir Maman et moi pour Paris demain matin pour aller à l'enterrement de mon oncle mercredi ; mais une dépêche nous apprend que Jeanne part seule. Paule est souffrante ; M. Hitier déclare qu'elle n'a rien.

Jeudi 13 septembre — Edme a seize ans [*fils d'Edma*], triste anniversaire. J'écris à Blanche. Nous partons samedi matin. La mer est très forte, dans le jour, elle saute par-dessus la jetée. Elle change la belle mer, tantôt furieuse, tantôt si douce, tantôt bleue, verte, tantôt argentée et rose.

Quand elle est basse il est joli de se promener parmi les rochers que la mer recouvre. Que de choses ravissantes on voit, ces anémones de mer, roses, vertes, tachetées, rouges qui se referment et lancent de l'eau, et qui se laissent remuer avec indolence par les flots.

Elle a des cheveux la mer, des cheveux blonds et châtains, ils s'enroulent autour des rochers, près de ces belles feuilles qu'on ne voit que dans la mer.

Je lis ici *La mer* de Michelet, quelle jolie chose et intéressante à lire au bord de la mer.

Vendredi 14 septembre — Ce matin dans le jardin, j'écris, le temps est gris, parfois il pleut, je suis dans le petit recoin. Devant moi, l'allée fleurie de roses blanches et roses, l'allée bordée de buis et derrière le vieux toit recouvert de mousse que nous avons toutes fait en peinture. C'est aujourd'hui notre dernier jour à Portrieux.

Je fais ma prière ici, je prie pour tante Edma, Jeanne, Blanche et Edme qui sont là-bas aussi près de la mer, plongés dans la tristesse.

Samedi 15 septembre — Nous avons très beau temps pour notre départ. Nous prenons à 8 h 1/2 le courrier de Paimpol qui passe par Saint-Quay. Puis nous arrivons à Paimpol, en traversant Beauport, petit village ravissant, où se trouve une abbaye en ruine et d'où on a une vue sur la jolie baie de Paimpol, où l'eau bleue entourait les rochers roses.

Les mâts des grands bateaux du port de la ville s'élevaient parmi les arbres. Paimpol est d'un aspect gai et riant. L'hôtel dans lequel nous sommes descendues se trouve sur une place de forme longue entourée de vieilles maisons. Sur toutes les fenêtres, des plus pauvres habitations, on remarque des pots de géraniums d'un ton rouge et rose (il en était de même à Portrieux). Nous avons fait la route en voiture en compagnie d'un prestidigitateur ancien acteur. Nous avons déjeuné et dîné en face de commis voyageurs.

Dans la journée nous sommes allés à l'île Bréhat, en passant par Ploubazlanec ; la route bordée d'abord par de grands arbres, passait ensuite près d'une sapinière, puis laissait les arbres et continuait sous le ciel bleu. On apercevait la mer et les falaises qui y descendaient, le paysage était joli, cela ressemblait à un Mantegna.

Près de l'embarcadère de l'île, à un endroit assez désert tapissé d'une herbe verte, si douce, de petits chats descendirent d'un mur en miaulant, ils vinrent dans nos bras. Nous ne pouvions les emporter les pauvres petits et nous les remîmes sous des feuilles de choux près d'une maison.

Nous prîmes le petit bateau qui conduisait à Bréhat, sa voile était d'un rose ravissant et elle était très belle, sur le ciel qui redevenait bleu. La mer n'était pas très forte, elle n'était pas calme non plus. Vers le milieu de la traversée le bateau penchait beaucoup et l'on recevait de l'écume de mer. Pas le temps d'avoir le mal de mer, heureusement, cela ne dure que vingt minutes. Les roches autour de l'île en porphyre rose sont très jolies. Quant à l'île elle-même, elle est moins jolie de près que de loin, elle est d'une forme découpée et a une petite baie. Pour revenir nous avons eu un bon vent et la traversée a été encore plus courte, la mer avait grossi et le petit voilier balançait d'un côté et de l'autre.

Une voiture est venue nous chercher à la fin de la journée, nous avons traversé cette jolie campagne très vite, ayant d'excellents chevaux et sommes revenues par le port où se trouvent beaucoup de bateaux à voiles blancs. Il est très joli et très gai.

Nous couchons toutes les quatre dans une chambre à deux lits garnis de rideaux blancs.

Dimanche 16 septembre — À 8 heures nous partons en courrier pour Tréguier, sur la route où nous passons, comme sur les autres se trouvent de petits calvaires taillés dans le granit. Nous passons sur le pont du Trieux, si haut et si étroit ; la vue est magnifique de là, on plonge, sur cette rivière près de son embouchure qui va s'élargissant. Ensuite la voiture s'est arrêtée à Lézardrieux, où au fond d'une place longue est une église, fine, dont les trois cloches sont à jour. Nous avons retrouvé la même à Pleumeur où elle est entourée de son cimetière. Là une femme en petit bonnet de Paimpol, bonnet très léger, sonnait la cloche debout sur la petite plate-forme de l'église ; c'était très pittoresque.

Après la campagne est moins jolie, la route était bordée d'ajoncs dont les grandes épines grises s'élevaient sur le ciel.

Nous passons la rivière de Tréguier et nous arrivâmes dans cette ville à 10 heures juste pour la grand-messe. La cathédrale est magnifique et son clocher à jour est très beau. Dedans la figure d'un évêque peinte sur une colonne avec de grandes mains blanches est très particulière. Des tombeaux avec des figures sculptées dans le granit entourent l'église. Dans une chapelle sont tous les saints. À la messe l'on quêtait en breton, cela nous semblait très drôle.

Nous avons visité le cloître qui est ravissant, tout couvert, fleuri d'aconits, entouré d'un couloir garni de colonnettes et l'on voit une vieille tour et la cathédrale. En esprit on voit errant dans ce cloître des religieuses en blanc comme il y en a en Bretagne, on se les figure apparaissant parmi les fleurs et à moitié cachées dans l'ombre derrière les colonnes. Nous avons acheté à Tréguier des cuivres comme on en met sur les armoires bretonnes, puis nous avons regardé quelques vieilles maisons et sommes allées déjeuner à l'hôtel du Lion d'Or où nous avons eu des huîtres excellentes. Ensuite nous sommes retournées à la cathédrale pour monter au clocher ; Maman est restée en bas, Paule, Jeannie et moi avons trouvé la vue extrêmement belle, on apercevait les contours de la rivière et ensuite la Manche. Le bedeau qui montait avec nous parlait très mal le français, il changeait tout de genre. Il nous a donné une leçon de breton et nous a traduit ce que disait celui qui quêtait ce matin. C'était : « Pour les âmes des fidèles » puis « Dieu vous le rende ». Il nous a appris à répéter cela, c'est très difficile.

Nous nous sommes encore promenées dans le vieux Tréguier parmi les maisons aux grandes portes blanches vitrées. Près du port au bout de la grande rue (c'est-à-dire la plus ancienne), on trouve des maisons plus grandes à tourelles, autrefois il devait y avoir une porte là.

Dans la grande rue se trouve la maison de Renan, elle est habitée maintenant par un boulanger et un tailleur. Une femme nous l'a fait visiter, elle nous a montré la cuisine où Renan est né dans une armoire, en disant : « cela prouve que les beaux esprits ne naissent pas tous dans des palais ».

Renan travaillait dans une petite pièce en haut de la maison (nous ne l'avons pas vue). Nous avons eu chacune une branche de son jardin. En attendant que le courrier revienne nous prendre, nous marchions sur la route allant à Saint-Yves. Quand un vieux bonhomme, vêtu d'un manteau bleu à grandes manches, noué avec une ficelle et un grand chapeau de paille, nous explique pourquoi il était dans ce champ, puis, que lorsque l'évêque de Saint-Brieuc venait à Tréguier, il fallait qu'il reprît ses habits dans une chapelle qui se trouve sur la route. Il ne pouvait pas aller plus loin sans ses habits, disait-il « pas du tout, du tout, du tout ». Et il faisait des mouvements extraordinaires : « pas de ça » et il se tapait la tête.

Maman raconte qu'à Tréguier se trouvaient beaucoup de fous, mais des fous très doux et qu'ils étaient vénérés par la population.

À trois heures passées le courrier arrivait. Dedans était un monsieur borgne. Et un marin partait de Tréguier, toute sa famille émue l'avait accompagné à la voiture, il partait pour Toulon, il embrassait tous les siens, son pauvre vieux père, comme il l'appelait, son frère qui pleurait, sa mère, sa sœur et encore d'autres. Son père avait payé sa place et lui avait donné de l'argent. Au premier village où le courrier s'arrêta, le marin voulut absolument descendre ; il fallut pour cela que Jeannie et moi, qui étions à côté du cocher descendions aussi. Nous prîmes les places du fond et laissions celles-là au marin qui descendait chez tous les marchands de vin de la route, il ne se tenait plus sur le siège, il s'en allait d'un côté et d'autre, à croire qu'il allait tomber sur la route. Il jetait de très loin des sous à un aveugle. Nous avions quitté la vieille et particulière ville de Tréguier où il semble qu'on se trouve retourné à des villes lointaines au temps de saint Tudival, son fondateur. La route n'était pas très jolie, on pouvait se reposer, toujours des herbes piquantes au bord des routes.

Arrivées à Lannion vers 5 heures, descendues à l'hôtel de France ; des fenêtres l'on voit le Léguer où se forme un petit port, une promenade d'arbres le borde. Nous avons arrêté une voiture pour nous conduire demain à Perros-Guirec, Ploumanach et Trégastel. Nous avons eu un mauvais dîner, l'hôtel n'est pas bien.

Lundi 17 septembre — À neuf heures, nous partons en voiture pour notre tournée, nous nous élevons au-dessus de la vallée de Lannion et après avoir vu beaucoup d'ajoncs nous arrivons à Perros ; malheureusement à marée basse. Le petit port est très joli, une rade se forme, devant sur la route sont de très gentilles maisons, le soleil manque à ce paysage, nous avons un ciel très gris. Après nous être promenées sur le port à pied, nous remontons en voiture. Tout à coup, un bruit criard et haut se fait entendre, nous regardons d'où il vient, c'est une des roues de la voiture qui s'en va ; obligées de descendre ; le cocher boiteux va demander du secours aux habitants d'une maison qui se trouve sur la route, mais il ne peut pas remettre sa roue. Il nous faut donc continuer notre route à pied, le cocher dételle ses chevaux et va chercher le maréchal du bourg. Là nous allons visiter l'église en pierre rose, d'une forme ronde et très ancienne, à l'intérieur, les colonnes ont des corniches sculptées qui sont toutes différentes ; malheureusement on est en train de la restaurer et de l'abîmer complètement. Nous fîmes des croquis de cette église avec son cimetière qui l'entoure où poussent, entre les pierres des tombes, entre les granits, des scabieuses foncées et des soucis orange.

Le maréchal qui mit fort longtemps à se montrer déclara, d'abord, qu'il fallait quelque temps pour raccommoder la roue. Nous nous mîmes en route, espérant que la voiture pourrait venir enfin nous retrouver. Nous avions peur de rester dans ces endroits presque sauvages et d'être obligées de revenir à pied à Lannion, mais nous arrivâmes à une immense plage à Trestraouet, au bord de laquelle était un hôtel avec une grande salle à manger toute en bois de sapin, une seule petite bonne avec son bonnet léger courait d'un bout à l'autre de cette pièce, nous servant un excellent déjeuner. Et le cocher boiteux étant venu dire que sa roue ne pouvait s'arranger et qu'il fallait rentrer à Lannion à cheval, on nous donna une autre voiture et nous fîmes une très belle promenade. Nous vîmes d'abord la Clarté, ravissante petite église rose et d'une architecture fine et jolie, elle est d'une forme très particulière à l'intérieur. De la Clarté, on aperçoit Ploumanach et la Manche. Ploumanach est une ville de rochers, rien que de rochers roses et la mer bleue s'infiltre parmi ces rochers, dans cet immense désert, qui de loin paraît peuplé ; de la colline où se trouve l'église on croit voir une cité, des maisons roses. Cette apparition derrière la Clarté est féerique. Au contraire, lorsqu'on est au milieu de ces pierres, on se sent loin de tout, on voit se promener dans ce paysage sauvage des hommes et des femmes en grandes tuniques blanches. De Ploumanach nous avons vu Trégastel, autre endroit de rochers, mais ils sont moins jolis, ils ont passé au gris. En avançant à la pointe l'on se voit entouré par la grande mer de trois côtés et les côtes au loin sont jolies, la mer transparente où le soleil semblait se regarder quand nous y étions, car il avait fini par se montrer. Partait un grand bateau ; c'était un islandais, peut-être un de ceux qu'on attendait à Portrieux.

À Trégastel se trouve un hôtel tenu par des religieuses blanches, il est très grand. Le calvaire est laid.

Nous reprenons une route bordée d'ajoncs, et revenues à Lannion, où le voiturier, à qui Maman apprend l'accident de sa voiture, est très ennuyé, il n'a revu ni ses chevaux, ni sa voiture. Il reçoit avec remerciements une pièce de cent sous. Après avoir marché sur le quai de Lannion et avoir visité l'église entourée de grands arbres de sous lesquels on a une très jolie vue sur une colline sur laquelle s'échelonnent des maisons et une rue en escalier, nous allons à la gare où nous prenons le train pour Morlaix.

Nous changeons à Plouaret et passons sur le viaduc de Morlaix, à la nuit, la ville est éclairée, elle est très belle vue de cette hauteur, la campagne à l'entour semble jolie. Nous descendons à l'hôtel de l'Europe, où après avoir pris un chocolat, nous nous couchons dans d'excellents lits.

Mardi 18 septembre — Ce matin nous sortons un peu tard dans la ville de Morlaix, que nous trouvons aussi jolie au jour qu'à la nuit. Nous visitons Saint-Melaine, église à clocher pointu avec un grand escalier y menant. De vieilles petites rues l'entourent. À l'intérieur en entrant, une Vierge avec le Christ en sculpture peinte, éclairés d'en haut, par des lueurs jaunes, sont dans une petite niche et en dessous un tronc avec écrit : « Pour la bonne mort ». Maman y met deux sous.

Nous remarquons un tableau d'une peinture pas désagréable. L'autel de la Vierge – Notre Dame des neiges – est couvert de fleurs blanches, d'anémones du Japon, etc. c'est très joli. Des Bretonnes prient et là dans l'église, une dit son chapelet tout haut. Elle est très jolie Saint-Melaine, cette église avec son clocher pointu. Elle est près du viaduc. Après avoir passé sous ce grand travail de pierres et d'arcs, nous sommes arrivées au quai ; de grands bateaux sont dans la rivière de Morlaix, cette ville a un très beau port. Il est joli de voir les mâts et les voiles à moitié mises d'un grand bateau, sur les beaux arbres qui bordent le quai de Tréguier. Sur ce quai on remarque une petite maison, recouverte d'ardoises, et avançant sur quatre colonnes.

Nous sommes sorties de la ville aussi par la rue de Brest et nous avons vu un paysage verdoyant, très joli.

Après le déjeuner, nous avons visité la Grande-Rue qui, comme à Tréguier, est une des plus anciennes. Les maisons sont recouvertes d'ardoises ou le plus souvent traversées de poutres, avec des figures de saints sculptées dans le bois. La maison du numéro 14 a un escalier fort curieux et très joli, il est tout en bois sculpté, toujours avec des figures de saints et a une forme arrondie.

Les vieilles rues sont vraiment très particulières, toutes petites, elles paraissent sombres et Morlaix n'est pas triste.

Passant devant une boutique de faïences, nous nous sommes arrêtées et Maman est entrée pour acheter une très jolie écuelle à dessins bleus avec des oreilles ; puis nous avons pris aussi des assiettes d'un jaune franc, tout à fait bretonnes. Une pour nous, une pour Paule et Jeannie. Nous avons fait porter cela à l'hôtel, et sommes allées à la maison de la reine Anne qui se trouve dans une rue haute, donnant sur une place comme une terrasse. Cette maison ressemble aux autres avec plus d'ornements, ses fenêtres sont d'une très jolie forme, elle a gardé ses mêmes volets de bois sculptés. Elle a aussi un très joli escalier. La Morlaisienne qui nous a fait visiter cette maison était très jolie, blonde, avec un teint frais, le bonnet de Morlaix lui allait très bien. Il est très gentil ce bonnet, il prend assez la tête et derrière il est froncé et descend assez bas, on croirait un corps d'abeille derrière la tête.

Les habitants de la maison de la reine Anne vendent des porcelaines et des meubles ; Maman a acheté un très joli vase, haut, bleu foncé et beige avec de petites oreilles.

De là nous sommes allées à Saint-Mathieu dont la vieille tour carrée est belle. Maman fatiguée nous a quittées et est rentrée à l'hôtel. Paule, Jeannie et moi, nous sommes montées dans la campagne au-dessus de Morlaix, la vue était ravissante, cette jolie ville, si bien posée sous ce grand viaduc était toute bleue, la lumière est jolie ici, elle enveloppe les colorations vives par une douce brume bleue. Morlaix est une ville magnifique, elle a beaucoup de grandeur.

Nous avons été à la recherche d'un bonnet, que nous avons trouvé et que l'on nous portera. Les femmes sont jolies ici, très fines, elles ont de petits nez, de beaux yeux et beaucoup de cheveux.

Ensuite nous avons voulu avoir des photographies de cette ville, nous sommes entrées dans une maison sur laquelle était écrit : « Photographies morlaisiennes ». On n'a pu nous donner que celle du vieux Morlaix. Nous repassons sur la grand place où d'un côté se trouve un lavoir, et devant l'hôtel pour aller dans une pâtisserie demander des crêpes ; mais il n'y en a pas, Paule voit des gâteaux ronds, elle demande ce que c'est, on répond : « ce sont des madeleines ». Je regarde dans la rue et je vois arriver Madeleine Boucherit en beige avec un grand chapeau noir, ses cheveux blonds lui entourent la figure. Elle est avec une affreuse petite personne frisée. Elle ne paraît pas étonnée de nous voir et m'apprend que Mme Boucherit est dans la maison en face de l'hôtel de l'Europe. « Nous rentrons vendredi, me dit-elle, nous sommes arrivées hier au soir. » Elle trouve Morlaix triste. Nous la quittons et, en rentrant, nous voyons Mme Boucherit à sa fenêtre qui nous dit bonjour. Je rapporte cette nouvelle à Maman. Et peu de temps après, Madeleine vient nous demander de venir voir sa mère.

La maison où sont les Boucherit pour leur court

séjour à Morlaix est bien laide, on entre par une librairie, l'escalier est sombre et sent mauvais.

Nous trouvons Mme Boucherit en robe de chambre bleue au milieu de caisses, de paniers et de pailles. Une robe dans un compartiment, une blouse de marin, une chemise sur un lit, sur le canapé une cravate à Jules sur laquelle Paule s'est assise. Puis un violon, deux pianos et sur la table, des porcelaines à emporter. Mme Boucherit s'est tellement plu à Roscoff cette année qu'elle a acheté un terrain pour y faire construire.

« Nous n'avons pas vu mon fils », a-t-elle dit, « ce n'était pas assez amusant avec nous, il a été chez des amis, des parents, il n'est venu que trois jours à Roscoff. »

Madeleine avait l'air de s'être beaucoup ennuyée pendant les vacances sans son frère, elle a cependant eu Nancy Schuk pour la distraire. Jules a donné des concerts, à Roscoff et un à Morlaix.

La visite à Mme Boucherit a été très longue, on a parlé de choses et d'autres, de la mort de Chabrier, Maman parlant de l'esprit qu'il avait, Mme Boucherit a dit : « Cela m'étonne, ordinairement les musiciens n'ont pas d'esprit, moi qui vis dans ce monde-là, je m'en aperçois. » En partant Maman a fait dire bien des choses à « M. Jules », Mme Boucherit a répondu que quand il rentrerait, elle l'enverrait nous voir, qu'il serait très content de voir Mlle Julie.

Peu après, Jules nous a fait une très gentille visite, il se donne beaucoup de peine pour parler, ne bégaye pas, il nous décrit très bien les environs de Morlaix, il contredit sa sœur ; nous explique qu'à Roscoff, nous ne verrons que le figuier et le vivier où on voit trois homards grimper. Quant à la mer on ne l'aperçoit pas, il faut la chercher pendant une demi-heure. Le petit Boucherit a très bonne mine, il est très bruni, il a fait beaucoup de bicyclette et du cheval (je me le figure assez à cheval). Un cheval, nous a-t-il dit, ne coûte que 300 F dans les foires de Bretagne. Il a demandé à Maman si elle montait, il a de drôles d'idées ce petit Boucherit. Il part demain matin à 5 heures pour faire la tournée de Trégastel, Ploumanach, Perros-Guirec et Tréguier. Il va avec six autres bicyclettes.

Nous avons descendu l'escalier avec Jules et Madeleine, Maman lui a demandé s'il avait beaucoup de succès à ses concerts : « Énormément, a-t-il répondu, le public ici est ordinairement assez froid. » Il paraissait très content disant cela franchement. Maman demanda si Madeleine avait joué dans les concerts et si elle aussi avait eu des succès ; comme Madeleine faisait la modeste, Jules répondit : « Oui beaucoup », avec l'air d'un grand frère, très jeune, qui protège sa petite sœur. Nous les avons quittés pour dîner dans la grande salle à manger de l'hôtel de l'Europe où l'on est servi par des Morlaisiennes au bonnet en queue de crevettes, si particulier, qui a un air tout à fait d'autrefois.

Mercredi 19 septembre — Maman s'aperçoit qu'elle a perdu sa montre, elle a dû tomber de la poche de sa jaquette quand elle l'a ôtée sur le quai. Nous allons à la recherche de cette montre et à la police.

Nous achetons des photographies, puis nous retournons à la boutique des faïences, Jeannie voulait rapporter quelque chose à Berthe. Elle a acheté une assiette bleue et jaune très jolie et un pot à fleurs très coloré.

Maman me fait cadeau d'un bénitier, malheureusement cassé, mais qui me plaît beaucoup.

Nous faisons une caisse à part des faïences puis nous déjeunons et partons pour Saint-Pol-de-Léon, peut-être verrons-nous Roscoff

Mme Boucherit et Madeleine m'ont dit bonjour de leur fenêtre.

La route de Morlaix à Saint-Pol-de-Léon est ravissante, l'on suit d'abord la rivière puis on s'en écarte, passant par de hautes collines couvertes de landes et au lointain d'arbres tout bleus, ce paysage était grand, on y sentait quelque chose de doux et d'immense.

En approchant de Saint-Pol-de-Léon, on voit sur la route une magnifique allée d'arbres (appartenant à une propriété), descendant jusqu'à la mer, car là, la mer commence, elle est d'un bleu très joli. Puis plus loin, on aperçoit Saint-Pol-de-Léon, cet antique évêché dont les clochers s'élevaient avec majesté pour voir l'embouchure des rivières, la mer et la terre qui s'avance où se trouve Carantec (dont Jules parlait hier). Le portique du Creiztier est très beau, l'intérieur de l'église a une forme assez particulière. En montant la rue qui mène à la cathédrale, on remarque une petite maison à tourelles assez gentille. Et derrière la cathédrale, une autre au toit très pointu et orné de salamandres (animaux de la porte).

La cathédrale, dont les clochers sont verdis par la mousse des siècles, possède une rosace magnifique. Par-dessus la porte principale se trouve une espèce de terrasse d'où l'on doit dominer Saint-Pol-de-Léon.

À l'intérieur est ce chœur en bois sculpté dont on parle beaucoup dans les guides. Nous avons regardé un autel de la Vierge très joli, la Vierge peinte et dorée est entourée de boiseries blanches également avec des dorures. C'est à Saint-Pol-de-Léon que l'on expose la tête des morts.

Nous nous sommes promenées et avons découvert une vue ravissante sur Carantec, dans laquelle il y avait quelque chose de méridional.

Nous nous sommes décidées à aller à Roscoff, la route pour y arriver est très jolie, le sol qui jusque-là est couvert de bruyère et d'ajonc, change subitement, à Roscoff il est très cultivé.

Arrivées à Roscoff, nous ne trouvons plus cela joli, on ne voit pas la mer ; Jules nous avait prévenu, l'île de Batz est comme un mur après du sable, cela paraît triste et sale. Le rocher nous Force à descendre pour voir le figuier qui est pris entre des murs et est à moitié mort, la femme qui nous le montrait a été assez blessée parce que nous nous moquions de son arbre. Enfin le figuier a fait que nous n'avons rien voulu voir d'autre à Roscoff et que nous sommes revenues. Nous avons joui encore une fois du beau paysage avec Saint-Pol dans le fond et sommes rentrées très contentes de notre promenade.

Jeudi 20 septembre — Ce matin nous nous quittons, Paule et Jeannie vont à Saint-Brieuc et rentrent à Paris tandis que nous nous dirigeons vers Brest. Elles partent à 7 h 1/2 et nous à 10 h.

Je vois ce matin Madeleine en chemise à sa fenêtre, regardant dans la rue.

Nous faisons un dernier tour d'adieu à la ville de Morlaix et nous entrons dans l'église de Saint-Melaine où je fais ma prière. J'y dessine la Vierge au Christ. Puis nous revenons par la rue Saint-Melaine qui aboutit derrière la maison où est Mme Boucherit. Cette rue est très jolie on y remarque absolument que de vieilles maisons avec leurs figures de saints, leurs grandes portes et leurs solives de bois. Dans une boutique une très belle fontaine de Quimper ou de Rouen attire nos yeux. La porte de la boutique était fermée, nous ne pouvions pas savoir le prix, du reste il était trop tard pour l'acheter, il aurait fallu l'emballer avec les faïences que Paule et Jeannie ont emportées.

Arrivées au bout de cette rue, un homme arrêta Maman pour lui demander si c'était elle qui avait perdu sa montre, il connaissait celui qui l'avait retrouvée, c'était un vieillard misérable, à l'hôtel on l'avait envoyé à la gare pour nous rejoindre. Nous y allâmes passant par des rues en escaliers très curieuses. Enfin Maman rentrait en possession de sa montre, le vieillard ne demandait qu'un mot de Maman pour prouver à la police qu'il avait rendu la montre et il a trouvé que Maman lui donnait beaucoup trop comme récompense (15 F).

Enfin nous partions pour Brest mangeant des crêpes de Morlaix qui sont exquises. Je regardais la campagne qui entoure la ville et qui est enveloppée de tons si doux. Il faisait très chaud, le ciel se montrait éclairant le pays que nous quittions.

La campagne qui environne Brest paraît très jolie. La rade où la mer, malgré le soleil de ce jour, est grise, mais d'un gris ravissant, avec ses immenses vaisseaux, donne une idée de grandeur, en arrivant à la gare. Cette mer tout entourée qu'elle est de côtes est large et grande. Nous descendons à l'hôtel des voyageurs, nous déjeunons assez mal et nous avons une vilaine chambre. Cela change avec le luxueux hôtel de Morlaix.

Nous allons sur la grande promenade de Brest d'où l'on a une vue magnifique sur la rade. Il fait très chaud, nous nous asseyons tantôt sur un banc, tantôt sur l'herbe, puis nous marchons, nous étouffons, nous nous demandons ce que nous allons faire d'une journée entière à passer ici, malgré cela nous admirons.

Nous traversons le pont tournant, œuvre très belle de l'industrie humaine, de là on aperçoit le port militaire. Nous allons à Recouvrance, endroit populacieux et sale ; ne sachant que faire nous échouons sur les remparts, au milieu des boutiquiers de Brest réunis. Là, on ne voit plus de bonnets mais des femmes en caraco de toutes les couleurs, orange, rouges, etc. Nous nous remettons encore en marche mais retournons vers la rade ; nous descendons au port, cependant l'heure a un peu avancé. Là, on nous offre d'aller visiter l'escadre en bateau à voile. Les bateaux de l'escadre ne nous intéressent pas, mais nous acceptons de faire une promenade dans la rade. Il n'y avait à peine de vent, il fallut commencer par aller à la rame. Pas une vague sur la mer, elle était calme, trop calme, un de ces calmes qui peuvent changer subitement en tempête, une douceur fausse de la mer. L'eau était violette et les côtes étaient enveloppées de violet. Par moment passait un petit vapeur qui laissait derrière lui les traces de son passage par des traînées foncées au milieu de cette mer claire, et de toutes petites vagues qui nous berçaient. Nous fîmes le tour de l'escadre ; le tour de ces monstres qui ont l'air de s'être implantés dans l'eau. Ce ne sont pas des vaisseaux, ces dragons de fer aux dards sortant de tous côtés, aux tourelles dans les mâts. « Celui-ci, nous dit le batelier qui nous conduisait en nous montrant un grand bateau gris, celui-ci, la première fois qu'il a tiré, tout l'avant a éclaté. »

Malgré l'immense rade, ils paraissaient très grands ces vaisseaux. Le Borda s'élève comme une maison dans la mer aux innombrables petites fenêtres.

Il faisait moins chaud, une petite brise se levait et nous filions tout droit, entendant le petit bruit de l'eau coupée par l'avant du bateau ; le soleil se couchait, il effleurait de ses lueurs orange la mer violette, par endroit moirée d'argent. Les vaisseaux aux hauts mâts se dessinaient comme des ombres dans le ciel orange ; et les coteaux devenus plus sombres s'enfonçaient dans la grande mer. Plus loin, le vieux château plongeant dans l'eau, éclairé par les dernières lueurs du soleil, avec des bateaux devant, faisait penser aux paysages de Vernet.

Nous revînmes dans le port rafraîchies par la douce promenade dans la rade. Cette journée finissait, nous marchions dans la ville de Brest toute peuplée de marins et si bruyante.

Enfin nous nous couchons, il était presque impossible de dormir tellement il y avait de bruit dans la rue. Au milieu de la nuit j'entends une voix forte et lugubre, puis toutes les lumières s'éteignirent à la fois.

Vendredi 21 septembre — Nous prenons le train pour aller à Auray ; nous jetons un dernier coup d'œil sur la belle rade de Brest. À Landerneau où l'on change, nous voyons un évêque dans la gare, suivi de son domestique en grand costume de Breton : chapeau en feutre noir avec velours, habit bleu à broderies jaunes. Les prêtres s'agenouillaient devant l'évêque et lui baisaient la bague. Nous avons voyagé avec une religieuse charmante.

J'ai vu Quimperlé du train qui paraît assez triste et Lorient qui ressemble beaucoup au tableau de Maman. La campagne devient beaucoup moins jolie de ce côté, seuls les terrains sont beaux, tout tapissés de genêts et de bruyères en fleurs. Le jaune et le violet, jolie relation de tons.

Enfin nous descendons à Auray ; nous commençons par faire une assez longue route en voiture, puis arrivons à l'hôtel de la Poste, recommandé par l'hôtel de Morlaix. Maman demande si il n'y a pas de vue de cet hôtel, on lui répond : « Si, sur la rue ». Nous sortons, nous descendons par des rues sales à une rivière, qui n'a que de la boue et dans laquelle des bateaux sont pris et penchent. Nous nous promenons au bord de cette boue, quand nous voyons échouée sur un tronc d'arbre, une vieille Anglaise avec un grand chapeau et un voile, un petit manteau noir, un tablier bleu, un cabas au bras et son chien « pour lui tenir compagnie ». Maman lui demande des renseignements sur Auray, elle nous apprend que ce que nous voyons en est le plus joli ; elle commence à s'ennuyer beaucoup dans cet endroit, elle y habite depuis son veuvage et elle vient tous les jours avec son chien s'asseoir au bord de cette rivière. Elle connaît toute la Bretagne, elle nous parle de la beauté « du Portrieux et du Binic ». Quant à Vannes, elle trouve cela encore plus triste qu'Auray. « Ils sont très méchants ici, dit-elle, pour mon pauvre chien, ils me cherchent querelle. »

Sur ces renseignements nous pensons à repartir demain et aller en voiture à Vannes pour voir la baie.

Nous allons acheter une coiffe du pays. Elles sont en mousseline légère. Les habitantes du Morbihan ont un gentil costume, elles ont le cou décolleté dans le dos et un petit velours noir.

Nous voyons quelques petites maisons assez vieilles. En revenant nous rencontrons sur le port notre Anglaise qui nous dit : « je penserai à vous ». Et nous penserons à elle, pauvre femme dans la misère échouée dans cette petite ville.

Nous allons à la poste où nous trouvons beaucoup de lettres. La personne de la poste est très jolie et a une voix ravissante. Maman reçoit une lettre de M. Renoir ainsi conçue : « J'ai à vous annoncer une nouvelle absolument ridicule, c'est la naissance d'un second fils, Jean ». Cela nous amuse beaucoup et nous fait rire.

Samedi 22 septembre — Je disais, hier matin, que j'étais fatiguée de dire : joli, beau, ravissant. Maintenant je devrais trouver cela agréable parce que nous ne disons plus que : laid, ennuyeux, sale, etc. Je trouve une lettre de Jeannie à la poste. Elle m'apprend que son petit pot bleu de la maison de la reine Anne est arrivé cassé. Le reste est bien. Nous partons donc après le déjeuner. Les chevaux ne marchent plus aussi bien ici. Soi-disant nous allons à Vannes en suivant la baie (« la plus jolie promenade » nous a dit la maîtresse d'hôtel). Mais nous ne voyons qu'à un moment des quantités d'îles entre lesquelles couleraient de petits ruisseaux d'eau de mer sur de la bourbe. « Le gris qu'on voit au fond, c'est le grand océan », dit le cocher. Il paraît qu'il n'y a pas de route plus près de cette baie qui devait être ravissante et qui nous semble laide. La campagne est triste, les terrains sont toujours d'une belle couleur. On voit se détacher sur ces parterres d'or parsemés de violet, des petites filles aux bonnets en étoffe rouge ou verte avec de grandes bandes de velours noir.

Les femmes sont gentilles ici, les hommes sont beaucoup moins bien que du côté de Morlaix où ils portent si bien le costume noir, de forme espagnole, avec le devant bleu et le chapeau en feutre avec le velours tenu par une boucle.

Les Morlaisiens sont très bien faits, les épaules bien bâties. Les petits garçons ont de jolies têtes, de beaux yeux et des cheveux sur le front. Ici, ce n'est plus la même race.

Nous passons sur une petite rivière où des

quantités de petits bateaux de pêcheurs ont tendu leurs filets aux mâts, cela est très gentil. L'entrée de Vannes n'est pas laide ; nous avons une heure pour visiter cette ville, en attendant l'heure du train, que nous reprenons pour nous rendre à Nantes.

Vannes a une belle cathédrale, d'une forme très particulière, elle a la forme d'une grande église qui serait suivie d'une autre petite. L'église du collège est assez jolie à l'extérieur. Au bout d'une rue se trouve une grande porte en pierre puis une place ronde et le petit port. Cette ville est plus jolie qu'Auray, on y remarque aussi de vieilles maisons ; mais elle est très sale. Nous nous trouvons à la gare au moment du départ des troupes et de l'arrivée d'un pèlerinage de Lourdes. Impossible de prendre ses billets dans la foule de soldats qui donnent des coups de poing. Enfin une femme, que Maman a prise pour une cantinière va lui prendre ses billets en entrant par une porte extérieure dans le bureau.

Quant au pèlerinage, c'est tout à fait la description qu'en a fait Zola dans son livre *Lourdes*. Les pèlerins, à l'arrivée du train, chantent des cantiques. Puis ils sortent tous des wagons de troisième où sont des brocs, des seaux etc., ils ont leurs petites croix rouges ; les uns sont guéris, l'un a un bandeau sur la figure, l'autre marche avec des béquilles. Des fauteuils sont préparés à la gare pour en transporter d'autres.

Nous montons dans un wagon où se trouvent deux prêtres, l'un prend ses aises et est couché, l'autre semble presque être son domestique. La nuit arrive vite et vers huit heures et demie, le train longe le quai de Nantes, il est comme au milieu de la rue, on aperçoit les hauts mâts des bateaux qui s'élèvent sur le ciel foncé. L'un des prêtres vient de descendre, celui qui est allongé indique un hôtel à Maman et rit beaucoup de penser que nous voyageons sans indicateur et avec un guide d'il y a vingt ans.

Nous allons donc à l'hôtel de Bretagne qui est très bien.

Dimanche 23 septembre — Nous allons à la cathédrale de Nantes qui est très ancienne et très belle, ses deux grandes tours carrées ont beaucoup de majesté.

Nous nous empressons d'aller au musée voir le *Portrait de Mme de Senones* d'Ingres, c'est un chef-d'œuvre, cela fait plaisir lorsqu'il y a quelques temps que l'on a vu de la peinture de regarder une merveille comme cela. Ce portrait est encore plus beau que celui de Mme Robillard du Louvre. Mme de Senones est en robe de velours rouge, sur des coussins jaunes, dans l'ombre une glace reflète son chignon et son cou. Elle est jolie ; le décolletage de sa robe est recouvert d'une gaze, les mains assez grandes et si bien peintes sortent de ces longues manches. La robe est à taille courte, elle est assise avec beaucoup de grâce. Ce portrait est extrêmement fait et en même temps ne perd rien de la fraîcheur et de la légèreté des premiers coups de pinceaux. Malheureusement cette beauté, cette peinture admirable est entourée d'affreux tableaux.

Nous avons à notre hôtel un excellent déjeuner, après lequel nous allons visiter Nantes qui est une assez jolie ville (genre grande ville). La Loire y est moins large que je ne l'aurais cru et moins belle qu'à Tours.

Nous partons pour Paris par un train du milieu du jour. Nous ne voyons pas Angers du chemin de fer, mais la Loire qui est très jolie de ce côté.

Lundi 24 septembre — Nous rentrons à 8 heures du matin à Paris, notre voyage qui devait durer encore quinze jours mardi dernier, est terminé en six jours. Nous nous couchons, dormons, et à peine levées arrivent : mon oncle Octave, mon cousin Octave et mon cousin Gabriel. Je trouve mon oncle Octave que je ne connaissais pas, très bien. Il a un petit-fils de 10 ans qui vient de mourir écrasé par sa propre voiture dans une partie de plaisir, devant ses yeux. Il a ramassé l'enfant qui lui a dit : « Bon Papa, je suis mort. » Le pauvre petit a vécu encore 48 heures. Sa pauvre mère ma cousine Calire, que je ne connais pas, en est malade. Quelle chose atroce.

Paule et Jeannie rient de notre retour si prompt. Je retrouve avec plaisir mon petit bénitier de Morlaix.

Laërte se porte à merveille, il a eu une joie mêlée de tristesse en nous revoyant.

Vendredi 28 septembre — Nous allons ce matin voir si tante Edma est revenue, elle est justement rentrée cette nuit. Elle paraît assez fatiguée, Blanche a très mauvaise mine. Jeanne au contraire a bonne mine. M. Renoir vient dîner avec Miss Vos que nous avons rencontrée mardi.

Dimanche 28 octobre — Nous allons à Colonne où nous trouvons des places, nous sommes tout près de Mme Boucherit et de sa fille qui est très jolie aujourd'hui. Jules est entré cette année dans l'orchestre.

Le concert commence par la symphonie en *ut* de Beethoven, que je trouve très belle, le premier morceau n'a pas été très bien exécuté. Nous avons entendu beaucoup de sonnette, d'abord dans du Massenet, où un seul passage m'a plu, un violoncelle et une clarinette jouaient seuls. Ce passage a été très bien exécuté par Baretti et Terrire. Nous avons réentendu de la sonnette dans *Impressions d'Italie* de Charpentier, que je connaissais déjà.

Sarasate qui a joué le premier concerto de Max Bruch, puis des fantaisies norvégiennes de Lalo, m'a moins plu qu'au conservatoire, il m'a produit un peu la même impression qu'à la salle Erard. Il me semble qu'il manque d'ampleur ; ses sons sont d'une justesse et d'une pureté admirable, il fait des choses très fines et délicates, et en même temps des tours de force ; Jules était dans le ravissement pendant qu'il jouait. Il n'a pas été bissé la première fois et après le Lalo, il a exécuté les airs bohémiens. Il a enlevé le dernier morceau avec un charme extraordinaire, il est tout à fait tzigane. Jules donne plus de style et de noblesse à ses airs bohémiens. Décidément c'est Jules le premier violoniste.

Maman a dit à Mme Boucherit que nous aimions mieux son fils que Sarasate, cela est très sincère.

Nous avons retrouvé Blanche et Jeannie qui sortaient du concert.

Nous avons dîné chez mon cousin Gabriel, Jeannie et Charley étaient très aimables.

Maman a signé le portrait des petits.

Mardi 30 octobre — M. Mauclair est venu nous donner une leçon qui a été très intéressante à propos de la Mythologie, il nous a parlé des religions, des signes appartenant à chacune, etc. Il a l'air de vouloir se donner plus de peine que l'année dernière.

Jeudi 1er novembre — Jour de la Toussaint, passé trois heures à Saint-Gervais où nous avons entendu de la belle musique, les cérémonies aussi y sont très jolies.

Aujourd'hui et demain, chacun va au cimetière porter une couronne ou un bouquet sur la tombe d'un parent proche ou éloigné. C'est la fête des morts, nous en avons beaucoup dans notre famille, chaque année l'on voit s'éteindre un des nôtres, que cela est pénible. Quel serrement de cœur, lorsqu'on pense qu'on est condamné à ne plus jamais revoir sur cette terre quelqu'un avec qui on a vécu. Comme Papa me manque, il était si bon, je voudrais tant le revoir ! Oh Papa, prie le bon Dieu pour nous, pour Maman.

Vendredi 2 novembre — Nous prenons une voiture pour aller au cimetière de Gennevilliers, où repose le corps de mon pauvre oncle parrain, nous déposons une couronne et un bouquet sur sa tombe. Mon bon parrain, le dernier descendant des Manet. Maintenant je suis seule descendante des trois frères Manet, il ne reste qu'une malheureuse fille et deux veuves les pleurent.

Nous allons chez tante Suzanne, chez qui nous voyons des albums de dessins, que mon oncle Édouard a fait dans ses voyages, ce sont des croquis d'après des sculptures, des tableaux, etc. Nous en avons rapporté trois, un dessin à la sanguine d'après une femme de Raphaël, je pense, puis deux médaillons à l'aquarelle, l'un représentant les trois Grâces sur un fond mauve, l'autre, une femme avec un violon à côté d'elle, sainte Cécile, probablement.

Le Tsar très malade depuis plusieurs jours est mort à Livadia (?). Lorsqu'il y était arrivé, on lui avait fait la remarque qu'il était drôle d'avoir nommé une mer si bleue, la mer Noire. « Si on l'a appelée la mer noire, dit-il, c'est qu'elle me verra mourir. » Malheureusement, cela était vrai.

M. Renoir est venu pendant que nous prenions notre leçon avec M. Mauclair. Celui-ci nous a parlé des écritures secrètes et n'a rien dit de très intéressant.

Mercredi 7 novembre — Été chez M. Camentron qui comme toujours est sûr de vendre les tableaux de Maman ; mais depuis un an, ils sont toujours là.

Nous avons vu chez lui, un très beau pastel de M. Degas, une femme chez une modiste essayant un chapeau devant une psyché. Des chevaux de course et des danseuses.

Il nous a montré la photographie d'un morceau de la première esquisse de *L'Exécution de Maximilien.* Ce tableau était à l'imprimerie du frère de tante Suzanne, M. Léon, qui coupa d'abord le *Maximilien* pour le vendre à part, puis le reste passa chez M. Camentron et chez M. Portier. Ce dernier coupa le sergent qui se trouve derrière les soldats. De sorte que maintenant le tableau est en trois morceaux. M. Degas les recherche et en a déjà trouvé deux. Il va les réunir et essayer de remettre le tableau comme il était.

Vendredi, lorsque nous sommes allées chez tante Suzanne, Maman lui a justement demandé ce qu'était devenue cette esquisse. « Elle est tombée en ruine, a-t-elle répondu, il fait si humide dans l'imprimerie de Léon, elle ne valait rien. »

Nous avons été voir Mme Jammes, qui était très aimable, elle connaît Paimpol et l'île Bréhat, aime beaucoup la Bretagne et les Bretons.

Je dois aller peut-être au cours d'histoire qui commence le jeudi 15 et sûrement au cours de sciences qui aura lieu le samedi 17.

Jeudi 8 novembre — J'ai été voir Gaby à sa pension avec Paule et Jeannie. Maman a eu la visite de Mlle Albine avec Julio, celui-ci a complètement changé, je ne l'aurais pas reconnu, il est effrayant, il a une tête énorme, a pris tout à fait un air italien.

Nous avons vu aussi M. Rossignol, Mme Renault et Berthe et enfin M. Renoir qui est venu dîner pour aller au théâtre ensuite.

Nous sommes allés au théâtre du passage Vivienne où l'on jouait trois opéras comiques :

l'un ennuyeux : *Le divorce de Pierrot,* le second amusant : *Rose et Colas.* Le 3e : *Ma tante Aurore.*

Lundi 12 novembre — Nous sommes allées retenir une loge au Français pour mercredi soir pour y aller avec Mme Renault, Berthe, Paule et Jeannie.

Nous avons visité le vieux Paris aux petites rues qui entourent Saint-Séverin, église que je ne connaissais que d'après une description de Huysmans et qui est très jolie. Les colonnes de la chapelle du fond ne sont point pareilles et sont très curieuses.

Il y avait beaucoup de vent aujourd'hui. Nous sommes arrivées à la rue Saint-Jacques pour trouver une cheminée et des tuiles par terre qui venaient de tomber. En passant en omnibus sur la place de l'Étoile, j'ai cru que toutes les vitres étaient cassées. La lanterne s'éteignait à chaque instant. Un homme sur la place se cramponnait après un arbre. Enfin cela devint une vraie tempête, un châssis vitré est enlevé du toit de cette maison.

Cela doit être effrayant en mer, pauvres marins et quelle doit être l'inquiétude de leurs familles. Je pense à cette chapelle de Saint-Marc près de Portrieux, tous ces marins morts en mer, malheureusement il y en a encore d'autres, la mer est un gouffre effrayant, elle n'a pas pitié des malheureux.

Mercredi 14 novembre — J'ai seize ans. Le lever du soleil est extraordinaire, il est féerique, rose, complètement rose comme un feu de Bengale, tout est enveloppé de tarlatane, c'est merveilleux.

Paule et Jeannie m'apportent des fleurs et Berthe m'envoie de jolies plantes. Nous allons dîner chez Mme Renault et après nous allons au Français. La représentation est très jolie. Nous entendons d'abord *Le Mariage forcé* de Molière, cette charge a des passages assez drôles, le philosophe calme est amusant, l'autre est commun.

La joie fait peur est très bien jouée par Got qui fait le domestique. *Il ne faut jurer de rien* d'Alfred de Musset m'a beaucoup plu. Je trouve cela extrêmement joli, c'est simple, c'est élégant. Rechemberg a vraiment une jeunesse extraordinaire, elle est légère lorsqu'elle fait les mouvements de danse. Le jeune homme aurait pu mieux jouer, ce qui aurait rendu le dernier acte du rendez-vous dans les bois plus joli. Le rôle de la jeune fille me plaisait, il y avait quelque chose de naïf dedans. C'est Maman qui a voulu me conduire au Français pour mes seize ans.

1895

Vendredi 1er mars — Maman est bien malade depuis que je n'ai écrit, le docteur croit qu'elle a une congestion pulmonaire, il vient deux fois par jour, cependant il dit que la maladie suit sa marche ordinaire et il trouve Maman plutôt mieux aujourd'hui. Elle est terriblement faible, peut à peine parler, elle ne prend que très peu de lait, la fièvre n'est pas très forte. Elle souffre beaucoup de la gorge ce qui l'empêche d'avaler. Elle a été très mal hier au soir et aujourd'hui vers 4 heures. Tante Edma a passé la nuit dernière auprès d'elle et fait de même cette nuit. Paule reste toute la journée, Blanche me promène et beaucoup de personnes viennent prendre des nouvelles de Maman. Je suis entourée de personnes affectueuses qui soignent bien Maman ; nous sommes contentes du médecin. Je ferais je ne sais quoi pour que Maman se remette vite, cela me fait tant de peine de la voir ainsi malade, j'ai peine à ne pas pleurer, et puis je ne rends pas de services, je ne sais pas soigner et l'on veut que je dorme la nuit. Ce que tout cela est triste, oh, mon Dieu, guérissez Maman.

Mercredi 17 avril — Oh ! douleur, depuis que j'ai écrit, j'ai perdu Maman, le samedi 2 mars, elle est morte à 10 h 1/2. Je ne puis dire combien mon malheur est grand, ma tristesse profonde. Je suis maintenant orpheline, en trois ans mes parents m'ont quittée.

Ma pauvre Maman a tant souffert pour me quitter, elle a vu sa fin et n'a pas voulu que j'entre dans sa chambre pour avoir un si triste souvenir d'elle. Sa maladie a été courte mais douloureuse, ses maux de gorge étaient épouvantables, elle ne pouvait plus respirer. Oh jamais, jamais je n'aurais cru une chose aussi pénible. Samedi matin encore elle riait, elle a reçu mon cousin Gabriel ; oh, qu'elle était jolie alors, elle reprenait sa vraie figure, qu'elle était bonne. À trois heures je parlais pour la dernière fois à Maman, à sept heures le docteur Ganne venait, j'entrais dans la chambre de Maman, mais impossible de rester, je ne pouvais la voir souffrant tant, sans respiration ; je la voyais mourante et je croyais qu'elle serait guérie, il me semblait que nous avions eu assez de malheurs. Vers dix heures le docteur Ganne est revenu accompagné d'un petit médecin en habit que je n'ai vu qu'une seconde et qui restera à jamais dans ma mémoire comme une figure de cauchemar. (Oh, si cela pouvait être un cauchemar !) Mais non, hélas, c'est la réalité. Oh, mon Dieu, aidez-moi à supporter cette perte, continuez à me soutenir, seul vous pourrez nous aider en ces malheurs et jusqu'à ce jour, si j'ai vécu ainsi c'est par votre grâce. Oh, oui mon Dieu, vous êtes infiniment bon, faites que Maman soit heureuse auprès de vous.

Il y eut un grand silence dans la chambre puis des voix ; j'écoutais de la salle à manger, on m'emmena sur le palier de l'escalier où je restais tremblante avec Blanche et Jeannie, j'entendis un cri (c'était Marie, épouvantée, de cette chose horrible qui venait de se passer), les médecins sortent, on m'emmène dans ma chambre. Blanche me dit que cela va mal et que je ne peux pas voir Maman. Blanche arrive, me couche, reste auprès de mon lit ; ah, si elle peut rester près de moi, c'est que c'est fini. Je m'endors ayant compris et ne croyant pas tout de même ; j'espère un réveil où je trouverais Maman mieux. Oh ! quand je revois toutes les angoisses de cette journée, il me semble que mon cœur va se briser.

Oh ! ma bonne Maman, elle m'a laissé une lettre, cette lettre est précieuse et elle a écrit à Jeannie : « Je te recommande Julie ». Son dernier mot a été Julie. Oh, qu'elle a souffert pour moi. La nuit de vendredi à samedi avait été mauvaise, Maman disait qu'elle voulait encore aller jusqu'au matin pour me revoir. Cette nuit Marie est allée chercher un homéopathe qui est venu le matin. Maman le désirait. Oh ! malheur, malheur, jamais je ne pensais être sans Maman.

Samedi 20 juillet — Nous repartons pour cette Bretagne où l'année dernière nous avons fait un si joli voyage avec Maman et maintenant nous allons la revoir sans elle ; nous allons contempler l'immense mer seules. À chaque joli paysage, je vais me dire : « Comme Maman aurait bien fait cela ».

Nous arrivons ce soir chez Mme Renault qui est très bonne pour nous et Berthe que j'aime beaucoup, qui est plus qu'une amie, comprend mes sentiments, elle connaît le malheur. Mme Renault demeure à Saint-Enogat près de Dinard ; notre première impression sur le pays est mauvaise ; la mer nous paraît d'une laide couleur et Dinard est mal construit.

Dimanche 21 juillet — Nous traversons l'embouchure de la Rance pour nous rendre à Saint-Malo qui, comme un bloc de pierres, avance dans la mer avec son clocher pointu ; cette ville fortifiée est très belle, nous y remarquons une vieille maison : celle de Duguay-Trouin. De là, nous allons à Paramé, belle plage unie, bordée d'affreuses constructions modernes.

Lundi 22 juillet — Nous faisons avec Berthe une ravissante promenade à la Vicomte, qui avance dans l'anse de Dinard devant la Rance ; la mer très bleue nous apparaît au-dessus des champs de blé, derrière des arbres et toujours au fond l'on voit Saint-Malo ou Saint-Servan. Des vaches se détachent sur la mer et tout cela est d'un ton exquis. Nous sommes revenues de notre première impression, cette promenade nous enthousiasme sur Dinard dont le port ou la cale est très gentil étant très animé.

Mardi 23 juillet — Nous retournons à Saint-Malo par le Grand Bey avec Mme Renault, Berthe et une jeune fille amie des Angoulvent, Mlle de

Joinville. Nous ne trouvons rien d'extraordinaire au tombeau de Chateaubriand ; peut-être est-ce beau lorsque la mer est haute de la voir en cette grande étendue et de la voir plus haute cachant les rochers qui à cet endroit sont noirs ! Nous faisons le tour de Saint-Malo sur les remparts d'où on a une vue magnifique, on aperçoit le cap Fréhel, la pointe du Décollé, Dinard, Paramé. Le clocher de Saint-Malo se montre derrière les toits au fond d'une étroite rue. Des maisons à l'aspect solide en beau granit bordent les remparts. Sur un balcon, un chat miaule. Dans la seconde moitié d'une fenêtre, c'est-à-dire une fenêtre en demi-lune, prenant du parquet et formant le dessus de l'autre, se trouve une vieille femme faisant la conversation avec un perroquet blanc. On plonge ainsi dans les intérieurs. Ce soir Jeannie va jouer à quatre mains avec Mme de Joinville. Berthe et moi nous rions comme des folles de la perruque de Mme de Joinville qui saute. Mme de Joinville est une personne divorcée, elle a l'air plutôt demoiselle, de ces personnes se croyant très artistes, à l'air pincé, au teint jaune et à qui l'on dit beaucoup Mademoiselle.

Mercredi 24 juillet — Les Angoulvent arrivent ce matin, nous allons les chercher à la gare. Elles sont toujours très réveillées ces personnes infatigables. À peine dans leurs maisons, elles défont leurs malles. Elles sont suivies de l'éternel Léon dont elles parlent toujours. Nous allons avec elles à la Goule aux fées, grotte qui ne m'intéresse pas. Dans le jour nous nous asseyons sur la plage de

Dinard qui est belle et unie, nous regardons les gens se baigner, des femmes qui ne pensent qu'à faire de l'effet, sorte de personnes qui me fait horreur. Berthe rencontre une amie américaine très comique, laide, à l'allure d'un garçon. Le soir les Angoulvent viennent nous voir et je monte dans notre chambre étant malade.

jeudi 25 juillet — Nous partons à 8 heures du matin avec la baronne de Joinville, sa fille, son fils qui répète sans cesse ; « ce n'est pas banal, c'est banal, etc. ». Nous prenons le bateau la *Bretagne* à la cale et nous descendons la Rance qui est très large, forme comme des lacs successifs ; de temps en temps passe une grande barque à voiles grises, chargée de bois. Malheureusement le ciel est lourd. Après l'écluse, la Rance se rétrécit considérablement et après avoir navigué entre une côte rapide et des arbres, l'on aperçoit Dinan qui, placé en amphithéâtre se reflète dans l'eau et un vieux pont de pierre traverse la rivière. C'est là où nous nous arrêtons. Lin, brave tanneur que connaît Mme Renault vient à notre rencontre, nous montre la plus ancienne rue de Dinan qu'il habite, il s'y trouve de petites maisons aux portes de bois et au premier étage avançant sur le rez-de-chaussée. Une porte très belle, celle du Jersual est au bout de cette rue. Nous allons sur une de ces larges tours qui entourent Dinan, de là nous jouissons d'une très jolie vue sur la rivière. Après avoir déjeuné à l'hôtel de Bretagne nous allons visiter la prison ; ancienne demeure de la duchesse Anne, d'où l'on a aussi une belle vue. Nous trouvons les prisonniers très bien traités, le dortoir immense très aéré est rempli de petits lits sur lesquels sont pliés les draps et les couvertures.

Ensuite nous nous promenons en voiture, allons voir une église détruite, un établissement de fous, je n'y descends pas étant fatiguée, je reste avec Mme Renault ; Jeannie paraît-il fait une déclaration à un fou. Pendant ce temps nous voyons un homme ayant trop bu sauter, gambader, faire les cent tours devant nous. Puis nous allons à une fontaine et nous rentrons à Dinard en chemin de fer.

Samedi 27 juillet — Nous visitons Saint-Servan, la tour Solidor, la femme qui nous la fait visiter est très drôle ! Nous mangeons d'excellents gâteaux. Nous rentrons par le Grand Bey ; il avait plu, la mer était d'un gris presque blanc, d'une douceur infinie et dessus se détachaient des rochers aux algues dorées. Quand je vois cette grande mer si belle, je voudrais pouvoir dire : « Maman, regarde » et en parler avec elle, hélas !

Lundi 29 juillet — Toute la matinée passée à Saint-Servan cherchant des souliers, ayant vu beaucoup de cordonniers, nous revenons sans rien.

Mercredi 31 juillet — Partie de bonne heure pour Cancale avec la baronne, sa fille parlant éternellement de son examen, Mme et Mlle Ronie, amies des Angoulvent qui vivent ici avec eux. M. Le Dague, un gros homme commun et bégayant qui dîne et déjeune chez Mme Renault nous suit en bicyclette ainsi que Léon Angoulvent. La route de Cancale est assez jolie, nous arrivons vers 11 heures, une brume légère plane sur la mer d'un bleu doux et voile délicatement le soleil ; à l'horizon une ligne rose. Sur le quai des bateaux en construction, des marins, des femmes au gentil petit bonnet, auquel on ajoute le dimanche la coquille d'huître et derrière ce mouvement, mille petites barques dans la baie. Après un déjeuner avec des huîtres, étourdissant, nous montons sur une falaise d'où nous admirons cette mer devenue encore plus bleue, le soleil se montrant moins voilé et les rochers si jaunes.

Nous trouvons à Cancale des intérieurs de montre servant de broches pour la somme de 25 centimes, très gentils. Nous rapportons aussi un bonnet. Nous revenons à Saint-Malo par une route ravissante d'où l'on voit les côtes se découper sur la mer, comme toujours en Bretagne, on a l'impression d'une géographie. Le soleil laisse tomber ses derniers rayons sur une petite rivière qui resplendit au milieu des grandes côtes dans l'ombre.

Le bateau de Saint-Malo est parti ; nous prenons une barque à voiles, Mme de Joinville meurt de peur. Cette petite traversée finit agréablement la journée par un doux bercement sur ces ondulations de la grande mer si colorée.

Jeudi 1er août — Nous allons avec Mme Renault, Berthe, Fernande et Gabrielle à Saint-Briac qui nous paraît joli malgré la journée très triste.

Samedi 3 août — Nous partons à 6 heures du

matin par un temps gris pour le Mont-Saint-Michel ; nous ne tardons pas à avoir une pluie qui dure toute la journée. Le voyage est interminable. À Pontorson nous montons dans une mauvaise voiture ou braque qui, comme dit Jeannie, ressemble aux égouts, du moins nous nous les figurons comme cela. Après beaucoup de canotages sous la pluie dans cette voiture nous arrivons à ce pâté de Mont-Saint-Michel, vrai jouet de bébé ; nous ne voyons qu'un sable gris, pas même une ligne de mer. Nous prenons un déjeuner fade avec cette omelette jaune de la mère Poulard et ensuite nous visitons l'abbaye en troupeau comme des moutons. Tout a été restauré dans cette abbaye, il n'y a que le réfectoire et d'autres grandes pièces à colonnes qui m'aient plu ; quant au cloître je le trouve plutôt laid avec ses ornements si lourds. On nous a menées dans les caves, c'est-à-dire, les cachots, cela ne m'intéresse nullement. Lorsque nous sommes revenues, toujours pas de mer ; rien que de la boue autour de ce rocher de carton. Encore un voyage long et fatigant pour rentrer. Au grand étonnement de tout le monde nous disons que le Mont-Saint-Michel est laid.

Dimanche 4 août — La mer est très forte aujourd'hui, nous allons la voir avant le dîner. Paule la peint d'une cabine. Jeannie se promène sur les falaises avec les Angoulvent. Berthe et moi nous restons assises sur la plage de Saint-Enogat, et là, devant cette mer en fureur, cette écume qui s'élève comme une fumée contre les rochers, devant ce gouffre infini, nous sommes saisies de tristesse, nous parlons de morts, Berthe revoit son pauvre frère à l'agonie, nous pensons à nos malheurs et cette amie que j'aime tant comprend mes sentiments, elle comprend toute la tristesse qu'il y a pour moi à entendre dire Papa, et Maman. Hélas, je ne puis dire ces mots, ces premiers mots qui sortent de la bouche de l'enfant. Nous revoyons avec Berthe tous ces temps heureux, nous pensons que cela n'est plus, elle pense à l'horreur d'être orpheline, elle nous plaint ; c'est un soulagement que de pouvoir parler avec une amie comme Berthe, dire tout ce que l'on pense. Que c'est dur d'être avec des personnes qui ne comprennent pas votre situation, avec lesquelles il faut rire, parler de choses insignifiantes et l'on finit par rire plutôt pour ne pas pleurer. Peut-être rit-on plus lorsqu'on est triste, c'est une chose nerveuse qui ne prouve aucunement la gaieté.

Lundi 5 août — Promenade entre Dinard et la Cale d'où on a une jolie vue sur Saint-Malo, puis retournées par la plage. Le soir M. Renault est arrivé.

Mercredi 7 août — J'ai retrouvé ici Alice Villemer de mon cours, elle est très aimable. Nous partons demain, notre dernière journée à Dinard est très triste, la pluie ne s'arrête pas. M. Renault nous fait porter à chacune un ravissant bouquet.

Jeudi 8 août — Nous partons le matin, nous quittons toute l'aimable société de Saint-Enogat. Nous allons retrouver M. Renoir à Châteaulin.

Nous changeons de train d'abord à Dinan, puis à Lamballe et déjeunons à Saint-Brieuc, nous descendons dans cette ville où l'année dernière à cette époque nous arrivions avec Maman. Ensuite nous remontons dans un train jusqu'à Landerneau. Nous passons sur le viaduc de la ravissante ville de Morlaix qui nous paraît comme l'année dernière d'un ton bleu et doux. La tour de Saint-Mathieu s'élève toute carrée au milieu des anciennes maisons et la rivière se perd dans les beaux arbres. Nous apercevons l'hôtel où nous étions, ces rues où nous nous promenions avec Maman. Nous remarquons Pleyber-Christ, la Roche et l'église de Landerneau nous paraît jolie. Là après avoir changé pour la dernière fois de train, nous entendons un homme crier, il est porté par des Bretons dans le compartiment voisin ; entre dans le nôtre un homme au nez rouge, à la voix éraillée disant que c'était un fou que l'on maltraitait, que ceux qui le gardaient avaient une barrique de vin fin, qu'ils en buvaient et n'en donnaient pas au fou et ainsi de suite. Le train parti, le voyageur défait une valise, alors s'échappe une odeur de vin et nous voyons une bouteille pleine, l'autre cassée et le vin coule partout dans le wagon. Puis cet homme nous offre des poires et des prunes disant : « Acceptez de la part d'un vieux loup de mer. » Nous étions un peu effrayées ; cependant un militaire nous rassurait : mais voici que celui-ci prend une bouteille d'eau de vie et se met à boire ; alors à la première station, où il n'y avait qu'une minute d'arrêt nous prenons nos paquets, sautons du wagon de seconde et montons en première, pas fâchées d'avoir quitté cet homme qui nous paraissait pas mal ivrogne. Nous avions hâte de trouver M. Renoir ; heureusement nous le voyons à la gare de Châteaulin et son manteau gris ayant pris des teintes jaunes et son chapeau brun au bord baissé ; il nous conduit à un hôtel où nous passons la nuit. Il est vraiment bien gentil de se déranger ainsi pour venir au-devant de nous.

Vendredi 9 août — Visité Châteaulin, petite ville triste, rivière en canal, très jolie chapelle ancienne sur une hauteur près d'une montagne ronde. Arrivés à Quimper pour déjeuner. Cela nous paraît très joli, la cathédrale est très belle, une rivière coule au milieu de la ville, de petits ponts conduisent chacun à une maison différente. En face de l'hôtel où nous descendons est une montagne boisée très particulière. Nous allons dans le jour à Bénodet, au bord de la mer, en voiture, c'est un endroit d'une tristesse horrible. Nous passions notre temps avec M. Renoir à regarder les bornes pour savoir s'il restait encore beaucoup de kilomètres à faire. Nous couchons ici.

Samedi 10 août — Nous partons à 6 heures du matin pour Douarnenez, nous sommes enthousiasmées de la baie, malgré l'affreux temps gris et dur. Des arbres, des toits de chaume se détachent sur la mer et les côtes d'une ravissante forme entourent et enferment cette mer qui paraît infinie et dessus des barques à voiles se succèdent, font une imperceptible tache noire au loin. Douarnenez même est sale, la population a l'air malade. M. Renoir reste pour visiter une maison aux environs tandis que nous rentrons déjeuner à Quimper. Nous visitons la cathédrale que nous admirons à l'intérieur comme à l'extérieur. Puis nous nous promenons parmi ses étroites rues aux vieilles maisons à poutres ou couvertes d'ardoises, et toujours par-dessus les toits apparaissent les délicates et hautes tours pointues de la magnifique cathédrale d'un très beau style rappelant celui de la cathédrale de Chartres, nous dit M. Renoir.

Au milieu du jour nous retrouvons M. Renoir à la gare, il a trouvé une petite maison très bien à Tréboul près de Douarnenez. Nous nous dirigeons vers Pont-Aven, descendons à Banalec et là prenons un omnibus pour Pont-Aven, Pierre est venu à notre rencontre. Nous trouvons Mme Renoir avec Jean et sa bonne à l'entrée de l'hôtel des Voyageurs, le petit pays paraît assez joli. On est servi à table par de ravissantes bonnes, qui portent le bonnet à ruban qui se met sous la coiffe à grandes boucles de Pont-Aven et une grande collerette plissée.

Dimanche 11 août — À la messe toutes les femmes en bonnets semblent immaculées et les hommes sont beaux avec leurs hauts cols brodés, se tenant debout contre les piliers. Celui qui quête a de longs cheveux gris ramenés par devant.

Dans le jour nous allons à Devet où il y a un petit pardon ; les hommes et les femmes sont réunis sur une place devant une église. Au son d'une cloche ils entrent dans une petite chapelle qui est vite pleine, alors des femmes assistent aux vêpres en dehors ; c'est très joli de les voir toutes agenouillées devant le vieux clocher. Après nous allons à la mer à un endroit où elle est très triste, d'un bleu noir, on aperçoit l'île de Groix.

Lundi 12 août — Nous allons peindre au bord de la rivière à un endroit d'où l'on aperçoit derrière les ajoncs brûlés les bateaux au port et des maisons. Nous sommes entourées de gamins qui nous ennuient et qui se moquent de nous.

Mardi 13 août — Monsieur Renoir nous fait faire une très gentille promenade, nous revenons par un moulin en passant la rivière sur des planches. Octavie arrive avec Laërte qui est toujours pelé.

Jeudi 15 août — Pour ce jour de fête, les Bretonnes ont mis leurs plus beaux costumes, nos robes paraissent minables à côté des tabliers de soie de toutes les couleurs, ces velours brodés, enfin ces rubans roses, bleus, rouges, violets, verts, etc. sous les coiffes blanches et les collerettes bordées de dentelles. Julia, une des bonnes de l'hôtel, une ravissante brune à la figure fine qui paraît assez coquette et gentille a une belle collerette bordée de grosses marguerites brodées à la main. Dans le jour nous assistons à la procession qui se fait sur le quai et les bateaux sont vernis. Quelques petites filles ont des robes blanches et une femme a une robe toute couverte de broderies d'or. La procession finie, nous allons nous promener avec M. Renoir, il nous mène au château du Ruste qui est en ruine et où l'on voit dit-on des revenants, un moine et une dame blanche, à un certain jour de la lune. Puis nous allons à Nizon, c'est assez joli, il y a une gentille église et un calvaire.

Vendredi 16 août — Paule n'est pas bien, Jeannie reste avec elle et je vais avec M. et Mme Renoir à la plage de Saint-Nicolas qui est à l'entrée de l'Aven, nous y descendons en barque le matin pour ne revenir qu'à l'heure du dîner. Nous passons devant deux châteaux et devant Rosbras, où Maman, tante Yves et tante Edma ont habité. Je vois leur maison qui maintenant est entourée de sapins. Nous voyons ce pays dont nos mères nous ont parlé, sans elles.

La plage de Saint-Nicolas très gentille, une allée d'arbres y descend et derrière une petite chapelle entourée de verdure. Plus loin est une cale à un petit village appelé Port Manech et à la pointe on aperçoit toute la mer et l'île de Groix.

Nous nous baignons avant le déjeuner et dans ce pays primitif on se déshabille en plein air derrière un rocher, puis on mange comme on peut par terre. M. Renoir fait une ravissante étude sous les arbres, on y voit toute la richesse de coloration des dessous d'arbres par un jour de grosse chaleur et au fond, la mer brille d'un bleu intense. Jean s'amuse beaucoup dans l'eau, il est très gentil avec ses cheveux dorés.

Samedi 17 août — Nous repartons aujourd'hui pour la mer avec Paule et Jeannie. Nous descendons un peu avant Saint-Nicolas et nous montons sur la hauteur et de là on voit serpenter la rivière d'un bleu turquoise à travers des ajoncs et des arbres au fond. Nous nous baignons, déjeunons et travaillons et j'admire à la fin de la journée étant sur la plage, cette eau transparente dans laquelle les côtes se reflètent et passent des voiles blanches et roses. Deux petites filles viennent devant sur les rochers verts, on ne peut se figurer combien était jolie la valeur de leurs cheveux bruns et blonds sur cette eau. J'ai essayé de les faire.

Nous partons assez tard, attendant la marée haute, ou plutôt que la mer remonte un peu ; mais nous restons échoués plusieurs fois sur des bancs de sable. Après de vains efforts pour en sortir, Mme Renoir mettant toutes ses forces en appuyant sur le bateau à l'avant le faisant avancer par son poids ; on s'arrêtait tout de même, puis l'eau venait, alors on naviguait de nouveau ; mais bientôt la nuit vint, la rivière presque à sec était assez laide, on traversait de la vase qui sentait mauvais et il me semblait que cela ne devait pas être bien bon pour le petit Jean. Enfin nous trouvons un grand bateau échoué en travers de la rivière, il n'y a qu'un seul petit passage où est ramené tout le courant ; cette fois nous croyons bien être obligés de passer une partie de la nuit là. Notre batelier se donne beaucoup de peine et après quelques temps il finit par dépasser l'obstacle. Ce n'est pas fini, nous échouons encore, le marin Prosper descend dans l'eau, pousse l'embarcation et nous descendons avant le port de Pont-Aven dans la vase et grimpons sans y voir clair entre des ajoncs, des pierres et nous arrivons pour dîner à 9 heures.

Dimanche 18 août — Nous allons en voiture au pardon de Bonne Nouvelle, il est très beau ; toutes les jeunes femmes et petites filles sont groupées devant le mur de l'église sur l'herbe en pente ; puis a lieu une procession où nous admirons encore les coiffes blanches sous les bannières. Dans l'église sont des saintes et une Vierge habillées en Bretonnes avec des broderies.

En revenant nous visitons l'église de la Trinité, elle est très jolie et très particulière, partout de jolis ornements, un chien est d'un côté au bout du toit, de l'autre un lézard, etc. À l'intérieur on voit de vieilles statues en bois sculpté. Le soir une jeune fille anglaise et sa sœur étant costumées en Bretonnes ont dansé une très jolie danse écossaise, où l'on lève une main tout en faisant de très jolis pas, puis on tourne en se tenant. Je pensais que Maman qui aimait beaucoup les ballets aurait regardé avec plaisir cette petite fille faisant glisser ses pieds si délicatement avec un air sérieux et sa main comme celle d'une statue égyptienne. Elle avait une grâce infinie.

Mardi 20 août — Nous passons la journée et déjeunons à Saint-Nicolas avec un Irlandais de l'hôtel. Nous restons à peindre sur l'herbe si verte où le couvert est mis. Ne voulant pas recommencer à naviguer dans la vase, nous nous faisons descendre à Rosbras où nous nous promenons dans une allée couverte d'où l'on voit le lacet bleu de la rivière parcourir les terres. Une voiture vient prendre Mme Renoir et nous rentrons à pied avec

M. Renoir, escaladant des haies, des murs et des ruisseaux, tantôt dans les landes de bruyères et d'ajoncs, tantôt sous des châtaigniers.

Jeudi 22 août — Nous passons une autre journée à la mer et restons près d'un vieux fort en haut de Port-Manech. Les arbres semblaient prendre racine dans l'eau, la rivière était immense ; nous sommes entrées dans une rivière, un affluent de l'Aven, et nous avons débarqué à un endroit où de l'herbe très verte descendait en pente douce dans l'eau et des troncs d'arbres en étaient entourés.

Vendredi 23 août — Nous peignons ce matin dans les bois au-dessus de Pont-Aven. Dans le jour nous prenons une voiture pour aller à Quimperlé. Nous arrivons dans cette ville par cette place carrée, plantée d'arbres et entourée d'eau d'où l'on voit s'échelonner les maisons et au milieu l'église ronde au clocher carré. Nous visitons d'abord l'église ronde faite sur le modèle de la grande mosquée à Constantinople ; elle est très curieuse, il y a plusieurs autels à une hauteur différente, un paraît être dans une cave, deux autres au niveau de la terre et un au-dessus, auquel on monte comme à un pont. Ensuite nous cherchons dans la rue du Château où se trouve une ruine d'église, la maison de M. de Lassalle un parent, voisin de ma tante Chevalier ; nous la trouvons et M. de Lassalle que je ne connaissais pas, vient nous ouvrir la porte, nous regarde d'un air étonné et puis s'écrie : « Les demoiselles Morisot ». Il nous fait entrer dans un petit salon où sont deux vieilles dames de Quimperlé, la mère et la fille, habillées à la mode d'il y a 50 ans. Elles nous parlent de nos mères qui ont été dans cette ville ; tante Yves y a habité et lorsque nous sortons avec notre vieux cousin, il nous montre la maison où Paule est née, sur la place, très gentille donnant sur la rivière et des roses devant l'entrée. Nous sortons ensuite de la ville près d'un endroit où on la voit entièrement, derrière de l'eau et de l'herbe. Puis nous traversons de vieilles ruelles, deux maisons à poutres et avançant au premier étage, nous montons à la vieille église qui placée sur la place où se tient le marché, a un très beau porche. À l'intérieur, sous de vieilles statues dorées, la sainte Vierge assez drôle, le chemin de Croix est d'une jolie couleur. Devant un autel, un homme ayant trop bu comme cela arrive souvent aux Bretons, était couché un bâton à côté de lui. Après avoir visité Quimperlé qui nous a beaucoup plu, M. de Lassalle nous a fait tellement goûter que nous sommes rentrés à l'hôtel de Pont-Aven, ne pouvant prendre que du thé comme goûter.

Là a lieu une discussion sur mon oncle Édouard entre M. Renoir et un mauvais peintre ennuyeux ; celui-ci disait d'abord qu'il n'admirait pas tout dans Manet. M. Renoir répliquait « qu'alors il ne l'aimait pas ; que lorsqu'on admirait un maître il n'y avait rien qui ne vous plût pas en lui ». M. Hérart parlait tout le temps de Delaunay dont la peinture lui plaisait tant ; il avait fait le portrait de sa mère, si joli bien qu'il fût tout craquelé. « Cela prouve que c'est un mauvais tableau, dit M. Renoir, la peinture est un métier qu'il faut apprendre, un joli tableau est bien peint. » Après des plaisanteries de M. Hérart sur ce qu'il fallait alors être peintre en bâtiment, M. Renoir dit qu'il apprenait toujours son métier, qu'il voulait toujours apprendre plus et ne se contentait pas de ce qu'il faisait. « J'ai beaucoup d'ambition, dit-il, j'aimerais mieux ne pas peindre que d'être un peintre médiocre. » M. Hérart excité, finit par dire qu'*Olympia* est une horreur et il ne cesse de répéter cela ; M. Renoir se fâche presque alors et cette discussion est interminable. Je suis toujours agacée lorsqu'on attaque ainsi l'œuvre de mon oncle, tout en me disant que ce sont des imbéciles qui disent que ses tableaux sont des horreurs, j'aurais envie de répondre, de me fâcher.

Samedi 24 août — Je me réveille avec un torticolis et je passe la journée dans notre chambre. Le soir, M. Renoir nous montre ce qu'il a fait à Pont-Aven ; puis nous raconte comment, ne sachant jamais si Catulle Mendès demeurait rue Trévise ou cité Trévise, il ne reconnaissait sa maison qu'à des rideaux japonais qui se trouvaient chez lui au second étage. Une fois, étant en habit, il voit rue Trévise les japonneries aux fenêtres, monte, une bonne lui ouvre et très étonné, il ne reconnaît pas l'intérieur de Mendès, puis il entend des voix, des gens qui ont l'air de se lever, de mettre des bottes, alors il prend la porte et descend quatre à quatre l'escalier, la bonne crie : « Monsieur, monsieur » et il est ravi lorsqu'il se trouve dans la rue. Il sait alors pour toujours que Catulle Mendès est cité Trévise ; mais ce soir-là son aventure lui ayant suffi, il rentre chez lui, étonné qu'il y ait deux maisons identiques et au même étage des rideaux japonais.

Dimanche 25 août — Nous ne bougeons pas de la journée. Le soir M. Renoir entreprend une discussion sur la guerre, il blâme un jeune homme qui dit qu'il ne marcherait pas au feu si ce n'était pour défendre une idée personnelle. Quelle chose étonnante, et dire cela devant des étrangers. Il faut que beaucoup pensent de même pour oser dire une chose aussi choquante.

Mardi 27 août — Nous faisons avant le dîner une très jolie promenade avec M. Renoir, il nous mène à une petite chapelle toute verdie de mousse et à l'intérieur de laquelle est sur une poutre, joliment sculptée, qui la traverse, un Christ en croix et deux saints.

Jeudi 29 août — Nous déjeunons très bien chez M. de Lassalle qui continue à être très aimable. Nous prenons ensuite le train pour Lorient. Là nous allons sur les quais et nous reconnaissons le motif du joli tableau que Maman a fait là, qui ayant été chez tante Suzanne, appartient maintenant à mon cousin Gabriel. Il fait un temps magnifique et l'eau tout à fait comme Maman l'a faite, d'un bleu transparent.

Sur le conseil d'un vieux bonhomme nous prenons le bateau pour Port-Louis ; la traversée est ravissante sur cette belle eau bordée de terrains verts avec la ville blanche et le port. Mais arrivées à Port-Louis il fallait repartir par le même bateau pour ne pas manquer le train et étant descendues nous le voyons partir et nous sommes obligées de ne prendre que le suivant une demi-heure plus tard. Nous traversons la ville en courant et arrivons essoufflées à la gare mais naturellement trop tard. Nous cherchons une voiture car il n'y a plus de train que le soir. Nous sommes effrayées lorsqu'une femme désagréable nous demande 40 frs pour aller à Pont-Aven. Enfin pour 12 frs nous sommes conduites à Quimperlé où nous arrivons à 7 heures ; là nous attendons très longtemps pour avoir une voiture et nous ne sommes à Pont-Aven que fort tard. Nous avions prévenu M. Renoir par une dépêche.

Vendredi 30 août — Je fais la photographie des trois bonnes Joséphine, Julia et Anna, elles sont toutes trois très bien ; Julia surtout puis Joséphine, il semble à table que tous ces gens communs sont servis par des princesses. J'ai assez de cet hôtel, je ne puis plus souffrir la table d'hôte, tous ces gens gais, ennuyeux qu'on revoit chaque jour ; heureusement que nous partons lundi pour Tréboul près de Douarnenez.

Dimanche 1er septembre — Nous assistons au baptême d'un bateau et nous faisons nos paquets. Nous emportons quelques peintures, des têtes faites d'après une petite fille assez drôle ; j'aurais voulu faire autre chose d'après elle, je voyais un Velasquez avec ces bonnets légers et ces grandes collerettes.

Lundi 2 septembre — Nous partons ce matin vers 11 heures et prenons le train à Rosporden. C'est une des rares fois que je quitte sans regret un pays et cependant je trouve Pont-Aven gentil. Nous sommes à Douarnenez vers 4 heures et de la gare où nous restons un temps infini attendant que l'on prenne tous ces bagages, nous voyons la belle côte entourant l'eau bleue. Nous suivons la route de Tréboul, toutes les maisons sur l'eau sont très jolies puis nous montons jusqu'à Saint-Jean où est notre maison, elle est très gentille, toute blanche à l'intérieur avec des portes vertes ; nous avons une chambre pour nous trois. Il y a un petit jardin rempli de fleurs ; elle est très bien située, devant est une petite place avec un calvaire, une vierge avec l'enfant Jésus, puis un noyer, une vieille maison et derrière la mer et la côte ferme l'horizon.

Mardi 3 septembre — Nous passons la matinée à Douarnenez avec M. Renoir à faire des emplettes ; cela nous amuse de voir ce grand peintre faire son marché un filet sous le bras. Nous rencontrons en revenant un mariage, la mariée est toute en blanc avec un grand châle et une coiffe brodée très jolie. Nous admirons la petite chapelle de Saint-Jean au clocher fin entourée d'arbres et auprès de laquelle est une petite plage ; il y en a une plus grande de l'autre côté.

À la fin de la journée nous faisons une promenade en suivant la côte en allant vers l'océan, tantôt nous marchons sur des rochers, dans des landes de bruyères d'un violet doux et d'ajoncs dorés, nous passons une petite rivière où sous un petit abri est saint Pierre et tout près un tronc. Après avoir mis des sous dans ce tronc, avoir cueilli du chèvrefeuille et mangé des mûres nous continuons notre course et arrivons à une ferme entourée d'arbres ; tout à coup, entre deux masures on voit apparaître la baie de Douarnenez en amphithéâtre. L'île qui est devant avec sa maison rose et les voiles brunes devenues orange sont enveloppées par les rayons du soleil couchant, derrière la montagne bleue semble silencieuse, puis celle qui s'élève par-dessus la mer ainsi que la côte qui peu à peu perd de sa clarté et finit violette sur le peu de la grande mer que l'on aperçoit comme une ligne d'argent. En revenant parmi les ajoncs parsemés de bruyères et éclairés par le soleil on aurait pu se croire dans le soleil même, tellement ils resplendissaient.

Mercredi 4 septembre — Paule et moi nous avons trouvé ce matin de très jolis motifs derrière la maison. Après le déjeuner j'ai commencé la vue que l'on a de notre maison ; Paule et Jeannie la font d'en haut et M. Renoir la fait le matin. Nous nous baignons sur la grande plage. Lorsque je regarde le ravissant paysage que nous avons toute la journée sous les yeux, je pense au plaisir que cela aurait fait à Maman, elle qui aimait tant tout ce qui était joli, de peindre ici et je pense à la description qu'elle m'avait faite de cette baie au lever du soleil avec les filets accrochés dans les bateaux de pêcheurs qui brillaient en leur transparence ; comme elle l'avait vue la seule matinée qu'elle passa à Douarnenez avec tante Edma. Et tante Edma se la rappelle comme merveilleuse aussi cette baie, ainsi qu'elle me le dit dans une lettre que j'ai reçue hier.

Jeudi 5 septembre — Je vais peindre ce matin à un endroit d'où l'on voit la côte avec sa montagne qui est toute rose sous le ciel un peu orange, la mer a comme une grande ligne rose, puis une bleue et dessus les multitudes de voiles rouges, noires, rarement blanches passent doucement puis se détachent dessus le cimetière aux arbres roux qui semblent *se* détourner de la mer, puis des champs et au premier plan des branches d'arbres foncées.

Dans le jour travaillé à la vue ; pris un bain sur la petite plage.

Vendredi 6 septembre — Ce matin temps gris, fait une étude à peu près au même endroit qu'hier, côte un peu bleue, mer verte très clair à grandes raies violettes, les arbres devant beaucoup plus clairs.

À la fin de la journée nous nous promenons dans les terres sur une route d'où l'on voit tout Douarnenez entouré de campagne ; c'est très beau ; en montant plus haut on voit aussi la baie. Nous sommes revenues par des landes séparées par de petits murs que nous escaladions. La mer était ravissante à notre départ, d'un gris très coloré avec des milliers de bateaux aux voiles rouges, orange ou noires selon leur éclairage. Il y en avait cent. À notre retour, elle était d'un gris blanc et toutes les voiles étaient noires, noires, il y avait du deuil dans ce paysage.

Samedi 7 septembre — Travaillé avec Jeannie dans les champs d'après les maisons de Saint-Jean, le clocher et la mer derrière ; nous sommes entourées d'enfants qui demandent à être « dessinés » pour avoir des sous. Bain très agréable. Revus le calvaire et la maison de la place, je pensais tout le temps au Mantegna de Tours en faisant cela. Le soir mer assez forte très bleue.

Dimanche 8 septembre — Nous sommes allées toutes les trois à la messe de six heures, il y a une forte odeur de sardine. On prêche en breton. Peint dans les champs ; après le déjeuner continué la place et ensuite aquarelles sur la plage ; la mer est bleu clair devant la côte rose ; puis elle a des lumières jaunes et orange ; un bateau qui passe semble en or ; enfin la côte est d'un bleu terne, la mer a des lumières lilas et me rappelle la rade de Brest, lorsque nous avons fait une promenade en bateau à voile, avec Maman j'ai admiré cette mer et aujourd'hui je suis seule pour admirer celle-là.

Vendredi 13 septembre — L'entrée de la baie que l'on voit de là est très jolie, en regardant cette seule ligne un peu plus bleue sur le ciel on devinait l'immense étendue de cette mer qu'est l'océan.

Le soir Paule et moi avons fait de l'aquarelle sur la petite plage, la mer a pris des tons extraordinaires et des centaines de bateaux rentraient, ils semblaient gigantesques, passant entre des rochers et l'île Tristan et leurs voiles brunes se détachaient sur le ciel rose.

Samedi 14 septembre — Jeannie et moi allons peindre ce matin sur la falaise de Tréboul, la mer est d'un bleu doux et les côtes roses ; l'île Tristan avance vigoureuse et Douarnenez est en silhouette sur le ciel clair et sur le soleil qui blanchit et se reflète dans l'eau, la montagne derrière est toute bleue ; sur ce ravissant paysage aux belles colorations plane la brume du matin adoucissant les tons vigoureux. De grands bateaux aux voiles devenues grises passent et forment une masse lilas se détachant sur la clarté. En revenant par le petit chemin sur la falaise, nous avons remarqué le bruit ravissant du choc de l'eau dans le fond d'une grotte en miniature. Dans l'eau une méduse voguait, elle prenait des tons jaune, vert, rose, lilas. À la fin de la journée nous avons été retrouver M. Renoir à la ferme. Nous sommes allées avec lui aux roches blanches d'où l'on voit l'entrée de la baie, là nous avons vu le coucher du soleil, les landes aux ajoncs se sont dorées puis roussies et le soleil dans sa splendeur entouré de feu et de pourpre faisait dans l'eau une grande traînée lumineuse ; une lueur rose se répandit partout. En se retournant on voyait la côte et la montagne plongées dans un doux gris bleu.

Dimanche 15 septembre — À la messe de 6 heures. Puis nous allons travailler au-dessus de Tréboul, j'emporte une toile plus grande, mais voilà qu'au bout de quelques minutes nous sommes entourées de gamins et de jeunes pêcheurs, impossible de rester, nous bouclons nos affaires et reprenons le chemin de Saint-Jean au son d'un chant breton. Hier nous n'avions que des vieillards qui venaient se chauffer au soleil et qui n'étaient pas gênants du tout.

Ce soir nous avons été faire le coucher de soleil. Nous fêtons les un an de Jean.

Lundi 16 septembre — Retournées à notre endroit où nous avons été très tranquilles, aujourd'hui étant le premier jour de l'école. Nous revoyons chaque jour notre méduse aux jolies couleurs balancée par les vagues.

Mardi 17 septembre — Peint le matin sur la falaise de Tréboul ; à la fin de la journée été à la ferme admirer les terrains dorés sur la mer bleue et les côtes roses derrière. J'ai fait une aquarelle de la vue que l'on a sur Douarnenez. En revenant, au soleil couchant dont la lumière ici, qui dore et rosit tout, est particulièrement jolie, nous avons trouvé une grande ressemblance (et ce n'est pas la première fois que cela arrive), entre la Bretagne et ce que l'on se figure de la Palestine. Je voyais un Christ priant sur cette montagne aride aux ajoncs, aux bruyères et aux rochers avec le pin devant et derrière cette ville éclairée de feu avec le clocher de l'église se détachant sur le ciel rose. Là les arbres dans l'ombre laissent apercevoir la mer, à leurs sommets seule est une tache d'or, dernier rayon du soleil qui va se coucher au fond des ondes dans la demeure de la délicieuse Thétis.

Mercredi 18 septembre — Peint en plein soleil toute la matinée, fatiguée toute la journée.

Il y a un an, nous visitions Morlaix, et cette année nous sommes encore en Bretagne mais quel changement ! Il y a un an nous admirions avec Maman cette jolie ville, nous nous promenions parmi les vieilles venelles qu'on ne voit qu'à Morlaix. Et cette Bretagne je la revois maintenant sans Maman. Que je serais heureuse si j'étais avec Papa et Maman en ce pays ravissant. Mais non, je suis orpheline, seule pour rappeler la vie de Papa et de Maman, oh, dire qu'ils sont morts !

Jeudi 19 septembre — Mme Renoir parlait de son voyage en Italie après son mariage, cela nous amuse lorsque nous l'entendons raconter tout cela, car nous avons entendu si souvent M. Renoir nous en parler comme s'il l'avait fait seul, lorsque nous ne connaissions pas sa femme. Elle avait 22 ans et était très mince, dit-elle, ce qui est difficile à croire. Elle nous a dit aussi que la première fois qu'elle avait vu M. Renoir, il était avec M. Monet et Sisley ; tous trois portaient de longs cheveux et on les regardait passer comme des événements dans la rue Saint-Georges qu'elle habitait.

M. Renoir lorsqu'il était très jeune passait ses étés à travailler dans la forêt de Fontainebleau, il était logé pour 50 sous par jour et Diaz qui se trouvait avec lui vendait ses tableaux comme des Rousseau. Il en faisait une huitaine par jour. De sorte que beaucoup de Renoir passent maintenant pour des Rousseau ; je voudrais bien les voir.

Après le bain, très jolie promenade autour de Tréboul, montées près des Moulins d'où la vue sur Douarnenez éclairée par les derniers rayons du soleil est très jolie.

Dimanche 22 septembre — J'ai pris des bains toute cette semaine ; nous sommes tout à fait passionnées pour la natation ; je fais la planche maintenant et je me retourne dans l'eau ; je voudrais plonger et nager vraiment. Cela est très agréable de se mettre dans cette mer entourée de ces belles côtes après avoir supporté le soleil sur le dos pendant une matinée en faisant de la peinture. C'est un rude métier que celui de paysagiste ; il y en a bien d'autres de plus durs, je crois, celui de pêcheurs. Nous allons avant le dîner les voir se préparer pour le départ. Car tous les dimanches ils se reposent, les bateaux sont au port et les marins boivent, le soir ils rentrent dans leurs barques un peu chancelants avec leurs sacs sur le dos. Les femmes ont des costumes plus propres, les enfants sont sur le quai. Ce soir le ciel tout rose sur lequel passaient de légers nuages lilas se reflétait dans l'eau et les bateaux se détachaient en noir dessus. Nous sommes revenus par une route qui borde la falaise. Nous nous sommes arrêtés à regarder la nuit tombante les arbres du cimetière et les croix des tombeaux se dessinant sur l'eau argentée où deux voiles noires agrandies par leurs reflets passaient.

Lundi 23 septembre — Travaillé au coucher du soleil au-dessus de Tréboul, commencé Douarnenez avec son clocher pointu et ses maisons qui se reflètent dans l'eau ; un grand bateau vert aux voiles grises a passé doucement avec majesté, il semblait un joli poisson en même temps qu'un bel oiseau ou même qu'une demoiselle, cet insecte si léger. Le ciel fut très beau, lilas aux nuages roses et il rend l'eau de moire lilas.

Mardi 24 septembre — Nous avons fait une très jolie promenade Jeannie et moi avec M. Renoir et Pierre. Le temps était gris, c'était une matinée où on se repose de la peinture pour faire connaissance avec les environs, emportant des parapluies au lieu de boîtes à couleurs. Nous sommes allés dans les terres en prenant le petit chemin de fer d'Audierne ; nous voulions aller jusqu'à Poulan mais nous nous sommes arrêtés à une superbe forêt de pins où le bruit du vent faisait une ravissante symphonie. De la route bordée de mûres excellentes, d'ajoncs et de bruyères on voyait au-dessus des landes et derrière quelques pins plongés dans une légère brume, Douarnenez et sa montagne prenant une grandeur extraordinaire. Puis par-dessus un coin de mer que laisse apercevoir un vide au milieu des ajoncs fleuris, les côtes fermes de l'horizon comme une grande ligne bleue. Tout cela est à la fois grand, désolé et riant, il y a quelque chose du Midi ici. Ce paysage rappelait à M. Renoir l'Italie et les études « du père Corot » comme il dit. (Il en parle très souvent comme du plus grand paysagiste, il y a en effet des choses de lui merveilleuses.) Dans ce Finistère que j'aime bien, ce pays sauvage, on se sent bien à la fin des terres mais pas d'une façon triste ; c'est très beau !

Mercredi 25 septembre — J'ai horreur des disputes, je voudrais toujours être bien avec tout le monde et je ne sais comment sans m'en douter, j'en amène ; je veux faire plaisir aux gens et puis il se trouve que je fais le contraire ; il faut croire que je suis bien méchante. Ce matin Paule m'ayant dit que mes cérémonies étaient insupportables nous nous fâchâmes des deux côtés et je pleurais. Ah que cela me rend malheureuse, je pense à la peine que cela ferait à Maman si elle nous voyait ainsi. Après nous être remises, je prends la ferme résolution de ne pas recommencer ; comment ne suis-je pas capable d'être plus gentille pour Papa et Maman !

Jeudi 26 septembre — Travaillé matin et soir au-dessus de Tréboul sur la falaise. M. Renoir est venu nous chercher, il a dit que je savais mettre des maisons d'aplomb. Ce compliment d'un grand peintre m'a fait plaisir, cela est peut-être vanité ; cependant il me semble qu'on peut aimer que quelqu'un qui s'y connaît vous dise, quand on a beaucoup travaillé, que l'on n'a pas que des défauts. J'en ai beaucoup en tout, je veux beaucoup travailler en tout cette année. Malheureusement à la rentrée je suis toujours disposée à faire beaucoup et puis peu à peu, quand il fait froid, je me lève tard, je vais patiner au milieu du jour, je prends du thé et la journée se passe sans avoir fait grand-chose. Je ne veux plus qu'il en soit ainsi.

Vendredi 27 septembre — Été à la ferme avec M. Renoir ce matin, il y déjeune, il fait très chaud et nous nous reposons sous les pins d'où on voit toujours la mer, puis nous descendons pour prendre un bain des plus agréable dans cette belle eau, je commence à plonger. Le soir étude au-dessus de Tréboul.

Samedi 28 septembre — Ce matin mer d'un bleu clair ravissant, fait une aquarelle de Laurent (petit garçon qui nous suit tous les matins) en chemise rose avec son chien noir se détachant sur l'eau. Le soir nous avons été assaillies de gamins, de mousses qui ont fini par m'appeler par mon nom, chanter sur Julie, etc. Néanmoins nous sommes restées et ils sont partis avant nous. Il fait tous les jours de plus en plus chaud ; nous avons trop de beau temps.

Dimanche 29 septembre — Nous partons Paule, Jeannie et moi à 10 heures pour Audierne ; la route que suit le petit chemin de fer est très jolie. Nous voyons d'abord la baie derrière les plus beaux terrains comme lundi dernier lorsque nous nous sommes promenées avec M. Renoir ; puis des bois de pins et près d'Audierne nous suivons la rivière. À Audierne elle forme une espèce de bassin où sont tous les bateaux de pêche avec leurs filets bleus, verts, roses étendus. Nous déjeunons à un hôtel du Commerce où tout est pourri, puis nous prenons une voiture pour la pointe du Raz ; nous traversons des endroits désolés, des petits murs entourent des champs où rien ne pousse et les maisons sont construites à ras de terre. Des enfants marchant sur les mains et faisant une roue avec les pieds sur les murs demandent après l'aumône en chantant des choses patriotiques. On voit parfois un moulin sur la mer, l'océan, puis, lorsqu'on commence à apercevoir une eau plus bleue de l'autre côté, un homme vient se proposer comme guide pour nous montrer la pointe. Nous commençons notre excursion par la baie des Trépassés, petite, bordée d'un côté par la pointe du Vent, de l'autre par celle du Raz aux hautes falaises, la mer y est d'une ravissante coloration. En ce jour calme plusieurs vagues se suivent, trois à la fois lancent leurs bouillons blancs qui s'échappent en arrière comme une fumée rose, puis l'eau reste d'un vert mat et paraît un feu de Bengale. Nous suivons cette baie sur les pentes d'herbes glissantes où il faut faire attention où on met le pied et où on a parfois le vertige surtout lorsqu'on arrive à un grand trou où les flots se choquent contre les rochers et entrent dans une grotte de 30 mètres de profondeur puis dans une de 90 mètres. Les rochers sont magnifiques, on pourrait voir la fin de cette terre désolée en pierres foncées et tristes, mais au contraire ces roches sont roses, vertes, orange, lilas et les grands blocs sur la mer bleue font un paysage des plus jolis. Après l'herbe glissante, la pointe s'avance toute en pierre qui semble à pic et impraticable, cependant on parvient très bien aidé par les guides (car arrivées là nous en avons deux) à se promener sur cette pointe éternellement battue par les flots et où les pierres qui semblent rouler, tomber n'ont pas bougé depuis trente ans. Là on voit sculpté par la nature une tête de cochon, une main, puis un superbe guerrier au milieu d'une petite baie se dessine étrange sur la mer et au loin on aperçoit les côtes du goulet de Brest. Des passages traversent entièrement le roc et la mer s'entrechoque dessous.

Là se trouve le gouffre de l'Enfer, effrayant, profond, terrible ; là, cette folle de Sarah Bernardt, nous dit le guide, voulait se faire descendre par une corde : « c'est une mauvaise idée que vous avez là » lui dit le pêcheur. Quelle soif de se faire remarquer jusqu'à la plus petite pointe de terre. Du côté sud, elle a son fauteuil en pierre rose, les Anglais voyageurs en prennent des morceaux comme d'une relique. On voit très bien à la pointe du Raz le courant de la mer qui paraît emporté ; au milieu sur un petit rocher est le phare, puis toujours en ligne droite l'île de Sein où vivent 1 700 pêcheurs de homards ; ils n'ont rien à manger chez eux et viennent prendre des provisions pour quinze jours sur la côte qui paraît suffisamment pourvue de nourriture. Un peu plus au nord de l'île de Sein est un autre rocher avec un phare à une demi-heure environ de terre ; là sont deux gardiens qui restent six mois de suite, puis ont quinze jours de congé, quelle misérable vie. Quelque fois par de très grosses mers on a vu disparaître le phare 6 secondes sous les flots. Autrefois on avait envoyé là un homme avec sa famille mais sa femme devint folle et fut envoyée à la maison de fous de Morlaix ; depuis ils n'ont plus le droit d'amener leur famille. Ils sont payés 90 francs par mois. Après avoir admiré le roc superbe s'avançant dans l'immense océan, ce monument chef-d'œuvre de la nature, nous sommes revenues à Audierne, où la femme du chef de gare nous a confié combien elle regrettait Saint-Jean-du-Doigt et ses habitants si aimables ; nous avons fait avec elle l'éloge de Morlaix.

Lundi 30 septembre — Jean est malade depuis hier. M. Renoir a été chercher le médecin ce matin, il a dit qu'il avait la colédrine, le pauvre petit pleure toute la journée, c'est triste à entendre.

Impossible de travailler à la fin de la journée au-dessus de Tréboul, les garçons sont insupportables.

Mardi 1er octobre — Le temps devient mauvais et moins chaud, nous ne reviendrons pas par Brest en prenant le bateau d'ici. M. et Mme Renoir rentrent par Quimper probablement jeudi, Jean va mieux.

Jeudi 3 octobre — Nous quittons Tréboul par la pluie à 9 heures, nous dînons en chemin de fer, essayons de dormir et admirons Nantes avec tous ses bateaux, vu du chemin de fer, cela m'a rappelé notre arrivée dans cette ville l'année dernière.

Vendredi 4 octobre — À 4 heures du matin nous attendons 2 heures dans la gare de Tours et nous ne sommes à Paris qu'à 11 h 1/2. Ce voyage est vraiment un peu long. Nous quittons les Renoir, M. Renoir qui a été si bon et si charmant tout l'été ; plus on le voit, plus on le trouve artiste, fin et d'une intelligence extraordinaire mais avec cela d'une simplicité sincère.

Paris nous paraît très laid, gris, fade et désert. Je suis prise d'un profond sentiment de tristesse en rentrant dans cet appartement respirant la solitude et où tous les objets vous rappelant Maman, vous appellent aussi qu'elle n'est plus là. Là-bas on pouvait se croire dans un rêve mais ici on est sûr qu'on ne la reverra plus, c'est fini, oh, tristesse ! Maman ne plus te revoir, quelle douleur ! Ces tableaux ravissants que je regarde avec plaisir me font pleurer.

Samedi 26 octobre — Nous avons passé une journée avec Berthe et les trois amies se sont lamentées sur la pensée que la fin du monde serait en 1900 et que la France serait détruite l'année prochaine (selon *l'almanach Hachette).* Nous trouvons bien fatigant de voir la fin du monde et horrible de voir la France partagée, enfin une guerre ; nous demandons que cela n'arrive pas. Puis nous pensons que la fin du monde approche parce que tous les gens paraissent toqués. Berthe dit : « Autrefois les jeunes filles aimaient le printemps, le soleil, maintenant elles n'aiment plus que l'automne, l'hiver, la lune. »

Dimanche 27 octobre — Après la messe nous faisons une promenade et en rentrant nous rencontrons M. Renoir qui sortait de la maison, nous recommençons une promenade avec lui et nous allons chercher Pierre à Sainte-Croix, il est très gentil et a très bonne mine. M. Renoir ne parle que par « Petits Moutards ». Depuis cet été même nous l'appelons familièrement le petit Moutard parce qu'un jour il nous dit en parlant du voyage de Bretagne : « C'est un voyage bien long pour un petit moutard comme moi. » Il s'attend à nous voir toutes les trois en tandem lui en tête. Nous avons passé une matinée très agréable au milieu des arbres roux écoutant la conversation charmante de ce grand peintre si simple.

Ce soir tante Edma, Jeanne et Blanche sont venues dîner.

Lundi 28 octobre — Visite à Mme Renault à la fin de la journée, elle paraît mieux, Berthe est toujours très drôle.

Mardi 29 octobre — Courses sous une neige fondante ce matin.

Dans le jour M. Mallarmé et Geneviève sont venus nous voir, ils sont bien gentils d'arriver tout de suite ici ; ils ont quitté Valvins samedi. Geneviève est revenue avec sa chatte noire Lilith et une autre blanche qu'elle a recueillie ; cette bête en se trouvant dans un panier a cru sa fin venue : « Aussi, dit M. Mallarmé en arrivant, s'est-elle précipitée d'un seul bond dans la cave comme dans les enfers. »

Sans date — M. Degas ne pense plus qu'à la photographie, il nous invite tous à aller dîner chez lui la semaine prochaine, il fera notre photographie à la lumière ; seulement il faut poser 3 minutes ; il a voulu voir si nous étions de bons modèles et a fait poser M. Renoir qui s'est mis à rire. Paule a parlé de l'article de M. Mauclair alors M. Degas s'est emporté disant : « Ah, les critiques ! ce sont eux qui commandent maintenant, la peinture leur appartient parce qu'ils parlent d'un bleu, etc. » Je ne saurais répéter les mots comme ils ont été, je leur retirerais leur fougue, alors je m'arrête. M. Mallarmé écoutant cela paraissait fort malheureux, M. Renoir rayonnait, car sa pensée sur les critiques est la même que celle de M. Degas.

Il est convenu que nous dînons mercredi chez M. Degas : « Vous verrez Zoé, ma bonne, nous dit-il, qui a engraissé ». Je ne sais pourquoi l'on dit qu'il est méchant, il a l'air si bon, vous embrasse d'une façon si paternelle. Les artistes sont d'ailleurs excellents. M. Renoir est touchant dans la façon dont il s'occupe de nous, dont il nous parle de l'exposition de Maman ; il a regardé un carton d'aquarelles qu'il a trouvé ravissantes, il nous a expliqué comment il fallait s'y prendre pour faire encadrer toutes ces merveilles, la plupart presque inconnues. Quelle mère charmante j'avais (ne plus pouvoir dire que j'ai, c'est dur), qu'elle était bonne, elle réunissait l'artiste et la mère tendre. J'ai envie de pleurer en voyant ces aquarelles, une femme en bateau sur le lac, avec écrit : « Dame — canard » etc., pour m'apprendre à lire ; une nourrice, des enfants qui jouaient à cache-cache et bien d'autres ; Marcel, Mimi et Bibi à table (Ah, Marcel, ce pauvre garçon, je le plains, il doit joliment se repentir de la grosse bêtise qu'il a faite, il m'a écrit une très gentille lettre). Maman avait l'intention de faire ainsi tout un album pour apprendre à lire aux enfants, mais elle n'a pas mis son idée à exécution, je le regrette bien, cela eût été charmant.

Nous pensons avec M. Renoir que M. Mallarmé fera une très jolie préface au catalogue que lui, mieux que personne, pourra parler surtout de la vie de la femme qu'était Maman.

Toujours à propos de l'article de Mauclair, M. Renoir nous a dit qu'il n'admirait pas beaucoup les Puvis de Chavannes, qu'il lui semblait que c'étaient des tableaux sur lesquels on pourrait tirer et les allonger : « En voulez-vous un mètre de plus et on vous en déroulerait ». Puis il dit qu'on ne reconnaît pas ses hommes de ses femmes, ce que je trouve aussi. Après le dîner M. Renoir nous a raconté comment M. Zandomeneghi était brouillé avec lui parce qu'il ne comptait pas les visites, habitant dans la même maison mais M. Zandomeneghi ne rendait pas deux visites pour une. M. Renoir l'imitait admirablement avec son accent italien, lui montrant ses tableaux, M. Renoir trouvant toujours cela affreux, lui disait : « C'est très joli, mais il y a un bleu dans le fond qui est un peu vif » — « C'est justement pour ce bleu que j'ai fait ce tableau », répond M. Zandomeneghi, qui le porte chez Durand-Ruel ; là, toute la maison se moque de son bleu et il est obligé de rentrer l'effacer. M. Renoir nous a raconté bien d'autres histoires sur lui, mais qui n'auraient pas de charme dites autrement que par M. Renoir avec l'accent du nez du peintre italien.

Jeudi 14 novembre — J'ai 17 ans aujourd'hui ; Paule m'a fait un gâteau breton entouré de fleurs et a invité Geneviève à déjeuner ; nous dînons chez Berthe, comme l'année dernière. Je revois ce jour où nous avons été au Français avec Maman, je suis chaque année plus malheureuse, de plus en plus d'événements tristes s'accumulent dans ma pensée. Il y a un an j'étais relativement heureuse (si on peut être heureuse après avoir vu mourir son père et une partie de sa famille), mais j'avais encore une mère qui était toujours auprès de moi, que je ne quittais jamais. Maintenant, c'est fini, je n'aurais plus jamais la joie d'embrasser Maman, de l'entendre parler. 16 ans m'ont toujours fait peur et je voyais cet âge comme une tache noire ; à 16 ans Jeanne a perdu sa mère et à 16 ans j'ai perdu la mienne. Quelles trois malheureuses jeunes filles nous sommes ; mais il faut avoir du courage et accepter les maux que Dieu vous envoie et faire tout ce qui plairait à ceux qu'on regrette. Encore l'année dernière cela m'ennuyait de vieillir, mais maintenant cela m'est tout à fait indifférent, la mort me semble si loin, la vie si longue, mais je veux la supporter de façon à vous la rendre la plus agréable mon Dieu !

Dimanche 17 novembre — Déjeuné chez M. Renoir, nous avons passé une très agréable journée chez lui, il nous a montré le portrait d'un modèle avec un ravissant chapeau de mousseline blanche avec une rose dessus, confectionné par lui, puis une robe blanche avec une ceinture verte. Cela est extrêmement joli, les vêtements sont d'une délicatesse, d'une légèreté ainsi que les cheveux bruns qui sont très beaux. Nous avons vu le portrait de Jean avec Gabrielle, il est charmant.

Mercredi 20 novembre — Arrivées assez tard chez M. Degas, nous avons rencontré Zoé dans l'escalier qui nous a ouvert la porte. M. Mallarmé, M. Renoir et M. Bartholomé étaient là. M. Degas était très occupé à arranger une lampe qu'il venait d'acheter et qui devait donner une lumière étincelante. J'ai admiré le portrait de mon oncle Édouard par lui et que je ne connaissais pas. Ce portrait a été la cause d'une brouille ; M. Degas avait fait tante Suzanne au piano et mon oncle Édouard couché sur un canapé l'écoutait ; celui-ci trouvant sa femme trop enlaidie la coupa. M. Degas se fâcha avec raison de ce procédé et remporta la toile qu'il a maintenant dans son salon. Il a aussi tante Suzanne sur un canapé au pastel et *Le jambon* de mon oncle Édouard. Chez lui les tableaux sont accrochés n'importe où, ou posés par terre. Sa salle à manger est tendue de mouchoirs jaunes et dessus sont des dessins d'Ingres. Il y a toujours le même dîner paraît-il, rillettes de pays, poulet, salade et confitures, tout cela fait par Zoé qui sert en faisant la conversation et a l'air très bonne femme. « Zoé, il faudrait faire plus de croûte » lui dit M. Degas, « Une autre fois j'en mettrait plus », etc., etc.

La conversation roula sur Zandomeneghi, M. Degas fait son portrait et il ne veut poser que 2 heures environ chaque semaine ! Je travaille, dit-il, etc. Tout le monde part sur son désagréable caractère. Le lendemain d'un jour où étant avec

M. Bartholomé, il n'avait pu faire un long trajet en bicyclette, M. Degas lui dit : « Il paraît que vous n'avez pas marché longtemps hier » — « Je n'aime pas passer des examens, lui répondit-il ». M. Renoir raconte très bien comment le rencontrant une fois il lui dit : « Vous êtes un peuple guerroyeur », puis en très peu de paroles comment si l'on ne met pas couteau sur la table comme M. Zandomeneghi, il vous critique. En posant pour M. Degas il lui raconte qu'il devait faire une promenade en bicyclette le dimanche suivant. En partant, M. Degas pour se venger de sa mauvaise volonté lui dit : « Dimanche à 1 h 1/2 » et lui tourne le dos. M. Zandomeneghi vint tout de même « mais il avait une tête »... Comme il parlait de Glatigny, M. Mallarmé raconta qu'il rencontra à Versailles cet homme étonnant à qui l'on donnait des rimes et qui faisait à la fois deux poèmes différents, il lui offrit d'aller prendre un verre ou je ne sais quoi au café ; mais Glatigny répondit qu'il aimait mieux avoir des chaussettes, alors M. Mallarmé alla lui en acheter, il ôta ses vieilles, mit les neuves et partit, tout cela au grand étonnement des demoiselles de magasin.

On parla aussi de Carolus Duran et d'Astruc qui vivaient ensemble et se disaient : « Comme tu es beau Shakespeare, comme tu es beau Velasquez », car ils se donnaient ces noms. À un salon, ils crurent avoir chacun le succès, ils s'y remontrèrent parlant chacun pour soi-disant : « Ça fait bien » mais ce fut Carolus Duran qui eut le succès. Astruc avait l'habitude de ne jamais payer ses modèles et passant devant sa porte avec je ne sais qui, il vit écrit à la craie : « Je suis venue pour mon argent, Calire ou un nom quelconque ». Il fit semblant de ne pas regarder et passa son pouce sur « pour mon argent ». M. Degas raconte cela avec tout l'esprit qu'il a. Nous sommes restés très longtemps à sa table et j'écoutais les quatre grands artistes parler avec plaisir ; mais je pensais avec tristesse aux dîners du jeudi si charmants, il me semble si extraordinaire de ne pas voir Papa et Maman au milieu d'eux tous.

Mercredi 27 novembre — Nous sommes allées voir tante Suzanne qui habite maintenant un très gentil appartement à Asnières, elle est bien mieux là que dans cette maison humide de Gennevilliers.

Le cours d'accompagnement a été très long ; Mlle Estier a très bien accompagné une sonate de Rubinstein que Jules a rendu comme tout ce qu'il joue merveilleux. Il y a une jeune fille anglaise nouvelle pour le déchiffrage, on lui a présenté M. Boucherit. Cela devient intéressant ce cours de déchiffrage, il y a maintenant pas mal de personnes.

Vendredi 29 novembre — Parties pour voir M. Renoir que nous avons rencontré près de son atelier : « Voulez-vous aller chez M. Degas ? », nous dit-il, et nous arrivons à l'atelier de M. Degas qui nous ouvre : « Ah, bonjour, comment vas-tu ? me dit-il tout à coup. Je suis désolé, les photographies sont toutes manquées, je n'osais pas vous donner signe de vie ». Son atelier est très encombré, il travaille beaucoup à une figure nue en sculpture. Un modèle sortait de chez lui comme nous entrions. « Tenez Renoir, voulez-vous un gentil petit modèle ? » — « Oui, je veux bien, mais je pars. Je vous connais, dit-il à ce modèle en se frottant le nez, je vous écrirai ».

On entend un coup de sonnette, M. Degas va ouvrir : « Ah, bonjour mon vieil ami, comment vas-tu, mon vieil ami ». Paraît un grand et plutôt gros monsieur qui, aussitôt après nous avoir été présenté, nous dit : « Pardon mesdemoiselles, mais je n'ai plus de cheveux » — « Sophie est morte, lui dit M. Degas d'un air triste » — « Nom d'un petit bonhomme », reprend l'autre « Ah, on voit tous ses amis s'en aller, voyez-vous mesdemoiselles, on finit par se dire que ça va être mon tour ». — « Je ne quitte plus le crêpe à mon chapeau » dit M. Degas en enlevant les linges qui couvrent le buste de M. Zandomeneghi. Celui-ci ne vient plus poser et est de plus en plus désagréable, ce cochon-là dit : « tout le monde fait toutes les volontés de Degas, Bartholomé est à ses ordres, moi je ne lui céderai pas ». On commence à voir apparaître le grand nez un peu de travers de Zandomeneghi, puis sa tête tout entière, c'est une merveille. « Que sa gueule est belle, dit M. Renoir, en effet il y a dans le mouvement de sa bouche, sa moustache, quelque chose de superbe. Il a une vie extraordinaire. » M. Degas paraît content (cela se comprend) de son portrait, il se penche et regarde de près son buste. « Nom d'un petit bonhomme, dit l'autre, que je voudrais avoir une tête d'imbécile comme cela, c'est moi qui viendrais poser. »

M. Degas recouvre toutes ses terres de linges

mouillés, puis quitte sa casquette et sa blouse blanche, se chausse, remet une veste, un manteau à pèlerine, prend son chapeau et tout le monde descend, M. Degas et son vieil ami se tenant par l'épaule et M. Degas raconte la mort de sa sœur. Puis avec M. Degas et M. Renoir nous allons chez Vollard où il y a une exposition de Cézanne. Les natures mortes me plaisent moins que celles que j'avais vues jusqu'ici, cependant il s'y trouve des pommes et un pot à dessins de couleur joliment beau. Les figures nues enveloppées de bleu sont abritées par des arbres verts d'un feuillage léger et doux. M. Degas et M. Renoir tirent au sort une magnifique nature morte de poires à l'aquarelle et une petite représentant un assassinat dans le Midi qui n'a rien d'effrayant, les figures se détachent en tons très justes, rouges, bleu et violet sur un paysage ressemblant à la Bretagne et au Midi ; des arbres ronds, des terrains, se dessinent sur une mer bleue, au fond sont des îles. M. Renoir admire cela aussi, je l'ai acheté pensant que ce ne serait pas une bêtise. « Voyez-vous cette petite collectionneuse », me dit M. Degas en me tirant le menton. Nous le quittons, il m'embrasse et M. Renoir qui me fait l'effet de notre protecteur nous met en tramway. Il doit aller dans le pays de sa femme pour acheter une maison qu'il ne veut pas acheter.

Mardi 3 décembre — Paule a vingt-huit ans aujourd'hui, je trouve cet âge très jeune en somme et toujours jeune pour être à la tête d'une maison. Pauvre Paule, peut-être est-ce encore plus dur pour elle que pour nous.

Voilà que Pierre et Jean ont la varicelle et maintenant je l'ai, M. Renoir a dû me la donner. Je ne me sens vraiment pas malade, mais il faut que je ne voie personne pour ne pas donner cette maladie.

Je commençais à copier une tête à contre-jour de Maman, en noir, avec un chapeau et un bouquet de violettes au corsage par mon oncle Édouard, Maman l'a acheté à la vente Duret. Il est accroché dans ma chambre et je le regarde de mon lit, il est merveilleux et d'une magnifique exécution, on ne croirait pas qu'il a été fait en une ou deux séances au plus. Maman me disait qu'elle avait posé pour cela la journée avant un dîner du jeudi et qu'il y avait chez Bonne Maman. Ce jour-là mon oncle Édouard dit à Maman qu'elle devrait épouser Papa et lui en parle très longuement.

Notes complémentaires écrites par Mme Ernest Rouan (Julie Manet) à la suite d'une visite de Jean Renoir au Mesnil au mois d'août 1961.

Jean Renoir et Dido viennent terminer la journée et dîner comme ils l'ont fait le 5 juillet.

Toujours très affectueux Jean me parle des souvenirs sur son père qu'il publie (*Renoir par Jean Renoir*, Hachette) nous ne tarissons pas ensemble sur ce sujet, je lui raconte les mois d'août et septembre passés à Pont-Aven et à Tréboul où on célèbre sa première année en 95 avec ses parents, toutes les prévenances de son père pour mes cousines et pour moi me soignant un torticolis par des massages, nous abandonnant son parapluie de peintre pour que nous puissions nous déshabiller sur la plage ; ayant pris la peine de venir jusqu'à Châteaulin au-devant de nous pour que nous ne passions pas une nuit seules à l'hôtel.

Il se baignait pour apprendre à nager et à plonger à Pierre et devenait de plus en plus vert dans l'eau, tandis que Mme Renoir qui y transpirait en faisant de courtes brassées, nous servait de bouée et Pierre lui disait : « Maman quand on te voit d'en-dessous tu es encore plus grosse », c'était un charmant enfant, il partait derrière son père avec un petit panneau disant « je vais faire une petite étude ».

Jean me dit qu'en mars son père était en train de peindre à côté de Cézanne lorsqu'il apprit la mort de Maman, il ferma sa boîte et prit le train — Je n'ai jamais oublié la façon dont il arriva dans ma chambre rue Weber, me serra contre lui — je vois encore sa cravate Lavallière blanche avec des petits points rouges.

1896

Lundi 2 mars — Anniversaire de ce jour de douleur où souffrit Maman pour la dernière fois ! Ce fut une souffrance dure entre toutes, physique et morale ! Déjà un an d'écoulé ! Il faisait froid alors, le temps était en deuil comme nos cœurs ; aujourd'hui seule, j'ai gardé le crêpe, la nature est riante. Sur le ciel bleu aux légers nuages, les ifs du cimetière se découpent tandis que brillent les couronnes sur les tombes de pierre. Sous ce grand arbre vert qui abrita d'abord Édouard Manet, l'azalée mêle son blanc immaculé aux légères reines des prés et égaye le granit. Il y a quelque chose de doux en cette tombe qui semble dire que Maman est heureuse...

Et en entrant dans la galerie Durand-Ruel, les tableaux rangés par terre me produisent un effet de clarté de même parenté que l'azalée blanc.

M. Monet est déjà arrivé, il m'embrasse très tendrement et j'ai beaucoup de plaisir à le revoir ; il est bien gentil d'accourir ainsi, de laisser son travail. M. Degas s'occupe aussi de l'accrochage, M. Renoir arrive ensuite ; il a bien mauvaise mine.

M. Mallarmé a dans ses attributions d'aller chez l'imprimeur pour le catalogue.

Mardi 3 mars — Autre journée passée chez Durand-Ruel ; tous les tableaux font de mieux en mieux. M. Monet ne s'arrête pas. On demande les copies d'après Boucher, puis celles d'après Véronèse et d'autres tableaux, il y a plus de place qu'on ne croyait.

Mercredi 4 mars — Partie avec tante Edma et Blanche pour chez Durand-Ruel. Apporté le buste. Nous trouvons M. Degas tout seul accrochant des dessins dans la salle du fond. Il répète constamment qu'il ne s'occupe pas du public, ces gens qui se promènent avec des yeux tout ronds et regardent la peinture ou plutôt la regardent sans la voir en disant : « C'est beau, c'est très beau ». Comme tante Edma parlait : « Voulez-vous voir une danseuse de l'Opéra, lui dit-il, suivez-moi ». La danseuse sortant d'une petite salle et d'une voix forte : « Ah, bonjour, mon cher Degas, quelle est cette dame, elle ressemble à celle qui est morte l'année dernière ; comment allez-vous, je vous poursuis jusqu'ici pensant que je m'entendrais mieux avec vous en parlant qu'en écrivant, etc. » Je n'ai pas osé rester à écouter. Après son départ, M. Degas est venu me dire en me tirant le nez : « Eh bien cette danseuse quel aplomb, elle venait me demander de dîner chez elle avec le roi de Serbie qui vient d'abdiquer en faveur de son fils. J'ai déjà refusé mardi dernier et j'ai été obligé d'accepter pour le jeudi de la Mi-Carême, il faut bien en passer par là. Après tout, cela m'amusera de voir ce curieux animal. »

M. Monet choisit le tableau que Maman lui a laissé, il prend une chose d'après moi et Laërte que j'aime beaucoup et je suis contente que cela soit à M. Monet ; il m'embrasse avec beaucoup de bonté en me disant : « Elle est gentille. » Il nous invite à aller à Giverny.

Mme Monet et Mlle Blanche viennent ; Mme Berthe est toujours bien malade.

Plusieurs personnes sont déjà entrées ici depuis lundi. Arsène Alexandre et Geoffroy reviennent souvent.

À la fin de la journée on se demande comment tout sera prêt pour le lendemain et on prend rendez-vous pour le matin ; mais il faut décider si on mettra le paravent avec les dessins et les aquarelles au milieu de la grande salle ou dans celle du fond. M. Degas est seul à vouloir que le paravent reste dans la grande salle qu'il coupe et on manque de recul pour voir les grands tableaux comme *Les Cerisiers,* la grande copie de Boucher, *L'Oie,* etc., et puis d'autres plus petits qui sont d'une si jolie harmonie de tons à voir de loin les uns à côté des autres. M. Degas ne veut pas entendre parler d'ensemble : « Il n'y a pas d'ensemble, dit-il, ce sont les imbéciles qui voient un ensemble ; qu'est-ce que ça veut dire quand on met dans un journal : l'impression générale du salon de cette année est bien meilleure que celle de la précédente ? »

Vers 6 heures, lorsque la nuit tombe, que seuls les tableaux gardent quelques rayons de la lumière qui les éclaire, que tous ces portraits de jeunes filles sont de plus en plus vivants et que le paravent paraît encore plus une muraille ; M. Monet demande à M. Degas de vouloir bien essayer demain matin ce fameux paravent dans la salle du fond, mais M. Degas prétend qu'on ne verra plus les dessins qui seront dessus : « Ces dessins sont superbes, je les estime autant que tous ces tableaux. » « Le paravent dans la salle des dessins donne un air intime à cette pièce qui est charmant », dit M. Mallarmé. « Cela déroutera le public de voir les dessins au milieu de la peinture. » — « Est-ce que je m'occupe du public ? Il n'y voit rien, c'est pour moi, pour nous que nous faisons cette exposition ; vous ne voulez pas apprendre au public à voir ? » crie M. Degas — « Eh bien si, réplique M. Monet, nous voulons essayer. Si nous faisions cette exposition uniquement pour nous, ce ne serait pas la peine d'accrocher tous ces tableaux, nous pourrions les regarder simplement par terre ». Pendant cette discussion M. Renoir nous dit qu'il lui faut le pouf au milieu de la salle ; il est en effet agréable de pouvoir s'asseoir et regarder, M. Degas ne l'admet pas : « Je resterais treize heures de suite sur les pieds s'il le fallait. » Il fait nuit, tout en parlant M. Degas marche de travers, va et vient avec son grand manteau à pèlerine et son chapeau haut de forme, sa silhouette est très amusante, M. Monet debout parle fort, M. Mallarmé avançant une main veut arranger les choses et parle avec la douceur qui lui est habituelle. M. Renoir éreinté est échoué sur une chaise. Les hommes de Durand-Ruel rient, « Il ne lâchera pas », disent-ils. Mlle Blanche, Jeannie et moi, nous écoutons. « Vous voulez me faire enlever ce paravent que *j'adore* » dit M. Degas en appuyant sur le dernier mot. « Nous adorons Mme Manet, reprend M. Monet, il ne s'agit pas d'un paravent, mais de l'exposition de Mme Manet. Voyons, dites que nous essaierons demain le paravent dans l'autre salle. » — « Si vous m'assurez que c'est votre opinion, que cette pièce est mieux sans. » — « Oui, c'est mon opinion. » Mais ce n'est pas fini, les discussions recommencent ; tout à coup M. Degas nous tend la main à Jeannie et à moi et s'en va vers la porte ; M. Monet le retient et ils se donnent des poignées de main ; M. Mallarmé hasarde le mot de pouf, alors comme un coup de foudre M. Degas s'en va en courant dans le petit couloir, la porte se referme, il est parti, on se quitte un peu ahuri.

J'arrive à 9 heures chez Durand-Ruel, il n'y a que les hommes qui balaient les salles. Je reprends mon travail de numérotage des tableaux ; puis M. Monet et M. Renoir ne tardent pas à être là, « Degas ne viendra pas, dit M. Renoir, il sera là dans la journée à clouer au haut d'une échelle et dira : ne pourrait-on pas mettre une corde à la porte pour empêcher d'entrer ? je le connais ». En effet, pas de M. Degas de toute la matinée. On se décide à mettre le paravent dans la salle du fond et on accroche les aquarelles et les dessins dessus. Enfin tout est prêt et admirablement arrangé, cette exposition est une merveille. Dans la petite salle du côté de la rue Laffitte sont toutes les choses anciennes. Sur le panneau du fond :

Sur la pelouse, un grand pastel fait à Maurecourt avec tante Edma, Blanche couchée sur l'herbe la tête appuyée sur sa mère et Jeanne plus loin ; le tableau est dans un ton vert où ressort la charmante petite tête blonde et rose de Blanche. En dessous : *La Chasse aux papillons* fait également à Maurecourt avec tante Edma et ses filles ; je ne connaissais pas ces deux tableaux : les taches noires des robes dans l'herbe sont d'une valeur extraordinaire. À droite : *Le Déjeuner sur l'herbe,* fait en Normandie à Beuzeval. Papa a posé pour cela, il est couché sur l'herbe, le raccourci est d'un dessin étonnant, la figure de femme en bleu a un mouvement plein de grâce, sa main (quoique cette figure soit très petite) est très faite et ravissante, prenant une orange dans une corbeille, le pain, la carafe, les verres sur la serviette blanche sont également très faits. Je revois avec plaisir ce tableau, le vert de l'herbe y est doux et enveloppe si bien les figures. Autour sont : *Le Petit Cerisier,* œuvre plus récente, on en a mêlé quelques-unes aux anciennes qui font très bien. Les branches du cerisier sur le ciel bleu ont des couleurs de pierreries.

La nature morte ordinairement dans la chambre de Paule et de Jeannie *Roses devant une gravure ;* ces roses je me souviens les avoir rapportées des Halles où nous étions allés à 4 heures du matin tous trois, il y a environ huit ans de cela. Dans le coin : *Étang et pigeonnier,* tourelle de Vassé s'avançant sur l'étang où se reflètent solitaires les arbres de l'automne 92 durant les huit jours qui nous semblèrent si longs et que nous passâmes à Vassé ; Maman et moi nous avons ressenti la même impression de tristesse en ce grand château au commencement de novembre ; ne pas voir Papa à Vassé, dans sa famille, m'apparut lugubre. Quand je travaillais à cela, me disait un jour Maman, en me montrant ce ravissant paysage, lorsque j'étais seule dans ma chambre, je ne pouvais m'empêcher de pleurer ». Et dans ce reflet des arbres dans l'eau grise, on voit le paysage au travers d'une larme.

Vue faite du musée de Tours, la même année, tons roses très fins. *Le Bassin du port de Fécamp,* les maisons grises s'élèvent au loin au-dessus d'un premier plan de blé. *Le Chantier,* Papa et Maman firent la même étude de ce chantier, l'année qui précéda leur mariage ; puis Maman donna ce qu'elle fit à Papa, ensuite Portier demanda à l'avoir, il ne le vendit pas et il n'y a que deux ou trois ans que ce petit tableau revint à la maison et que je le connus.

Angleterre, deux enfants anglais, charmants sont dans une prairie. *Aurore* toute petite marine au pastel, seul un petit bateau sur la mer rose ; cela respire la gaieté du lever du soleil sur l'immensité, la mer qui alors de belle devient plutôt gentille ou peut-être jolie, elle aussi rose que le ciel et le sable de la plage reçoit les rayons de l'astre qui se montre. M. Monet a trouvé ce pastel ravissant, je partage son goût ; du reste il y a assez longtemps que j'ai demandé à ce qu'il m'appartînt et Maman m'en avait fait cadeau. À gauche *Intérieur.* Une femme en noir assise de profil, à contre-jour, derrière elle une jardinière dorée et au fond une fenêtre, tante Edma et Jeanne regardent par la fenêtre. Le noir de la robe de la femme est merveilleux et la transparence de la manche sur les bras ! Les mains très faites sont extrêmement jolies, cette figure a quelque chose de naïf en même temps que savant. Les meubles sont admirablement faits. *La Femme en noir,* en pied portant une lorgnette est d'une finesse très grande. *Île de Wight, Plage de Fécamp, Port de Fécamp, Angleterre,* le portrait de Papa vu de profil et regardant par la fenêtre d'un petit cottage qui donne sur la mer, des pots de fleurs sont sur le rebord de la fenêtre, puis on voit un petit jardin, des figures se promenant au bord de la mer assez verte et devant une voile blanche si légère sur le ciel gris ; on sent toute l'atmosphère du dehors aperçu entre les rideaux et les murs d'un sombre intérieur. Ce tableau a été fait en 75 durant le voyage en Angleterre que Papa et Maman ont fait après leur mariage. Il est accroché dans ma chambre et était dans celle de Maman les derniers mois qu'elle vécut. Une marine d'Angleterre que M. Degas aime beaucoup et qu'il a lavée avec énormément de soins. Une petite femme très mince en noir se détache sur la mer verte, des bateaux à vapeur et à voiles sont étonnants de dessins. *L'Entrée du port,* un bateau admirablement dessiné sur la mer sort d'un port.

Panneau de droite : au milieu, le grand tableau qui est ordinairement accroché dans le salon ; Papa est assis de profil sur un banc dans le jardin de Bougival et moi toute petite je m'amuse à construire un village sur ses genoux ; des roses trémières dans des tons éclatants derrière ont l'air de fresque ; c'est peint sur l'envers d'une toile. En dessous : *Cache-cache,* tante Edma et Jeanne toute petite à Maurecourt autour d'un petit cerisier chargé de cerises, on aperçoit le village et dans l'herbe est renversée une ombrelle ouverte. Tante Edma a à son chapeau un voile vert qui a toute la légèreté de la gaze. À droite : *Anémones dans un cornet de verre,* ces fleurs peintes du premier coup respirent la joie, les tiges en transparence sont merveilleuses. À côté : *Au Bal,* une femme très brune décolletée, une fleur d'un violet foncé et mat à son corsage de mousseline blanche, aux gants blancs très faits tient un éventail également très travaillé et joli ; c'est une œuvre assez ancienne que j'aime énormément. Je l'ai vue pour la première fois à l'exposition de 92. Elle appartient à M. Donop de Monchy qui a beaucoup d'autres choses également ravissantes. Elle était accrochée autrefois dans la salle à manger de l'appartement de l'avenue d'Eylau où je suis née et où Jeannie est née. En dessous : *Pigeonnier du Mesnil* fait en 92, vu de la cour, le pigeonnier a toute la valeur de la vieille pierre sur l'arbre d'un vert un peu bleu et très intense et en même temps très doux. À côté *Port de Nice,* un petit bateau jaune clair se reflète dans l'eau bleue et derrière on en voit de plus grands de toutes les couleurs et entre les mâts paraissent les maisons roses ; ceci a été fait lors de notre premier voyage à Nice en 81 ; Maman peignait en barque au milieu du port et moi je la regardais du quai, ayant bien envie d'aller avec elle dans le bateau puis en même temps ayant très peur. À gauche : *Le Vase bleu* avec un petit soleil dans les dahlias ; c'est accroché dans notre salle à manger et cela fait très bien sous les paysannes bretonnes. À côté : *Fillette aux jacinthes* date d'avant la guerre, c'est un pastel très fait et admirablement dessiné, la petite fille verse de l'eau sur des jacinthes et elle se reflète dans une glace. En dessous : *Marine anglaise,* des figures se promenant se détachent sur la mer d'un bleu pâle. À côté : *Femme étendant du linge,* le linge est d'un blanc ravissant et le mouvement de la femme avec les bras en l'air très beau ; ceci est peint sur l'envers d'une toile.

Panneau de gauche : au milieu : *Portrait de tante Edma* au pastel en robe noire, fait avant la naissance de Blanche ; c'est une très belle chose. Dessous le bas-relief en étain d'après Marthe en chemise et Jeanne Marie à ses pieds. Sur une table devant : mon buste à 7 ans en terre rose, il est merveilleux, si jeune il y a tant de vie dedans. À droite : *Un coin de Paris vu de l'ancien Trocadéro,* le Panthéon, les Invalides, Sainte-Clotilde, Saint-Sulpice, sont d'un dessin magnifique sur le ciel, la Seine serpente entre les maisons et devant la pelouse du Trocadéro sont deux figures de femmes et une petite fille. Tout cela est très fait et d'une perspective étonnante. Dessous : *Pomme coupée,* nature morte que j'accroche dans ma chambre. C'est une pomme dont l'intérieur est très blanc avec deux pépins noirs, sur une table de bois devant une carafe en verre de bohème extraordinaire de transparence. À côté : *Salle à manger* de l'appartement du rez-de-chaussée de la rue de Villejust, Pasie ôtant le couvert et Gamin, mon petit chien, jouant devant. À gauche : *Le Port de Lorient,* tante Edma est assise en blanc sur un petit mur, tenant une ombrelle ouverte, dans un coin de la toile, le quai avec les arbres rangés devant les maisons est d'un ressemblant inouï et l'eau bleue très transparente est comme le jour où nous avons visité Lorient. Dessous : le balcon de la chambre de Papa à Bougival, Pasie cousant et moi à côté, très blonde sur le fond des arbres roux et jaunes. À côté : *Le Berceau,* Blanche qu'on aperçoit au travers des légers rideaux de mousseline et tante Edma en gris penchée dessus avec un très joli profil.

Panneau de la porte, à droite : *Copie d'après la Descente de Croix* de Véronèse, très jolie et très exacte bien qu'ayant été faite lorsque le Véronèse était accroché très haut. Dessous : *Femme et enfants sur le gazon,* c'est encore tante Edma et ses filles toutes petites dans le jardin de Maurecourt, sous les lilas aux fleurs ravissantes et enveloppant les figures d'un vert merveilleux. Sur l'herbe un grand panier, un chapeau de paille avec la note si jolie d'un ruban bleu et une ombrelle fermée légèrement teintée de rose ; c'est un tableau des plus jolis, ancien comme presque tous ceux qui se trouvent ici ; M. Degas l'a découvert chez Stevens. À gauche : *Temps d'hiver,* une femme avec une toque de fourrure et un manteau sur un fond de neige. Dessous : *Villa au bord de la mer,* Tante Edma et Jeanne sur la terrasse d'un chalet à Fécamp se détachant sur la mer verte. Dans ce tableau on remarque dans les noirs et la mer une certaine ressemblance avec la peinture de mon oncle Édouard ; c'est la seule chose, quoiqu'on dise, où je vois son influence ; du reste Maman n'a jamais fait que regarder peindre mon oncle Édouard, elle n'a pas été son élève. Au-dessus de la porte : *La Tasse de thé,* une femme rousse dans la véranda de Bougival, habillée de bleu, avance la main très blanche pour prendre une tasse sur une table. Puis : *Dahlias,* nature morte très ancienne et très faite que mon oncle Édouard aimait beaucoup ; c'est un gros bouquet de dahlias assez foncés dans un des grands vases de Saxe qui sont toujours sur la cheminée du salon.

Cette petite salle qui offre aux yeux toute l'œuvre de jeunesse, charmante et si intime, prépare l'entrée de la grande où, comme un bouquet des plus jolies fleurs, les toiles semblent lancer les rayons d'un soleil doux ; il semble qu'on entre dans une autre atmosphère, c'est un paradis, la délicatesse féminine est mêlée à la puissance du dessin. Ah Maman, quel talent ! ton œuvre ne m'avait jamais paru aussi belle qu'aujourd'hui ; c'est le reflet de l'âme pure ! Il faut être inspiré de Dieu pour faire cela, et du reste les grands artistes sont toujours les hommes les plus vertueux ; pas de talent sans bonté ou bonté si grande qu'elle remplace tout. Miss Vos me disait : « Nous avons tous en nous quelque chose de divin ; Dieu donne à chacun un peu de lui, quelques-uns acquièrent plus de cette divinité par la bonté, le devoir, le travail, le talent et ce que l'homme fait de beau, de superbe est divin. Dieu nous donne cette consolation. » Quelle différence pour moi de pleurer Maman entourée de toutes ces choses qu'elle a créées qui sont elle !

En entrant dans ces salles où rayonne sa gloire on sent qu'elle est heureuse là-haut. Oh, Maman inspire-moi !

Voici comment est arrangée la grande salle : panneau de droite en entrant (par la rue Laffitte) : au milieu *Copie d'après Boucher,* deux grâces dans les nuages tout enveloppées de bleu et de rose ; du grand tableau qui est au Louvre *Vénus va demander des armes à Vulcain* qui avait été fait après notre entrée rue de Villejust vers 83 ou 84 pour être mis dans le salon blanc au-dessus de la grande glace Louis XIV qui elle-même était sur la cheminée. Mais quelques années après la copie fut remplacée par un grand paysage de Monet fait dans le Midi qui est maintenant au-dessus de la porte dans notre salon en pendant du Boucher. Dessous : *La Leçon au jardin,* Papa en gris avec un chapeau de paille et moi en clair, un chat sur les genoux avec un immense chapeau de paille rapporté de Jersey, nous sommes assis sur le banc vert du jardin de la rue de Villejust qui est rempli de fleurs qui brillent au soleil. À droite : *Le Cerisier,* celui qui a été le plus travaillé, commencé à Mézy avec Jeannie en bas tendant le panier et moi sur l'échelle cueillant des cerises ; il a été fini rue Weber avec un modèle très gentil et Jeannie est restée comme elle était ; le ciel est celui d'un temps chaud, les bras de la figure du haut en silhouette sur le ciel et les branches du cerisier sont merveilleusement dessinées, la robe rose reflète les tons verts de l'arbre et la douceur de l'atmosphère enveloppe les lumières brillantes çà et là sur la robe ; la figure du bas au chapeau de paille si beau est également enveloppée de vert. « Le cerisier » de gauche a été travaillé rue de Villejust entre le commencement et l'achèvement de l'autre, le ciel est plus bleu, les verts dessus plus éclatants, la figure du haut en robe blanche à fleurs roses est moins dans l'ombre et a les bras plus levés, celle du bas a aussi une robe plus claire. Beaucoup de personnes ne savent pas lequel des deux tableaux elles préfèrent, on hésite, les avis sont partagés ; M. Degas aime mieux le n° 3 ; M. Renoir l'aime mieux comme ensemble, mais préfère des morceaux de l'autre. M. Monet les admire tous les deux, M. Mallarmé aime mieux le n° 2 et moi aussi ; peut-être est-ce parce que Maman le considérait comme de beaucoup le mieux et qu'elle y avait plus travaillé. L'année dernière au mois de janvier, Camentron avait emporté ce tableau chez lui pour le vendre. Maman n'en demandait que 1 500 frs, mais lorsqu'il fut parti, elle le regretta et écrit à Camentron de le lui rendre, celui-ci prétendit l'avoir déjà promis, fut très désagréable et demanda une commission de 150 frs que Maman lui donna pour ravoir *Le Cerisier*. C'était mon cousin Gabriel l'acquéreur, il ne s'était pas engagé, tout s'arrangea ; Maman lui promit de faire une œuvre décorative exprès pour lui. Lorsque *Le Cerisier* revint dans le petit atelier de la rue Weber au commencement de février, Maman me dit : « J'ai bien fait de ne pas le vendre ; j'y ai travaillé si longtemps, à Mézy, la dernière année où vécut ton père, j'y tiens et tu verras qu'après ma mort tu seras bien contente de l'avoir. » Et un mois après elle était morte et cela m'était doux de regarder cette délicieuse œuvre qui est accrochée maintenant dans notre salon en face de *L'Oie,* et que tous les jours je contemple et je me répète cette phrase. Ah, quand Maman m'a dit cela pouvais-je penser que cette mort était si près d'elle, plus que trente jours à la voir. Comme il faut que Dieu nous soutienne pour pouvoir supporter cela !

À côté du *Cerisier, L'Oie,* une oie très belle à côté d'un arbre vert un peu jaune, se promène avec majesté devant le lac au bord duquel sont des roseaux, deux canards arrivent dessus et au fond l'île enveloppée dans le bleu céleste ; c'est l'idéal de l'œuvre décorative. Puis : *Oies au bord du lac,* beaucoup d'analogie avec l'autre, une petite barque file sur l'eau bleue derrière deux grandes oies et des arbres se reflètent dans le lac ; cette toile si belle était roulée sans soins comme beaucoup d'autres et je l'ai trouvée tout abîmée. Sous ces « oies » : *Portrait de Jeannie* accroché dans notre petit salon en pendant au mien, le fond très vert n'est pas tout à fait fini, la tête de Jeannie est charmante extraordinairement ressemblante, ses cheveux blonds sur le fond vert sont d'une teinte ravissante, son joli cou long sort d'une robe de pongé noir décolletée en carré et qui est faite avec une légèreté habituelle aux robes que peignaient Maman. À côté : *Paysanne niçoise,* une espèce de sauvagesse brune avec de grands yeux noirs, un petit corsage bleu avec une rose sur le fond des montagnes qui bordent le Var, c'est admirable, ces yeux noirs dans la peau, quel éclat ! Maman montre cela en revenant de Nice à M. Gigoux qui crut que c'était son portrait : « la voilà bien cette chère petite, dit-il, mais comme elle est pauvrement vêtue ». Sur la cimaise : *Au Bord du lac* dans une atmosphère verte, Bibi en blanc de dos et Pasie en lilas remontant sur la berge se dessinent sur l'eau et le fond des arbres. *Les cygnes,* trois cygnes sur l'eau ; c'est un poème, le blanc de ces cygnes, leurs ombres, leurs demi-teintes, les reflets de l'eau pâle, tout cela est indéfinissable. *Devant la glace,* une grosse fille vue de dos se coiffe et sa figure ronde et rose se reflète dans une petite glace, cette tête dans le miroir est ravissante. Moi *Écrivant devant la fenêtre* de la princesse, en robe verte, la figure à contre-jour se dessine sur le fond de neige qu'on aperçoit par la fenêtre ; cela me rappelle tellement ce temps, le dernier hiver où Papa fut avec nous. Copie d'après Boucher *Les Nymphes d'Apollon visitant Latone,* tableau qui est au musée de Tours ; toute la grâce et la souplesse de ces nymphes ; Maman les a reproduites exactement, ainsi que les bois mats et sombres derrière ; cela me fait penser aux premières lignes de l'après-midi d'un faune de M. Mallarmé : « Ces nymphes je veux les perpétuer en leur incarnat léger… etc. » À gauche *Le Cerisier* n° 3 ; *Le jardin* grande toile superbe ; une figure de femme grandeur nature est assise sur un X dans le jardin de la rue de Villejust, elle a un chapeau de paille garni de coquelicots qui abrite légèrement sa figure, une robe violette et un éventail à la main, derrière elle une plate-bande de pensées, apparaît la tête en chapeau de Bibi sur un fond de poiriers en espalier. Les feuillages d'un vert légèrement bleuté sont admirables. *Les Pâtés de sable,* encore

Bibi en robe rose, petite capote brune faisant des pâtés à Bougival ; ce qui était pour moi le suprême bonheur, « si Maman était perdue, me disait-elle, que ferais-tu ? — Je jouerais à pâtés ». Ce tableau est ravissant, c'est tellement l'allure d'un enfant. Dessous : *Chrysanthèmes* dans une corbeille de faïence sur un fond rose, elles sont récentes, nous les avons accrochées dans le petit salon en pendant du tableau qui est à côté : *Le Jardin de Portrieux,* dans un jardin ensoleillé où une porte se détache sur le ciel bleu qui apparaît au-dessus du mur où se jaunissent les poires en espalier, Jeannie assise vue de dos étale sa belle chevelure dorée tandis qu'elle mange une poire, je suis à côté d'elle et du fond arrive une petite figure en blanc, un panier au bras, c'est encore moi. *Somnolence,* modèle que j'appelais le monstre et qui n'est pas du tout monstre sur cette toile, en robe rose sur le fond rouge des portières japonaises. *Robe de bal,* Mlle Carré en blanc très gentille. Ces deux choses-là sont très petites. Sur la cimaise : *Parisienne,* quelle merveilleuse chose que cette femme de profil avec sa capote noire, cette jaquette jaune ou brune à fleurs attachant ce nœud bleu avec des mains gantées de suède jaune. Je ne connaissais pas cette œuvre pleine de grâce, si féminine, et particulièrement française, XVIIIe siècle. L'amateur qui la possède, M. Leclanché, ne voulait pas la prêter, c'est grâce à une lettre de M. Monet qu'il l'a envoyée, c'est charmant, idéal, quelle fraîcheur. Mon portrait en robe rose très pâle sur un fond de portières à perles foncées, j'ai une raie de côté et un nœud orange, une figure très ronde et égyptienne, les lèvres rouges, un collier de perles au cou, des mains si joliment petites, une bague de turquoise et je tiens sur mes genoux un livre ancien, un Racine et je récite : « Approchez-vous, Néron et prenez votre place, etc. » Ce portrait est extrêmement particulier, il a quelque chose de droit et de si souple à la fois. *Sortant du bain,* dans la salle de bain rose une petite femme au bonnet blanc et au torse d'une coloration merveilleuse aux tons roses est assise. *Petite fille à l'oiseau,* Cocotte en robe blanche sur un fond de branches de pin avec Cuicui devant elle, le petit oiseau apprivoisé si gentil ; le ruban bleu dans les cheveux de Cocotte fait une note claire sur le vert, elle a une figure charmante, les yeux légèrement baissés sur Cuicui, ses grosses mains rouges sont croisées sur ses genoux. *La lecture,* Jeanne Bonnet lisant, en robe grise, sa natte passée par-dessus la chaise de paille, à la fenêtre de la salle à manger de la rue de Villejust, d'où on voit toute la verdure du jardin. Ceci a déjà été exposé chez Durand-Ruel autrefois à la dernière exposition impressionniste, c'est très joli.

Panneau à droite du panneau de droite : au milieu : *Portrait de Jeanne,* ce long portrait où la tête avec ses bandeaux si noirs est soutenue par le bras blanc éclairé par une vive lumière et appuyé sur le bord du canapé Empire sur lequel se détache la robe orange de mousseline. Il a été fait dans l'été 94, il est magnifique dans le salon blanc de tante Edma. Dessous : *Le bain,* même motif que le bas-relief, Marthe assise sur un petit tertre au milieu de verdure, de lys d'eau en fleur, admirable de mouvement ainsi que Jeanne Marie penchée, lui essuyant les pieds, ses cheveux brillant, à côté de sa chemise bleue. Ce tableau resplendit ici, il est comme une émeraude enchâssée dans de l'or. À droite : *Devant la psyché,* le dos si joliment modelé laissant tomber la chemise ; cette femme au beau mouvement de bras se coiffe devant la psyché Empire où elle se reflète. À côté : *Jardin de Bougival,* à la petite grille au milieu, des roses trémières si claires, si colorées, on aperçoit Marcel en bleu, cela respire la gaieté de Bougival, « c'est le plus heureux moment de ma vie », me disait souvent Maman. Ces deux toiles sont sur la cimaise, au-dessus : *Jeune fille au chat,* le même modèle que sur l'échelle du *Cerisier* n° 2. Sur un fond d'or, ses cheveux blonds se perdent, sa peau est si blanche et rose, la bouche d'un si joli rouge ; sur l'ombre de son cou, un collier de perles, elle est appuyée sur un coussin de soie rouge et elle entoure de ses longs doigts une chatte grise aux yeux verts ; c'est merveilleux, d'une fraîcheur d'une pâte admirable, ce fond d'or est extraordinaire, je suis décidée à accrocher cela dans ma chambre. À côté : *Villa dans les Orangers* fait aux environs de Nice la première fois que nous y sommes allées ; au milieu des orangers d'un vert jauni où brillent les pommes d'or s'élève une villa rose au toit de tuiles qui se détache sur le ciel si bleu, le ciel du Midi, ce magnifique paysage est aussi accroché dans ma chambre. Au-dessus : *Bergère couchée,* Gabrielle de Mézy, cette sauvagesse qui fit sa première communion avec moi, avec son mouchoir rouge sur la tête, la jupe lilas, elle est étendue sur l'herbe, la petite chèvre Colette à côté d'elle. C'est un très beau panneau décoratif qui est toujours au-dessus d'une des glaces du salon. À gauche : sur la cimaise *Petit Saint-Jean,* ce petit coquin de Gaston de Mézy, qu'il est joli sur ce fond bleu avec ses cheveux blonds, ses yeux noirs au milieu de sa figure si fraîche et ce petit corps blanc sortant de cette peau de mouton. À côté : *Quai de Bougival,* des maisons et quelques arbres sur le ciel bleu, des enfants au bord du quai regardant Maman qui peignait dans un bateau sur la Seine. Au-dessus : *Au Mesnil,* la petite fille du peintre aux cheveux d'un blond rose sur le jardin fleuri où Jeannie et moi nous sommes comme des ombres. À côté : *La Robe rose* sortant d'une fourrure grise, Marthe aux cheveux noirs sur un fond entre le rouge et le rose, à son bras blanc appuyé sur Ci chaise, elle a l'air pensif ; la coloration comme le dessin, est admirable, cela a été fait le dernier hiver dans la chambre de Maman. Au-dessus : *Le Flageolet,* au milieu des hautes herbes du jardin de Mézy, Jeannie et moi nous jouons du flageolet, encore une chose extrêmement décorative, il y en a deux que nous avons mis comme dessus de portes dans le salon. Cela sent la campagne l'été.

Panneau à gauche du grand panneau de droite : au milieu *Portrait de Mme Léouzon-Leduc ;* quelle merveille ! Sur le fond gris ses épaules se détachent et ses bras si beaux d'un dessin superbe, les mains croisées sur la table, où à côté d'une ancienne porcelaine une rose est posée, la robe bleue décolletée est d'un ton ravissant. Dessous, sur la cimaise : *Le lever,* cette pauvre petite Isabelle qui est morte si jeune, en chemise sortant de son lit ; œuvre particulière et féminine, lorsqu'on regarde de près, par endroits la toile est laissée et en même temps cela est très fait. À droite : *La jatte de lait,* dans la prairie si verte de Mézy où les fleurs des prés abondent, Gabrielle, dans une robe verte qui prend les tons des feuilles, porte une grosse jatte de lait ; quelle fraîcheur et délicieuse impression de vert ! À côté : *Portrait de J. M.* Ah, il est beau mon portrait, je vois Maman y travailler dans le petit atelier de la rue Weber ; il est très fait sur un fond vert foncé, très sobre, je suis en robe blanche, penchée, la figure appuyée sur le bras nu avec les cheveux qui arrivent en avant de la figure ; j'ai « l'air triste et fière » a dit la petite Jeannine et c'est vrai : j'ai l'air très triste dans ce portrait plein de grâce, on sent le malheur qui vient me frapper si violemment encore si jeune. Dans les dernières œuvres de Maman, il y a souvent une impression de tristesse, ah, elle était si triste, si malheureuse !

Au-dessus : *Aloès,* magnifique morceau de peinture, quelle belle facture dans ces feuilles grises, bleues, et jaunes se retournant de ces grands aloès, ce tronc mort et les légers bambous d'or sur le fond de la vieille porte de la villa Ratti. À côté : *Le Repos,* la tête un peu renversée sur un coussin vert entouré de bleu, cette femme aux sourcils arqués et noirs découvre son cou blanc et le commencement de sa poitrine au milieu de mousseline un peu jaune. Au-dessus *Fleurs dans un vase de Rouen,* légères et jolies. À gauche, sur la cimaise : *Sous l'oranger* très vert d'où pendent des branches surchargées d'oranges près du tronc vert et serpentent, sur un fond de rosier est une petite fille au chapeau de paille d'Italie en robe rose tout enveloppée de la lumière du plein air avec sa cage où est sa perruche verte, par terre à côté d'elle, c'est moi et Pelloque, chose merveilleuse. À côté : *La Mandoline,* encore moi à Nice, la tête de profil aux cheveux courts, penchée, un collier de corail au cou, une robe rose et bleue et les bras nus, une mandoline si ronde et j'ai l'air très occupée, c'est extrêmement joli, M. Renoir a une grande affection pour ce tableau ainsi que pour celui qui est à côté. Au-dessus : *Fillette portant un panier,* du capuchon rouge d'or sort une figure ronde et rose, à côté : *Fillettes à la fenêtre* de la salle à manger du Mesnil, sur un fond des pins et des plates-bandes du jardin, des arbres taillés. Au-dessus : *Reines marguerites* roses sur un fond bleu, jolies comme toutes les natures mortes que fit Maman.

Panneau de gauche (en entrant par la rue Laffitte). Au milieu *La Véranda* qui appartient depuis l'exposition de 92 à M. Chausson. Autrefois c'était accroché dans la princesse au-dessus du piano, c'est grand, cela a été vendu 300 francs. La salle à manger vitrée de Bougival où je suis avec ma tête si blonde, je joue sur une table où des fleurs dans une carafe sont joliment faites ; le fond d'arbres très bleus entre lesquels est le toit d'une maison est délicieux. Dessous : « Le portrait de Maman par elle-même », admirable esquisse dont tout le monde demande à avoir la photographie ; Maman ne s'est pas embellie mais on voit d'après ce portrait la grande artiste qu'elle était de face avec ses cheveux gris, du noir autour du cou et un corsage un peu jaune bordé de fleurs dont l'une est « comme une décoration » dit M. Mallarmé, ce qui donne un air chevaleresque, comme le trouve M. de Régnier. Ce portrait a été fait il y a environ une dizaine d'années, Maman ne l'avait pas fini, personne ne le vit, elle le roula et le laissa dans une armoire ou une chambre de débarras ; son apparition à l'exposition émerveille. À droite sur la cimaise : *Dans le pommier à Mézy,* moi assise sur une branche de l'arbre en robe rose et bleue, des bas blancs et Jeannie avec un grand chapeau de paille passant sa tête dans le bas ; il y a du Boucher, du Fragonard dans cela, c'est doux, enveloppé de teintes roses du matin. À côté : *Jeune fille au lévrier* dans le salon de la rue Weber, devant une gravure japonaise sur le divan de velours beige je suis assise en robe de soie noire et un peu penchée vers Laërte qui est en avant faisant son dos rond, c'est la merveilleuse toile que M. Monet a choisie. À côté : *Le volant* Jeanne Bonnet, la même que *La Lecture, Fillette au panier, Jeune fille en robe rouge* au pastel, en rouge assise dans le jardin, une raquette et un volant à la main. Au-dessus : mon portrait en robe orange sur un fond bleu et Pelloque dans sa cage derrière ; il a été fait il y a cinq ans, les mains sortant des mitaines jaunes si soyeuses tiennent un livre. À côté : *Dame à l'ombrelle* en jaune sur un banc tenant une ombrelle ouverte derrière elle un peu grise, à côté d'elle des fleurs, ce tableau, grand, est dans une tonalité douce et charmante, la figure très blanche est ravissante. À côté : *Le Violon* dans un intérieur où l'on sent les rayons du soleil au travers des volets fermés par un jour de chaleur, une jeune fille (moi) en robe blanche légère joue du violon, un pupitre rouge devant elle. À gauche : *Jeune fille assise,* Alice Gamby dans le salon de la rue de Villejust tout rose et gris ; qu'elle est gracieuse dans ce fauteuil, ses pieds dans des petits souliers en avant, et sur le tapis bleu une corbeille ouverte d'où s'échappe un ruban rose. À côté : *Le Bain* appartient à M. Monet, Maman lui en avait fait cadeau ; Isabelle en chemise se coiffe dans la salle de bain et a une brosse d'ivoire sur les genoux. À côté : *Sous le pommier,* dans la prairie de Mézy par une chaude journée d'été sous un pommier jauni une paysanne habillée de lilas mange une pomme appuyée contre le tronc de l'arbre, le fond est vaporeux, une chèvre dans les herbes, un grand noyer bleu. En dessous sur la cimaise, *La Broderie,* Alice et moi travaillant sur la même étoffe, assises sur le canapé gris Empire, Alice en beige avec son petit chignon en l'air a un profil si fin et délicieux. À côté : *La Fable,* dans le jardin de Bougival, Pasie en bleu clair assise sur un banc, un panier à ouvrage à côté d'elle et devant, assise sur un pliant sur le fond de fleurs, Bibi de dos avec sa tête blonde ; ce tableau est une merveille, celui-là aussi était roulé et caché dans une armoire. À côté : *La Coiffure.* Que de grâce et de charme dans le profil un peu en l'air de cette figure en robe de chambre blanchie, dont les cheveux noirs sont si jolis dans les mains de la figure qui la coiffe, qui contraste si joliment avec celle-ci par ses cheveux blonds qui semblent lancer des reflets sur son corsage bleu ; le fond est ravissant, rose, des écrans, le tableau « corsage noir ». Sur le chevalet qui est dans le coin : *Le Corsage rouge,* Isabelle, sa figure si fraîche sortant d'un grand chapeau de paille rond, elle est assise au milieu d'une plate-bande de pensées et derrière elle une cage d'oiseaux, comme je vois bien Maman travaillant dans le jardin à cette belle chose ; Papa aussi faisait une aquarelle d'après cela, ce tableau a été exposé aux Impressionnistes chez Petit, il était à côté des belles baigneuses de M. Renoir et en pendant au portrait de Paule ; ces deux notes rose et rouge faisaient très bien ensemble. En dessous : *La petite Marcelle,* là est le dernier coup de pinceau que Maman donna, voici sa dernière œuvre, cette petite fille en robe claire sur le fond des portières japonaises roses se tenant contre un fauteuil Empire ; cette petite fille dont la figure aux grands yeux noirs et tristes est entourée de cheveux ; Maman aimait beaucoup les enfants, la jeunesse et pour la dernière fois elle a fait une petite fille, mais elle n'est pas riante comme celles d'autrefois, ce n'est pas ni Nini, ni Bibi à l'air si heureux, non celle-ci est triste, profondément triste, elle est près de la mort ; ah, quel souvenir cher et dur pour moi ! Je n'ai pas vu Maman y travailler la dernière fois, j'étais malade et au lit le jour où elle prit sa palette pour la dernière fois. C'était quinze jours avant de nous quitter.

Oh triste petite Marcelle,
Tes yeux noirs regardent la mort

Et tu restes la gloire de celle
Qui entourée de clarté, dort
Laissant comme exemple une si belle
Œuvre ; belle jusqu'à sa mort !

Panneau à droite du panneau de gauche, au milieu : *Avant le déjeuner* dans la véranda de Bougival, d'où l'on aperçoit les géraniums du jardin, une femme en lilas aux yeux très noirs sous les cheveux blonds, prend sur une table une grappe de raisin d'un vert si transparent, ce magnifique tableau était autrefois accroché à la maison ; il appartient maintenant à M. Vever. Dessous sur la cimaise : *Rêveuse,* sur un canapé clair une femme en lilas rosé est étendue un pied en avant et se détache comme une légère silhouette sur le blanc des rideaux de la fenêtre, à la main elle tient un écran bleu clair et coloré qui brille au milieu de l'ensemble lilas des tons de pastel si doux. À côté, à droite : *Le Jardin de Maurecourt,* sur la pelouse verte avec des fleurs roses dans le fond, Jeanne a l'air sauvage avec Edme de dos en jersey et des cheveux longs. À côté : *Dames cueillant des fleurs* dans l'île du Bois de Boulogne, le paysage est dans une tonalité bleue, ainsi que les deux figures de femmes. À côté : *Dame à l'éventail* appelé *Rêverie* à l'exposition de 92. Ce tableau est doux et plein de grâce, la tête de la femme appuyée sur un coussin est charmante. Au-dessus : *La fleur aux cheveux* (c'est M. Mallarmé qui a donné ce titre prétentieux que je n'aime pas beaucoup, ainsi que la Fable), encore *Jeanne Marie coiffant Marthe ;* Marthe levant la tête un peu en arrière, de face, si fraîche, dont le cou et la poitrine sortent d'une légère mousseline rose ; Jeanne Marie blonde aux yeux allongés, habillée d'une tunique turque en mousseline blanche brodée d'or, lui met des fleurs blanches dans ses cheveux noirs, quelques anémones rouges glissent sur la robe blanche ; sur une potiche japonaise un hortensia bleu, ravissant. Quelle belle toile claire et colorée ; je travaillais à côté de Maman dans l'atelier de la rue Weber lorsqu'elle faisait cela. À côté : *Jeune fille cueillant des oranges,* une jolie Niçoise, tout entourée des branches si vertes et si dorées par les boules orange, sous lesquelles on voit le terrain brûlé et derrière un tronc lilas d'un olivier où une lumière en dessine le contour, cette lumière ce n'est qu'un coup de pinceau et c'est merveilleux. À côté : *Le corsage noir,* sur le fond de ce léger rhododendron, qu'elle est gracieuse cette blonde aux yeux noirs avec son tour de cou grenat et ses épaules si maigres et si fines sortant du long corsage de satin noir et ses bras qui s'enveloppent d'une fourrure ! Au-dessus : *Femme au chapeau de paille* jaune attaché par des brides de velours violet, se profile sur un fond d'un bleu vert. À côté : *Tête d'enfant,* encore Bibi blonde dans la véranda de Bougival.

À gauche sur la cimaise : *Allongée* en robe de foulard jaune sur la chaise longue Empire, des babouches aux pieds, devant la fenêtre ouverte où se trouve un aloès et par où pénètrent les chauds rayons du soleil, une jeune fille aux cheveux blonds se repose. Au-dessus *Le Violon,* je suis en robe noire avec une ceinture blanche de face, le violon est d'un raccourci admirable, sur le fond du salon blanc un peu vert de la rue Weber, au mur sont pendus le portrait de Papa par M. Degas et le portrait de Maman par mon oncle Édouard. Ce tableau est plein de grâce et enveloppé par un léger ton vert ravissant. À côté : *Derrière la jalousie,* une femme de profil, au petit bouquet bleu en bas, accoudée à la fenêtre derrière la jalousie qui laisse apercevoir dans un coin une petite maison, tout est un peu lilas et rose ; j'aurais dû parler de ceci en premier, c'est accroché à côté de : *Après le déjeuner* et *Le Violon,* vient ensuite à côté du *Violon : Portrait de Paule* en robe de bal rose sur un fond gris, assise sur un canapé gris ; les cheveux presque blonds ramenés en l'air avec une grande épingle japonaise, la figure est très jolie, très ressemblante ; assez pâle, éclairée d'une façon très particulière et dans une lumière verte, les yeux sont charmants comme le sont en vérité les yeux de Paule. Ce portrait avait été échangé contre des gravures japonaises il y a quelques années et maintenant Hayashi l'amateur japonais consent à le rendre pour *Derrière la jalousie* et le dessin de *Marthe en chemise.* Au-dessus : *La Cheminée,* dans un vase de Saxe sont quelques chrysanthèmes entourés des candélabres de bronze au socle de marbre blanc, quelle jolie nature morte sur cette cheminée marbrée de toutes couleurs. À côté : *Portrait de Mlle A.G.* Alice très ressemblante avec ses bandeaux blonds et ses yeux bruns, ce portrait est simple et régulier comme la beauté qu'il représente. Sur la cimaise à côté de *Allongée : Sur le lac,* dans une barque où une jeune fille au chapeau de paille est en robe violette se détache avec une petite fille en beige sur le bleu clapotant de l'eau, sur laquelle glissent les blancs cygnes ; on aperçoit les reflets dans l'eau des arbres qu'on ne voit pas et qu'on devine. À côté : *Au bois,* en face du lac d'où l'on aperçoit l'île et ses plates-bandes fleuries, les promeneurs et l'avenue qui fait le tour du lac où passent bicyclettes, voitures, cavaliers, piétons, les mères et leurs enfants, se détache sur le fond d'un bleu céleste Laërte debout se faisant caresser par sa maîtresse également debout, en noir avec un grand chapeau de mousseline ; l'herbe est assez jaune, un tronc vert au premier plan. Délicieuse impression du bois en été, ce jardin qui posa pour Maman ; elle en fut le peintre. Ce tableau a été fait d'après des croquis et très vite.

Panneau à gauche du panneau de gauche : au milieu : *Fillette au panier,* une grande toile merveilleuse, Cocotte au chapeau de mousseline blanche bordée d'une dentelle qui retombe un peu sur les yeux, en robe rose pâle, assise sur une chaise de paille tient un panier ; elle est dans la salle à manger verte, d'un vert ravissant, sur la servante, un sucrier de Delft, des pommes. Cette œuvre magnifique appartient à mon cousin Gabriel. Maman y travaillait en 92 lorsque Papa était malade et restait dans sa chambre ; lorsque Cocotte arrivait, Maman qui tenait compagnie à Papa descendait et travaillait l'âme inquiète. Dessous : *Portrait de Lucie Léon* qui fut fait l'été de la même année, dans la même maison, dans la princesse, mais Papa n'était plus là, il nous avait quittés et tout était délabré, le grand salon était vide. Il faisait chaud et Lucie préférait jouer au croquet qu'étudier son piano en posant, c'était un modèle insupportable mais comme Maman vainquit toutes les difficultés, elle fit un portrait merveilleux, tout bleu comme le *Blue boy* de Gainsborough qu'il fit après le pari de peindre un tableau bleu. La tête de trois-quarts entourée de ses cheveux bruns avec les grands yeux bleus un peu tristes, sa bouche rouge, son petit nez, Lucie a une robe bleu clair aux manches bouffantes et courtes, ses bras assez gros avec son bracelet d'or sont ronds et admirablement peints ; un peu penchée en avant elle joue sur un piano au bois brun sur lequel est posé un mouchoir de dentelle et sur le haut trois belles roses attachées par un ruban bleu, tout cela sur un fond bleu foncé où sont des plumes de paon. Ce portrait de Lucie me rappelle la petite fille en bleu au piano de David qui est au musée du Mans et a été à la grande exposition de 89. Quel beau portrait, Lucie a bien de la chance d'avoir cette magnifique œuvre d'art après n'avoir rien fait pour cela. À côté : *La sonate de Mozart,* dans le salon de la rue Weber, à contrejour, Jeannie au piano en noir et moi au violon, en lilas ; ce tableau a beaucoup de succès, de loin on croit voir les traits des figures, en s'approchant il n'y a rien. Sur le coin de la table qui passe, de la musique très faite ; j'ai aimé beaucoup cela dès que Maman l'a commencé, celui-ci est le second, l'autre malheureusement a été passé au blanc. À côté : *Faneuse,* dans la prairie de Mézy, Gabrielle avec son mouchoir jaune sur la tête fait les foins. Gabrielle et la prairie dans *La jatte de lait,* représentent le printemps, le commencement de l'été ; les fleurs s'ouvrent, tout est d'un vert tendre jusqu'à la robe de la paysanne. Ici c'est la fin de l'été, le soleil est plus rouge, l'herbe est devenue jaune, on l'a coupée, on fait les foins, la paysanne a les bras brûlés par le soleil, une jupe lilas, et s'abrite les yeux par son fichu couleur du soleil. Maman a donné cette jolie impression d'août à M. Hubbard pour le remercier de s'être occupé de ses affaires en 92. À côté : *M.M. et sa fille dans le jardin de Bougival,* sous un arbre aux grandes branches vertes Papa est assis un carton sur les genoux, il a un grand chapeau de paille sur la tête et est vêtu de toile grise, il est extrêmement ressemblant ; il regarde avec les yeux d'un père cette petite fille blonde en robe blanche très occupée à faire marcher des petits bateaux sur une pièce d'eau. Au-dessus : *Pivoines* faites il y a environ neuf ans dans le jardin. Au-dessus : *Mézy,* vu du belvédère de la maison que nous habitions, temps d'automne gris et lilas, arbres dorés se détachant sur le coteau et en bas toits de maisons ; doux et ravissant paysage. À côté : *Fillette au tablier* Marthe avec son air un peu intimidé assise sur un pouf dans le salon rose, sa figure charmante et colorée sortant d'une robe noire et ses mains dans les poches d'un tablier blanc brodé. À côté : *Portrait de Charly et de Jeannine Thomas,* cela est assez grand, Jeannine en robe rouge assise sur une chaise de paille un peu à contrejour, avec sa tête ronde et blonde sur les rideaux rouges et blancs, Charly debout, à côté d'elle, en bleu foncé avec un col bleu clair, devant Laërte. Ils n'ont pas beaucoup posé non plus ceux-là et quel beau portrait. Sur la cimaise, à gauche : *Dans l'île* devant les arbres d'un vert jaune aux fleurs roses qui cachent l'eau claire, une petite femme au chapeau est assise de profil ; œuvre légère, pleine de poésie. À côté : *L'île du Bois de Boulogne* vendu pour la somme de 700 frs en 92 à M. Denis Cochin ; dans l'île des oies blanches le cou en avant se promènent près d'une plate-bande de géraniums sur l'herbe au bord du lac bleu et l'on aperçoit l'autre rive avec un gros arbre d'un vert également bleu, c'est ravissant et j'ai revu avec plaisir cette toile que j'avais tant admirée il y a quatre ans. À côté : *Sortant du lit,* esquisse d'après Pasie devant le lit Louis XVI, les épaules nues, les yeux très bleus sont ravissants. Au-dessus : *La haute Seine,* bleu turquoise sur laquelle vogue une seule barque et sur le fond de saules dorés, du pont de Valvins très petit et de la ligne violette de la forêt de Fontainebleau, des branches de saules plus foncées pendent et se balancent en se mirant dans le beau fleuve si clair encore. Au-dessus : *Les roses trémières,* roses, rouges, blanches comme des fusées, elles s'élèvent, s'élancent sur le ciel d'été et du matin sur l'arbre encore dans une atmosphère vaporeuse. À côté : *Sœur* une jeune fille en chapeau (souvenir de Bretagne) et robe blanche aux yeux doux et gris serrant contre elle sa petite sœur aux yeux bruns dans la figure rose entourée de cheveux, la petite Marcelle en robe rouge ; derrière ces deux figures touchantes, féminines et gracieuses on devine la mer. À côté : *Sur le banc,* Jeanne Marie avec un chapeau anglais jaune et ses cheveux roux sur les épaules, droite sur un banc, entourée de plantes vertes et de fleurs.

Dans la salle longue au fond sont tous les dessins et plutôt des esquisses qui, mêlées aux pastels représentant les jardins de Mézy, de Cimiez, des Niçoises sous des orangers, des têtes d'enfants charmantes, font très bien à côté des sanguines et des fusains. Les crayons de couleurs et les aquarelles sont presque tous sur le paravent qui prend la moitié de la salle et fait très bien. Parmi les tableaux : un *portrait de Mme Hubbard* (œuvre ancienne) tout en blanc couchée sur son lit, un éventail à la main, il est extrêmement ressemblant, les blancs d'une légèreté !... La petite fille dans les tulipes tout entourée d'atmosphère. La petite se lavant les pieds sur un fond d'eau bleue avec un madras jaune sur la tête qui est son seul vêtement, la ligne du dos de ce petit corps est-elle jolie. *L'enfant de chœur,* une des dernières choses que Maman ait faite, qu'il est plein de grandeur ! La charmante petite fille à la toque dans le vert.

Il est impossible de parler de chaque chose, je n'en finirais pas. Quelle netteté de dessin, quelles douces impressions de paysages ces crayons de couleurs dont Maman seule a fait de l'art, et quelles ravissantes aquarelles qui lui sont si particulières, quelles indications ! Tout le monde est étonné en arrivant dans cette salle-ci : « Je n'aurais jamais cru qu'elle travaillait tant. » Maman ne montrait jamais tous ces dessins, elle cachait une partie de son travail, aujourd'hui c'est une révélation.

En arrivant par la petite salle on est frappé par

le savoir de ces œuvres de jeunesse, l'exactitude du dessin. Dans la grande, par la clarté, la lumière extraordinaire des tableaux, qui éclairent la salle ; par les figures ravissantes, souples, les tons merveilleux des fleurs, cette œuvre si féminine et qui se tient si bien. Dans la salle du fond le dessin vous émerveille et le travail ; l'âme si entièrement artiste se montre dans le moindre croquis comme dans la toile la plus travaillée.

Vendredi 6 mars — Paraissent aujourd'hui un article de Geoffroy dans *Le Journal* et un Arsène Alexandre dans *Le Figaro ;* celui de ce dernier est très bien et donne une idée exacte de l'exposition ; il y a quelques passages très jolis :

« La mort veut qu'aujourd'hui nous apparaisse brusquement cette œuvre surprenante de fraîcheur, de sensibilité et d'harmonie. La mort offre bien rarement de si radieuses consolations ! et bien rarement grandit d'une façon aussi soudaine et aussi complète les êtres qu'elle anéantit. Rarement elle est aussi proche de la résurrection. »

Plus loin :

« Entre autres choses, Mme Morisot a rendu la poésie si simple, la grâce si inexprimable de cette attitude vraie : la femme ou la jeune fille assise, s'abandonnant à la rêverie ou à la contemplation. Les mains à peine jointes sur les genoux. Ce n'est rien et c'est toute l'expression d'une façon de voir et de dessiner. »

Sans date — Mlle Lapchinsky s'arrête très aimablement ici ; il y a deux ans que nous ne l'avons vue, cela me fait plaisir de revoir cette grande amie de la famille et en même temps cela me produit un sentiment de tristesse ; chaque fois qu'elle revient, elle trouve quelqu'un de moins. Je me la rappelle le jeudi soir il y a huit ou neuf ans, jouant du Wagner après le dîner et Jeannie et moi l'écoutant à cheval sur des montures de carton.

M. Mallarmé a dîné avec nous et nous a charmés par sa conversation. À propos de Gros Claude, il racontait cette histoire que je lui ai déjà ouï dire : Gros Claude étant entré en conversation avec un individu qu'il rencontra en voyage, l'invita à entrer chez lui s'il passait par là. Quelques temps après, un jour vers l'heure du déjeuner, ce monsieur s'arrête avec une nombreuse société devant la maison de Gros Claude qui lui exprime tous ses regrets en disant qu'il a ses vieux parents en ce moment et qu'il ne pourrait offrir assez de distractions à ce monsieur qui s'en va en remettant sa visite à un autre jour. Une petite dame tout en clair habillée, dans une charrette anglaise, s'écrie : « mais avec tout cela nous n'allons pas déjeuner, n'y a-t-il pas une auberge dans le pays ? » — Gros Claude ôtant son chapeau : « Je n'en connais pas d'autres. »

« Mistral me disait, nous contait M. Mallarmé, qu'il n'avait chassé qu'une fois dans sa vie ; étant armé d'un fusil et poursuivant un lièvre, il le mit en joue, celui-ci se retourna et fit le signe de croix. Mistral laissa tomber son fusil et jamais n'y retoucha. »

Lundi 17 août — Mme Mallarmé et Geneviève sont venues prendre le thé avec nous ; Geneviève a raconté avec beaucoup d'esprit les aventures d'une vieille cousine.

À la fin de la journée nous avons fait une très jolie promenade à Vulaines ; derrière les vignes, les grandes lignes bleues des arbres de la forêt, toutes de plus en plus claires et légèrement enveloppées par une vapeur de la rivière faisant penser à ces paysages si étendus et pleins d'atmosphère de Van der Meulen.

Je me suis remise à la peinture.

Mardi 18 août — Nous sommes allées chercher Miss Vos à la gare, après quoi Jeannie et moi avons pris un bain de petits poissons autour du bateau de M. Mallarmé, cela paraît un bain pour rire après les bains de mer ; ce n'est pas assez bien pour faire des études de natation. Il n'y a plus de radeau ; j'étais arrivée à y aller une fois, j'aurais voulu recommencer. J'ai éprouvé une sensation assez désagréable étant debout dans l'eau sans toucher le fond ; mais très agréable pour arriver à ce fameux radeau qui, pendant la saison de bains, était notre ambition : y arriver.

J'ai continué dans le jour la vue de ma fenêtre, cela m'intéresse d'étudier cette masse d'arbres qui se reflète dans l'eau. Vers quatre heures, promenade en suivant la berge jusqu'à Héricy ; derrière le rideau d'arbres, les roseaux entourés de fleurs bordent la Seine et, peu à peu, on aperçoit les maisons roses de Samois qui se mirent dans l'eau et me rappellent la Hollande. Nous traversons par le bac et débarquons au pont rond comme les ponts japonais ; là, la Seine forme comme de petits marais au bord desquels grandissent des saules argentés ; combien de Corot l'on voit dans ce coin-là. Nous rentrons par la forêt, un petit chemin y monte d'où l'on aperçoit le coteau de Samois et la rivière entre les feuillages du premier plan.

En nous arrêtant chez les Mallarmé nous avons vu Rosny jeune et Bourges que nous rencontrons souvent et qui est très sympathique, il me fait penser à Delacroix.

Vendredi 21 août — Travaillé dans la forêt ce matin ; que ces tapées de soleil au travers des feuilles, ces ombres lilas sur les terrains roses font penser à la peinture de M. Renoir, on sent que jeune il a peint ici. Et comme les figures font bien sous ces dessous d'arbres. Pendant que nous travaillons, sept chevaux dont quatre montés, très bien harnachés ont passé au triple galop dans un petit chemin, laissant un nuage de poussière derrière eux. Cette apparition d'une cavalerie dans la forêt était très jolie.

Dans le jour pris le thé dans la forêt.

Samedi 22 août — Promenade à Moret, allées par la route de Champagne qui, sur une hauteur, plonge sur la vallée de la Seine que l'on voit serpenter ; Thomery dont les murs où la vigne croît, brille sur tout le coteau et derrière toujours la grande ligne de la forêt. En descendant, des quantités de bateaux sur le canal du Loing et l'on croit voir un paysage de Sisley lorsque la tour de la vieille église apparaît au-dessus des arbres qui bordent la petite rivière si verte, traversée par un pont de pierre.

Dimanche 23 août — Nous sommes allées à la messe à Vulaines, miss Vos quoique juive est venue avec nous et a paru attristée.

Jeudi 27 août — À 7 heures moins le quart, il pleuvait et faisait très froid quand nous avons pris la grande route bordée d'arbres qui monte à Vulaines ; le petit clocher de l'église tout entourée de genévriers et de rosiers se détachait sur le ciel gris. On sent dans cette petite église un recueillement et on communie peut-être avec encore plus de plaisir.

Comme nous redescendions à Valvins je demandais à Dieu que nous soyons toujours unies, que ces trois jeunes orphelines soient toujours bien ensemble et qu'il n'y ait même plus une petite dispute entre elles pour faire plaisir à leurs mères. Je veux faire tout mon possible pour retenir mes nerfs et ne jamais être en colère. Puis aussi je veux m'appliquer plus à ma prière de chaque jour. Je sens que cette confession et cette communion m'ont fait du bien. Je voudrais être ici à la Toussaint pour avoir encore les bons conseils du curé de Vulaines.

Dîné ce soir chez Mme Normand qui est vraiment charmante, avec cet air de ne penser qu'à elle au premier moment où on la voit, au fond elle s'occupe énormément des autres, elle est excellente, aime rendre service, c'est une amie dévouée des Mallarmé, elle nous a parlé avant qu'ils n'arrivent affectueusement d'eux, du chagrin que Mme Mallarmé a eu de la mort de son petit garçon charmant paraît-il. Après le dîner excellent et pas trop long, on a causé très parlé des mardis soirs de Mme Mallarmé, de tous les gens qui y viennent et particulièrement de ce Monsieur anglais auquel Geneviève ouvrant la porte, redescendit brusquement pour laisser son parapluie chez la concierge qui lui crie : « Ça se met en haut », puis prenant Geneviève pour la bonne, il la prie de tenir son manteau et enfin après avoir demandé à dire seulement un mot à M. Mallarmé, il resta jusqu'au milieu de la nuit et quand il redescendit il se heurta contre toutes les portes dans l'obscurité sans pouvoir sortir de la maison ; il essaya alors toutes les clés de son trousseau à la porte d'entrée ; la concierge qui, de sa loge riait aux larmes en le voyant se débattre, tira le cordon et la porte s'ouvrit soudainement, l'Anglais partit à fond de train et jamais on ne le revit.

Vendredi 28 août — J'ai tout à fait terminé aujourd'hui ma nature morte à laquelle j'ai beaucoup travaillé ; je ne pourrais dire combien en quantité et en sortes de rouges j'ai mis pour faire des glaïeuls, des roses, des reines marguerites et d'autres fleurs rouges dans un bol de faïence à dessins.

Dimanche 30 août — À 6 h 1/2 fait une meule dans la brume de la fenêtre de la cuisine. Puis nous sommes allées à la messe de Vulaines et le curé nous a fait un sermon charmant sur la prière. La prière au point de vue de tous. Il ne faut pas réciter beaucoup de prières, mais en dire quelques-unes du fond de l'âme, attacher sa pensée à chacune des phrases du Pater et répéter même dans la journée quelques-unes de ces phrases ; si on souffre : « Que votre volonté soit faite, etc. » On n'est pas responsable d'une distraction involontaire pendant la prière et il est difficile de ne pas laisser échapper son esprit pendant quelques minutes durant le cours de la prière ; mais il faut s'y appliquer, ne pas se décourager et toujours prier ; les saints eux-mêmes ont eu des distractions pendant leurs prières et saint Bernard disait à un homme que pour sa part il ne pouvait dire un Pater sans la moindre distraction, l'homme jura que lui, il le ferait : « Si tu le peux, lui dit saint Bernard, je te donnerai mon cheval. » Et l'homme arrivé au milieu du Pater dit : « Me donnerez-vous la selle avec le cheval ? » Si on a le temps, on doit dire de longues prières ; mais le pauvre laboureur qui rentre fatigué, exténué le soir dans sa chaumière ne dira qu'un Pater et s'il le dit avec toute son âme, toute son attention, Dieu l'écoute comme tous ceux qui prieront avec ferveur. Le Pater seul demande à Dieu toutes les grâces, c'est la création de Dieu lui-même. Le curé commença ainsi son sermon : « Notre Père qui êtes aux cieux », pourquoi pas notre Père qui êtes partout, puisque Dieu est partout ; mais non, Notre Seigneur Jésus-Christ ayant voulu mettre la prière à la portée de tous, que les enfants les plus petits en répétant leur prière comprennent ce qu'ils disent pour qu'ils ne voient pas leur père, au lieu de Dieu, il a dit notre Père qui êtes aux cieux car Dieu seul est aux cieux en même temps que sur tout l'univers.

Les Mallarmé et Mme Normand sont venus prendre le thé dans notre petite salle à manger rose, puis après j'ai fait la photographie de M. Mallarmé au milieu des sept dames. Mlle Normand attendait Cail, le philosophe comme elle l'appelle, à dîner ; lorsqu'il est arrivé avec son beau-fils elle nous a dit : « Mais venez donc tous à la condition que ces demoiselles apporteront leur pain ». Ce dîner a été très gentil comme l'autre et nous avons fini la soirée par une promenade sur le pont et sur la route de Vulaines pour voir le feu d'artifice qui se tirait dans ce village.

Lundi 31 août — Comme un départ est toujours triste. Aujourd'hui Mme Normand a quitté la rive de Valvins et les habitants ont senti vivement son départ ; elle a été charmante pour nous, nous a embrassées en nous demandant comme elle l'a déjà fait de venir la voir à Paris ; puis elle nous engage à faire avec elle et Geneviève un voyage à Rouen à la fin du mois ; mais nous avons déjà bien remué, je ne sais si nous nous déciderons, il faut bien avoir le temps de peindre.

Dans la nuit commence le chômage de la Seine, c'est-à-dire que l'on ouvre toutes les écluses et que l'eau descend. Nous partons après le dîner pour Vulaines où nous restons huit jours pour que Paule ne sente pas le mauvais air du chômage.

Le ciel est étoilé et ce voyage en voiture avec un tas d'objets à la main nous semble extraordinaire. Nous nous installons comme nous pouvons dans la maison d'une brave vieille paysanne, Mme Polemon, nous trouvons juste une cuvette pour nous trois et on se lave dans la cuisine, mais enfin nous avons notre tub en caoutchouc.

Les huit jours chez la dame Polemon se sont passés en somme assez vite et nous n'étions pas mal, perchées au haut du coteau au milieu des vignes. Il y a de nombreux motifs et ce serait un très joli endroit pour la peinture. Derrière les vignes dorées et pourpres parmi lesquelles des petits pêchers jaunes s'élèvent, apparaît la grande masse lilas ou bleue de la forêt qui paraît éloignée par la rivière qui est devant, que l'on ne voit pas, mais que l'on devine.

Samedi nous avons fait une très jolie promenade à la gorge aux loups où un petit chemin descend entre de gros rochers et des arbres qui tortillent leurs forts troncs au-dessus en étendant leurs grandes branches. Près d'une place où croît un grand chêne d'un parterre de bruyère, d'un lilas rose parsemé de petits troncs blancs, on aperçoit la cime de quelques arbres sur une ligne bleue toujours de la forêt.

La mare aux fées si bien nommée, étonne. Son eau est colorée de brun rouge (terre de sienne et laque) et reflète les arbres en leur donnant « l'air de tableaux vernis » disait Jeannie, et c'est bien là mon impression. Sur ces roches blanches, grises, qui la traverse on ne peut dire qu'une chose, qu'on s'attend à voir danser de l'un à l'autre des fées aux robes de mousseline entourées de fleurs, aux cheveux longs et flottant au vent, une couronne sur la tête. Oh ! que cela serait joli au clair de lune.

Cette promenade a un peu remis cette pauvre Vos qui a eu une aventure des plus comique et émouvante vendredi. Étant partie pour toute la journée avec une connaissance, elle voulut rester jusqu'à la nuit dans la forêt à rêver, à admirer la belle nature, à faire de la poésie, car elle aime tant la poésie ; miss Vos est une personne pratique qui se croit excessivement poétique et n'aime que le roman. Enfin tout en rêvant sous les grands arbres, elle s'aperçoit qu'un orage éclate, elle est prise de peur et sans parapluie s'en retourne vers la gare ; tout à coup elle glisse « dans un puits », et sa première pensée, elle croit son dernier moment venu. Enfin elle s'arrête à deux mètres de profondeur et se trouve sur ses deux pieds, mais impossible de remonter. Elle entend marcher, rire, reste alors tranquille attendant que les passants se soient éloignés mais, oh ! trois soldats dégoulinent sur elle, l'un reste suspendu, le premier s'écrie : « Grand Dieu il y a une femme. » (Quelle aventure pour les soldats !) Puis, après être tombés sur le chapeau de miss Vos, arrivent à sortir du trou ; mais elle, trop petite, reste toujours au fond ne pouvant pas grimper ; enfin on hèle un homme avec une lanterne et on éclaire le trou et on déclare qu'il n'y a pas possibilité pour la Vos de remonter, alors un galant Français, se propose de la sortir de là.

Mercredi 9 septembre — Nous sommes rentrées dans notre petit intérieur après avoir quitté très tendrement la mère Polemon, hier au soir.

La rivière remonte peu à peu.

Les cinq demoiselles : Miss Vos, Geneviève, Paule, Jeannie, Julie font une ravissante promenade en forêt dans la voiture Trabert passant par le point de vue de la Reine Amélie d'où la forêt apparaît autour de Fontainebleau, de son château aux grands toits et surtout aux longues cheminées de briques, comme protégeant cette ville. La roche éponge, la roche qui remue où un âne à une table buvait un bock de bière (scène de Shakespeare disait Miss Vos), ce qui le fit un peu gambader sur les rochers. Les hauteurs de la Sole et enfin le bouquet du Roi, futaie magnifique où des chênes, mais surtout des hêtres, s'élancent droits comme des colonnes de granit à des hauteurs prodigieuses et ne laissent apercevoir que de petits trous de ciel entre le feuillage d'un vert si doux, encore un endroit de fées. Geneviève et Jeannie comparent cela à un fond de mer et la lumière passe en effet comme le soleil au travers de l'eau, c'est doux, beau et grand. Nous passons par les gros chênes comme sous Saint-Louis qui font presque peine par leurs écorchures, leur décrépitude.

Nous prenons le thé à Franchard où on nous fait payer plus de 4 frs pour rien du tout, puis nous nous promenons dans le désert de roches grises parmi lesquelles poussent des genévriers d'un vert cendré, des bruyères et quelques arbres qui sont pris par le pied entre la pierre. On aperçoit à l'horizon plusieurs cimes de forêt et au loin une grande ligne bleue peut faire l'illusion de la mer.

Mercredi 16 septembre — Très jolie promenade dans un petit bois et dans la campagne où les immenses pommiers sont chargés de pommes rouges.

La fin de la journée est froide et humide. Je travaille à des verres de lanterne magique pour reproduire l'aventure de miss Vos. Sur le premier verre je la fais dans la forêt ensoleillée rêvant, puis marchant sous la pluie et tombant dans son trou. Sur le second : au fond du trou, les soldats tombent sur elle. Sur le troisième, un soldat éclaire le trou avec une lanterne pendant qu'un autre la tire et qu'elle monte sur le dos du dernier ; puis revenant couverte de boue et le chien de la maison Bas Rouge aboyant derrière la grille.

M. Mallarmé est venu passer la soirée avec nous. Jeannie n'a pas pu jouir de la conversation, elle était couchée ayant très mal à la tête.

Il nous a raconté : « Un Anglais occupant une haute position dirigeant le journal *Pèle Mêle,* s'étant épris d'une personne, voulut l'épouser ; mais la dame pour laquelle il avait brûlé auparavant, jalouse, réunit toutes les dames qui l'avaient précédée et elles formèrent un conciliabule pour empêcher le mariage de Sir X. Elles lui envoyèrent X qui lui dit que si il épousait la jeune personne, il perdrait la direction du *Pèle Mêle,* sa place au Parlement et ne serait pas admis chez le prince de Galles ; or, comme c'étaient les trois choses auxquelles il tenait le plus, il renonça à son mariage. La dame non contente voulut comme gage de sûreté, lui donner sa fille. Il l'épousa et aussitôt après la cérémonie alla se promener avec des amis. Il eut dans son hôtel un appartement en bas et sa femme un en haut et ils ne se voyaient que dans les grandes occasions. Puis à la longue elle finit par s'éprendre de lui. » Quelle vie compliquée !

Jeudi 17 septembre — Représentation de la lanterne magique chez Geneviève, surprise pour miss Vos. Il y avait les Bourges et les Natanson qui sont revenus à Valvins hier.

M. Mallarmé nous a raconté ce soir tous ses souvenirs de collège ; quand il y était, et quand il y enseignait l'anglais. Une de ses tantes, une vieille demoiselle entichée de grands noms, l'avait fait entrer chez les Jésuites d'Auteuil pour, en allant le voir, rencontrer ses connaissances les plus distinguées. Lorsqu'en arrivant M. Mallarmé dit son nom, les enfants s'écrient qu'il n'y avait que des titres au collège ; alors il dit que, tout à coup, il se rappelait qu'il était marquis de Boulainvilliers. Quand sa grand-mère venait le voir et que l'on appelait en même temps que d'autres grands noms, le marquis de Boulainvilliers, il arrivait le plus lentement possible afin que sa grand-mère ne se doute pas que c'était lui le marquis.

Il avait au collège un professeur d'anglais qui ne voulait jamais dire son prénom, aussi ses élèves en profitaient-ils pour lui souhaiter chaque jour sa fête, on faisait la fanfare, on déroulait devant les yeux du professeur une grande feuille de papier sur laquelle était écrit un compliment. Puis la fête se terminait par un feu d'artifice qui consistait en des flèches de papier allumées que l'on lançait en l'air. Ainsi se passait le cours et le pauvre Anglais n'osait pas parler de son rôle ridicule.

Lorsque M. Mallarmé était professeur d'anglais, il vit un jour un petit garçon qui pleurait sans s'arrêter et, lui demandant ce qui était la cause de toutes ces larmes, il répondit que son voisin avait dit que sa mère ressemblait à une girafe.

Vendredi 18 septembre — Il y a deux ans aujourd'hui nous étions à Morlaix et Maman était avec nous, elle admirait avec nous !

Passé la soirée chez les Natanson. Mme Natanson était charmante dans une robe bleu clair à taille courte avec une très jolie collerette blanche, décolletée en carré et les manches courtes ; autour de son joli cou si rond et si blanc s'enroulait un collier. Elle a joué la symphonie en *ut* mineur de Beethoven, d'une façon extraordinaire, triste, grande, grave rendant la sonorité de tous les instruments de l'orchestre. Elle a un beau jeu, puissant, large mais pas français du tout.

Samedi 19 septembre — Nous sommes ce soir au coin du feu attristées par le départ de miss Vos, c'était une compagne gaie et aimable qui laisse un grand vide derrière elle. Elle est partie par une pluie battante qui ne s'arrête pas.

Dimanche 20 septembre — Paule est fatiguée aujourd'hui, Jeannie et moi sommes allées seules à la messe ; le curé a fait un joli sermon sur les douleurs de la Sainte Vierge, portant les pensées vers tout ce qu'elle a souffert pour nous. On devrait répéter souvent : « Sainte Marie Mère de Dieu, priez pour nous pauvres pêcheurs. » Elle doit avoir pitié de nous la Sainte Vierge, il me semble qu'elle doit protéger les orphelines.

Je voudrais entendre ainsi toute l'année un sermon chaque dimanche, il me semble que j'ai besoin de ça. Le curé de Vulaines m'aide à mieux dire Notre Père et l'Ave Maria par ce qu'il dit sur ces prières.

Lundi 21 septembre — Jeannie et moi avons passé la soirée chez les Natanson où se trouvaient les Mallarmé et les Bourges. Mme Natanson a joué de charmantes danses de Haendel, entre autres *la Passacaille* qu'elle a enlevée comme d'un coup d'archet.

Mercredi 23 septembre — La pluie ne cesse plus et je me lance dans la nature morte, depuis huit jours j'ai fait un vase de fleurs, des pommes, je commence des poires aujourd'hui.

Jeudi 24 septembre — Le docteur Martin vient passer la journée avec nous, heureusement qu'il fait beau. Nous faisons avec lui le matin une charmante promenade dans la forêt où les feuilles commencent à se dorer, en cherchant des insectes. Il nous parle de ses nombreux voyages. Des campagnes entièrement roses qu'il y a en Afrique, des arbres grands comme des chênes chargés de fleurs.

M. Mallarmé vient déjeuner avec nous et dans le jour promène M. Martin en bateau.

Vendredi 25 septembre — Il recommence à pleuvoir ; si cela continue que ferons-nous pendant notre voyage à Rouen avec Mme Normand et Geneviève ?

Samedi 26 septembre — Quitté Valvins ce matin et déjeuné à Melun chez les Matter. Retrouvé Geneviève en chemin de fer ; arrivées avec elle à Paris où un des hommes de la gare ayant d'abord dit au cocher d'aller rue de Sèvres au lieu de rue de Sèze répond : « Ah, je croyais que c'était rue de Sèvres au couvent ». Voilà que ces quatre jeunes filles étonnent, quand nous serons avec Mme Normand et sa bonne qu'est-ce que ce sera ! Nous passons chez elle où Geneviève couche pour savoir quel train nous prenons demain. Elle nous accueille très aimablement, nous invite à venir déjeuner chez elle avant de partir. Nous trouvons à la maison Miss Vos qui reste à coucher. Pluie battante toute la journée.

Dimanche 27 septembre — Le soleil se montre, le ciel est bleu, notre voyage commence bien. Nous partons à 1 h 1/4 et passons par tous ces ravissants environs de Paris qui se trouvent sur l'ancienne ligne de Paris à Mantes où nous admirons par la portière la jolie et fine cathédrale qui se mire au bord de la Seine au milieu des saules gris. Quelque temps avant d'arriver à Rouen après Pont-de-l'Arche, joli confluent de la Seine et de l'Eure, apparaît une grande colline ressemblant à des falaises, vertes, où sont des marbrures blanches. Puis au haut on voit une église au clocher pointu qui est Bon-Secours, et en tournant la belle ville de Rouen qui semble enveloppée de sa fumée grise, les clochers pointus de ses églises, le toit verdi de sa cathédrale. Le chemin de fer traverse un pont et l'on aperçoit la Seine serpenter au milieu de ces pierres qui brillent au soleil tandis qu'elles sont adoucies par l'atmosphère. Nous sommes arrivées à 3 h 1/2. Un omnibus nous conduit à l'Hôtel d'Angleterre situé sur le quai. Nous avons une chambre au quatrième d'où la vue est superbe. Au premier plan les quais où règne un mouvement, une vie extraordinaires, la Seine, les ponts qui la traversent. À droite les coteaux bleus, et les arbres parmi lesquels s'enfuit la Seine, deviennent gris sous un soleil orange. À gauche, se détache sur le ciel l'église de Bon-Secours sur sa haute colline au bas de laquelle un bouquet d'arbres et des maisons sont entourés par deux bras de la Seine que traverse un pont ; plus loin un autre, duquel on voit parfois s'élever une fumée blanche d'un chemin de fer. Devant, le pont, qui est presque devant l'hôtel, beaucoup de bateaux déchargeant des planches, des tonneaux, etc. Des barques rouges. En face sur l'autre rive, une gare, une grande construction de briques et d'autres maisons.

Nous commençons nos promenades dans la ville et allons d'abord à la poste pour que Geneviève envoie une dépêche à M. et Mme Mallarmé. Pendant notre longue attente à la poste nous remarquons qu'elle est très luxueuse.

Nous montons par la rue Jeanne-d'Arc et trouvons à gauche une église : Saint-Vincent. Le portique sur la place Saint-Vincent est très beau et plein de jolis détails. Au-dessus d'une petite porte de côté sont des sculptures de bois très curieuses, charmantes. La nef est superbe, très riche, les colonnes sont ornées avec beaucoup de goût, des palmes d'or traversent l'église avant le chœur et une grosse campanule d'or soutenue par un ange semble abriter l'autel. L'orgue est beau, du même style que l'église, les vitraux aussi très foncés, intéressants.

En suivant la rue Jeanne-d'Arc à gauche se trouve une tour carrée, la tour Saint-André derrière laquelle est la façade en bois sculptée d'une ancienne maison. Dans le toit une petite fenêtre au-dessous de laquelle se trouve un ornement composé au milieu d'une coquille tenue de chaque côté à une fleur semblable à un soleil. Plus loin à droite de la même rue, le Palais de Justice dont la façade assez carrée au toit haut et pointu quoique joli est bien inférieur au corps de bâtiment que suit une petite rue et surtout à ce que l'on voit dans la grande cour. Sur la petite rue, la pierre est très noire et les recoins, le sommet des aiguilles sont couverts d'une vieille mousse qui embellit encore ce monument à l'aspect pittoresque. Au bout de l'étroite rue sombre, derrière la construction foncée passent de légers nuages roses que les derniers rayons du soleil éclairent.

La cour entourée de trois côtés par le Palais de Justice est fermée par une grande grille très jolie dont les piquants sont ornementés ainsi que les flèches de pierre qui sont en grande quantité sur le monument. Au fond au milieu de la longueur de pierre percée de fenêtres et sculptée à merveille se trouve une petite tourelle fine au toit pointu qui se détache sur l'immense toit dont l'arête argentée surmontée d'un ornement à jour brille comme si elle était en écailles de poissons. Les cheminées elles-mêmes ont de ravissants dessins. Par une porte de chaque côté de la tourelle on passe dans la petite rue, puis dans chaque coin une plus petite porte, sur l'une une vigne vierge roussie recouvre l'entrée et ne laisse apercevoir quelques trouées noires. À droite et à gauche, à chaque aile un grand escalier de forme arrondie conduit à une grande porte par laquelle on pénètre à gauche dans une immense salle de pierre blanche appelée salle des pas perdus ; puis dans une grande salle où se trouvent des stalles de bois, des fauteuils et une table. La petite tourelle qui forme le cabinet particulier du président, entourée de toutes ses fenêtres est aussi jolie à l'intérieur qu'à l'extérieur, le plafond formant la voûte est ravissamment orné. Il s'y trouve une table ronde avec de très jolis pieds puis de beaux fauteuils. On traverse ensuite d'autres salles de justice, dans l'une est un tableau de Mignard ; mais l'obscurité nous empêche de le voir. Par la fenêtre de cette même salle on aperçoit de charmantes vieilles maisons, aussi la concierge du Palais nous dit-elle qu'on va les démolir ; on finit par détruire tout l'attrait d'une ville sous prétexte d'alignement, on abat des curiosités pour mettre à la place une maison neuve en pierre bien blanche comme celle qu'on a construite en face du

Palais de Justice et qui de plus a eu la malheureuse idée de faire de l'imitation. On ressort par l'escalier de droite en passant par une salle carrée éclairée d'en haut et ayant une frise à ornement d'algues très jolie, aux herbes marines la main du sculpteur a mélangé les fruits du pays.

Quel superbe coup d'œil que celui que l'on a dans cette cour et que les moindres détails sont intéressants, ces gargouilles qui s'avancent au bas du grand toit dont les écailles sont particulièrement belles. Quand on a passé la grille, que l'on se retourne et que l'on s'éloigne peu à peu, le palais semble grandir, il produit un effet d'immensité sur le ciel qu'un soleil couchant à chaque minute rend plus rose, de plus en plus rose. À peine a-t-on détourné les yeux de ce chef-d'œuvre de la main des hommes qu'au coin de la rue on voit d'abord une maison noire comme si elle avait passé par le feu avec des inscriptions de la révolution, puis la vieille porte à l'horloge dorée si majestueuse. Nous descendons la rue où elle se trouve où, comme autre curiosité, sont des Anglaises assises sur le trottoir qui font de l'aquarelle tandis que des soldats, des gamins, tous les passants s'arrêtent pour les regarder ; elles doivent bien s'amuser ! Tant pis pour elles, on n'a pas de ces ridicules idées.

Au bout de cette rue s'élève le grand clocher en fer de la cathédrale qui mesure environ 140 m de hauteur. Quel spectacle ; quoi tout cela à la fois ? En face le Palais de Justice, à droite le clocher de Notre-Dame, à gauche l'Horloge ; l'œil se réjouit, se délecte, a peine à tout embrasser, se dépêche de regarder.

Superbe arrivée, inattendue, de la petite rue sur la place de la cathédrale : oh, immense portique assisté de cette tour et de cette autre, pointue, derrière laquelle on aperçoit la flèche qui semble la mère de toutes celles qui sont à Rouen ; est-ce l'œuvre des hommes, cela paraît impossible ; la seule description de Notre-Dame est les vingt-six toiles qu'elle a inspirées à Claude Monet. Comme ces cathédrales qu'il a peintes, de près rien n'est distinct, les nombreux ornements sont rongés par la pluie ; de loin tout paraît y être. Nous la voyons aujourd'hui comme celle un peu lilas et verte qu'à faite M. Monet. La vue de cette cathédrale me donne encore plus d'admiration pour l'œuvre du grand peintre qui a pu reproduire cette extraordinaire façade. Quel courage pour entreprendre cela, quelle force il faut avoir, il faut être M. Monet.

Sur la même place est une très jolie maison avec des sculptures entre les fenêtres.

La nuit vient et nous rentrons à l'hôtel très satisfaites de notre première excursion dans Rouen. Nous trouvons dans la salle à manger, attablé, le beau vieillard à barbe blanche qui est M. Pissarro ; il paraît très étonné de nous voir ; il travaille de sa fenêtre et est ici depuis quinze jours ; nous passons une charmante soirée avec lui ; nous parlons de la belle ville puis il entreprend avec Mme Normand une conversation sur la décadence de l'art en toutes choses.

Lorsque nous remontons dans notre chambre, les quais éclairés par de grosses boules de lumière électrique, sont toujours aussi jolis et aussi mouvementés, les petits tramways jaunes (électriques) que l'on rencontre et que l'on entend dans toute la ville, passent comme des vers luisants sur les ponts ; la Seine reflète les lumières et le grand coteau se perd dans la nuit.

Lundi 28 septembre — Les quais sont ensoleillés et les rayons d'une blanche lumière semblent pomper l'eau (car il a plu cette nuit) qui donne un aspect de fraîcheur à cette vue belle à toutes les heures. Bon-Secours et sa colline se découpent en bleu sur le ciel un peu rose et un peu jaune qui se mire dans l'eau scintillante ; les tramways jaunes marchent déjà, le mouvement ne s'arrête pas à Rouen. Après un thé très bien servi avec des croissants très bons, Paule, Jeannie et moi sortons pour voir la ville le matin ; elle paraît dans un nuage bleu et lilas et parfois rose, elle est délicieuse. Nous suivons les quais à gauche et sommes arrêtées par la jolie rue du Bac dont M. Pissarro nous avait parlé, au bout de laquelle, si svelte et si mince la flèche de Notre-Dame s'élance.

Dans la rue de la République par plusieurs ruelles on aperçoit quelques tours de la cathédrale ; puis, à droite sur une petite place, se dresse Saint-Maclou, de forme ronde au clocher pointu ; comme une clochette qui laisserait épanouir des corolles autour d'elle ; le portique cintré est très beau et très grand, la pierre assez grise et sombre. En entrant, on est saisi par un sentiment d'émerveillement inouï, on se sent élevé en voyant ces hautes colonnes si fines qui montent jusqu'à la base du clocher qui forme lanterne ; il semble que là-haut, Dieu au milieu de ses anges vous regarde ; on pense au ciel ; cette splendide église invite plus que toute autre à la piété ; Dieu, la Sainte Vierge paraissent plus près de vous. On y prie mieux. Une grande pluie d'or traverse l'église et deux anges dont les grandes ailes se détachent sur de clairs vitraux sont au pied d'un crucifix. Cette élévation prodigieuse dans cette pierre grise est empoignante, les ornements sont merveilleux ; des algues tortillées entourent le sommet des colonnes. Les vitraux représentent dans les hautes fenêtres des églises également hautes. La vie de la Sainte Vierge est très belle, particulièrement sur un vitrail où elle est penchée sur l'Enfant Jésus ; le bleu de ses vêtements est ravissant. Comme à Saint-Vincent une campanule abrite l'autel. L'orgue aux ornements d'or est très beau ; (la chaire aussi a des ornements dorés). Près de la porte y monte un escalier rond de pierres très finement découpées, la porte, les fleurs sculptées sont délicieuses. Les roses sont également remarquables aux dessins si beaux de la pierre au milieu des vitraux.

Quelle superbe chose que Saint-Maclou et non seulement superbe mais délicieuse, charmante, douce, et souriante tout en conservant la flèche pointue et un grand style. Elle est claire et grise cette église, oh, qu'on voudrait pouvoir y prier tous les jours. Les sculptures sur bois des portes sont de Jean Goujon.

Nous rentrons pour repartir avec Mme Normand et Geneviève en landau, nous commençons notre visite par la cathédrale dont l'intérieur n'est pas aussi beau que l'extérieur, il y a presque trop de colonnes quoique du chœur cette enfilade soit assez jolie ; dans une chapelle, à droite en entrant, se trouvent de jolis vitraux. Un vieux Suisse très curieux avec de magnifiques vêtements brodés d'or nous fait visiter le chœur et la chapelle de la Sainte Vierge dont l'autel complètement doré est très riche, à droite le tombeau de Louis de Brézé ; entre deux colonnes de marbre noir est le cercueil sur lequel Louis de Brézé en marbre blanc est couché après avoir rendu le dernier soupir ; d'un côté la Sainte Vierge tenant l'Enfant Jésus, de l'autre Diane de Poitiers à genoux en veuve. Derrière on remarque une petite statuette de Diane, jeune et charmante ayant toute la souplesse d'un jeune corps. Les figures ainsi que de ravissantes guirlandes de fruits sont en albâtre. En haut, la statue équestre en marbre blanc du Sénéchal. À gauche de l'autel, le tombeau des cardinaux d'Amboise, d'albâtre et de marbre blanc qui fut érigé par Roland Leroux ; sur le cercueil, Georges d'Amboise et son neveu à genoux, les mains jointes ; derrière eux saint Georges terrassant le dragon. Plus bas dans des niches représentant la Foi, la Charité, la Prudence, la Force, la Justice, la Tempérance. Dans un coin de la cathédrale est un joli escalier doré. En sortant de Notre-Dame nous passons par une petite rue de côté où l'on voit tous les arcs-boutants, le toit verdi et les clochers merveilleux de la cathédrale qui se découpent si joliment sur le ciel.

Nous repassons à Saint-Maclou puis allons à Saint-Ouen dont la façade si pointue aux flèches découpées est très dure, ce n'est pas une église accueillante. Elle est immense et froide, on voit que cette façade a été reconstruite en ce siècle-ci et la rose a des vitraux d'une couleur aveuglante. Le chœur roman est beau et entouré de superbes grilles qui se dessinent très bien sur les fenêtres de la voûte. Dans les chapelles on remarque de jolies tapisseries. Un Suisse, moins beau que celui de Notre-Dame, mais très aimable et très doux, veut nous faire admirer l'église et surtout un tableau : « fait par un jeune homme de 22 ans ». Une grande croûte brune. Nous passons au pied de la tour Saint-Laurent, très vieille et belle. Puis à la tour toute unie et ronde au toit pointu d'ardoises et un reste du château de Philippe Auguste ; on y voit le cachot de Jeanne d'Arc. Il est vraiment très émouvant de pénétrer dans l'intérieur de cette tour où est accrochée une reproduction du procès de la pauvre créature et sur une plaque sous cette date : 9 mai 1431, les dernières paroles de cette grande âme : « Qu'on m'arrache les membres, qu'on me tire l'âme du corps, je ne répéterai autre chose. »

Quel extraordinaire que cette Jeanne d'Arc ! Quel courage ; quelle sainte ! Mme Normand disait en sortant de cette tour que pour elle un homme ne devrait pas prononcer le nom de Jeanne d'Arc sans avoir un sentiment de honte. Ah ! cette femme qui comprend la mission que Dieu lui confie et qui poursuit avec tant de fermeté sa route jusqu'à la mort ! Comme Frémiet l'a bien représentée, quelle est charmante la statue qui est à Paris près des Tuileries ; quelle grâce dans ce corps si petit et si fin, un peu droit sur ce gros cheval.

Nous passons à la place du Marché où Jeanne

a été brûlée et où l'on voit cette inscription : « Le 30 mai 1431 les cendres de Jeanne d'Arc ont été jetées à la Seine. »

Nous arrivons à la place de la Pucelle où se trouve une jolie statue de Jeanne d'Arc, assez petite sur le socle à trois grosses têtes de sphinx formant fontaine ; sur cette même place on voit la façade de l'hôtel Bourgtheroulde, très joliment orné, au coin un hérisson supporte une couronne, on entre par une porte cochère et l'on pénètre dans la ravissante cour où l'hôtel bruni par le temps paraît en bois sculpté plutôt qu'en pierre ; une petite tourelle est ornée de motifs délicieux, près du toit des scènes en bas-relief où sont des animaux de toutes sortes, des éléphants. Quel chef-d'œuvre que cet hôtel ! Quel dommage que les saletés de la Bourse se fassent maintenant dedans.

Après le déjeuner notre landau revient nous chercher et nous allons d'abord au musée. Au haut du grand escalier de pierre blanche, on aperçoit le long panneau de Puvis de Chavannes où derrière un pré vert planté de pommiers et des figures qui errent parmi le paysage est une magnifique vue de Rouen, grande et simple, enveloppée de son atmosphère bleue, la Seine, les hauts clochers. Nous venons justement de voir de très jolies vues que M. Pissarro fait de sa fenêtre ; il y a des reflets dans l'eau lumineux et ravissants ; les ponts sont d'un beau dessin, les quais gais mais il n'y a pas la superbe unité du Puvis de Chavannes. Dans la décoration de ce maître, des iris charmants se courbent vers l'eau et reflètent au premier pan le bleu du fond. Deux autres panneaux sont en haut de l'escalier à droite, deux femmes portant des faïences à dessins bleus, l'une est vêtue d'une robe foncée d'un ravissant lilas.

Au musée de céramique on voit naturellement de belles fontaines, de magnifiques assiettes bleues et jaunes et d'autres objets d'art en faïence de Rouen.

Le musée de peinture dont nous ne visitons que la moitié renferme beaucoup de jolies choses. D'abord en entrant les yeux sont attirés par le *Portrait de la Belle Zélie* par Ingres ; oui, elle est belle avec ses accroche-cœurs noirs sur cette peau fraîche et rose, ce contour de figure, ce cou et cette bouche aux lèvres vermillon ; une bouche comme jamais Ingres n'en a faite, vivante, étonnante, ravissante. « Il a aimé cette femme-là », disait M. Pissarro. Aussi il lui a fait une bouche dont on ne peut pas faire la description.

Dans la même salle un grand Delacroix très abîmé ; *La Léda* de Riesener, pleine de grâce. Il y a aussi un joli petit portrait de Millet et une ravissante esquisse de Delacroix : *Le combat de Saladin et du Chevalier noir*.

Nous montons ensuite à Bon-Secours ; à mesure que l'on s'élève, la vue devient de plus en plus belle sur Rouen et sur l'autre côté où la Seine coule au milieu de prés verts et entourant ses îles boisées ; elle serpente ; et parfois on l'aperçoit au milieu de la grande campagne bleutée comme une tache d'argent ; à mesure que l'on s'élève l'air devient plus vif. Arrivé à Bon-Secours la vue est plutôt trop étendue ; l'église n'est pas jolie ; Paule comparait l'intérieur à des sucres de pommes entourés de papiers de couleurs. Nous sommes redescendues par la côte Sainte-Catherine qui est très belle. Des pentes vertes semblent descendre sur la ville dans laquelle on entre par le même côté que le chemin de fer.

En revenant nous avons traversé de petites rues aux anciennes maisons, l'une en bois sculpté a sur sa porte un bateau soulevé par les vagues. Nous faisons une petite promenade sur les quais ; les mâts des bateaux se détachent sur le ciel du soir et la campagne. Nous passons une autre charmante soirée avec M. Pissarro, Jeannie l'enthousiasme par son jeu (de piano).

Mardi 29 septembre — Nous faisons une dernière visite à la ville de Rouen, nous nous promenons par les petites rues derrière la cathédrale et entrons à Saint-Maclou ; qu'ils sont jolis sous la voûte claire ces anges aux pieds du Christ ; les lustres Empire brillent autour de l'autel doré. Un chat que nous vîmes à chaque visite à Saint-Maclou dort sur une chaise ; il doit être particulier ce petit chat gris qui vit au milieu des encens. On la quitte avec peine, cette merveille.

N'étant pas sûrs d'avoir bien vu l'extérieur de Saint-Ouen, nous pénétrons dans le jardin qui entoure toute la partie du chœur. De là, ce n'est pas le même aspect, elle est magnifique, immense, imposante cette église, elle est entourée de petits toits pointus qui s'enchevêtrent dans les arcs-boutants et entourent la grande tour aux superbes sculptures. En tournant on trouve de côté une petite tour ronde et l'on aperçoit la grande qui, vue de ce côté, rapetisse ; ceci me fait un peu penser à la cathédrale de Tréguier vue du cloître.

Nous entrons chez des bric-à-brac puis au musée pour voir la peinture ancienne, malheureusement nous n'avons pas le temps de nous arrêter devant toutes les jolies choses. Nous apercevons un joli Fragonard, un portrait de femme d'un inconnu, un Velasquez, un ravissant Boticelli qui fait penser au Puvis de Chavannes, des dessins de Delacroix, Géricault, Watteau.

Nous rentrons à la hâte pour déjeuner à 11 heures. Avant de partir nous allons dire adieu à M. Pissarro qui paraît trouver notre séjour bien court. « Nom d'un chien, dit-il, moi qui déjeune et dîne seul tous les jours. » Enfin il nous a dit qu'il viendrait nous voir à Paris. Il nous montre des toiles auxquelles il a travaillé et qui sont vraiment très jolies ; Paule lui demande si il fera une exposition l'hiver prochain : « Non, dit-il, tout cela va aller dans les caves de Durand-Ruel, pour se faire comme le vin ».

Nous partons à midi un quart pour la gare de l'autre rive et faisons un long voyage, nous changeons de train trois fois et nous arrêtons assez longtemps à Pont-Audemer qui paraît très triste. Nous arrivons à 7 heures du soir à Honfleur, exténuées, Mme Normand et Geneviève vont chez une dame amie des Mallarmé, Mme Ponsot ; et nous, nous allons coucher à un mauvais hôtel.

Mercredi 30 septembre — Le paysage est enveloppé de brouillard, derrière les pommiers on aperçoit l'embouchure de la Seine qui, d'un ton de sable, se confond avec la brume. Peu à peu elle se lève et l'on voit la pointe du Havre ; mais l'eau reste toujours jaune. Nous déjeunons chez Mme Ponsot et allons ensuite en voiture jusqu'à Trouville ; nous prenons une route bordée de beaux arbres d'où l'on voit la côte, avant d'arriver à Trouville il y a une jolie vue sur l'embouchure du fleuve ; la mer devient bleue mais pas du joli bleu que l'on voit en Bretagne et je ne ressens pas la même impression en voyant la mer ici. Après avoir passé entre les affreuses baraques de Trouville, nous prenons le train qui passe par une très jolie campagne ; des prés verts où paissent et se reposent des vaches rousses, entourés d'arbres roussis par le soleil et le vent, puis des coteaux lilas dans une douce atmosphère. Des champs de pommiers sont complètement brûlés par la tempête et les trois-quarts des arbres jetés par terre. Nous changeons à Lisieux qui paraît joli, l'église a deux gentils clochers et un toit vermillon ; nous arrivons à Caen pour le dîner.

En chemin de fer, comme on parlait de Maras, Geneviève raconte qu'un soir chez Catulle Mendès, Mme X… est prise de vapeurs ; Maras offre de la reconduire chez elle en passant par la place de la Concorde, elle se croit reprise : « Attendez d'être arrivée pour cela », lui dit Maras ; elle se remet de son attaque de nerfs, éclate lorsqu'ils sont arrivés à la porte de la maison ; Mme X… reste assise sur une banquette au bas de l'escalier. « Qu'est-ce qu'on vous donne dans ces cas-là ? demande Maras — De l'eau de vie dans de l'eau — où cela se trouve-t-il ? — Dans la salle à manger ». Il monte, ouvre toutes les portes de l'appartement, passe par les chambres de M. X… de ses fils qui croient avoir des cauchemars épouvantables en voyant la tête de Maras passer (avec son grand nez et ses cheveux noirs). Enfin il trouve la salle à manger et l'eau de vie ; prend un petit verre, se met à boire puis lorsqu'il va finir le flacon il se rappelle que Mme X… attend en bas. Il paraît que cet homme carré à tête d'ange, sa femme l'appelle : Petit loup.

Jeudi 1er octobre — Nous nous promenons dans Caen, ville triste et sévère mais belle. Nous allons d'abord voir la Préfecture qui est belle et grande, l'église qui y tient est lugubre et ressemble plutôt à un monument funèbre. Je comprends que Maman m'ait toujours parlé des années de son enfance passées dans cette préfecture comme d'une chose triste. Nous avons voulu visiter cette préfecture où notre grand-père a été si longtemps, où nos mères ont grandi ; mais on ne le peut pas.

Nous allons ensuite au musée qui est dans un beau bâtiment, tout est grand et beau ici mais toujours triste. Dans le musée très mal éclairé au milieu d'horreurs on découvre de jolies choses : un Boucher, de Franz Franck *Le massacre des onze mille Vierges,* un délicieux tableau qui tient du primitif et du Rubens ; des petites vierges aux cheveux flottants, aux cous découverts, couchées par terre, massacrées, puis des hommes en cuirasse, une ravissante vierge pâle que l'on menace, c'est charmant. Adoration des bergers et sainte Ursule. Dans un de ces tableaux une rencontre de la Vierge et de sainte Élisabeth, ravissante. De Panini, *La Réception des cordons bleus,* des rouges ravissants, des figures charmantes. De Véronèse *Départ des Israélites de l'Égypte,* dans le fond une colonne blanche sur le ciel bleu dans une lumière ravissante. Du Tintoret, *La Descente de Croix* dans des tons très curieux et modernes. Deux Van der Meulen, d'après le passage du Rhin, belles lignes bleues. Un Breughel, drôle. Un Carpaccio, un Poussin noirci, un Albert Dürer.

Dans le jour nous voyons l'église Saint-Pierre puis une autre église qui n'ont rien d'étonnant lorsqu'on vient de Rouen. Nous faisons, en nous promenant, l'achat de pèlerines de fourrure très jolies et très bon marché. Nous passons devant deux maisons qui se tiennent, en bois formant des petits carrés et sculpté. Nous arrivons sur une place d'arbres d'où l'on voit d'un côté les clochers de Saint-Étienne et de l'autre celui de l'Abbaye aux Hommes qui tombe en ruines, on voit les restes d'un bas-relief représentant Guillaume le Conquérant, au coin d'une rue bordée de l'autre côté de vieux murs et au bout de laquelle paraît un clocher pointu. Nous pénétrons dans l'abbaye où d'un côté sont rangés tous les ornements cassés et les restes de tous les monuments de Caen. Les autres parties servent de hangar, là il y a du bois, là des voitures, des objets de toutes sortes même un cheval en bois. En sortant dans un jardin potager on voit le porche principal, puis une autre porte aux ornements très fins et très jolis. L'église n'est pas tout à fait droite ; elle tourne un peu à droite, comme le fait beaucoup plus celle de Tréguier. Mme Normand nous dit que plusieurs églises sont ainsi construites parce que le Christ avait la tête penchée. C'est une jolie idée que je ne connaissais pas.

Nous prenons deux voitures pour faire le tour de la ville par la campagne en suivant d'abord l'Orne, d'où s'élèvent Caen et Saint-Étienne derrière de grandes prairies. Avant de rentrer nous allons voir Mlle Félicie, l'institutrice de Maman et de mes tantes, cela me fait plaisir de voir cette Mlle Félicie dont j'ai tant entendu parler ; elle nous accueille très aimablement et paraît très étonnée que nous n'ayons pas vu Saint-Étienne ; nous nous y faisons conduire à la nuit. C'est immense, d'une grandeur que la nuit rend effrayante ; les proportions sont belles.

Nous rentrons dîner dans notre salle à manger où il n'y a que des hommes tous plus communs les uns que les autres. Notre garçon paraît nous avoir pris en affection ; avant, tout était sale, et mauvais, ce soir le dîner est très soigné.

Vendredi 2 octobre — Nous prenons un train à 9 heures et après un très joli voyage, un délicieux déjeuner en chemin de fer, nous rentrons à Paris. Nous avons revu sur notre passage Le Mesnil et Mézy que j'aime toujours à revoir. Nous quittons Mme Normand et Geneviève, attristées que cette jolie et agréable tournée soit déjà terminée.

Samedi 3 octobre — Nous allons faire des courses dans Paris et passons par l'avenue des Champs-Élysées que l'on arrange admirablement pour le tsar ; au Rond-Point tous les arbres ont des fleurs blanches, roses et rouges qui brillent au soleil et sont presque pareilles à de vraies fleurs ; un cordon de globes blancs borde l'avenue de chaque côté.

Nous allons voir dans le jour ma tante Chevalier, nous avons eu Miss Vos à déjeuner.

Nous lisons le soir avec Jeannie des lettres de Bon-Papa à tante Yves, il y en a plusieurs très jolies, beaucoup de sermons, dans l'une ce portrait de famille assez drôle : « Berthe paraît toujours étonnée, je ne sais si c'est des autres ou d'elle-même ». Edma se moque de sa mère toute la semaine et passe généralement le dimanche à se brouiller et à se raccommoder avec son frère. Ce charmant enfant continue à chanter ses louanges et à nous régenter. Moi, je fais des yeux fixes ou je grogne. Notre ennui paraît déteindre sur M. Guichard, etc. J'aime beaucoup relire des lettres de famille, mais les écritures sont difficiles à déchiffrer. Dans l'une, Bon-Papa parle d'un soir où il a eu de la peine à faire rentrer Maman du jardin et où elle a pleuré. Elle avait alors l'âge de quatorze ans et voulait coucher une nuit dehors, elle m'a parlé souvent de ce soir-là. Bon-Papa paraît la trouver très renfermée et demande à tante Yves de lui dire si elle sait quelque chose des petits secrets de Maman. Je me reconnais en cela, j'ai été souvent bien trop renfermée avec Papa et Maman, j'aurais voulu parler et je n'osais pas ; maintenant je le regrette ; quand je pense que je n'ai jamais osé parler de Papa à Maman depuis sa mort ; je n'ai jamais prononcé son nom, c'est extraordinaire ; nous le pleurions toutes deux et je n'unissais pas mes pleurs à ceux de Maman ; cela est moins dur de pleurer à deux que seule renfermée dans sa chambre, couchée dans son lit la nuit. Mais cela, quand on est malheureux, on ne peut pas quelquefois avant de s'endormir s'empêcher de verser quelques larmes. Pourquoi n'ai-je jamais parlé de Papa, que Maman a-t-elle pensé de moi ? Peut-être m'a-t-elle comprise si elle a été aussi timide et renfermée ; elle savait bien que j'adorais Papa ; oh, maintenant elle sait tout. Et dire que jamais elle n'a pu comprendre si j'étais religieuse ou non ; quelle faiblesse de ne pas oser dire oui quand elle me disait qu'elle aimait mieux que je le sois, quelle faute, mon Dieu pardonnez-moi.

Dimanche 4 octobre — Journée à Bellevue. Tous les enfants vont très bien, la cinquième est si petite qu'elle m'effraye un peu.

Lundi 5 octobre — Courses dans Paris ce matin ; les rues s'ornent de drapeaux, de guirlandes, des ballons de celluloïd rouges et jaunes traversent les boulevards.

Après le déjeuner je vais avec Paule chez M. Bouts, en sortant Paule laisse tomber les mille francs en or qu'elle vient de toucher ; nous voilà à quatre pattes sur le trottoir ramassant les pièces d'or qui nous entourent, je ris tellement que je laisse retomber les pièces à mesure que je les ramasse. Les passants nous regardent avec étonnement ; quelle ridicule situation. M. Bouts nous a dit d'aller voir le feu d'artifice de demain soir dans une maison qu'il gère avenue Malakoff et M. Mallarmé a eu la gentille attention de demander des places pour nous au balcon du Dr Evans avenue du Bois pour voir l'entrée du tsar demain matin.

Mardi 6 octobre — Voici l'occasion de mettre ma pèlerine de fourrure grise, mon grand chapeau de velours à plumes, de bonne heure on se met au balcon pour voir si la foule est déjà groupée avenue du Bois et si il est temps de partir. Le soleil a succédé aux nuages ; nous admirons nos trois grands drapeaux reliés les uns aux autres par un cordon de 10 oriflammes, tout cela voltige, les lanternes se balancent au vent.

Nous nous rendons chez le docteur Evans dans la grande maison qui fait le coin de l'avenue du Bois et de la rue de la Pompe ; on nous introduit dans une pièce qui donne sur le salon ; nous trouvons là Mme Marguerite, ses fils et ses nièces. Le balcon n'est pas trop encombré, on voit admirablement l'avenue ; le docteur Evans entre de temps en temps ; il fait vraiment très bien les choses. On attend ainsi une petite heure en causant ; la foule devient plus épaisse sur l'avenue, mais il y a beaucoup d'ordre, des soldats font la haie. Dans les contre-allées, ce sont des voitures et des voitures qui barrent le passage. On a trouvé que l'avenue du Bois se suffisait à elle-même, aussi n'y a-t-il que quelques petits oriflammes de couleurs différentes qui s'entrecroisent entre les arbres toujours verts. On entend des oh, des ah, qu'est-ce que c'est ? Un chien affolé qui galope au milieu de l'avenue ne trouvant d'issue d'aucun côté, jamais ce pauvre chien n'a dû être aussi applaudi. Plus tard, il en passe un autre, mais celui-là a l'air misérable, la queue basse, passe lentement ce qui ne l'empêche pas d'avoir une ovation. De temps en temps des chevaux montés de militaires passent au galop et se dirigent vers le Bois, à la gare du Ranelagh où descend le tsar.

Enfin passe dans une voiture ordinaire un monsieur qui se tortille, puis peu de temps après un autre qui se tortille également. Voilà, Ah, ah, oh !... le cortège paraît, à l'avant plusieurs corps d'armée ; des chasseurs, des hussards qui tout en bleu clair montent de jolis chevaux blancs, puis les spahis avec leurs turbans, leurs vêtements des tons les plus délicieux, vert amande, rouge, jaune aux grands manteaux qui se relèvent au vent, sur de ravissants chevaux arabes dont la croupe est recouverte de grandes étoffes brodées aux coloris magnifiques et qui traînent par terre. On croirait voir un Delacroix quand ce cheval si gracieux se cabre un peu, si fier dans son royal manteau ; quel régal pour l'œil. Est-ce beau lorsqu'on n'aperçoit plus qu'à travers les branches d'arbres ce lumineux bataillon qui semble avoir pris les couleurs des fleurs les plus brillantes, des pierreries les plus belles.

Précédé de Montjaret paraît la voiture impériale. À droite la tsarine toute en blanc, à gauche le tsar et devant sur le strapontin le pauvre Félix Faure tout rouge qui semble gêné sur cette place où l'on met généralement un enfant ; ses genoux remontent jusqu'à son menton. D'autres voitures suivent ; l'une n'est que mousselines blanches et mauves : ce sont les demoiselles d'honneur de l'impératrice. Des escadrons ferment le cortège.

Aussitôt que le tsar s'éloigne, c'est un fourmillement ; la foule qui a été très sage remue, s'étend, quel grouillement. Comme mon oncle Edouard a bien fait la foule ; c'est extraordinaire, ce ton de violet qui domine, il l'a faite en mouvement.

Après avoir remercié le docteur Evans nous partons, faisons un petit tour jusqu'à l'Arc de Triomphe et rentrons. Nous trouvons M. Renoir et Pierre qui déjeunent avec nous. M. Renoir n'est pas très en train, il dit s'être beaucoup ennuyé cet été, il n'a jamais pu rester les quatre jours de représentation à Bayreuth ; cette salle comme une cave où il ne fallait pas faire un mouvement, cette scène où paraissent toujours deux hommes tout droits qui se parlèrent pendant des heures sur le même ton lui portaient sur les nerfs. Il a été content des musées et surtout d'avoir vu un très beau van der Meulen à Dresde.

Vers 3 heures nous sortons avec M. Renoir que nous lâchons au carrefour fleuri des Champs-Élysées où l'on a fait renaître le printemps au milieu des arbres roux ; quelques marronniers ont voulu se mettre à neuf et de tendres feuilles vertes se sont montrées au milieu des dorées. Il y a foule, le tsar se rend à l'Élysée, nous l'apercevons à peine. Nous voulons aller de l'autre côté de la Seine ; mais impossible, il faut rentrer.

Après le dîner nous allons 11 avenue Malakoff où nous trouvons un concierge très aimable qui nous donne une bougie, nous dit de monter au cinquième, que nous trouverons la porte ouverte. Nous montons, nous pénétrons notre bougeoir à la main dans une salle à manger sombre puis dans une chambre et nous installons au balcon. Il y a déjà dans un coin une vieille femme dont les lunettes reflètent les lumières de Paris et ressemblent à deux yeux de chat. Le Trocadéro est tout illuminé, la tour Eiffel lance des projections. L'Arc de Triomphe apparaît sur le ciel sombre comme une couronne d'opale avec ses deux rangs de lumière qui l'entourent.

Au bout de quelques temps d'attente partent des fusées de divers tons autour de la tour Eiffel, elles éclairent tout le ciel et s'élèvent à plus de 300 m, toutes éclatent à la fois et semblent se disputer l'honneur de dépasser le drapeau de la tour ; parfois des gerbes d'or pur se tortillent et semblent se battre ; puis de grandes et lumineuses étoiles bleues jonglent au-dessus des maisons et se laissent doucement porter par la brise tandis que du ciel tombent des diamants. La tour Eiffel est embrasée de rouge puis soudain une pluie de feu tombe de la première plate-forme puis de la seconde et enfin de la troisième, c'est de l'or pur qui l'entoure ; c'est une tour d'or qui s'élève sur le ciel. Le vent emporte de côté cette pluie et un gros nuage de fumée rose s'en va vers Paris. De ce feu merveilleux sort un saint Georges placé sur la seconde plate-forme de la tour. Tout s'éteint, un bouquet suivi d'autres fusées couronne ce merveilleux feu d'artifice.

Nous voulons voir Paris illuminé et nous trouvons pour la somme de 8 frs une voiture fermée pour nous promener. Nous passons à l'Arc de Triomphe qui est tout entouré en bas de torchères qui lui donnent un air antique. Quel n'est pas notre étonnement de voir l'avenue des Champs-Élysées, que nous avons quittée à 4 heures, complètement orange, en feu de chaque côté, les arbres chargés de lanternes orange bordés de la guirlande de lumière jaune du gaz blanchie par les globes. C'est féerique, cette montée de feu à l'Arc de Triomphe entouré d'une lumineuse lueur est inconcevable.

On descend l'avenue, les piétons marchent au milieu des voitures, on est très gai, la première journée du tsar à Paris a vraiment été très réussie, le soleil a brillé, la fête est ravissante. Les gamins plaisantent, le parisien comme le provincial s'amuse ; on nous a appelé les belles demoiselles, puis on dit que voilà la tsarine, enfin ce sont d'aimables plaisanteries mais à Paris la foule n'est pas grossière et en somme trois jeunes filles sont très bien vues. La place de la Concorde avait mis sa parure de mariée. Le jardin des Tuileries chargé de lumières ainsi que le ministère de la Marine sur la place de la Concorde, la Chambre des Députés ornée de drapeaux et de lumières s'apercevant de loin ; enfin j'ai trouvé cela très beau. Mais là, impossible d'avancer, les voitures sont toutes prises les unes dans les autres, les gens passent entre les roues et les chevaux, à chaque instant j'ai peur qu'il n'arrive un accident.

Nous sommes obligées de rebrousser chemin, ce qui n'est pas beaucoup plus facile que d'avancer mais notre cocher est très adroit, il nous fait sauter par-dessus des trottoirs et nous rentrons en repassant par cette merveilleuse avenue des Champs-Élysées. Nous sommes très contentes de notre promenade, il fallait voir cela, Paris en fête est magnifique.

Mercredi 7 octobre — Passé la matinée à ranger des tableaux dans une chambre en haut et cela m'a remémoré en mon esprit l'exposition de Maman ; quel plaisir pour moi de regarder ces charmantes toiles. Puis à développer les douze photographies que j'ai faite à Rouen.

Dans le jour nous reprenons notre vie de gamins de Paris. Nous allons sur les boulevards où nous prenons une voiture pour nous conduire à Notre-Dame ; mais décidément nous ne pouvons pas arriver à passer la Seine ; la foule est groupée autour de l'Hôtel de Ville. Nous traversons des quantités de petites rues que j'ignorais complètement ; des femmes de couleurs différentes traversent d'une maison à l'autre ; partout des drapeaux, des lampions ; les becs de gaz entourés de papiers de couleurs, c'est très gai les oriflammes sur la pierre noire des vieilles maisons ; qu'il y a de petites rues dans Paris ; je vois pour la première fois la rue Quincampoix, dans une de ces rues qu'on pourrait appeler ruelle, des jeunes gens parmi lesquels des soldats entourent notre voiture : « N'ayez pas peur, nous disent-ils, nous sommes de gentils garçons ». — Puis « N'approchez pas, n'approchez pas de la voiture de la tsarine ». Je ne pouvais m'empêcher de rire visiblement de leur plaisanterie ; mais en effet c'étaient de gentils garçons qui ne nous ont pas ennuyées. Ne pouvant aller à Notre-Dame nous sommes allées chez Mme Normand que nous n'avons pas trouvée puis au musée Grévin fondé par le cousin Gabriel où mon cousin Gabriel n'était pas. Nous voulions voir la rue de la Paix illuminée, il n'était que 4 heures et il fallait attendre sur le boulevard que la nuit vint ; c'était un peu long, mais nous avons été récompensées de notre attente. La rue de la Paix était jolie, jolie ce soir ; un bijou, des bijoux ; les grillages verts clair enlacés de verdures et de ravissantes roses qui n'étaient pas très extraordinaires dans le jour sont merveilleux avec leur ligne de lumière électrique. Des guirlandes de fleurs pendent sur les boutiques coquettement arrangées, les maisons disparaissent sous les riches drapeaux, les milliers de lanternes, les fleurs, les étoiles brillantes. La rue de la Paix est l'élégante de Paris, la raffinée dans ses pierreries, la recherche, le beau en même temps que la grâce avec ses bordures de diamants, c'est ce que représente le mot joli.

Jeudi 8 octobre — Nous essayons encore une fois de voir l'autre rive et nous y parvenons. Une foule est à l'entrée du pont Solférino. On attend le tsar, nous attendons aussi pendant très longtemps, nous louons des chaises sur lesquelles nous montons et de là nous voyons assez bien les souverains. L'empereur est très blond et a l'air très jeune, l'impératrice me paraît un peu raide et avoir un grand nez.

Nous passons sur les quais près du futur pont Alexandre, à propos comme la cérémonie d'hier a dû être belle ! À 2 heures le tsar passe dans une voiture traînée par six chevaux blancs, dans l'avenue du Bois, nous le voyons de notre balcon. La foule paraît très enthousiasmée, on n'entend que des cris. Après le passage de l'empereur tout ce monde, qui a fait son dernier adieu au tsar, se déverse dans la rue de Villejust qui n'a jamais vu pareil fourmillement. Nous avons la visite de mon cousin Gabriel qui nous dit que le feu d'artifice était raté, c'est peut-être pourquoi c'était si joli.

Vendredi 9 octobre — Nous partons pour passer encore huit jours à Valvins où nous arrivons par une pluie battante. Nous retrouvons avec plaisir la famille Mallarmé, mais je crois que nous ne resterons pas longtemps entre l'eau de la rivière et du ciel, c'est un peu lugubre.

Samedi 10 octobre — M. Renoir nous raconte que lorsqu'il faisait le portrait de Christine Lerolle, le père de Mme Lerolle était arrivé disant : « Ah ! c'est de la peinture nouvelle. » Madame s'efforçait de lui dire « Papa, je te présente M. Renoir l'auteur du portrait », mais il continuait toujours, comprenant enfin la boulette qu'il venait de faire il s'excusa, « mais continuez » répondit Renoir.

Dimanche 11 octobre — Je me promène avec Renoir d'Essoyes à Verpillère. « Je ne sais pas si vous êtes comme moi, me dit-il, chaque fois que je me promène sans ma boîte, je trouve un tas de coins où m'asseoir et il suffit que je prenne ma boîte pour ne pas trouver un endroit. »

Devant un paysage, une prairie au premier plan, des troncs d'arbres lilas, quelques feuilles jaunes se détachant sur les toits du village au clocher pointu appuyé sur la côte, Renoir dit « c'est absolument un paysage de Corot avec une petite femme qui étendait du linge exposé en 89, il ne serait pas étonnant qu'il ait fait cela, là ? ».

En revenant nous rencontrons une femme avec hotte. « Comme Corot a bien fait ces figures-là, s'écrie Renoir, comme il a compris le petit bonnet blanc. Que ces gens du siècle dernier rendaient bien le paysage, on ne le rend plus comme cela maintenant. Watteau faisait si bien ces fondis, que de bleu dans l'atmosphère, aujourd'hui c'est comme du velours. »

Mardi 13 octobre — Nous quittons Valvins où l'on vit sous l'eau et nous ne regrettons pas notre petite case humide mais nous sommes ennuyées de laisser la famille Mallarmé, Mme Mallarmé est très souffrante depuis trois jours. Geneviève paraît désolée, elle a même pleuré avec nous. Qu'elle est gentille pour sa mère, elle la soigne non seulement d'une façon extraordinaire mais la distrait, elle est toujours souriante et aimable.

En arrivant rue de Villejust nous trouvons Tante Edma, Jeanne et Blanche qui sont rentrées depuis la veille.

Vendredi 16 octobre — Jeannie et moi, déjeuné chez Mme Renault.

Dimanche 18 octobre — Déjeuné à Montmartre chez les Renoir qui sont très aimables ; Jean a pris l'air d'une petite fille. M. Renoir a loué un superbe atelier rue de la Rochefoucauld.

Mardi 20 octobre — Nous avons eu Miss Vos à déjeuner et sommes allées dîner chez les Mayniel, on parlait beaucoup du mariage de Jeanne et on en parle naturellement beaucoup chaque jour ; Jeanne est quelque fois très amusante en parlant de Martin.

Vendredi 23 octobre — Visite à Mme Normand, elle est très ennuyée de la santé de Mme Mallarmé.

Mercredi 28 octobre — Nous avons de bien meilleures nouvelles de Valvins.

Jeudi 29 octobre — On apporte ce matin un chevalet Empire à têtes de cygnes avec des cuivres très fins que j'ai acheté pour y mettre le portrait de Maman.

Samedi 5 décembre — Le premier mariage que je vois dans la famille, c'est-à-dire que je ne peux même pas arriver à voir.

Depuis que je vis, je n'ai vu qu'à l'âge de 3 ans celui de madame Bordas qui, après avoir voulu se faire religieuse et être rentrée chez ma tante au bout de quelques jours, a voulu se marier et le lendemain de la cérémonie elle revenait chez sa mère. Maintenant elle a perdu son mari qui n'était pas un monsieur des mieux, aussi à son mariage je ne voulais pas me mettre trop près du chœur de peur d'être mariée par le père Boursier.

Ce matin Jeanne arrive en petit jupon tricot et cheveux sur le dos, elle a l'air d'une grande fille de quatorze ans. On sonne, elle se précipite dans ce costume pour ouvrir et se trouve en face du docteur Martin, elle se sauve alors à toutes jambes et le docteur Martin entre en riant beaucoup de la mariée. Il me met une ventouse qui me fait à moitié trouver mal ; mais après je vais très bien, j'enfile une robe de velours et reçois toute la journée des gens aimables qui, étant allés au mariage, montent me voir.

Avant de partir pour l'église Jeanne apparaît ici dans sa robe de satin ivoire ornée de dentelles anciennes et de plumes blanches, sous son voile de tulle si bien rattaché sur ses cheveux noirs, par les fleurs d'oranger, elle est ravissante. Son mari la suit en grande tenue tout galonné d'or et il me remet un très beau bouquet pour me dédommager de ne pas être demoiselle d'honneur.

Malheureusement rien ne se passe tout à fait bien, voilà que le garçon d'honneur de Jeannie qui devait venir d'Angleterre n'a pu traverser la Manche à cause de la tempête de cette nuit, on cherche donc au plus vite un garçon d'honneur pour Jeannie, mais alors Paule se trouve sans personne, ce qui la fâche et l'ennuie beaucoup. Tout le monde dit que Jeannie a été charmante en quêtant dans sa robe blanche et son grand chapeau noir. Le jeune ménage est parti le soir pour le Midi.

Lundi 7 décembre — Nous avons travaillé d'après une petite fille que M. Renoir nous a envoyée.

Mardi 8 décembre — Paule a été voir M. Renoir et a acheté avec lui une très jolie vierge en faïence qu'elle me donne pour mes étrennes.

Mercredi 9 décembre — M. Renoir vient nous demander à dîner, nous passons avec lui une soirée très agréable, il rit beaucoup de cette histoire : samedi au lunch on présente à tante Edma une dame Versette, elle croit entendre de Vaissière et ne sachant que lui dire elle l'engage : « à monter voir Julie », Mme V. paraît étonnée mais tante Edma insiste. Hier Mme Avoine qui est très liée avec tante Edma et qui avait amené cette dame V. au mariage vint faire une visite. Tante Edma lui raconte la gaffe qu'elle a faite avec Mme V. « Ah, c'est donc pour cela, dit Mme Avoine, qu'elle m'a demandé où était le lit, assurant qu'on l'avait engagée à voir le lit. » Quel comique quiproquo, on n'inventerait pas cela. Jeanne écrit qu'elle est ravie et son mari se trouve trop heureux.

Jeudi 10 décembre — Il y a foule ici tous les jours ; mais comme le jeudi est notre jour de réception nous n'avons qu'une visite : Mlle Labillois, une personne que nous avons connue autrefois et dont Maman a fait le portrait ; elle est très laide, une grosse figure sur un petit corps comique, des mouvements tout ce qu'il y a de prétentieux, Papa la comparait à une grosse mouche, elle fait des romans et en publie deux en ce moment. Avec cette apparence si grotesque, elle vous enthousiasme lorsqu'on a passé une partie de la journée avec elle, on finit même par la trouver agréable physiquement tellement sa conversation est agréable, elle parle de tout en s'exprimant très bien et avec intelligence.

Samedi 12 décembre — Nous continuons à avoir notre petit modèle, elle vient maintenant de 10 heures à 4 heures, mais nous sommes toujours interrompues pendant les séances. Aujourd'hui nous t'avons été agréablement par M. Mallarmé qui nous apportait à chacune un bouquet de violettes ; Jeannie n'était pas là pour recevoir le sien, ses journées du samedi se passent à l'Institut Rudy. Mme Mallarmé ne va toujours pas bien, c'est ennuyeux, elle ne reprend plus son mardi, trop de monde la Fatiguerait, des personnes comme Mme de Bauvette qui parle beaucoup nous dit M. Mallarmé. Mardi dernier elle restait la journée et parmi bien des choses elle disait à Geneviève : « Tu viendras avec ton Papa voir ma belle-fille, elle est très gentille,... un peu fanée. »

Mardi 15 décembre — Mme Boucherit vient ce matin me donner une leçon, elle est rentrée de Bretagne hier, Jules et tous les artistes ont eu beaucoup de succès dans leur tournée. Mme Boucherit était très gentille et très aimable, elle m'a dit que Jules viendrait peut-être samedi, comme je ne peux pas encore sortir.

Après ma leçon je me mets à la peinture, cette petite robe de velours vert est vraiment très amusante à faire, la chose que nous travaillons le matin surtout m'intéresse. Elle a une figure qui invite à la largeur, à la belle peinture, mais ce n'est pas le tout que la tête invite à la belle peinture il faudrait comprendre comment ça peut se faire. Elle a tout à fait le type Renoir.

Je suis contente quand je peins beaucoup, c'est pour moi une grande jouissance, j'adore cet art qui tient à ceux que j'aimais et qui ne sont plus. Je voudrais arriver à avoir un peu de talent et je voudrais travailler cette année sans m'interrompre. Je pense ces jours-ci aux colorations vigoureuses tout en essayant de me garer contre la dureté qui est un de mes défauts. Je pense aux choses sur la peinture écrites par Riesener qui sont si jolies, tellement d'un peintre, d'un coloriste. Et je pense à des pensées sur la peinture disséminées dans un calepin au milieu des dessins de Maman. Quelles jolies lignes écloses de cette céleste peinture !

Mercredi 16 décembre — Encore beaucoup de visites aujourd'hui entre autres. M. Renoir qui amène Mlle Baudot, cela nous fait bien plaisir de la voir. Ils restent très longtemps ; le petit moutard est tout émoustillé, plein d'esprit, très drôle, il essaie le chapeau du modèle, joue du violon, plaisante, il n'aime pas Mozart, elle n'aime pas Mozart, etc. Elle aime surtout la peinture de M. Renoir, elle n'a pas l'air vraiment impressionnée par celle qu'elle a vue ici, je crois qu'elle ne comprend pas tout à fait la peinture de Maman.

Je ne peux pas arriver à me figurer que cette personne n'a que 19 ans, elle me fait l'effet d'avoir l'âge de Paule, elle parle comme une femme, Jeannie et moi sommes des bébés à côté d'elle ; elle parlait avec Paule du *Carillonneur* de Rodenbach, de la façon dont il présente l'immoralité comme une vertu, comme je n'aurais jamais cru qu'une jeune fille de 19 ans pouvait parler.

Jeudi 31 décembre — Charmante journée pour finir l'année 1896 où Dieu merci nous n'avons pas eu de nouveaux malheurs ; je demande à ce qu'il en soit de même pour 97.

M. Renoir est venu nous voir en même temps que M. Mallarmé qui nous apporte à chacune une boîte de bonbons avec un charmant quatrain, comme depuis neuf ans il m'en fait chaque année. Celui-ci est très joli, particulièrement doux et « Mallarmé ». Nous l'embrassons et par la même occasion M. Renoir. Le peintre plein d'esprit et le charmant poète causant ensemble comme ils l'ont fait souvent à la maison ces jeudis soirs dans le haut salon rose où ceux qui recevaient étaient dans leur propre création entourés de tout ce qu'ils aimaient, entourés d'amis délicieux. Ils recevaient si bien, ils étaient si simples. Je pense à cette phrase de M. Renoir qui toucha Maman lorsqu'elle lui fut répétée : le même peintre et lemme poète rentraient chez eux après un dîner et une partie de la soirée passés avec Maman et parlant de la façon charmante dont elle recevait, de son talent, etc., « dire qu'une autre femme avec tout cela trouverait moyen d'être insupportable » dit M. Renoir.

M. Mallarmé nous raconte qu'un monsieur est venu lui demander son opinion sur le chapeau haut-de-forme ; puis il nous a fait prêter serment à toutes trois de ne pas répéter ce qu'il va nous dire : « Il ne m'a pas fait prêter de serment, à moi, dit M. Renoir, je vais tout raconter » et M. Mallarmé lui tape sur l'épaule en camarade ayant l'air de dire : « nous autres hommes, nous sommes sûrs les uns des autres ». La pensée de M. Mallarmé sur le chapeau haut-de-forme est qu'il est fait pour être posé par terre et non en l'air, que cependant il est bien fait pour une tête ; donc l'homme devrait être avec le chapeau haut de forme la tête en bas, les pieds en l'air.

Nous dînons chez tante Edma avec le ménage Martin qui passe quelques jours ici.

Le docteur Martin est venu ce matin apportant des marrons glacés et m'a dit de sortir, ce que j'ai fait et cela ne m'a pas produit un effet désagréable. Nous l'avons aussi embrassé ce bon docteur. Les vieux messieurs sont très agréables à embrasser.

1897

Janvier — Le mois de janvier a fini par s'écouler et ce triste jour, le premier de l'année, est maintenant derrière nous.

Je sors tous les jours un peu au Bois, voilà tout, je peins, je fais du violon. Mme Boucherit vient me donner des leçons, je n'en prends plus avec son fils qui vient d'être nommé violon solo à Colonne. Mme Boucherit donne le 31 une soirée où joue Diéner à laquelle Paule et Jeannie vont.

L'article sur les chapeaux haut-de-forme a paru dans *Le Figaro,* Puvis de Chavanne dit avec beaucoup d'esprit qu'il est trop près du moment où il n'aura plus à s'habiller pour s'intéresser à cela. De Régnier parle perruque (il est chauve), M. Mallarmé termine par ces mots sur le chapeau haut-de-forme : « Le monde finira, pas lui ». Deux jours après une réclame : « Le monde finira, pas lui, chapeau de soie, etc. » M. Mallarmé servant de réclame, c'est curieux. M. Renoir dit que cet article l'a plus fait connaître que n'importe quel livre.

Lundi 1er février — Paule m'emmène aujourd'hui en voiture dans Paris, nous allons voir M. Renoir à son atelier, il fait des choses ravissantes avec la guitare ; une femme en une robe de mousseline blanche retenue par des nœuds roses est penchée gracieusement sur la grande guitare jaune et pose ses pieds sur un coussin jaune ; sur une autre toile un homme en costume espagnol a l'air de tirer des accords vibrants de son instrument. Tout cela est coloré, doux, délicieux. M. Renoir a été charmant, aimable affectueux comme une femme ne le serait pas. Nous passons à l'atelier de Mlle Baudot, elle travaille avec un gentil modèle, elle nous montre plusieurs choses, entre autres, des marines, des bateaux très bien, c'est très franc, très bien dessiné, c'est étonnant à son âge de faire cela.

Mercredi 10 février — Je vais avec Paule à un concert pour lequel Jules a envoyé des places et où il joue, ce sont de jeunes premiers prix qui se réunissent pour faire de la musique d'ensemble. Jules m'a paru bien grand ; il a joué dans un quatuor pour hautbois, violon, alto et violoncelle de Mozart et une sérénade pour flûte, violon, alto de Beethoven, ces deux morceaux sont extrêmement jolis. Nous avons rencontré à ce concert Mme Schuck et sa fille et nous sommes entretenues avec elles pour la date de notre soirée, car nous donnons une soirée où Nancy Schuck veut bien jouer.

Nous allons ensuite voir M. Degas qui paraît attristé par sa santé, il a le poumon malade et doit prendre beaucoup de précautions. Il y a de très jolies choses dans son atelier. Il parle de la conversation charmante de M. Mallarmé, puis dit que maintenant tout le monde est poète, s'il va dans un salon où se trouvent des jeunes gens, il demande ce qu'est l'un d'eux : « poète » lui répond-on, et celui-ci « poète », tous poètes.

Souvenez-vous cela, nous dit-il, cette phrase merveilleuse de L.P. Fargues : « Il était plusieurs fois un jeune homme si beau, si beau que les femmes voulurent expressément qu'il écrivit. »

Paule dit que M. Mallarmé dédaignait les femmes : « mais les femmes croient toujours qu'on les dédaigne, au contraire, on ne s'occupe que d'elles, c'est notre seul danger, les femmes. »

Dimanche 4 février — Je reçois ce matin une lettre de ma cousine Julie de Vaissière me demandant ainsi que ma tante à dîner pour ce soir ; je suis très étonnée de les savoir à Paris et contente de passer une soirée avec elles. Elles racontent toujours leurs mêmes histoires, y mêlent celles de leur voyage, Julie paraît très gaie.

Lundi 15 février — Nous allons ce matin chez Mme Schuck, Jeannie répète le trio de Mendelssohn qu'elle jouera à la soirée avec Nancy Schuck et un violoncelliste procuré par Mme Angoulvent. Cela marche très bien.

Jeudi 25 février — La soirée a eu lieu, elle nous ennuie beaucoup, mais paraît-il plusieurs personnes se sont amusées ; l'intérieur très éclairé était très joli et les toilettes roses et blanches y faisaient très bien, le trio a très bien marché ainsi que le concerto de Schumann joué par Jeannie et Blanche, Nancy Schuck a eu beaucoup de succès mais le reste n'était pas drôle, Mlle Avoine qui a une jolie voix s'est troublée. Tous les programmes que Paule et moi nous avions faits ont été emportés. Les Lerolle avaient de ravissantes robes décolletées et Mlle Baudot une robe blanche faite par Marie Callot, très particulière.

Mardi 2 mars — Il me semble qu'il y a si longtemps que je n'ai vu Maman, et en même temps qu'il y a si peu de temps de ces tristes jours où elle nous quitta ; plus ils sont loin de moi, plus je les revois affreux, noirs, ces jours pendant lesquels Maman souffrit tant et avec tant de courage que je ne compris pas. Du reste, c'est une grâce que Dieu nous envoie, une grande douleur vous plonge dans un état de stupeur qui vous empêche de sentir trop vivement. Cela étonne toujours de penser qu'on peut continuer à manger, à s'habiller, sortir même, quand on vient d'être ainsi frappé. Autrefois quand je ne connaissais pas encore le malheur, je m'étonnais de ne pas voir les gens changer après la perte d'un des leurs. Lorsque nous allâmes voir Berthe six mois après la mort de son frère, je ne m'attendais pas à la trouver en larmes ; Dieu est bon, il ne nous abandonne pas en ces terribles moments. Mais après on comprend par où on a passé.

Mercredi 28 juillet — Ne recevant pas de réponse des de Vaissière auxquels j'ai écrit que nous allions arriver chez eux, nous nous sommes décidées à faire un petit tour en Touraine. Juste avant notre départ ce matin, je reçois une lettre de la tante de V. me disant qu'elle nous attend mardi, nous avons donc huit jours à voyager par la chaleur.

Nous nous arrêtons deux heures à Orléans pour voir le musée car il n'y a que cela à voir dans cette ville qui nous paraît bien triste. Le musée renferme plusieurs pastels de Perroneau entre autres une femme avec un coq, très jolie, un portrait de Mme de Pompadour aux joues roses, une dentelle sur la tête, un nœud de ruban très bien fait qui la rattache, une robe à fleurs, très amusant et d'une jolie couleur ce portrait. Un portrait d'homme de Vatier, l'habit bleu joli, un petit paysage d'Hubert Robert ; des dessins de Boucher, Watteau, Fragonard, Delacroix (comique). Dans les peintures il y a encore des Primitifs, une procession de Natoire très jolie et un délicieux bord de rivière de Corot.

La cathédrale n'a rien d'intéressant, les vitraux représentant la vie de Jeanne d'Arc faits par Gallard, m'avaient paru mieux lorsqu'ils ont été exposés l'année dernière au Champs de Mars ; ils sont cependant très bien mais paraissent trop neufs, il leur faudrait moins de lumière ; ils faisaient mieux au Champs de Mars parce qu'ils ne donnaient pas sur un jour extérieur et les tons en paraissaient plus beaux, moins criards.

Nous avons fait une promenade au bord de la Loire qui est bien triste à Orléans et nous avons quitté avec plaisir cette ville et sommes arrivées vers 6 heures à Blois.

À Blois nous sommes allées au couvent de la

Providence où est la petite Chassaing. Paule a demandé à la Supérieure si elle nous prendrait en pension, elle a répondu que oui puisque nous venons de la part de Mlle Manet : « Mais voilà Mlle Manet — Oh, comment, si jeune Mlle vous vous occupez de bonnes œuvres, je croyais que Mlle Manet était une personne âgée. » Je pensais bien que d'après les lettres que j'écrivais au couvent on devait me croire une vieille fille de 70 ans. Nous décidons que nous n'irons que demain au couvent et passons la nuit à l'hôtel où il y a des garçons charmants pour nous.

Jeudi 29 juillet — Journée passée à visiter les châteaux aux environs de Blois : Chambord avec toutes ses tourelles, ses cheminées ornées d'ardoises que malheureusement on remplace par du marbre paraît immense dans cette rase campagne où il est situé ; il m'a bien produit la même impression qu'il y a dix ans lorsque j'ai fait un voyage en Touraine avec Papa et Maman. À Cheverny il y a un escalier avec de très jolis fruits sculptés. À Beauregard, petit château charmant avec un ravissant parc, se trouve une galerie de portraits de rois et de reines avec un joli dallage. Ce soir nous avons eu la vertu d'aller au couvent. Ah, quel rire ai-je eu à maîtriser, lorsque nous nous sommes trouvées à table entourées de six vieilles demoiselles et une vieille dame à barbe, portant toutes des bonnets noirs et ayant des voix extraordinaires. Après le maigre repas nous nous sommes promenées dans ces tristes allées du jardin et je verrai toujours la fourmilière devant laquelle nous nous sommes assises Jeannie et moi, disant : « Alors peut-être qu'il faut être comme cela pour être bien — et Paule répondant : « Mes enfants restez ici et mettez des bonnets noirs si vous voulez, mais moi je n'en suis pas ».

Vendredi 30 juillet — Le matin visité le musée, pas très intéressant cependant une jolie tête de femme de Reynolds, deux petits Clouet, une tapisserie de soie d'une assez jolie couleur.

Dans le jour, visite du château, vraiment trop restauré, trop redoré à l'intérieur. La façade de ce château ne m'enchante pas, mais la cour, l'escalier me plaisent bien. Cet escalier très repeint a une forme particulière, il forme une espèce de torsade au centre, à l'extérieur il est orné de figures sculptées et à l'intérieur de quantité de petits médaillons tous différentes, on y voit : la salamandre, l'hermine, le cygne qu'on retrouve si souvent. Dans l'aile Louis XII il y a une grande salle avec un joli dallage aux armes de France et de Bretagne avec les lettres L A et la cordelière d'Anne qu'on voit aussi au-dessus de portes dans le charmant petit oratoire de Catherine de Médicis. Dans la salle des États on a laissé par extraordinaire à une jolie petite porte, *ses* couleurs discrètes et fines. La façade sur la ville est beaucoup mieux lorsqu'on est dans le château que lorsqu'on le voit de loin, il y a de gentilles sculptures en dehors et d'amusantes gargouilles. On vous montre un petit escalier aux marches tout usées par lequel Henri III est descendu et au bas est un cygne enlacé, très joli. Notre gardien raconte comme s'il l'avait vu l'assassinat de Guise, on finit par se figurer tout cela admirablement. Cela m'avait déjà frappé il y a dix ans et j'avais bien retenu ces récits. Voilà comment il faudrait apprendre tous les faits de l'histoire pour les retenir. Nous sommes si peu nourries à notre couvent que nous n'avons plus de force pour nous promener dans la ville de Blois et ce n'est qu'après un goûter plantureux que nous pouvons continuer notre visite. Nous voyons l'église Saint-Nicolas, d'une belle simplicité, très grise et assez sombre à l'intérieur, où il y a une jolie chapelle avec de drôles de peintures représentant saint Nicolas recevant l'ordre de construire une église, etc.

Samedi 31 juillet — Nous ne sommes pas fâchées de quitter le couvent bien que nous nous soyons un peu habituées aux pauvres vieilles demoiselles, j'ai fini par être très bien avec la plus centenaire couverte de rides et sans dents. Si la vie de ces vieilles demoiselles nous semble extraordinaire, nous n'avons pas la même opinion sur celle des religieuses. Jeannie ayant une piqûre qui a enflé à la main nous avons vu la sœur pharmacienne, une personne plus intéressante et paraissant très heureuse ainsi que la sœur cuisinière qui est des plus gaies.

Les petites Chassaing passent une partie de la journée avec moi ; elles sont admirablement soignées, j'en suis contente.

Nous arrivons à Jours pour dîner à l'hôtel du Faisan où nous nous jetons sur les plats qui sont du reste très bons, tellement nous sommes affamées.

Dimanche 1er *août* — Grand messe à la cathédrale qui est vraiment superbe avec ses beaux vitraux, *ses* jolis ornements, ceux des portes qui ressemblent à ceux des églises de Rouen. Je retrouve avec plaisir Saint-Gatien, la délicieuse rue de la Psalette, la petite maison du curé de Tours tenue à l'église par des arcs-boutants ; mais voilà qu'on les coupe ces arcs-boutants pour faire une rue tout autour de la cathédrale ; quel crime. On répare et en même temps on abîme tout en ce moment en Touraine.

C'est aussi avec plaisir que je revois le musée, le Boucher *Apollo, visitant Latone* dont Maman a si délicieusement rendu l'es deux nymphes qui me font penser au commencement de *L'après-midi d'un Faune.* Je retrouve mes Mantegna qui m'amusaient tant à copier il y a cinq ans. Ah, je nous revois Maman et moi travaillant dans cette salle, il me semble que c'était hier.

Le musée de Tours renferme beaucoup de jolis tableaux : de Boucher, encore deux sujets mythologiques, moins beaux que l'autre ; une esquisse de plafond, une aquarelle. Un beau profil de femme à collier de perles de Rembrandt ; un portrait de Peronneau par lui-même, très fin, très joli ; deux Van der Meulen ; de Le Sueur, *La messe de Saint-Martin à* peu près semblable à celle du Louvre. Des musiciens arabes de Delacroix, jolies figures de femmes, malheureusement le paysage noirci ; un amusant portrait de l'école française ; une petite fille au chat en tapisserie des Gobelins ; un bas-relief qui a valu un prix de Rome à un jeune sculpteur de talent, Sicard, il y a de jolis dessins de bras et de mains.

Nous allons en tramway à Roche Corbon et Vouvray, puis nous nous promenons dans Tours ; nous voyons l'hôtel Gouen si charmant, orné de couronnes et de cygnes et dont la porte est belle ; puis les tours Charlemagne et Saint-Martin.

Lundi 2 août — Ce matin, délicieux bain dans la limpide Loire et dans le jour, visite d'Azay-le-Rideau par une forte chaleur. Azay-le-Rideau est un charmant petit château entouré d'eau qui semble délicieux à habiter. On retrouve au-dessus de la porte d'entrée, la salamandre et l'hermine. Le tout est très joli avec ses pignons pointus à ornements, ses fenêtres sculptées. L'intérieur renferme de beaux meubles, entre autres deux commodes avec dessus en marqueterie, puis beaucoup de portraits, quelques jolis Clouet. Nous avons fait un tour dans le parc d'où l'on voit le château avec une jolie petite terrasse qui se trouve d'un côté, se mirer ainsi que des géraniums roses dans l'eau limpide parmi les nénuphars qu'ombragent parfois des arbres au feuillage vert.

Mardi 3 août — Nous commençons à avoir aussi assez de la bonne nourriture de l'hôtel ; mais nous partons ce matin pour Vassé ; nous passons une heure au Mans où nous voyons la cathédrale très particulière et très belle avec son chœur si grand, ses colonnes si hautes et les jolies sculptures sur bois dans la sacristie. Nous voyons aussi l'extérieur de la maison de la reine Bérangère. Nous trouvons à Rouessé Vassé toute la famille de Vaissière qui nous reçoit très bien, enfin nous allons pouvoir nous reposer après ce voyage si chaud.

Mercredi 4 août — Il est vraiment beau ce solide château de Vassé avec son grand toit, sa petite tour du salon de musique, les douves, les grands arbres, son jardin bien français, les tours, le pigeonnier auprès desquels on passe en arrivant par la grande allée de peupliers. Nous ne faisons qu'un petit tour, nous allons dans les champs voir couper les blés. Mon cousin Georges ou le petit garçon comme nous l'appelons depuis le jour où mon oncle parrain a dit : « Il me semble que le petit garçon est bien laid », conduit lui-même les chevaux de la faucheuse, cela doit être quelquefois assez dur mais intéressant de faire de l'agriculture. Il plaît assez à Paule ce petit garçon, il devrait l'épouser, il faut qu'elle soit charmante pour le séduire.

Dimanche 8 août — La vie de château est des plus agréable ; les de Vaissière sont très aimables ; mon oncle toujours courtois et d'une politesse sans bornes ; ma tante affectueuse me racontant en confidence les mariages ratés de ses enfants ; mes cousines très gentilles, le petit garçon aimable aussi. Le soir on fait souvent de la musique après être un peu sorti en voiture ou avoir regardé tomber la pluie, essayé vainement de peindre un peu. Jeannie toujours avec beaucoup de bonne volonté jouie sur un mauvais piano, Julie de Vaissière grogne et pleure presque pour chanter, moi je grogne en grattant. Ce soir par exception personne ne grogne, l'on chante, l'on joue avec entrain, le dîner a été très gai, le domestique François a, selon son habitude, répandu quelques bouteilles de cidre sur la nappe, par terre ; Paule a mis une robe blanche en laquelle est comparée à un Velasquez par le P.G. Jeannie revêt une robe de mousseline bleue « gave » dit-il encore, et moi une robe de mousseline blanche avec le haut transparent ainsi que les manches. Ma cousine Marie raconte des histoires très amusantes sur de vieilles filles royalistes qui parlaient toujours de H.V. (Henri V). L'une d'elles, dont le frère voyant tous les jours dans sa prairie une femme amener sa chèvre, finit par prendre son fusil et je crois en voulant tirer sur la chèvre tira un peu aussi sur la femme et fut envoyé quelques temps en prison, racontait qu'il était allé voir H.V. Ma cousine Marie racontait cela avec entrain en imitant la voix extraordinaire de la demoiselle royaliste. Puis on nous conte aussi des histoires de dames vertes, d'apparitions dans les châteaux auxquels les Vaissière avec leur imagination, croient facilement. Les gens dont l'imagination s'emballe facilement sont drôles.

Après cette agréable soirée quand la musique fut finie ainsi que le trente et un, en approchant de la fenêtre on vit une lueur blanche sur un petit bâtiment éclairé par la lune ; mais aussitôt on crut que des voleurs venaient mettre le feu au château, la famille fut en émoi : « Ne descends pas », disait Julie à son père — « Mon enfant embrasse-moi », répond-il drôlement et voilà le père et le fils partis en expédition pour constater que la lune à elle seule éclairait le mur.

Jeudi 12 août — Toujours à Vassé, le séjour nous semblait charmant, si bien reçues par des gens vous laissant libres et en même temps très aimables ; mais aujourd'hui nous nous amusons moins ; la cause en est à un livre, et ce n'est pas de chance, nous qui lisons rarement et Paule qui est difficile sur le sujet des lectures. Cette année il m'a pris l'idée d'emporter beaucoup de livres, parmi lesquels certains de Huysmans pour que Paule le regarde avant que je ne le lise, étant attirée par le titre, ma cousine Marie que ce titre attire également, en le voyant dans notre caisse, le prend puis n'y pense plus et voilà que ce matin dans les allées du parc, avec un air de mystère ma tante rend ce livre, emprunté à Paule en disant que c'est horrible, qu'elle ne voudrait même pas que Georges le lise, etc. Paule est naturellement ennuyée, j'explique que c'est moi qui ai pris ce livre, mais Paule étant rainée, j'ai peur que ce soit sur elle que cela tombe et que ce ne soit une mauvaise note aux yeux du petit garçon. C'est une malchance.

Vendredi 13 août — Je crois que ma tante de Vaissière regrette d'avoir ainsi parlé sur ce livre à Paule car elle est plus charmante que jamais et ils redoublent tous d'amabilité.

Nous faisons aujourd'hui une jolie promenade parmi les bois et allons jusqu'à une chapelle entourée de bruyères d'où l'on a une belle vue ; la Sarthe, me paraît plus riante qu'à l'ordinaire.

Dimanche 15 août — Nous devions rester huit jours ici ; mais on nous a tellement retenues que nous sommes restées pour fêter la sainte Marie. La dernière journée est très charmante, on visite les superbes greniers en robes de mousselines, on se sauve à la vue des chauves-souris, on nous montre d'anciennes robes merveilleuses de tons, car les Vaissière ont beaucoup de choses leur venant de leurs grands-parents, des miniatures surtout qu'ils vénèrent, c'est très bien. Ils ont en même temps beaucoup montré celle de leur pauvre oncle Méjan ornant une boîte qui les suivait partout, puis ils se sont aperçus que le pauvre oncle Méjan était tout simplement Robespierre ; c'est assez drôle ces royalistes conservant précieusement Robespierre. Ils sont vraiment royalistes, épris des titres et parlent tout le temps contre la république.

Vraiment je regrette beaucoup de quitter Vassé, j'y serais restée avec plaisir plus longtemps ; mais il faut songer qu'avant d'arriver à Essoyes nous avons encore pas mal de chemin à faire. La dernière soirée se passe très bien ; le petit garçon lit de ses vers, car il est poète en même temps que peintre, agriculteur et même chanteur et de plus c'est un saint selon sa mère.

Lundi 16 août — Les départs, quelle chose assommante, j'ai horreur de cela, c'est ennuyeux de quitter des gens avec lesquels on a passé une bonne quinzaine.

Nous disons adieu à Vassé ce matin et arrivons vers le milieu de la journée à Poitiers qui nous paraît tout à fait méridional avec son église de Sainte-Radegonde, aux saintes si habillées et couvertes de bijoux. La porte de la cathédrale est jolie puis nous remarquons surtout une petite église avec un curieux portail, à l'intérieur une chaire assez bien. Il n'y a pas beaucoup de détails dans cette ville, c'est l'aspect général qui vous frappe. Cela nous paraît triste d'être toutes les trois seules à l'hôtel ce soir.

Mardi 17 août — Pas de visite de monuments non plus à Angoulême où nous allons ce matin ; mais une superbe vue sur la campagne qui paraît bien jolie, de la promenade qui fait le tour de cette ville bien située. À noter excellent déjeuner à l'hôtel de la Poste : moules à la bordelaise exquises. Avant le dîner arrivées au mas Marvant chez Mme Haviland qui vient nous chercher à la gare très aimablement. Que tous ces jeunes ménages vont m'intimider !

Vendredi 20 août — Bien qu'il y ait ici de ravissantes jeunes femmes, de charmants enfants, je ne suis pas fâchée à l'idée de partir ; il fait mauvais, on ne sort pas, je m'ennuie, je deviens horriblement paresseuse, muette, de plus en plus bête et intimidée. Malgré tous les charmes qu'ont ces jeunes femmes je ne voudrais pas être à leur place ; elles doivent s'assommer. Mme de Franlieu ne peut même pas s'occuper de sa fille qui est très gentille et a été ma seule distraction (elle a ici un an).

Nous sommes ennuyées par une lettre de

Mme Renoir nous apprenant que M. Renoir vient de se casser le bras.

Vendredi 27 août — Généralement je n'aime pas les départs ; mais pour une fois j'aime cela. J'ai peur que Mme Haviland, qui est très aimable pour moi, ne se soit aperçue que je ne m'amusais pas.

Nous quittons donc le mas Marvant de bonne heure. Nous nous arrêtons une heure à Limoges et reprenons le train pour Bourges. Les environs de Limoges sont vraiment très beaux avec ses montagnes bleues. Nous arrivons à Bourges à la nuit ; notre chambre d'hôtel donne sur l'église Notre-Dame dont le clocher s'élève comme une ombre dans l'obscurité et semble s'agrandir au son de l'horloge qui résonne dans la nuit. Un flot de poésie entre par cette fenêtre ouverte sur la délicieuse église du XIVe siècle, qui a été pour nous une surprise.

Samedi 28 août — C'est à Notre-Dame que je fais ma prière en pensant encore plus à Maman dont je visite la ville natale avec émotion ; l'ayant quittée à six mois elle ne se la rappelait pas et désirait beaucoup la connaître. Oh que c'eut été doux de faire ce voyage avec elle !

La porte de Notre-Dame à petites colonnes est ravissante, le bénitier tout en marbre est très curieux ainsi que de merveilleuses verrières aux tons chauds et doux aux petites figures pleines de grâce.

Septembre, Essoyes — Petite promenade, coteau couvert de vigne rose, Essoyes derrière, tout à fait un tableau de M. Renoir, l'herbe en a son coup de pinceau.

Reçu lettre de tante Edma ; Blanche est décidément mieux, la fièvre diminue, seulement elle est très faible, il n'y a plus lieu de s'inquiéter. Mon Dieu je vous remercie. La belle-sœur de M. Renoir est arrivée avec son fils ; j'aime mieux Mme Renoir, franchement grosse et paysanne ; l'autre d'une grosseur qui n'a pas de rondeur est bien laide avec *ses* gros yeux qui sortent ; elle ne dit pas un mot et a l'air bien gênée.

Septembre, Essoyes — J'ai lu quelques pages du journal de Marie Bashkirsteff ce matin, n'ayant pas eu le temps de le finir en voyage. C'est vraiment très intéressant de lire la vie d'une jeune fille intelligente à l'esprit ouvert ; elle est curieuse, pas désagréable de caractère comme je le pensais d'après plusieurs choses que l'on m'avait dites d'elle. Au fond elle n'est pas si pleine d'orgueil, elle se force à se donner un caractère sans doute, elle a beaucoup d'imagination. Si elle dit si souvent que sa peinture est bien c'est pour finir par se le persuader car elle se rend tout de même compte qu'elle peint mal. Elle devait avoir évidemment beaucoup de dispositions, peut-être trop, pour trop de choses, si elle avait été bien enseignée elle aurait probablement fait des choses bien ; au milieu de mauvais peintres, dans une famille ne comprenant rien à l'art, que pouvait-elle faire ? Quelle vie triste sans malheurs, triste parce qu'elle avait un caractère à se créer des ennuis, elle était trop avancée, à douze ans elle parle comme si elle avait dix-huit ans. Ce qui m'agace en elle c'est de voir que vivant à l'époque de Manet et de tous les Impressionnistes, elle n'en dit rien. Ce besoin d'arriver jeune, cette ambition devait être causée par le sentiment qu'elle savait que sa vie serait fort courte. C'est une personne intéressante, drôle, ses dialogues avec le fameux A. à Rome lorsqu'elle avait quinze ans sont très jolis et amusants.

Jeudi 16 septembre — Belle matinée, nous comptons peindre dehors dans le jour, mais le ciel gris reparaît, je finis donc mes dahlias et nous allons de 4 à 6 faire une promenade, car nous ne pouvons plus nous passer de nos promenades quotidiennes, nous n'allons jamais au même endroit ; on marche ici sans s'en apercevoir, on va de coteaux en coteaux, de mamelons en mamelons pour voir ce qu'il y a après et l'on découvre toujours des coins charmants, de quelque côté que l'on aille. Essoyes apparaît bien situé dans sa plaine. Le ciel gris était moins laid à la fin de journée, on ne savait plus si c'était la nuit qui arrivait ou le temps sombre. Nous sommes montées sur un coteau dénudé au haut et couvert d'une herbe antimoine et laque, de petits arbres vert clair déjà jaunes et roses font des notes gaies sur les coteaux qui semblent très hauts et sont enveloppés de bleu et sur les toits violets d'Essoyes. Plus loin on se retrouve dans les vignes roussies qui sont si jolies sur la pente des terrains, suivant les herbes d'or. C'est bien comme cela que je m'imaginais la riche Bourgogne. Nous sommes en Champagne ici, mais la campagne a encore l'aspect de la Bourgogne.

M. Renoir est venu nous chercher avant le dîner. Nous lui avons montré ce que nous faisons. Il m'a dit que mes dahlias étaient bien, cela me fait plaisir si vraiment il trouve cela bien ; puis que Dina tenant le panier était mal dessinée, qu'il fallait recommencer, je m'apercevais bien qu'elle était trop courte, seulement je continuais à pignocher sur la même toile ; je suis contente que M. Renoir m'ait dit de recommencer ; cela vous aide d'avoir des conseils. M. Renoir m'a dit que c'était ridicule de ne pas savoir distinguer ce qui était bien de ce qui était mal ; il dit que mes dahlias sont assez brillants, qu'il faut les laisser retournés pendant huit jours et qu'après je les jugerais moi-même. Il me semble qu'il me faut plus de temps pour me rendre compte comment est-ce que je fais et pour me rendre compte généralement que c'est mal. Cette année j'ai plus travaillé et depuis six mois je suis découragée comme je ne l'ai encore jamais été ; cet hiver je croyais faire des choses pas trop mal puis en les revoyant, quand la petite à la mandoline est revenue du Champs de Mars où elle a été refusée, je l'ai trouvée ignoble, quel coup j'aurais eu si je l'avais vue accrochée. Depuis ce temps-là, j'ai peur quand je peins de trouver ce que je fais pas bien, je me dis qu'aussitôt que je me reculerai un ou deux jours plus tard seulement, quelquefois je verrais que c'est mal. Il me semble que je suis tout à fait incapable ; mais si je me suis découragée, j'ai un découragement qui me donne envie de travailler, c'est toujours mieux que le contraire ; ce que je voudrais c'est que M. Renoir me donne souvent des conseils.

Jusqu'à présent j'avais beaucoup d'ambition, je voulais avoir un vrai talent ; maintenant je voudrais seulement être plus que la jeune fille qui peint des éventails et des abat-jour, peut-être dans quelques temps n'aurais-je même plus cette ambition-là. La plus grande gloire n'est-elle pas la vertu ; faisons ce que nous pouvons pour bien faire et nous serons satisfaits. Plaire à Dieu n'est-ce pas le seul véritable bonheur.

Vendredi 17 septembre — J'ai blanchi avec plaisir ma Dina trop courte et en ai recommencé une plus longue et plus petite. M. Renoir est venu pendant que nous travaillions et m'a demandé si j'avais recommencé ; s'il pouvait s'intéresser un peu à ma peinture ! Nous nous sommes promenés toute la journée avec lui dans les petits sentiers sur une herbe douce et délicieuse entre de petits arbres jaunis par les rayons du soleil, car aujourd'hui, merveille, il a fait beau, on a vu le soleil et par conséquent des ombres, des ombres d'arbres sur des chemins.

M. Renoir a débandé son bras ce soir, que j'ai été effrayée à la vue de tous ces poils, que l'homme est laid !, un animal a une fourrure, mais l'homme a des poils qui laissent voir la peau c'est horrible ! tout de même il faut du courage pour se marier avec cela !

19 septembre — Écris une partie de la journée une interminable lettre en anglais à Miss Vos.

20 septembre — Impossible de peindre dehors, nous avons fait poser Dina assise avec son panier (un joli mouvement) dans la salle à manger, malheureusement il fait un peu noir. J'ai fait un dessin fusain et sanguine qui m'a beaucoup amusée. Je reprends courage, décidément je croyais que j'allais devenir plus vertueuse ; mais non, je veux être plus que la petite jeune fille qui fait des éventails.

Très jolie promenade sur la cime d'un coteau qui a la forme d'un dos de poisson, nous l'avons parcouru d'un bout à l'autre, il tourne autour d'Essoyes, et est couvert d'arbustes au feuillage rouge ravissants, puis de bouleaux qui commencent à jaunir et qui, à l'extrémité du coteau, forment un bois délicieux, un bois de rêves. L'automne commence à se faire sentir.

20 septembre à Essoyes — Monsieur Renoir nous raconte qu'après la guerre, étant soldat il a passé deux mois dans un château, où il était servi comme un prince, et donnant des leçons de peinture à la jeune fille, se promenant toute la journée à cheval. On ne voulait pas le laisser partir craignant qu'il soit tué pendant la Commune.

22 septembre — « Dans la vie c'est comme dans l'Art, tout est affaire de comparaison » dit Renoir qui supporte très bien son bras cassé, déclarant qu'il préfère avoir cela qu'autre chose.

28 septembre — Monsieur Renoir attaque toutes les nouvelles mécaniques disant que nous sommes en décadence, où l'on ne pense plus qu'a parcourir des quantités de kilomètres à l'heure, que cela ne sert à rien, que l'automobile est une chose idiote, qu'on n'a pas besoin d'avancer si vite, que tout cela sera une cause de diversion, que pour le travail et le commerce il faut la réunion dans un sens. « Le gouvernement est plus monarchique que jamais avec la mécanique qui fait tout. L'ouvrier ne peut plus penser, s'élever, ceux qui n'en ont pas le moyen resteront toujours au même point. À quoi sert d'aller si vite. Le Monsieur qui a une usine où se fabriquent 100 000 paires de chaussettes par jour n'en trouve pas toujours le placement ; il arrive qu'au bout de quelque temps l'usine ne peut plus marcher, c'est pour cela que nous allons vendre des chaussettes aux sauvages, leur persuader qu'il faut mettre des chaussettes pour faire marcher l'usine d'un Monsieur. Nous voulons conquérir pour placer notre produit, on a aboli l'esclavage, mais ceci est plus que de l'esclavage, l'ouvrier qui sait ne pas pouvoir arriver sait qu'il restera toujours le même, plus malheureux que l'esclave. »

Je suis allée pour ma quatrième leçon, tenue par l'épaule et le professeur à bicyclette, c'était très agréable. Travaillé avec Dina dans les prés de la rivière, jolies petites maisons à faire à travers les arbres. Le matin j'ai voulu mettre un chat dans la chose d'après *Dina au panier* que j'ai fait en peinture, les bras me donnent même bien du mal.

J'ai été un peu seule le soir à bicyclette.

M. Renoir n'a-t-il pas raison ? Quel esprit sain disant toujours des choses pleines de sens ! Cette mécanique qui envahit le monde est assommante, je vois, avec horreur venir les automobiles ; les bicyclettes, bien qu'il y en ait beaucoup trop, je trouve cela moins horrible, d'ailleurs, je ne peux plus en dire de mal puisque je l'apprends, M. Renoir qui s'est cassé le bras en descendant, peut la haïr.

Vendredi 8 octobre — Jeannie est toujours de même — fait une charmante promenade à bicyclette ; j'allais en avant et ne voyant plus le bicycliste à côté de moi je trouvais cela délicieux. Il faisait très beau.

Samedi 9 octobre — Bicyclette et bicycliste partent, tant pis, tant mieux. Je n'aurai plus de regret de partir laissant Jeannie étendue puis j'aurais plus de temps pour peindre et faire du violon, il faudrait que je m'y mette à mon gratte, je n'ai plus longtemps pour étudier mes études en doubles cordes de Kreutzer.

Dimanche 10 octobre — Jolie promenade autour d'Essoyes dont le blanc des maisons brille autour de la tour carrée de l'église et qui a l'air d'une ville du midi sur les doux coteaux et le ciel pur.

Dîné chez les Renoir ; on a traîné Jeannie en brouette, cela l'a un peu fatiguée mais c'est plus gai de dîner en compagnie. M. Renoir nous a raconté comment lorsqu'il faisait le portrait de Christine Lerolle, le père de Mme Lerolle était arrivé devant le tableau en riant, disant : « Ah, c'est de la peinture nouvelle », Mme Lerolle s'efforçait de lui dire : « Papa je te présente M. Renoir, l'auteur du portrait » mais il continuait toujours, enfin lorsqu'il comprit la boulette qu'il venait de faire, il s'excusa : « Mais continuez » répondit M. Renoir.

Lundi 11 octobre — C'est agréable de se promener avec un homme de talent et d'esprit qui parle avec vous comme s'il ne vous trouvait pas trop bête (du reste les hommes intelligents sont indulgents pour la jeunesse). J'ai fait une charmante promenade seule avec M. Renoir, d'Essoyes à Verpillière, de Verpillière à Essoyes ; c'est un tour joli à faire par tous les temps. Aujourd'hui c'était un gris d'automne aux fonds bleus, aux arbres lilas et gris, c'était doux, c'était du Corot, du Renoir, une peinture lisse et fondue, un paysage sur lequel on avait passé un léger et gros pinceau pour unir entre eux les jolis tons. M. Renoir s'émerveillait : « Ah, je ne sais pas si vous êtes comme moi, me disait-il, chaque fois que je me promène sans ma boîte, je trouve un tas de coins où m'asseoir, et il suffit que je prenne ma boîte pour ne pas trouver un endroit ». Nous prenons sur la route de Grancey un délicieux sentier menant à Verpillière au milieu des prés entre les peupliers on croirait voir des arbres complètement roses, lilas, ils ont déjà perdu leurs feuilles. Un peu au-dessus du pont, une prairie au premier plan, des troncs d'arbres lilas, quelques feuilles jaunes se détachent sur les toits du village au clocher pointu et appuyé sur la côte nous ont fait dire à M. Renoir et à moi : « C'est absolument un paysage de Corot avec une petite femme qui étendait du linge, exposé en 89, il ne serait pas étonnant qu'il ait peint cela là ». En revenant sur la route directe nous rencontrons une femme avec une hotte sur le dos : « Comme Corot a bien fait ces figures-là, s'écrie M. Renoir, comme il a compris le petit bonnet blanc ! ». « Que ces gens du siècle dernier rendaient bien le paysage, on ne le rend plus comme cela maintenant : Watteau faisait si bien ces fonds — Que de bleu dans l'atmosphère aujourd'hui, c'est comme du velours ». À propos de la promenade à Clairvaux, M. Renoir me dit : « Si on n'était jamais malade on ne jouirait pas de la santé ; s'il ne pleuvait pas on ne jouirait pas du beau temps et il faut bien quelques fois voir de moins jolies choses ; l'agrément de la vie c'est la surprise ; quand j'étais jeune, je partais avec Sisley de Fontainebleau avec ma boîte et une chemise ; nous marchions jusqu'à ce que nous trouvions un village, quelque fois nous ne rentrions qu'au bout de huit jours quand nous n'avions plus d'argent. » M. Renoir me raconte aussi qu'étant à Fontainebleau autrefois il avait vu pour la première fois M. Pissarro qui, en ce temps-là, était noir, et qu'il l'avait pris pour un joueur d'accordéon.

À propos de notre propriétaire, M. Brotel auquel Jeannie pour se distraire donne des conseils en harmonie, ce qui est très cornique à voir : cette charmante jeune fille donnant une leçon à ce gros vieil homme à l'air bête avec son nez bourgeonné ; lorsque je disais à M. Renoir que M. Brotel ne devait même pas se douter de ce qu'était la musique, il me dit qu'il était impossible d'en faire sans en entendre comme de faire de la peinture dans son hameau sans jamais en voir. Nous avons bien ri avec M. Renoir de notre grotesque sortie, je lui ai demandé des conseils sur la façon de recevoir. Nous avons aussi parlé des Natanson : M. Renoir dit que c'est très dangereux de soutenir des anarchistes comme Fenéon, qui font de la littérature en attendant de se lancer dans la politique et qui finiront par faire un mauvais coup. N'a-t-il pas raison ? les littérateurs soutiennent trop les mauvais sujets, les peintres ont l'esprit plus sain. Pissarro cependant est anarchiste.

Marie Bashkirtseff fait une description assez drôle de Carolus Durand que je viens de lire ; on le voit bien cabotin ce fils de marchand de vin devenu peintre si grossier. Cela me rappelle qu'il allait autrefois chez Bonne-Maman Morisot et avait pensé à épouser Maman ; mais sa naissance, bien que dans notre famille on n'ait jamais beaucoup eu de préjugés, devait faire reculer.

Décidément cela fatigue trop Jeannie d'aller dîner chez les Renoir, maintenant nous restons à la maison. C'est ennuyeux que son pied ne se remette pas plus vite.

Mercredi 13 octobre — Et hier, deux séances avec Dina que je travaille avec acharnement ; je me suis réveillée avec la crainte de ne pas avoir tout fini en partant. J'ai fait ce matin la tête de Dina avec le panier au bras, elle ne me paraît pas trop mal ce soir ; mais il est probable que dans huit jours je m'apercevrai qu'elle est très mal ; j'aurais bien voulu demander conseil à M. Renoir pour cela et pour celui que j'ai commencé avec le panier sur les genoux ; s'il vient demain matin avant son départ je tâcherai de lui montrer tout cela. Il paraît ravi de partir, M. Renoir ; je comprends qu'il ait assez de la campagne où il n'a pas pu travailler. Nous irons le rejoindre avant huit jours, je pense.

Jeudi 14 octobre — Avant de partir, M. Renoir me dit que ma nouvelle Dina est bien proportionnée et chose curieuse, cela m'encourage bien moins que lorsqu'il me dit que c'est disproportionné.

En ce moment je ne pense que peinture ; j'ai un tas de choses à faire et néanmoins j'entreprends pour la première fois trois jolis poissons pêchés dans l'Ource. J'en suis tout à fait toquée de la peinture, je la travaille ferme ces jours-ci. Je suis ennuyée de penser qu'à Paris je n'aurais pas les conseils de M. Renoir comme ici, je trouve que généralement je manque de direction et il me semble que je n'intéresserai jamais M. Renoir. Maintenant Jeannie me dit une chose assez juste : c'est qu'au point où j'en suis avec l'éducation que j'ai reçue, une entière direction me troublerait peut-être ; en effet, je n'aimerais pas qu'on me corrige par exemple, je n'oserais jamais continuer une chose que l'on m'aurait corrigée, cela me gênerait. « Il faut trouver soi-même », nous a dit M. Monet, alors trimons seule en observant ce que font les vrais artistes et en pensant à ce que faisait Maman. Si le milieu artistique où j'ai vécu vient se joindre à de réelles dispositions comme mes cousines me le disent et comme Maman me l'a plutôt trop dit, ayant trop d'admiration ou d'indulgence pour moi, alors je devrais arriver à faire quelque chose.

Vendredi 15 octobre — Quel plaisir, quelle douce sensation j'éprouve en entendant Jeannie jouer des sonates de Beethoven, le délicieux concerto de Schumann. Depuis le jour où elle s'est donnée son entorse elle ne s'était pas mise au piano ; maintenant elle peut poser son pied à terre et s'approcher de cet instrument qu'elle fait si délicieusement vibrer.

Samedi 16 octobre — Subitement l'automne est apparu avec les arbres d'or ; comme c'était beau au soleil couchant lorsque la pluie eut cessé. C'était absolument les paysages de D. Degas, ses grandes lignes de coteaux, ses tons, le rapport des prairies vertes pour les arbres jaunes. Mme Renoir et Jean ont déjeuné avec nous ; il est gentil Jean avec ses cheveux roux sur les arbres roux.

Dimanche 17 octobre — Temps magnifique ; Jeannie se décide à faire une promenade en voiture, on l'installe le mieux possible et nous allons jusqu'à Grancey ; les merisiers rouges brillent sur le ciel bleu et font de jolies taches sur les arbres jaunes. En entrant en Bourgogne dans la Côte-d'Or il semble que l'on pénètre dans un pays d'or ; à Grancey la rivière est parsemée de cet or et d'un bleu ravissant du ciel. Tout cela est très beau ; je voudrais pouvoir noter ces tons, mais nous partons mardi, plus le temps de rien faire.

Dernier dîner chez Mme Renoir à Essoyes.

Lundi 18 octobre — Il fait chaud comme au mois de juillet, c'est désolant de quitter ce joli pays par un si beau temps ; on pourrait faire du paysage, Jeannie pourrait commencer à marcher dans le jardin ; si nous restions ici jusqu'à la fin de la semaine ? Mais non, c'est décidé maintenant que nous partons, nous avons dit à Mme Renoir que nous ferions le voyage avec elle et puis ce n'est pas désagréable d'arriver à Paris avec du soleil. Depuis hier je photographie Essoyes et ses curiosités, ce matin j'ai fait Dina, Jean et sa nouvelle bonne rousse, une petite chatte que Jeannie et moi avons bien envie d'emporter, Louloute la chienne des Brotel dont Laërte, malgré son âge avancé a été amoureux fou au commencement de notre séjour ici ; du reste il faut croire que c'est une personne pleine d'attraits car tous les chiens du village pendant quinze jours étaient continuellement aux grilles du jardin, entre autre un petit brun qui y passait ses jours et ses nuits en tremblant sous la pluie qui paraissait faire déteindre ses poils. Impossible de profiter de ce beau temps pour prendre l'air, ce matin, Dina à finir et dans le jour les paquets, paquets, paquets... Le soir discussion sur le chat pour savoir si oui ou non on l'emporte ; rien de décidé, pour le moment il ronronne sur le lit de Jeannie qui dort ; je ferais bien de dormir aussi, il est 11 h 1/2, que dirait Paule si elle savait que j'écris dans mon lit ! Arrêtons-nous.

Mardi 19 octobre — Quelle folie de quitter un si beau pays ; la route d'Essoyes à Polisot était merveilleuse ; les arbres jaunes d'or, les prairies vertes, les terrains des coteaux gris, roses, veloutés, les pêchers rouges, une féerie de tons ; quel bel automne ; Jean et la petite Trotteuse ou la Rousette ou Nini, la nouvelle bonne de Mme Renoir mêlent leurs cheveux roux aux plus éteintes des feuilles. Que de paysages merveilleux.

Le changement de train à Troyes est assez compliqué, il n'y a que cinq minutes pour traverser la gare, ce qui est court pour Jeannie qui marche sur un pied. À la gare de l'Est nous trouvons M. Renoir qui paraît déjà très parisien.

L'idée de revoir Blanche me produisait une certaine émotion ; je ne l'ai pas trouvée mal, cependant très maigre. Nous avons dîné chez tante Edma.

Mardi 21 octobre — Paule et moi allons chez Mme Renault et ramenons Berthe à déjeuner ; les quatre vieilles filles réunies sont gaies, racontent leurs soi-disant conquêtes, mais lorsque Mme Renault vient chercher Berthe nous recevons une algarade sur la bicyclette. Ensuite les Angoulvent passent la journée avec nous. Miss Vos est venue nous voir, elle a très bonne mine. Enfin les jeudis recommencent déjà, bien assommants, c'est vrai que les meubles couverts de draps blancs ne donnaient pas d'entrain.

Par exemple nous passons une charmante soirée avec tante Edma et Blanche qui racontent drôlement diverses choses ; nous rions beaucoup et oublions un peu la déconfiture du jour.

Vendredi 22 octobre — Je ne me sens pas tout à fait la même depuis quelque temps, il me semble que je dis moins : « Qu'est-ce qu'il faut faire ? » Les taquineries de Faivre m'ont fait beaucoup de bien, elles m'ont dégourdie ; je crois qu'on a besoin d'hommes dans la vie, ils vous donnent des idées plus larges ; je crois qu'il vaut mieux se marier que de rester vieille fille ; d'abord Dieu n'a-t-il pas créé le monde pour qu'il croisse de générations en générations. Jeannie dit toujours que c'est un devoir de se marier et d'avoir des enfants ; mais ce devoir va-t-il jusqu'à épouser quelqu'un qui vous déplaît pour peupler la France ? En ce cas, c'est bien dur. Il m'a toujours semblé que les présentations, les mariages, par arrangement tout cela devait être odieux ; mais être aimée et aimer cela doit être doux. Je pense que jamais je ne goûterai à ce bonheur, cela serait trop pour moi ; je ne m'attends pas à de grandes jouissances dans ma vie et cependant j'espère toujours.

Dimanche 24 octobre — Journée à Bellevue. Les environs de Paris paraissent très gris lorsqu'on revient de Bourgogne.

Lundi 25 octobre — Visite à ma tante Chevalier qui se porte à merveille, est très gaie, trouve qu'il y a assez de tristesses dans la vie pour en jouir quand on peut. Donc à 84 ans elle peut jouir de la vie. Elle nous a dit très drôlement que Mlle Lapchinsky aimait mieux contempler les cendres de M. Devan que de vivre avec ses amies. Tout à coup s'adressant à Paule : « Tu m'agaces toi, ne vas-tu pas te marier ? » Elle a bien raison de vouloir voir Paule mariée, j'ai le même désir, elle a tant de qualités ; je souhaite que toutes mes cousines se marient, je voudrais les voir très heureuses.

Nous allons chez les Renoir, déjà Mme Renoir et Jean sont enrhumés ; si ils vont bien, dimanche nous allons manger avec eux la fameuse bouillabaisse ; on parle de Jeanne Baudot, puis je pense que Faivre y sera ; nous voyons ce qu'a fait M. Renoir d'après les Lerolle au piano, c'est ravissant, Christine a une expression délicieuse, Yvonne n'est pas bien ressemblante mais a une robe blanche ravissamment peinte ; le fond avec les petites danseuses de Degas en rose avec leurs nattes et les Courses est peint avec amour.

Le soir nous avons la visite de Mlle Carré avec son beau-frère qui va devenir son mari. Que l'existence est chose curieuse ; Mlle Carré était depuis quelque temps considérée vieille fille pour toujours ; sa sœur meurt et alors sa vie commence, pour la première fois elle se sent quelqu'un, il semble que ces deux sœurs ne pouvaient vivre en même temps. Peut-on jamais savoir quelle sera notre destinée !

Mercredi 27 octobre — Notre pauvre tante Félicie a vraiment un courage étonnant, elle vous parle de tout ce que vous faites, vous remercie de venir la voir, elle est affectueuse, indulgente et bonne. Pauvre femme, quelle vie ; elle doit mériter un bonheur éternel ! Comme elle accepte la souffrance. C'est admirable d'être ainsi ! Dieu ne doit jamais quitter sa pensée, comme cela devrait être, pour qu'elle arrive à posséder une telle résignation. Sa seule satisfaction est que ses petits-fils Poirier travaillent très bien et sont charmants pour elle.

Jeudi 28 octobre — En lisant le journal de Marie Bashkirtseff cela m'étonne toujours de penser qu'elle vivait il y a si peu de temps. Elle raconte la mort de Gambetta que je me rappelle si bien ; j'avais quatre ans alors et je suis allée le 4 janvier au Palais Bourbon où était son corps, il n'y avait que draperies et couronnes ; cela m'avait produit une grande impression.

Le second volume du journal de Marie Bashkirtseff est vraiment triste, elle sent si bien sa fin ; mais il y a des choses très intéressantes, seules les histoires d'atelier et d'admiration pour de mauvais peintres m'ennuient. Je me souviens que Papa et Maman lisaient ce journal à Mézy ; ils en parlaient beaucoup et avaient nombre de discussions à son sujet. Papa, loin de trouver comme M. Degas que Marie Bashkirtseff était une femme à fouetter en place publique, l'admirait, alors Maman lui disait : « Je vous vois avec une femme comme celle-là, vous la trouveriez insupportable. » En effet, quelle différence avec Maman, pleine de talent et si simple, pleine de charme et ne paraissant pas s'en rendre compte. Elle devait trouver M. Bashkirtseff extraordinaire, mais je crois qu'il ne faut pas la juger sur ce qu'elle dit, elle n'avait en somme pas tant d'admiration pour elle-même. Contrairement à la généralité des livres (d'après ce qu'on dit), celui-là doit être mieux compris par une jeune fille qui pénètre en l'esprit de celle qui vous raconte sa vie et ses pensées et qui même compare avec ses propres pensées.

Quand je revois quelques dessins, peintures que

j'ai faits il y a un peu de temps, cela me paraît atroce, il me semble que j'ai fait des progrès et que mes dernières choses sont mieux. Quand je pense à (ou que je revois) un costume, un chapeau que j'avais « some while ago » je me dis que j'étais bien grotesque dans tout cela, que maintenant je suis mieux. Quand je pense à des choses que j'ai dites, que j'ai écrites depuis que j'ai commencé ce journal, je trouve que j'étais bien enfant, bien bête et il me semble encore que je suis bien idiote. Et cela est toujours ainsi, je ne m'aperçois des choses grotesques et bêtes qu'après, donc je le serai toute ma vie, c'est un peu attristant.

Nous avons eu la visite de Berthe et des Angoulvent ; nous avons décidé que chaque fois que nous verrions les Angoulvent nous ferions la cuisine, c'est plus pratique que de rester à se dire des banalités. Je ne sais pas du tout faire la cuisine et je trouve que cela manque à une femme, je voudrais aussi savoir un peu plus de médecine, cela serait bien utile, pourquoi ne vous apprend-on pas cela dans les cours ?

Quand on a passé un été auprès de M. Renoir on est pénétré de l'idée qu'on doit savoir faire un peu de tout et être admis. M. Renoir le répète constamment et l'on en est persuadé, il a beaucoup d'influence sur la jeunesse qui l'admire, il dit des choses si morales, si bien et avec charme, ce qui fait qu'on y pense. Puissent tous les hommes de son âge avoir une aussi bonne influence sur les jeunes. M. Mallarmé ne donne pas assez de conseils, il pourrait faire de la morale d'une façon ravissante, il a une vie si digne (M. Renoir admire beaucoup son caractère), il devrait guider les jeunes, au lieu de cela il montre plus d'indulgence qu'il n'en possède. On dit que la jeunesse ne profite pas des conseils des hommes d'âge ; je trouve que cela est faux, en tous cas si on ne paraît pas en profiter, on y pense beaucoup et les hommes de mérite devraient toujours diriger les jeunes.

Vendredi 29 octobre — Mme Renoir nous invite à déjeuner pour dimanche. Blanche part pour le midi où elle va retrouver Jeanne ; tante Edma reste bien seule.

Lundi 1er novembre — Déjà la Toussaint. Qu'il fait beau, l'air est délicieux ; tous les saints semblent se réjouir et glorifier Dieu dans le ciel bleu et envoyer un peu de lumière aux habitants de ce monde. Les chrysanthèmes orange, rouges et roses semblent, sur la tombe devant laquelle je demande à Papa et à Maman de m'inspirer une conduite, ne leur déplaisant jamais, dire : « Ici sur ce granit gris nous sommes le symbole de trois âmes heureuses et rayonnantes là haut où est le vrai bonheur. » Car c'est aussi la tombe de mon oncle Édouard, je le prie et je prie pour lui. Puissais-je être la digne descendante de ces âmes vertueuses et artistes ! Nous sommes allées à la messe à la nouvelle église qui est bien laide, elle n'est pas mieux que l'autre, elle n'a même pas l'air d'une église, cela doit être bien plus agréable d'avoir une jolie paroisse qui invite au recueillement et à la prière.

Je viens de me confesser et c'est avec contrition que je dis : « Mon Dieu, j'ai un extrême regret de vous avoir offensé parce que vous êtes infiniment bon et que le péché vous déplaît ; je prends la ferme résolution moyennant votre sainte grâce de ne plus vous offenser et de faire pénitence. » Oh oui, je la prends cette résolution ! Faites ô grands saints dont on célèbre la fête que je tienne cette résolution. Papa, Maman ! que je sois toujours près de vous ! Se sentir en état de grâce et se dire qu'on va avoir le bonheur de communier, quelle douce sensation cela vous procure. Ah comment, quand Dieu est si bon, me procure de telle jouissance, comment puis-je l'offenser ? Comment est-ce que je ne me dis pas avant d'avoir le temps de pêcher : « Dieu », ce seul nom vous arrête. Se rapprocher de Dieu, des saints et des siens disparus, voilà le plus parfait bonheur.

Mardi 2 novembre — Ô mon Dieu ! dites-moi que Papa et Maman sont heureux ainsi que tous ceux que j'ai pleurés. Faites que je reste sous la puissance de la communion et de votre bonté. Je vous prie aussi, ô mon Dieu, pour ceux qui ne connaissent pas le bonheur de vous servir et de vous aimer. Faites que je vous serve comme une vraie chrétienne. J'en ai la résolution, mon Dieu donnez-moi votre grâce.

Dimanche 7 novembre — Été chez les Mallarmé qui viennent de rentrer et que nous retrouvons avec plaisir.

Jeudi 11 novembre — Le mariage Himmes-Carré m'a produit une triste impression, je plaignais les conjoints ; puis j'ai pensé à l'émotion que me produiraient les mariages de Paule et de Jeannie ; cela sera de dures journées à passer, mais je désire qu'elles arrivent. L'idée que Paule ne se mariera peut-être pas m'ennuie. J'ai regretté aujourd'hui qu'elle n'ait pas accepté Rossignol, dont nous avons eu la visite et qui est devenu très bien.

Enfin, elle a encore le temps, elle n'a pas 30 ans et Maman s'est mariée après 30 ans ! Nous sommes allées avec Jeanne Baudot au Louvre chercher nos permissions et nous décider sur le choix des tableaux à copier ; Jeanne va faire une Vierge du Titien ; Paule pense à *La Vierge au lapin* que mon oncle Édouard a si merveilleusement copiée et dont il gratte un petit coin pour retrouver le réel vert de l'herbe ; cela se voit toujours et donne une idée du ton primitif. Combien de fois les gens du Louvre ont dû se demander quelle était la cause de cet endroit gratté. Quant à moi c'est pour *La Sainte Famille* de Véronèse que j'ai demandé une inscription, et ce soir je tremble un peu à l'idée de commencer demain cette difficile chose.

Vendredi 12 novembre — C'est ennuyeux que Paule se ressente toujours de ses fièvres ; elle n'est pas bien ce matin et ne peut aller au Louvre ; je voudrais la voir tout à fait bien ; elle aurait besoin d'une vie calme.

Mardi 16 novembre — Matinée, journée passées au Louvre ; Jeanne fait une esquisse très bien, très large. Nous voyons un tas de gens : Carolus Durand avec sa taille et son estomac qui avance, d'un commun recherché ; lorsqu'il passe, les gardiens demandent si l'on connaît ce grand peintre ; M. Mallarmé qui arrive peu après avec Wistler, dit : « Il va au Louvre de son vivant ». Wistler dans son fourreau de parapluie n'entend rien ou fait semblant de ne rien comprendre ; ce qui le frappe ce sont des boutons d'acier que j'ai aux manches de ma robe. Nous voyons aussi passer Zandomeneghi avec son grand nez italien qu'il colle sur les primitifs ; lorsque M. Renoir arrive je lui dis que son ami est là : « Prévenez les gardiens qu'il va emporter un tableau pour le rapporter à Venise », s'écrit-il, puis prenant son accent il l'imite pleurant sur ce que des tableaux de maîtres italiens sont au Louvre au milieu de gens qui n'y comprennent rien.

M. Renoir ne dit rien à Jeanne sur sa copie qu'elle a beaucoup travaillée en pensant le voir ; il paraît s'occuper beaucoup plus de moi ; me dit que c'est bien, que le Véronèse est bon à copier, que si je ne fais pas bien il écrira à M. Caliari, puis me demande si cela ne me trouble pas de travailler au Louvre, enfin on croirait que je suis plus son élève que Jeanne, je n'y comprends rien, car évidemment ce qu'elle fait est bien mieux que ce que je fais et M. Renoir ne lui dit rien, ce qui la décourage ; je m'imaginais qu'il était bien plus professeur avec elle ; mais je vois qu'il ne l'est jamais beaucoup.

Mercredi 17 novembre — J'ai commencé à peindre hier et je n'avance pas ce matin. Nous allons à l'atelier de M. Renoir, il vient de faire la petite Roussette d'Essoyes avec une robe verte, jouant de la guitare avec des mains délicieuses, la peau d'une coloration rose ravissante, puis une femme brune avec une légère robe rose également avec la guitare à côté d'elle, une table avec un tapis joliment fait et un vase bleu, puis la même figure dansant sur une petite toile en hauteur, il y a une envolée, un flou dans la robe délicieux. Il a aussi terminé ses deux panneaux décoratifs avec des femmes nues supportant tut ornement de fruits très beau ; c'est magnifique, la décoration ne peut être comprise.

Il nous dit qu'il trouve la copie de Jeanne bien, seulement se demande comment elle va la finir et nous dit qu'il vaut mieux faire un simple frottis pour se donner une idée d'ensemble et peindre ensuite les figures du coup. Nous faisons une visite à Mme Renoir qui va repartir pour Essoyes, elle est charmante avec nous, Jean est très gentil. Elle nous parle beaucoup de l'interne chez lequel Jeannie est pendant que nous sommes chez elle, Paule croit qu'elle pense qu'il pourrait épouser Jeannie et trouverait cela très bien ; enfin Paule pense beaucoup au mariage de Jeannie et Jeannie à celui de Paule.

Au fait, Faivre qui devait venir nous voir au Louvre n'a pas encore paru ; il nous a oubliées. M. Renoir m'a dit qu'il viendrait quand j'aurai travaillé quelques temps pour me dire : « C'est très mal il faut tout recommencer ». Il est très gai depuis son retour et plaisante beaucoup, cela prouve qu'il est content de ce qu'il fait. Jeannie lui disait l'autre jour que M. Mallarmé ne pouvait aller à un autre concert qu'à Lamoureux, « Comment a-t-il répondu, il y va toujours, mais c'est un colimaçon ce Mallarmé, il ne peut qu'aller au même concert et en bateau toujours sur la même rivière ». C'est une petite critique d'ami, au fond M. Renoir a la plus grande admiration pour M. Mallarmé, mais il faut bien que les peintres débinent les littérateurs selon leur habitude.

Jeudi 18 novembre — Encore au Louvre le matin ; depuis deux jours Jeanne Baudot ne vient pas ; nous avons vu sa mère qui déplore que sa fille ne finisse pas ce qu'elle commence, elle voudrait la voir déjà arrivée ; que ce doit être assommant d'avoir une famille qui ne comprend rien à l'art qu'on aime. J'ai de la chance d'avoir été élevée dans un milieu si artiste ; il faudrait être une triple oie pour ne pas aimer les belles choses ; étain à ma place, je suis sûre que Jeanne à ma place ferait une peinture bien mieux que moi. Enfin ne nous plaignons pas.

Samedi 27 novembre — On rencontre non seulement des peintres au Louvre ; c'est-à-dire on rencontre des peintres, Helleu par exemple et les littérateurs viennent nous voir ; nous avons eu une seconde visite de M. Mallarmé et une d'Arsène Alexandre.

Paule commence décidément *La Vierge au lapin ;* je travaille sur mon immense toile, cela ne sera jamais fini, surtout si tous les quinze jours je fais ajouter un morceau. Je suis en admiration devant *La Vierge et l'Enfant Jésus* de Jeanne que je trouvais moins bien il y a quelques jours.

Nous passons notre fin de journée à l'Odéon dans la loge de M. Mallarmé, on dit de lui : « Le phénomène futur » poème en prose vraiment délicieux, si spirituel et si charmant, pour lequel M. Renoir a fait une jolie eau-forte. On récite d'autres jolies et belles choses. Lorsqu'on entend dire du Mallarmé on trouve cela très beau et on se demande pourquoi cela passe pour être incompréhensible. Probablement que je rêve ou que je n'essaye pas de pénétrer dans la littérature car je crois comprendre, moi qui n'y connais rien ! Il me semble qu'écrire doit être une des choses les plus difficiles, je me demande comment on peut faire des vers.

Dimanche 28 novembre — C'est ennuyeux quand on a déjà pas trop d'esprit de se tremper dans un bain de bêtises comme celles que nous avons entendues et vues aux *Folies Bergère* avec Mme Renault et Berthe ; nous pensions nous amuser beaucoup, mais vraiment c'était trop bête, malsain dans toutes les acceptions du mot, d'une atmosphère enfumée et trois heures à voir des clowns idiots, des ballets stupides, des femmes atroces en culottes. On mène des quantités d'enfants voir cela, des enfants auxquels on ne montre peut-être pas des tableaux où se trouvent des femmes nues, eh bien je trouve bien plus extraordinaire de leur montrer ces femmes épouvantables décolletées, tailles serrées et petites culottes. Enfin je ne retournerai plus aux *Folies Bergère.* Quant à la Loïe Fuller pour laquelle nous étions là, elle m'a plutôt causé une déception, même au commencement j'ai trouvé les couleurs dures, les soleils, étoiles et lunes très laids, à la fin il y a eu de jolies choses.

Sans date — Aventure au Louvre : nous avions pitié d'un malheureux petit peintre qui copie derrière moi et qui ne possède que d'horribles couleurs et j'avais préparé un tube de bleu de cobalt pour lui, afin qu'il puisse faire un ciel bleu. À un moment où il quitta sa toile, Paule met vivement le tube dans sa boîte ; mais chose à laquelle nous n'avions pas pensé, il va le rapporter au gardien disant qu'il ne veut pas passer pour un voleur, me voici très gênée et j'envoie le gardien et le tube à Paule, l'autre grogne ; c'est ainsi que l'on prend mal quelque fois ce qu'on fait pour votre bien. Nous avons été trop naïves.

Jeudi 2 décembre — Quand le rire est trop violent, cela finit par des pleurs et c'est ainsi que cela se passa aujourd'hui. Nous rîmes un peu trop Jeannie et moi quand Paule demanda à Jeannie comment elle trouvait « Épave » c'est-à-dire le jeune homme qui récita prétentieusement *L'Épave* de François Coppée chez madame Renault dimanche soir et qu'on voit depuis deux fois chez Mme Renault, suivi d'une ridicule famille. La cause de l'apparition de ce noir moustachu, de sa mère couperosée à perruque, faisant des révérences en rampant, suivie de trois filles à plumets et à grand nez est qu'on lui présentait Jeannie qu'il a trouvée charmante. Je ne voudrais pas voir un homme comme cela épouser Jeannie, je leur veux des maris bien.

Vendredi 3 décembre — M. Renoir vient nous voir au Louvre, donne une excellente leçon à Jeanne, lui dit de prendre un morceau et de le finir en une fois, qu'Ingres peignait toujours un torse en une fois, quitte à le recommencer le lendemain ; il trouve la copie de Paule très bien commencée, très habile, il me dit qu'il y a des fautes dans la mienne, qu'il faut toujours éviter de faire plus grand ; mais que c'est très bien, très joli. Cela me fait plaisir, je ne me rendais pas compte comment c'était. Nous regardons longtemps avec M. Renoir *Les Femmes d'Alger*. « Quand on a fait cela, dit-il, on peut dormir tranquille. » Nous allons voir toutes les jolies choses de Pompéi et d'Égypte. Que c'est charmant l'art égyptien. Nous prenons le thé chez Miss Vos en compagnie d'un homme assez commun qui finit par demander à Jeannie si elle n'est pas de la famille d'une chanteuse légère ; Miss Vos était des plus intimidée.

Dimanche 5 décembre — Sermon à Saint-Philippe du Roule sur l'Immaculée Conception. M. Renoir vient dîner, il est précédé par les deux petites bonnes qui font des tournées de visites le dimanche. Comme Jeannie jouait un air de ballet, M. Renoir entre en faisant un pas de danse. Il fait un grand éloge de Wyzewa, dit qu'il écrit vraiment très bien, a beaucoup de talent. Il parle avec enthousiasme d'Alexandre Dumas qu'on lira, dit-il, bien plus longtemps que Zola qui le dédaigne. M. Renoir a comme principe que l'art doit être amusant et compréhensible.

Mercredi 8 décembre — Rencontré M. Degas au Louvre qui passe une heure et demie avec nous à parler peinture : « Quel vieux pédant vous avez rencontré », dit-il. Il donne beaucoup de conseils à Paule sur sa copie qu'il trouve très bien commencée, ce qui le choque, c'est un morceau de toile blanche, il veut que cela soit couvert. Il dit qu'il ne faut pas essayer de faire trop de tons ; qu'ainsi dans *La Vierge au lapin,* les étoffes et les montagnes doivent être faites avec le même bleu que le ciel, les chairs, l'étoffe orange avec le même ton, c'est cela, dit-il, qui donne l'harmonie à un tableau. Il parle des dessous ; pour lui tous les peintres anciens peignaient avec des dessous, Le Titien avec des vernis et par glacis. Il regarde la copie de Jeanne qu'il trouve d'une jolie couleur, mais un peu gâchée ; devant la mienne : « A-t-elle une patte cette Julie, comme l'armure est habilement faite, c'est coquet ; toujours la toile blanche, il faut croire que c'est de famille. » Habile et coquet me font plaisir, je crains toujours de manquer totalement de ces qualités qui, je trouve, sont essentielles chez une femme. Tout ce qu'on me dit sur ma copie me donne du courage. M. Degas s'intéresse beaucoup à une demoiselle Bauard qui depuis 10 ans copie le même tableau. « Elle me fait l'effet, dit-il, d'un ecclésiastique en civil, avec son grand voile elle a une tête à la Philippe de Champaigne. Je dis une fois à Arsène Alexandre que je ne l'avais jamais entendue parler, alors s'approchant d'elle il lui fit une remarque sur un tableau ; mais elle répondit si discrètement que je n'entendis rien. » M. Degas nous emmène dans la salle des Primitifs voir ce que fait son élève M. Rouart, auquel il a conseillé de préparer un Mantegna en vert ; mais il a fait cela d'un vert bien vif. Tout en nous disant que tel tableau a dû être préparé de telle façon, en nous montrant combien on retrouve les mêmes tons dans un même tableau, M. Degas s'écrie : « Ah quel pédant, quel pédant », Van Eyck ayant fait la connaissance d'une vieille demoiselle élève du Titien, écrit : « Elle m'a révélé de grands secrets. Dirions-nous cela maintenant Il n'y a pas de secrets dans la peinture, dit cet imbécile de Rafaelli. » Il cite aussi des choses de Delacroix dont il parle beaucoup. Nous allons chercher Jeannie chez Mlle Donne et faisons une visite aux Mallarmé. Geneviève nous amuse bien en racontant que dernièrement elle ouvrit la porte à une femme à l'aspect misérable qui demande si M. Mallarmé était bien le tuteur de Mlle Manet, car elle connaissait une comtesse qui l'avait vue à l'église et dont le fils était un charmant jeune homme gagnant 15 000 frs, lui ne connaissant pas Mlle Manet, mais la mère la trouvait charmante, menue, petite, blonde : « Mlle Manet est brune », répond Geneviève qui avait bien envie de rire. Que les gens sont dégoûtants quand il s'agit d'argent. Mme Angoulvent dit que les jeunes filles à dots sont plus à plaindre que les autres ; peut-être que oui ; quand on a rien on est sûr qu'on fait une conquête par soi-même et pas par son or. Nous rentrons pour dîner précipitamment et repartir pour le théâtre des Batignolles où nous retrouvons M. Renoir, Mme Baudot et sa fille.

Jeudi 16 décembre — Nous allons ce matin faire décommander Mauclair puis allons voir ma tante Boursier que la douleur a amoindrie, elle n'est plus rien, affalée dans son grand fauteuil. Ma tante Chevalier vient de mourir. Que cette famille Boursier est insensée, on discutait ce matin sur les souffrances de ma tante Chevalier que Mme Scheffer comparait à ses migraines. Hier soir à 11 heures on est venu chercher tante Edma pour passer la nuit auprès de la pauvre morte que ma tante Boursier ne voulait pas abandonner, et M. Hitier désirait que Thérèse n'y reste pas seule, ayant déjà eu des affaires désagréables avec la famille et en ayant peur ; en effet l'héritage pourra tourner en une histoire à la Balzac. Je vais dire à Jeanne Baudot que nous n'irons pas demain aux *Maîtres chanteurs* avec elle comme c'était convenu. Le dîner Mallarmé et Renoir a été très bien, la conversation entre ces deux hommes d'esprit est toujours charmante. M. Renoir raconte très drôlement comment ayant été invité à une noce à Vincennes, il ne l'avait pas trouvée et s'était mis dans une autre qui se passait dans un grand endroit comme la salle des pas-perdus d'où on voyait les noces plus chic enfermées dans les salons, les murs avec des ciels bleus et des amours. Ces noces s'embêtaient tellement qu'à la fin elles sortaient de leurs salons particuliers et venaient se mêler aux autres, de sorte qu'en partant les nouveaux mariés ne *se* retrouvaient plus.

Geneviève dit que lorsqu'elle avait 15 ans, le fils d'un menuisier ayant rapporté des chaises à

M. Mallarmé, écrivit sur la facture de son père : « Monsieur, j'ai vu votre demoiselle et l'ai trouvée très gentille ; je vous demande sa main et vous prie de répondre tout de suite. »

Vendredi 17 décembre — M. Renoir est venu nous voir au Louvre, a fait beaucoup de compliments à Paule, moins à Jeanne et m'a empêchée de me décourager complètement, il m'a dit : « C'est très bien, vous n'avez qu'à finir, cela rend tout à fait le tableau tout en ayant vos particularités, c'est fait comme vous l'aviez vu de loin, et plus clair ; je vous assure c'est très bien, j'aime mieux cela que le Véronèse ». Jamais je n'ai reçu tant de compliments, M. Renoir devait être dans un jour à cela et j'ai été ennuyée à cause de Jeanne qui est un peu découragée.

Samedi 18 décembre — Enterrement de ma tante Chevalier qui me fait penser à de bien tristes choses. Toute la famille se trouve réunie ; mon oncle Octave lui-même est venu. On ne la pleure pas beaucoup cette pauvre tante, quand on meurt à 84 ans, on trouve cela naturel. Je croyais être habillée de façon convenable pour aller à un enterrement et voilà qu'au Louvre je me fais remarquer : un monsieur vient me dire « Mademoiselle, M. Henner vient d'admirer votre costume » — « C'est que, c'est artistique » reprend le gardien des chevalets qui est des plus aimable pour moi.

Dimanche 19 décembre — Passé une partie de la journée avec Berthe avec laquelle nous nous amusons toujours ; puis visite chez ma tante Boursier où nous avons fort envie de rire en voyant la fureur de sa belle-fille qui n'hérite pas de ma tante Chevalier. Les Albert Thomas brouillés avec les Boursier ont quelque chose, Thérèse brouillée avec sa belle-mère a quelque chose, alors cela fait les histoires les plus extraordinaires.

Lundi 20 décembre — Soirée charmante chez les Simon, nous y rencontrons des gens très agréables, on chante de très jolies choses de Rubinstein, Jeannie joue admirablement.

Mercredi 22 décembre — J'ai inventé comme une bête de n'être pas bien hier et de plus d'ennuyer Paule et Jeannie à ne pas vouloir dire ce que j'avais, de sorte que je n'ai pas été avec elles dîner chez M. Degas.

Je suis assommante ; je crois un peu avoir changé de caractère et puis je retombe dans cette même bêtise, ce manque de simplicité. J'ai assez de moi ; mais on n'a pas le droit d'avoir assez de soi et de le dire en pleurant comme je l'ai fait ce matin au lieu de remercier Paule de s'être occupée de moi.

Jeudi 23 décembre — Jeanne Baudot déjeune avec nous et reste jusqu'à 5 heures. Mme Normant vient nous voir et nous allons dîner chez les Renoir où nous devions voir Wyzewa, mais il y a seulement A. Alexandre et Faivre qui est moins gai qu'à l'ordinaire. M. Renoir est charmant, Mme Renoir des plus aimable, elle nous a prises en affection depuis que nous parlons tant de son pays ; elle tousse beaucoup et ne prend plus que du lait, elle a une faim terrible et elle maigrit, ou dégrossit. Nous avons passé la soirée à faire des projets de voyage ; nous allions de Villefranche à Capri, Constantinople, Séville, etc. On parle à dîner de l'affaire Dreyfus qui revient tellement sur l'eau en ce moment et qui est vraiment extraordinaire, que ce serait horrible d'avoir condamné cet homme s'il n'est pas coupable ; mais ce n'est pas possible ; Arsène Alexandre critique Roday de ne s'être pas avancé plus loin, il dit que cette affaire est loin d'être finie et qu'elle pourra amener des choses très graves, il paraît trouver la situation critique. M. Renoir part contre les œuvres socialistes à propos des *Mauvais Bergers* de Mirbeau où il s'est assommé. On parle de Zacharie Astruc qui est toute voile, disait Daudet. A. Alexandre raconte que lorsqu'il montre un tableau ou une aquarelle de lui s'il veut la changer de place, sa femme et sa fille (la biche au bois ou le petit rossignol) accourent en disant : « Z… n'y touche pas. » Et ceci me rappelle Maman revenant de chez Astruc qui lui faisait voir ses aquarelles disant : « Mon œuvre est considérable. »

Enfin la soirée Renoir est charmante, nous finissons par rire beaucoup à la fin avec Faivre qui est vraiment un peu grotesque mais amusant, on le traite en camarade, on n'a pas peur de dire des bêtises avec lui.

Samedi 25 décembre — Quelle jolie fête que celle de Noël, celle que les enfants aiment tant quand ils pensent que le Petit Jésus descend dans leurs cheminées et celle qu'on aime toujours en pensant à la naissance du Christ, à la Vierge, à la Sainte Famille, à cette enfance du Christ que Berlioz a joliment interprétée.

Dimanche 26 décembre — Très gentil arbre de Noël chez Mme Mayniel, ses petits enfants blonds et roses sont charmants autour de l'arbre aux petites bougies de couleurs.

Dîné chez Mme Renault où nous avons passé la soirée d'hier ; nous y retournons pour voir Mme Paul Adam qui n'est pas venue. Nous voyons les Angoulvent. Je joue du violon avec un aplomb formidable. Nous sommes très mondaines cette semaine.

Je dois avouer que j'ai envie de m'amuser cette année ; devrais-je avoir envie de prendre quelque plaisir comme on reprend goût à la vie, à ses bêtises !

1898

1er ou 2 janvier — X... est des plus aimable et drôle, il nous conseille de n'avoir jamais de procès, comme ancien avocat il connaît cela et dit qu'il n'y a pas de justice.

Nous dînons chez tante Edma.

Lundi 3 janvier — À déjeuner Mlle Labillois et Miss Vos qui revient de Juziers où sa sœur qui a 47 ans vient d'épouser en seconde noce un menuisier du pays, grand ami du jardinier du Mesnil.

Mardi 4 janvier — Nous comptions ne pas retourner au Louvre en 98 mais enfin on ne fait pas toujours ce qu'on compte faire ; Mme Lerolle est venue nous y voir aujourd'hui, nous sommes allées chez les Mallarmé, c'est leur jour de réception, M. Mallarmé est entouré de ses disciples. Nous nous amusons beaucoup, nous voyons les Natanson, Schwob, Hérold, etc., la barbe ondulée admirateur de Geneviève qui l'appelle le monstre et lui fait des grimaces comme on ne peut pas imaginer que sa bouche souriante puisse en faire.

Puis un jeune littérateur Valéry avec lequel on parle de Mirbeau, de l'article qu'il a écrit à Sarcey lui souhaitant la mort, etc., et auquel Sarcey a répondu : « ... Quant au goût des choses mauvaises que M. Mirbeau me donne, il ne peut pas en juger n'ayant jamais dîné chez lui. »

Mercredi 5 janvier — M. Renoir que nous rencontrons chez les Baudot nous dit que Mme Renoir a une bronchite. Jeanne Baudot a mis une robe toute rouge qui absorbe le regard et est très jolie, c'est un genre drapé qui lui va. On parle de Georgette Leblanc, dont M. Mallarmé dit : « Le Schumann et le Schubert sort de ses doigts, des plis de sa robe. » Mme Baudot dit qu'elle a chanté quelque chose de triste de Fauré, très jolie : « Quand une chose est triste, on trouve toujours cela bien, répond M. Renoir, faites quelque chose de gai et on vous tombe sur le dos. »

Samedi 8 janvier — Je vais voir M. Renoir à son atelier, il fait depuis cet hiver des choses plus délicieuses que jamais ; il me montre un ravissant portrait d'une actrice des Variétés en costume Directoire avec un grand chapeau gris et des roses ; puis il a commencé une loge aux Variétés, un tas de choses avec sa bonne ; il trouve mon chapeau très joli, ce qui me fait plaisir car je n'achète pas un chapeau sans me demander s'il plairait à M. Renoir. Il me dit qu'il va nous faire toutes les trois. Il rit beaucoup du docteur Evans qui laisse une partie de sa fortune à sa ville natale Philadelphie demandant qu'on lui élève une statue ne coûtant pas moins d'un million ni plus de deux. « En quoi pourra-t-on la faire, dit M. Renoir, en dents de rhinocéros ou avec des cabinets de dentistes à l'intérieur ? ». A-t-on l'idée d'un dentiste qui veut avoir une pareille statue ; n'aurait-il pas pu laisser quelque chose aux Mallarmé ? Quel plaisir cela m'aurait fait de les voir tout à coup à l'aise.

Dimanche 9 janvier — Matinée chez Mme Boucherit ; il faisait étouffant, il n'y a que des élèves qui jouaient.

15 janvier — À l'atelier de Renoir où on parle « affaire Dreyfus » et contre les juifs.

Nous avons demandé à M. Mallarmé d'amener à dîner jeudi, Mauclair et à M. Renoir, Arsène Alexandre et Faivre. A. Alexandre a demandé si sa femme était invitée, ce à quoi M. Renoir a répondu : « Elles m'ont demandé des hommes, si votre femme est un homme amenez-la. » — « Alors c'est un dîner de garçon », a ajouté A. Alexandre.

Christian Scheffer vient nous voir et naturellement on entame l'affaire Dreyfus, on disserte sur la lettre de Zola, on parle de Félix Faure : « Sait-il, dit Christian Scheffer qu'il y a une affaire Dreyfus ? » — En effet il est le seul homme qui soit absolument en dehors de cela.

Dimanche 16 janvier — Comme cela m'étonne de penser qu'aujourd'hui Jeannie a déjà 21 ans, il n'y a pas à dire nous ne sommes plus les petites Nini et Bibi qui jouaient avec des chevaux en carton ; nous sommes déjà loin de ce temps.

Nous avons été occupées toute la semaine des arrangements de robes pour la soirée de Mme Normant. Paule s'est fait faire une robe de satin rose dont le décolleté en carré est entouré de mousseline de soie rose et de dentelles anciennes qui vont admirablement aux épaules que Paule a très jolies ; elle n'est jamais aussi bien qu'en robe de bal, c'est joli une petite tête sur de larges épaules. Pour finir la description de la robe, il faut dire qu'un camélia rose est posé sur chaque manche et qu'il y en a un troisième à la taille, d'où descend sur la jupe une belle dentelle. Jeannie en robe blanche avec un peu de galon d'or, des roses naturelles sur une épaule, était charmante. C'est la première fois que je mets une robe décolletée, cela m'intimide et je me sens très laide bien que j'aie une guirlande de clématite qui irait mieux à une petite jeune fille blonde et rose à l'air gai.

Arrivées chez Mme Normant nous voyons quelques hommes dans le couloir, dans le salon quelques vieilles dames puis les Mallarmé, Geneviève est charmante avec un corsage un peu crevette, un grand collier d'or : « Il faut que la jeunesse aille dans le petit salon », dit Mme Normant ; nous y entrons croyant voir jeunes filles et jeunes gens, mais il n'y a que nous, Geneviève et son ami Willy. Nous nous ennuyons tellement que nous finissons par jouer aux quatre coins, le peu de personne qu'il y avait et qui commençait à partir à 11 h 1/2 vient nous regarder. À minuit plus personne et nous avons demandé une voiture pour minuit et demi ; nous sommes obligées d'attendre en regardant la pendule dont l'aiguille marche bien lentement ; Geneviève nous tient compagnie pour que nous ne soyons pas absolument seules. Mme Normant marchant au milieu de son salon me faisait l'effet de la caille sur le sable et comme nous disions à M. Mallarmé combien la comparaison était juste, il ajouta : « La caille est prise au filet aujourd'hui. » Car Mme Normant avait une robe noire avec une espèce de filet de soie sur les bras. Cette soirée nous a montré qu'on pouvait quelques fois s'ennuyer encore plus qu'à la maison.

Lundi 17 janvier — À déjeuner les Laporte qui arrivent à une heure. Mme Laporte bien jolie dans un chapeau fait d'un oiseau gris et d'une jaquette avec chinchilla, ses cheveux sortaient plus dorés de tout ce gris.

Grand dîner chez les Baudot ; il y a M. Renoir, les Melan, Gairoux, J. Drogue, les Bertrand et d'autres. Je suis à côté de M. Renoir à table et lui parle des projets de comédie pour une soirée, car depuis hier nous voulons donner une autre soirée puisque tout le monde nous en réclame une ; M. Renoir s'intéresse beaucoup à cela et donne des conseils sur la comédie à choisir. Il raconte qu'une personne lui dit dernièrement : « Ma tante me donne quelque chose qui me fait beaucoup de plaisir : une place dans son caveau. » M. Renoir a peu parlé, comme M. Mallarmé hier ; on parle généralement plus à la maison, probablement parce qu'on se sent très libre.

Jeudi 20 janvier — Depuis deux jours Charlotte travaille le dîner de ce soir qui doit être simple mais très bon et elle arrive à ce résultat. Malheureusement peu d'hommes pour le manger quand nous devions avoir un dîner de garçons ; cinq hommes pour cinq femmes, c'était trop beau. Hier M. Mallarmé nous a envoyé la lettre de Mauclair disant que décidément il ne pouvait sortir avec bronchite. M. Mallarmé dit qu'il a invité Geoffroy. Quel effroi pour nous qui ne le connaissons pas. Aujourd'hui M. Faivre envoie un télégramme disant qu'il est grippé. Enfin M. Mallarmé arrive sans Geoffroy ; Geneviève a fait des frais pour tous les hommes qu'elle doit voir ; M. Renoir vient seul et l'on attend A. Alexandre. Enfin à 7 h 1/2, coup de sonnette : « Ah ! le voilà ! » dit-on. La porte s'ouvre, une femme entre ; « Il a amené sa femme », me dis-je en moi-même et je le sens poussant sa femme devant lui ; mais la porte se referme ; « Ah, c'est Mme de Loute » qui vient à cette heure faire une visite, c'est-à-dire parler du prix du cours de danse que nous organisons. Nous lui disons franchement qu'elle vient bien tard, mais elle ne parle pas de s'en aller. Enfin elle part, on se met à table sans A. Alexandre qui décidément ne paraît pas. Tout cela est tellement agaçant qu'il n'y a plus qu'à en rire et après tout nous jouissons d'une charmante conversation entre M. Mallarmé et M. Renoir. Il nous reste encore deux hommes après avoir dû en avoir cinq ou six et même sept, car nous sommes allées inviter M. Degas, mais nous l'avons trouvé dans un tel état contre les juifs que nous sommes reparties sans rien lui demander. On s'entretient un peu pendant le dîner de l'affaire Dreyfus, on déclare qu'Arsène Alexandre est juif.

M. Renoir parle de Zola, de sa façon de ne voir qu'un côté des choses et de décrire le peuple : « C'est, dit Renoir, comme la personne qui entrouvre la porte d'une chaumière et dit cela sent mauvais ici et s'en va sans pénétrer dans l'habitation ». Puis il dit qu'il remarquait justement autrefois lorsqu'il allait souvent au Moulin de la Galette où se réunissaient toutes les familles de Montmartre combien il y avait de sentiments délicats chez ces gens dont Zola parlait comme d'êtres atroces.

Vendredi 21 janvier — Nous avons ce soir notre premier cours de danse puisqu'il faut, paraît-il, savoir danser. Nous avons Berthe et les de Loute.

Samedi 22 janvier — Je vais avec Paule chez les Durand-Ruel ; nous voyons les deux panneaux décoratifs que M. Renoir vient de faire avec une figure en bleu jouant de la guitare et une autre en rose jouant du tambourin ; c'est délicieux, les jupes d'une légèreté inouïe se retournent par terre, les ornements sont très jolis, il y a de charmants petits amours ; puis nous voyons une femme à la guitare avec une petite fille en rouge l'écoutant, c'est aussi ravissant, M. Renoir fait les étoffes, les coussins, les tapis d'une façon extraordinaire. C'est avec plaisir que je retrouve cette femme nue si peinte aux cheveux bruns vue de dos sur un fond de mer et cette autre blonde aux yeux longs, aux cheveux enlevés par une légère brise également sur un fond vaporeux de mer et de rochers.

Jeudi 27 janvier — Nous allons avec les Baudot voir la collection Rouart. Cela a été pour moi une révélation du talent de Corot ; je croyais le connaître par ses délicieux paysages mais je ne le connaissais pas tout entier, quand M. Renoir parlait avec enthousiasme des figures de Corot, je ne pouvais partager son admiration n'en ayant jamais vu ; mais maintenant je comprends cet enthousiasme ; le grand génie de Corot m'est apparu aujourd'hui, jusqu'à présent je croyais l'aimer et je ne l'appréciais pas comme il doit l'être. M. Rouart a de délicieuses figures de Corot, l'une en robe rose avec de longs bras minces, une charmante en gris, une ravissante avec des bandeaux noirs et quelque chose de jaune sur la tête et une merveilleuse, un dessin étonnant et puis des paysages extraordinaires, l'île de Saint-Bartolomeo, toute de constructions roses se reflétant dans l'eau, une vue du Colisée avec de superbes lignes de montagnes, des arbres si ronds et de ce gris si particulier aux arbres du midi ; puis bien d'autres avec des arbres si légers sur le ciel. Le gris de Corot duquel se détache parfois un ton ravissant et enchanteur. Après avoir vu cela on y pense, on en rêve et l'on pense à tout ce que M. Renoir dit sur Corot. M. Rouart a, en dehors des œuvres de Corot, de belles choses, une magnifique copie de *L'Enlèvement des Sabines* de Poussin faite par M. Degas, elle est même d'un plus beau ton que l'original ; puis de charmantes danseuses toujours de M. Degas ; mais elles sont peut-être moins curieuses que celles que possède Manzi. Un grand tableau de M. Renoir représentant une amazone sur un cheval pommelé et un enfant sur un poney du même ton, les chevaux sont d'un mouvement étonnant, l'amazone pleine de grâce, le fond est ravissant. Je n'avais jamais vu quelque chose de M. Renoir dans ce genre-là ; puis une femme en bleu et une autre chose. De mon oncle Édouard il y a *La Leçon de guitare,* je crois, c'est superbe mais placé bien haut, les gros bras courts de la femme sont étonnants ; puis le buste très beau d'une femme avec un velours autour du cou et enfin tante Suzanne dans une de ces robes grises comme mon oncle Édouard lui en a souvent faites bien étalée sur une plage avec un homme à côté d'elle (M. Rouart dit que c'est Papa ; mais alors il n'est pas ressemblant), on voit une légère ligne de mer assez foncée comme elle est avant les tempêtes, c'est vivant, vivant.

Nous voyons un tableau ravissant de Maman représentant une personne sur la terrasse d'un chalet avec un fond de mer et une falaise très haute et un petit sentier que l'on voit serpenter et se perdre peu à peu. Cela a dû être fait à Fécamp comme celui de mon oncle Édouard, avant le mariage de Papa et de Maman. Il y a de M. Monet une ravissante marine : un bateau semble avancer lentement dans une vapeur bleue ; puis deux paysages. Puis une jolie chose de Delacroix, une autre de Fragonard et plusieurs de Daumier.

Dimanche 30 janvier — M. Renoir dîne avec Pierre, il parle du papier que signent en ce moment les juifs, les anarchistes et les littérateurs pour la révision du procès Dreyfus et que Natanson est venu lui demander de signer, il a refusé naturellement ainsi qu'un dîner formé par cette société-là où il a eu une fois une discussion : « Où commence et où s'arrête le Bourgeois ? suis-je un Bourgeois ? » — « Non, nous sommes des intellectuels », lui répondit-on.

Tante Edma dînait à la maison ce soir et nous avons été ennuyées à un moment du dîner par une discussion entre tante Edma et M. Renoir, un peu trop vive de la part de ce dernier, toujours sur l'affaire Dreyfus. M. Renoir disait que Molène avait très bien parlé et que le gouvernement avait raison de n'avoir pas pris la parole jusqu'à présent.

Jeudi 3 février — Dîné chez les Angoulvent et passé une soirée charmante, il y avait un seul jeune homme Lahalle qui est aux Beaux-Arts et qui, plein d'entrain, a fait danser tout le monde après avoir décroché la suspension de la salle à manger pendant que nous ôtions le couvert ; les choses faites sans façon comme cela sont toujours gentilles.

Vendredi 4 février — Aujourd'hui ce sont les Angoulvent qui viennent dîner pour servir ensuite de danseurs. La soirée est très gentille et on s'amuse beaucoup à ce cours. Oui on s'amuse en dansant à la maison, cela me paraît extraordinaire ; je me couche attristée au fond en pensant qu'ici où tout rappelle des êtres si chers, j'ai dansé, j'ai paru gaie. Combien on est plus triste après avoir eu une distraction de ce genre ; la seule distraction qui puisse vous sortir du chagrin, c'est celle qui ramène vos pensées tout près de ce chagrin, le travail, pour moi la peinture.

Samedi 5 février — À l'atelier de M. Renoir pour lui dire adieu car il part demain pour le midi ; c'est-à-dire qu'il le dit de temps en temps, mais en d'autres il ne sait plus ce qu'il fait, il est si changeant, il était très drôle aujourd'hui : « Il m'aurait fallu, nous dit-il, une femme me menant par le bout du nez ». « Mais est-ce que ce n'est pas ce que fait… » hasardons-nous Paule, Jeanne Baudot et moi. M. Renoir paraît très étonné et quelques temps après, dit que nous venons de lui apprendre quelque chose dont il ne se doutait pas.

Nous allons retrouver M. Mallarmé à l'Odéon où il nous offre des places dans sa loge. Nous entendons *Les Poèmes antiques* de Leconte de Lisle dits par Mme Marie Laurent, c'est très beau, puis un poème d'Edgar Poe traduit par M. Mallarmé, très joli, de charmants vers de Madame Desbordes Valmore pleins d'une délicatesse féminine sur des roses dont les pétales s'envolent. *Les petites vieilles* de Baudelaire, c'est très beau. Un fragment *d'Aphrodite* de P. Louys très triste et très joli.

Après le dîner au concert de la Société Nationale où Jules joue la Sonate de Castillon avec Diener qui tape de toutes ses forces sur son piano et souvent couvre le violon ; cependant Jules a beaucoup de son lorsqu'il joue cette sonate avec Jeannie, elle est très belle mais trop longue à entendre au milieu d'un tas d'autres morceaux, personne ne la comprend et la salle reste très froide ; du reste on n'a pas l'air de s'enthousiasmer facilement à cette société, Jules a moins de succès qu'à l'ordinaire, cependant il joue délicieusement une Romance de Sinding, Diener joue avec entrain et légèreté une Ronde française de Boelleman. Il y a trop de choses à ce concert et de la musique très nouvelle bien comique.

Lundi 7 février — Vraiment c'est de la faute de Diener si la Sonate de Castillon n'a pas été mieux car Jules la joue vraiment très bien et j'aime l'entendre accompagné par Jeannie. Jules est très aimable il nous donne une valse de Fillipucci, nous parlons danse, il dit qu'il est très bon valseur mais il n'aime le bal que lorsqu'on doit y retrouver des personnes amusantes, il ne sait que dire avec des jeunes filles qu'il ne connaît pas ; je le comprends il doit être très gêné par son langage, c'est ennuyeux qu'on ne lui ait pas fait passer cela ; je comprends quand je l'entends bégayer devant plusieurs personnes combien cela le gêne. Il a comme moi une admiration pour Napoléon, il sait toutes ses campagnes qu'il lit dans Guizet, il retient tout ce qu'il lit, il a vraiment une facilité étonnante pour tout.

Je gratte une Élégie de Fillipucci très jolie qu'il m'accompagne avec force, il me dit que c'est très bien. On dit toujours que Jules est sévère, je ne trouve pas cela, il me paraît plutôt indulgent. Il est toujours très content de Jeannie qui l'accompagne très bien, ses leçons me font plaisir à entendre.

Samedi 12 février — Que nous sommes mondaines ; nous avons eu soirée Scheffer mardi, dîné et dansé chez Berthe mercredi, dîné chez les Mayniel jeudi, cours de danse hier, il y avait beaucoup de personnes, Raymonde Roudier, les Angoulvent qui avaient amené leur jeune homme, Jeanne, Blanche Edme et le reste du cours. Je crois que je ne saurai pas danser pour le bal de Berthe qui a lieu dans huit jours. Que ce bal va m'ennuyer, je n'ai vraiment pas envie d'y aller ; mais enfin il faut le faire pour Mme Renault qui est très gentille avec moi. M. Renoir a commencé par rire quand nous lui avons dit que nous ne pouvions pas aller dans le midi à cause d'un bal ; puis il a fini par dire il faut faire des concessions à ses amies. Nous commençons à nous occuper des robes. Nous allons voir les Mallarmé chez lesquels nous rencontrons une Anglaise extravagante qui s'appelle Mme Bonaparte Wise et ne parle que de son fils Napoléon. Comme tous les littérateurs soutiennent Zola, Geneviève dit qu'elle voudrait le rencontrer pour l'embrasser.

Je vais voir tante Suzanne, elle est très occupée par le procès Zola. Pour elle Zola agit de bonne foi ; mais il est fou. Elle achète les journaux le soir pour voir si on ne l'a pas jeté à la Seine ; car cela lui ferait de la peine de savoir cet homme qu'elle a connu ainsi maltraité.

De chez tante Suzanne chez les Angoulvent et après le dîner, chez Mme Renault. Depuis le bal j'ai besoin de remuer.

Mercredi 23 février — Vu chez Durand-Ruel *Le jardin des Tuileries* de mon oncle Édouard ; comme c'est beau et amusant, que toutes ces figures sont jolies ; presque tous les hommes sont des artistes connus, il y a mon oncle Édouard dans un coin, papa qui salue est très bien.

Samedi 26 février — Jeannie joue très bien son concerto de Schumann à l'Institut Rudy, elle a beaucoup de succès. Elle est pâle mais paraît calme d'après son jeu qui est très d'aplomb, elle a une ravissante sonorité. Je crois que Paule et moi nous sommes plus émotionnées qu'elle. Nous entendons des choses jolies de Lenormand admirablement chantées par Mougière. J'aime beaucoup les belles voix d'hommes.

M. Renoir est rentré cette semaine et il vient manger des huîtres avec nous ce soir. Nous le retrouvons avec plaisir et il est très gentil, il nous parle tout de suite de notre bal, nous demande si nous nous sommes amusées puis il dit qu'il a parlé de nos qualités avec les Lerolle et fait même des phrases sur ce que nous n'avons que ça, enfin il devient galant M. Renoir. Il paraît très content de son voyage, Mme Renoir va très bien. Cagnes est un pays superbe.

M. Renoir trouve que Labori a très mal défendu Zola ; quant à celui-ci il n'a jamais rien dit sur Dreyfus, il n'a parlé que de lui, de ses volumes qui ont porté la langue française dans le monde entier, etc. M. Renoir dit que Natanson lui disait le jour où il était venu lui demander de signer la demande de révision : « Mais on nous parle toujours de cette frontière, je ne demande pas mieux que d'y aller. » — « Mais vous ne savez pas ce que vous dites, vous n'iriez pas jusqu'à Pantin » répondit M. Renoir.

Dimanche 27 février — Il n'y a pas de quintette chez Mme Boucherit et nous n'allons pas encore au concert.

Lundi 28 février — Il vient d'arriver un affreux malheur au loueur de voiture qui habite en face de nous, Colbach : son fils marié depuis un an se promenait hier en voiture avec sa femme quand un tramway électrique les a culbutés, il a été lancé sur les rails, a eu le crâne fendu et est mort cette nuit, la pauvre jeune femme qui est dans une situation intéressante a le poignet cassé, la tête enflée. Quelle fatalité ! Cet homme qui a été élevé au milieu des chevaux savait bien conduire ; mourir à 29 ans d'un pareil accident et laisser une jeune femme de 20 ans dans cet état, c'est horrible ! Pauvres gens ! Le père qui a l'air si bon et le frère et la sœur doivent être affolés ! On ne peut pas ne pas penser à cela, on voudrait pouvoir soulager ces malheureux.

Mardi 1er mars — Je suis triste, j'aurais envie de pleurer, je pense sans cesse à ces pauvres Colbach. Mon Dieu pourquoi jetez-vous ainsi dans la douleur de pauvres gens ? Nous ne savons pas, nous ne connaissons pas l'au-delà, nous savons seulement que notre âme vivra lorsque notre corps redeviendra poussière. Il faut qu'il y ait une autre vie ;

pourquoi sans cela y aurait-il des êtres bons qui ont une vie de douleur et d'autres moins bons qui ont une vie facile. Il y a des gens qui n'attendent rien après la mort ; mais cependant il me semble que sans avoir de foi, sans penser aux paroles de Jésus-Christ, en raisonnant on ne peut pas croire que l'âme ne survit pas au corps, pas plus qu'on ne peut croire qu'il n'y a pas de Dieu. Pourquoi vouloir comprendre des choses qui ne sont pas à notre portée, vouloir expliquer des choses inexplicables et ne pas convenir qu'il faut qu'il y ait un Dieu pour que le monde existe ? Demain il y aura trois ans que Maman nous a quittées, plus cet anniversaire compte de temps, plus il est dur, car malgré soi on s'éloigne par ce qu'on fait, voici que cette année je vais au bal et même je ne peux pas dire que je ne m'y sois amusée ; maintenant cela m'attriste, et cependant il faut faire comme tout le monde, ça devient une pose quand on ne veut pas faire comme les autres. « On n'est pas jeune deux fois » dit-on, cela est vrai et il faut profiter de la jeunesse, arrivé à l'âge mûr il faut pouvoir parler de sa jeunesse. Du reste je crois que cela fait plus de plaisir à Maman que je me distraie mais néanmoins je trouve cela extraordinaire que je me mette à m'amuser ; comme la vie est tenace, l'amour de la vie, de tout ce qui l'entoure. Quel singulier être que l'homme !

En ce moment je me sens toute découragée, je n'ai pas d'amour de la vie et en même temps je serais bien malheureuse de la quitter n'ayant pas encore fait mon devoir… le ferais-je jamais ? Je le voudrais et l'espère, mon Dieu aidez-moi. Je ne devrais penser qu'à cela.

Mercredi 2 mars — Toujours quand je vais au cimetière derrière le grand cyprès qui ombrage la tombe de granit, je vois un ciel bleu qui semble me dire : « Ceux que tu pleures sont heureux ». Aujourd'hui malgré les ondées pendant que je priais un rayon de soleil est apparu en même temps que des trouées de ciel bleu. Maman, Maman ! dis-moi si je te déplais, dis-moi si je prends une voie te déplaisant, je voudrais avoir un caractère imprégné du tien, aimer ce que tu aimais et ce que tu aimerais, peindre comme tu le voudrais, enfin être bien ta fille. Si je pouvais te ressembler ! Toute la vie à parcourir sans te revoir que c'est long ; je veux mériter de te retrouver après. Maman que j'aimais tant, inspire-moi !

Jeudi 3 mars — M. Renoir et Jeanne Baudot à dîner et de nouveau nous rions, comme on rit facilement dans la vie.

Lundi 7 mars — Que la religion protestante est froide, lugubre ; nous allons ce matin à l'enterrement de M. Scheffer, un oncle que j'ai vu une fois. Il semble qu'on est soi-même dans une bière, que cela doit être dur pour la famille, plus rien à espérer, pas de prière pour les disparus. Comment la religion protestante serait-elle la vraie puisqu'elle a été instituée par des hommes ; il ne peut y en avoir il me semble qu'une seule véritable absolument dans la droite voie, celle que Notre Seigneur Jésus-Christ a prêchée.

Jeudi 10 mars — Voilà enfin le jour arrivé où Jules joue à Colonne. Malheureusement Jeannie est souffrante et ne vient pas l'entendre ; moi je lâche le jeudi et les visites et y vais avec Miss Vos. Diener, Cantie et Jules jouent un ravissant concerto de Bach pour piano, flûte et violon ; on ne peut s'imaginer combien délicieuses sont ces phrases si jolies attaquées par une flûte si claire, reprises par un violon aux sons aussi purs que ceux de la flûte et par un piano dont les sons sortent si perlés et si en harmonie avec l'instrument à vent. Cette fois-ci j'ai aimé beaucoup le jeu de Diener, il a admirablement joué des passages seul et d'autres où le violon et la flûte faisaient avec un ensemble si parfait des trilles si chantantes. La réunion de ces trois instruments était charmante.

Jules a joué seul une romance et un allegro de Diener accompagné par l'auteur ; je n'aime pas du tout le premier de ces morceaux qui me paraît n'avoir aucune suite, l'autre est beaucoup mieux selon moi ; mais Jules les a exécutés admirablement. Après avoir entendu jouer la sonate de Castillon avec Diener je me demandais si dans une grande salle il aurait assez de son ; mais oui il en a énormément et un son si délicieux, décidément l'autre jour la faute en était bien à Diener si on ne l'entendait pas assez.

Jules paraissait tout enfant sur cette estrade, tout long, tout mince, d'une simplicité extraordinaire, si simple qu'avant qu'il commence à jouer on se demande si vraiment c'est lui qui fait de tels prodiges sur le violon ; je sais que Jules est sûr de lui et néanmoins si peu solide, si jeune.

Il n'avait pas besoin qu'on se le demande, car il remporte un succès mérité, on l'applaudit chaudement, on crie bis mais il ne rejoue pas. Je vais prendre le thé chez miss Vos dans la chambre si bien arrangée. Puis je retrouve Paule et Jeannie chez Madame Mayniel où nous dînons.

Vendredi 11 mars — Nous entendons à une soirée chez Mme Heude *Iphigénie en Tauride* de Gluck, admirablement chanté par Mme Gallet, M. Heude, deux autres chanteurs dont l'un qui faisait le rôle d'Oreste remplaçait un autre chanteur et n'avait pris ce rôle que deux jours auparavant et il s'en est tiré admirablement ; il y avait des chœurs délicieux composés de jolies voix accompagnées au piano par Matou. C'était une musique délicieuse comme on n'en entend nulle part, on oubliait qu'on était dans un petit intérieur au milieu de caricatures et on était enchanté par la musique.

Dimanche 13 mars — Il y a à Asnières un concours de piano entre les élèves de Mme Boucherit et de sa fille. Jeannie est du jury et elle joue son concerto avec Madeleine, celle-ci exécute avec entrain la *Fantaisie* de Liszt, la petite Bitter joue très bien.

Le petit papa de Jules est charmant, sa femme je crois ne sait pas l'apprécier ou l'abandonne, ce pauvre homme.

Lundi 14 mars — Jules très gai aujourd'hui, nous invite à venir nous amuser chez lui jeudi, on se fera des têtes. Nous avons justement M. Mallarmé et M. Renoir à dîner, c'est ennuyeux de ne pas pouvoir aller à Asnières, j'en ai assez envie, mais enfin il faut se résigner à se priver d'un peu de plaisir après tout ce n'est pas un malheur, quand on pense aux choses horribles qui arrivent en ce monde on ne devrait même pas prononcer une parole de regret quand on a un plaisir en moins.

jeudi 17 mars — Je commence ce matin quelque chose d'après Jeanne Michelin en pied avec chapeau à cerises et ruban rose, pèlerine rouge, jupe rose sur fond gris, c'est ravissant de couleur et de simplicité, cela va être très amusant à faire ; j'esquisse aujourd'hui en un léger frottis comme on me l'a conseillé, je verrai ce que j'en sortirai.

Jeanne Baudot dessine avec nous, déjeune et ensuite Jeannie enfile une antique robe de soie verte très amusante et nous prenons pinceaux et palette et commençons à peindre ; ainsi à la fin de la journée je suis un peu abrutie d'avoir peint 8 h 1/2 à la file.

Nous mettons des costumes pour recevoir M. Mallarmé et M. Renoir qui n'ont pas du tout le caractère micarêmesque et recommencent l'éternelle discussion sur l'affaire Dreyfus, ils répètent les mêmes choses de nouvelles fois. Ils sont peut-être très intéressants mais vraiment on en a assez de cette affaire, nous ne pouvons rien dire là-dessus, cela devait être grotesque ces deux hommes discutant sérieusement l'un, M. Renoir très excité et trois personnes en costumes plus ou moins grotesques assises les écoutant sans ouvrir la bouche. Je ne pouvais m'empêcher de penser que la soirée à Asnières eût été plus distrayante.

Vendredi 18 mars — Je suis triste et découragée, j'ai assez de tout. C'est très mal d'être ainsi, cela prouve que je manque de courage, de patience, je sais qu'il ne faut jamais avoir assez de la vie et on serait bien puni si, à ces moments-là, on vous l'enlevait et on s'aperçoit qu'on n'avait pas assez de la vie qu'on était paresseuse. Ah, c'est horrible d'être ainsi, Sainte Marie donnez-moi des forces. Nous passons la soirée chez les de Loute où nous dansons un peu.

Samedi 19 mars — Chez Durand-Ruel où sont exposées en ce moment des toiles superbes de mon oncle Édouard : un Toréador, mon oncle Gustave, je crois, sur un fond brun, debout en noir, les jambes croisées et deux bottes jaunes admirablement faites comme le costume noir et la toque. Le dessin du corps serré dans une large ceinture légèrement grise et rose est étonnant ; les mains sont pleines de vie et l'étoffe rouge vermillon à raies et à glands si laineux que porte le toréador est extraordinaire, un magnifique morceau de peinture, il semble qu'on sent ce qu'elle pèse, on en voit la qualité de la laine ; quel joli contraste avec la toile qui est en face où une femme en toréador lève une étoffe rose si légère qu'un moindre souffle ferait remuer, la main dans cette étoffe est belle et les bas de soie qui dessinent les jambes sont-ils jolis, l'arène toute entière avec les figures du fond, l'homme à cheval, tout cela dans le gris et le rouge de Venise est beau derrière la femme en noir (c'est la même qu'*Olympia, Le Déjeuner sur l'herbe* et d'autres) à l'étoffe Mas sous un chapeau, la rose et une autre jaune, une autre bleue qui sont gaies au milieu des gris.

Quelle leçon de peinture que de regarder cela. *Le Toréador à l'étoffe rouge* est certainement un des chefs-d'œuvre de mon oncle Édouard. Il y a aussi *L'Exécution de Maximilien, Les Musiciens,* le délicieux *Jardin des Tuileries, La rue du 14-Juillet,* des jardins, une ravissante petite marine verte.

La peinture de d'Espagnat, un jeune qui fait une exposition en ce moment paraît bien grossière, il y a des choses pas mal, des natures mortes jolies mais c'est vraiment mal peint. Du reste c'est difficile de tenir sa place à côté de Manet.

Rencontré M. Renoir chez Durand-Ruel, nous allons avec lui chez Mme Renoir qui est revenue.

Mme Boucherit nous raconte le matin qu'on s'est follement amusé chez elle, les artistes jonglaient en jouant avec leurs instruments, Caranode était étonnant, changeait de costumes tout le temps, faisait la jeune fille timide qui chante, M. Boucherit était en vieux concierge assis sans façon la pipe à la bouche, si bien que tout le monde s'est demandé qui Mme B. recevait et elle s'en excusait en disant : « C'est un parent que je suis quelquefois obligée de recevoir. »

Dimanche 20 mars — Mon cousin Gabriel nous donne deux places pour le Concert du Conservatoire à l'Opéra ; Jeannie et moi nous y allons, confiées à M. Bouts. Nous entendons l'ouverture d'*Iphigénie en Tauride* de Gluck, la belle messe en ré de Beethoven, peut-être difficile à comprendre à la première audition pour une personne pas plus musicienne que moi. Cependant il y a divers passages qui m'ont beaucoup plu : la fugue qui termine le *Gloria in excelsis Deo,* le passage du violon aux notes si *élevées* qui reprend le chant après les chœurs dans le *Sanctus* et d'autres.

Entendre ainsi l'ouverture du *Vaisseau Fantôme,* Taffanel est très intéressant à voir diriger.

Lundi 21 mars — Je pense en faisant la pèlerine rouge de J. Michelin à l'étoffe de mon oncle Édouard ; mais c'est bien difficile de rendre cette laine rouge. Visite aux Angoulvent.

Mercredi 23 mars — Je suis désolée J. M. ne revient pas, il faut rester en plan ; cette chose m'amusait trop à faire pour pouvoir la continuer. Pour nous consoler nous allons revoir *Le Toréador* chez Durand-Ruel ; il est vraiment magnifique, quelle belle facture ! beaucoup de gris dans l'étoffe, beaucoup de vermillon, peu de laque, un peu de rouge de Venise, noir d'ivoire, ocre ou jaune de Naples, voilà ce qu'il me semble y voir, peut-être que je me trompe complètement, le fond très simple ainsi que les noirs. Nous avons à dîner Mme Renault, Berthe, Blanche, Mlle Angoulvent, ses filles et Mlle Suzanne, cette pauvre fille est vraiment bien gentille ; comme je l'admire d'accepter ainsi sa bosse, comment ose-t-on se plaindre lorsqu'on voit une créature accepter ainsi son sort, il n'y a que l'amour de Dieu qui puisse la soutenir ; elle vous rend toujours service et remercie de la moindre chose. Après le dîner on danse, il y a des jeunes gens : Edme, les de Loute, M. Ridel ainsi que les Angoulvent et P. Lahalle qui est comme un pantin, d'une gaieté folle, c'est très gentil les petits jeunes gens gais. On saute comme des fous dans les quadrilles et on s'amuse bien, du moins Jeannie et moi car j'ai des remords quand tout le monde est parti en m'apercevant que Blanche n'a presque pas dansé et je ne me suis pas occupée d'elle. Il ne faudrait pas, quand je m'amuse, oublier que les autres doivent s'amuser autant que moi ; j'ai toujours des remords ou plutôt j'ai toujours à en avoir.

Dimanche 27 mars — Blanche m'emmène chez une dame où l'on fait de la musique d'ensemble où elle fait le second violon et on m'a demandé de remplacer le premier qui manque en ce moment, dans un sextuor de Fesca. C'est la première fois que je fais de la musique d'ensemble et j'ai peur de faire de grosses bêtises ; mais heureusement je n'en fais que de pas assez grosses pour m'empêcher de suivre, de sorte que les gens très indulgents me font des compliments, me disent que j'ai de l'ampleur, on était très facile à contenter, du reste les autres instruments ne jouaient pas bien non plus. Enfin je suis contente de moi parce que je n'ai pas tremblé, ça c'est un progrès. On joue un trio de Mozart très joli, Raymonde Roudier chante, il y a un thé très gentil, Mme Quénoix vous reçoit avec une amabilité extraordinaire ; enfin je trouve très amusant de faire de la musique d'ensemble et cela sera j'espère bon pour mon horrible mesure.

Lundi 28 mars — Nous commencerons à suivre une retraite à Saint-Pierre de Chaillot, prêchée par Mgr Bonnefoy qui parle d'une façon si agréable, si douce, si religieuse, le sermon de ce matin est sur le passage si joli de l'Évangile : les disciples d'Emaüs se rendant à Jérusalem sont rejoints par Jésus-Christ qu'ils ne reconnaissent pas : « Jésus avait l'air de les suivre et les conduisait ». Voici la parole sur laquelle parle Mgr Bonnefoy avec douceur montrant toute la beauté de cette scène et disant qu'il en est ainsi : Jésus a l'air de suivre et il conduit. Avant la messe un vicaire adresse quelques conseils pratiques aux jeunes filles et leur indiquent quelques lectures à faire dans la journée. On donne pour aujourd'hui à lire dans *L'Imitation de Jésus-Christ* les chap. 22-29-32-23-25 du livre III. Comme c'est agréable de suivre une retraite, se retrouver deux fois par jour régulièrement dans une église, une chapelle, à prier, à écouter des conseils, des paroles qui vous donnent un nouvel aperçu sur la conduite à avoir, qui vous font penser. Quels conseils donne ce soir Mgr Bonnefoy dans son beau sermon sur les témoignages qu'il faut rendre à Dieu : Jésus nous a appelés à lui rendre témoignage, il faut bien prouver qu'on l'aime par des sacrifices. Mgr Bonnefoy prononce des paroles si bonnes sur le désir que l'on doit avoir de voir son prochain arriver au ciel, il exhorte celles qui l'écoutent à prier pour le salut de tous, cela en des termes particulièrement touchants. Il dit aux jeunes filles qu'étant placées au premier rang de la société (car il n'y a ici presque que des jeunes filles nobles) ayant le bonheur d'être élevées chrétiennement, elles avaient un devoir plus particulièrement que d'autres à accomplir ; étant ainsi favorisées, elles devaient rendre témoignages à Dieu en secourant les malheureux, en ramenant vers lui de pauvres âmes qui l'ignorent, le glorifier par de bonnes actions. Plus on occupe une place élevée dans le monde plus le devoir pèse sur vous, quand on est des heureux qui connaissent Dieu alors que beaucoup, hélas l'ignorent, oui on a un devoir à remplir ; c'est ce que je me dis toujours, ce qui peut être bien de la part d'une personne n'ayant ni éducation, ni famille, n'est plus rien de la part d'une personne née dans un milieu aux sentiments élevés et vertueux, je ne fais pas mon devoir, je ne me dévoue à personne, je ne m'occupe pas assez des pauvres. Je veux changer, j'en prends la résolution, puisse cette retraite me faire vivre à l'avenir plus comme une vraie chrétienne. Voilà encore une grâce que Dieu nous prodigue en nous donnant un tel prédicateur, il faut l'en remercier par une conduite imprégnée de toutes les saintes paroles que Mgr Bonnefoy nous transmet.

Jules joue aujourd'hui avec Jeannie la sonate de Franck d'une façon admirable, avec passion ; il dit qu'il défie aucun violoniste de l'exécuter comme Ysaye, cependant il me semble qu'il n'est pas possible de vous faire plus de plaisir dans ce superbe morceau que Jules.

Nous allons ce soir au concert de Mlle Larronde, pour lequel Jules nous a donné des places ; je vais en avant avec Blanche ; Paule et Jeannie nous cherchent sans nous trouver, enfin c'est une aventure comique dont nous n'avons pu que rire. Heureusement que le concert a commencé très en retard ce qui nous a permis de courir les unes après les autres et de nous retrouver. Mlle Larronde joue avec Thibault une jolie sonate de Boehman pour violoncelle et piano, un concerto de Saint-Saëns et d'autres morceaux très bien, c'est assez curieux de voir une jeune fille au violoncelle. Nous entendons aussi la comtesse de Maupeou qui chante très bien.

Mardi 29 mars — C'est bon de se sentir imprégnée des odeurs d'encens, des prières, de religieuses paroles, d'être par l'esprit quand on n'est plus dans la chapelle à s'entretenir des paroles de Jésus. À ces moments-là comme on renonce à toutes les mondanités, on comprend que le vrai bonheur c'est aimer Dieu, être toujours avec lui. Même les plaisirs du monde les plus réjouissants à un moment donné vous produisent un effet d'écœurement. J'ai eu dans ma vie de grands malheurs ; mais j'ai eu des plaisirs, eh bien quand je cherche quel en a été le plus heureux jour, je me dis que c'est celui de ma première communion ; ah je me rappellerai toujours l'impression délicieuse que j'avais dans cette petite église de campagne lorsqu'aux vêpres je marchais un cierge à la main vers les fonts baptismaux ; j'aurais voulu que cela ait lieu tous les jours, j'aurais voulu rester dans cette église à remercier Dieu de ce bonheur. Lorsque j'ai récité un acte à la Sainte Vierge il me semblait qu'elle m'aidait, qu'elle parlait pour moi.

Il restera toute ma vie le plus heureux ce jour-là où Papa et Maman m'ont menée à la petite église de Mézy où pour la première fois Jésus-Christ est entré en moi, jamais je n'oublierai ce bonheur.

J'aime à me remémorer ce jour et les retraites m'y font penser. Maintenant j'ai plus vécu, j'ai plus péché, j'ai plus de fautes à réparer, je n'ai plus de parents pour me diriger, je dois me diriger moi-même, je dois faire mon devoir et par conséquent je réfléchis plus à tout, je réfléchis plus sur les paroles prononcées dans cette retraite, tandis qu'au moment de ma première communion je ne pensais pas à ce que je devais faire dans la vie, mais seulement au bonheur de faire connaissance avec Jésus-Christ.

On indique comme lecture à la retraite les chap. 57-59 9-10-11 du livre IIIe de *L'Imitation de Jésus-Christ.* Mgr Bonnefoy parle ce matin sur la grâce, et sur la tentation qui triomphe souvent à cause de la suffisance, le sujet de son sermon de ce soir. Il faut être continuellement près de Dieu pour échapper à la tentation qui vous prend peu à peu en vous faisant dire : « Après tout pourquoi ne pourrais-je pas faire cela, ce n'est pas mal ? » et peu à peu elle vous éloigne de Dieu vous faisant entrer de plus en plus dans le péché, c'est ainsi que l'on est trop sûr de soi-même on croit pouvoir résister à bien des choses, on croit pouvoir tout lire, on se crée des tentations plus grandes en se laissant aller à de petites et sans même s'en apercevoir on tombe. Pourquoi Dieu a-t-il permis le péché ? Pour montrer combien sa bonté est grande en sauvant l'homme déchu.

Mgr Bonnefoy parle aussi du charme de cette famille si pure à Nazareth, de la beauté de ce Christ enfant ayant autour de lui la Vierge Marie et saint Joseph.

Dans le jour avant d'aller à la chapelle nous voyons à l'Hôtel Drouot la collection Goupil qu'on vend demain ; il y a *L'Alabama* retouché, au large de Cherbourg à la mer verte de mon oncle Édouard, et aussi de lui : Tante Edma en robe de mousseline blanche avec une voiture d'enfant derrière elle et l'oncle Tiburce. De très jolis chevaux de course de M. Degas, des Corot, un joli paysage de Pissarro, plusieurs de M. Monet, deux qui me paraissent bien : un d'hiver avec des arbres gris sur un ciel orange, un d'été, des arbres et des maisons se reflétant dans l'eau. Nous rencontrons M. Degas, M. Monet vient de partir nous aurions bien voulu le voir et avoir d'autres nouvelles du dernier fils de sa femme qui, en faisant une expérience de chimie, a eu les deux yeux brûlés, quel atroce accident, que de souffrances, heureusement que maintenant il voit clair, c'eut été horrible qu'il reste tout à fait aveugle. Pour Mme Monet avoir une fille paralysée, un fils aveugle, quelle épouvantable chose et pour le pauvre garçon à vingt ans se dire que le reste de sa vie se passerait dans l'obscurité, quelle souffrance morale mêlée à la souffrance physique. J'espère bien et je prie Dieu qu'il se remette tout à fait si cela est possible. Germaine m'a répondu une très gentille lettre paraissant touchée de mon mot.

On pleure au théâtre, quelle absurdité, et on ne pleure pas quand on vous raconte des choses aussi touchantes que celles dont nous parle ce soir Mgr Bonnefoy. Je ne comprends pas qu'on puisse verser des larmes au théâtre lorsqu'on en a vraiment versé dans la réalité, pourquoi s'attrister sur des choses qui n'existent pas quand on ne s'attriste pas sur des choses aussi poignantes que l'agonie de Notre-Seigneur, qu'on ne pleure pas d'attendrissement sur ses infinies bontés. Ah mais ! peut-être le fait-on, je pense qu'aujourd'hui vers la fin du sermon de Mgr Bonnefoy, chacune a comme moi été obligée de retenir ses larmes ; je n'ai pu m'empêcher d'avoir l'œil humide lorsque ce prédicateur si doux, montrant le côté touchant de la vie de Jésus nous a dit : « On ne peut pas ne pas être ému en pensant au cœur de Jésus. » Ceci avec une intonation qui vous faisait comprendre ce Cœur. Ce sermon a été délicieux, j'aurais voulu qu'il soit plus long ; Mgr Bonnefoy vous fait entrevoir Jésus au milieu de ses disciples d'une façon toute particulière, très humaine.

Ce soir je me sens autre en sortant de la chapelle, je sens mon amour pour Jésus-Christ se développer. S'endormir en pensant à la vie de Jésus n'est-ce pas plus doux que s'endormir en pensant à quelque banalité ?

Mercredi 30 mars — Le vicaire qui donne des conseils est très pratique, il dit des choses qui ne s'appliquent pas à nous puisqu'il parle beaucoup des rapports des filles avec leur mère ; mais il donne d'autres conseils qui ne sont pas mauvais pour moi tel que celui de coudre pour les pauvres, ce que je ne fais jamais, de ranger son armoire, sa table de travail ; je pense aussitôt à ma commode que je m'empresse de ranger ce soir, je suis très enfant, j'ai encore besoin qu'on me dise les choses pour que je les fasse.

Mgr Bonnefoy prêche sur la rédemption de l'homme ce matin, ce soir sur la rédemption du Christ. Dans son premier sermon il parle de la bonté de Dieu qui a relevé l'Homme, de Moïse sauvé, du passage de la mer Rouge, de l'obéissance et il dit très joliment : « Je ne voudrais pas me mettre mal avec saint Joseph, je n'aurai pas cette imprudence, mais à Nazareth c'était lui le moins intelligent, malgré sa sainteté, il n'équivalait pas Marie dont l'intelligence était encore bien au-dessous de celle de Jésus, et Jésus le plus fort en esprit des trois, obéissait. »

Jeunesse indépendante qui vous croyez plus avancée et plus intelligente que vos parents, pensez à la famille de Nazareth, et si vous êtes persuadée que vous avez plus d'esprit que vos parents, obéissez, obéissez à Joseph et à Marie — Mgr Bonnefoy nous entretient ensuite de la mort pieuse, être près de Dieu et se rapprocher de lui pour mourir, mourir devant l'image de Jésus-Christ, puis de sainte Agnès morte à 14 ans qu'il aime tout particulièrement.

Je n'avais jamais compris l'agonie du Christ et jusqu'où étaient allées ses souffrances comme je l'ai fait ce soir en entendant Mgr Bonnefoy qui nous montre toutes ses douleurs, son dévouement, qui le décrit si joliment dans son côté humain, qui nous rapproche de lui, qui l'amène tout près de nous ce Christ dont les souffrances et la bonté vous émeuvent. Mgr Bonnefoy raconte comment

Jésus-Christ couvrit de son manteau les pieds de ses disciples pour qu'ils n'aient pas froid, de quelle façon paternelle et touchante il les traitait : « Jésus était bon à la manière des hommes » dit-il. Il aimait les hommes, quel dévouement a-t-il eu pour eux ? Il a subi toutes les angoisses, toutes les souffrances, il n'a rien voulu s'épargner pour réhabiliter les hommes auprès de son père, quel courage ! Jésus la tête ensanglantée par la couronne d'épines, son pauvre corps meurtri, couvert de blessures est contraint à porter sa croix, et il la porte jusqu'à ce qu'il tombe sous le poids du bois, et pas un de ceux qui le suivent ne lui prend le fardeau. Quelle honte pour tous ceux-là ; supposez qu'un simple homme ainsi blessé soit obligé de porter sa croix et que personne ne vienne à son secours, quel manque de cœur ; eh bien personne n'a eu pitié du Christ, et c'est lorsqu'il ne peut plus aller que Simon, revenant des champs, ne savait pas très bien ce qui se passait, se laissa contraindre à aider Jésus à porter sa croix. Quelle lâcheté, quel manque de cœur des hommes en face de la résignation et du courage de Jésus qui porte sa croix jusqu'à ce qu'il tombe — Voici un exemple pour les hommes, quel est celui comme Jésus qui endurera les peines jusqu'à ce qu'il tombe sans se plaindre — On voit que l'amour de Mgr Bonnefoy pour Jésus est immense et il vous fait accroître le vôtre par tout ce qu'il dit sur ce Christ adorable. Je ne veux plus le quitter ce Christ si bon qui a tant souffert pour nous ; est-ce injuste de ne pas travailler à lui plaire pour le remercier.

J'espère que cette retraite m'aura fortifiée, je voudrais que de temps à autres on me parle ainsi, alors je crois que je serai meilleure ; je suis contente d'avoir en ces trois jours approfondi la vie de Notre Seigneur Jésus-Christ ; mais je voudrais que cela ne soit pas fini et je suis attristée de penser que je viens d'entendre le dernier sermon de Mgr Bonnefoy ; quand l'entend rais-je de nouveau ? peut-être jamais ; cependant j'espère que Dieu me laissera le temps de devenir bonne, d'essayer de le mieux servir et m'aidera encore par quelques retraites comme celle-ci.

Quels remerciements ne dois-je pas à Dieu pour la grâce qu'il m'a faite de me faire entendre un de ses serviteurs qui le fait tant aimer ; il me semble qu'il ne doit pas être possible de ne pas être converti par la parole de Mgr Bonnefoy — j'ai une grande admiration pour cet être qui parle de Jésus comme s'il était inspiré par lui. Je compte communier seulement le Jeudi Saint et penser toute la semaine à cette retraite pour me préparer à me donner entièrement à Dieu dans une bonne communion qui m'aidera à garder les résolutions que je prends et à rester plus près de Jésus-Christ.

Je lisais dans un chapitre de *L'Imitation de Jésus-Christ* qu'il fallait aimer Jésus sans avoir d'autre amour que celui-là ; aimer les hommes pour lui, hélas pourquoi quelquefois penser plus à un être humain qu'à Jésus-Christ. Si on souffre par amour pour un être humain on n'en reçoit rien, si on souffre pour l'amour de Jésus on en est récompensé et même dans la tristesse on sent une certaine allégresse du cœur ? Ah comment ne pas offrir son amour à Dieu.

Jeudi 31 mars — Jeannie et moi nous allons à la messe à Saint-Honoré d'Eylau et Paule nous dit ensuite que Mgr Bonnefoy a prêché à Saint-Pierre, sur l'Eucharistie. Dans le jour il parle sur la prière mais nous sommes obligées de rester pour les gens qui viennent nous voir.

Ce soir nous allons au concert Diener qui est ravissant d'un bout à l'autre, très bien organisé. Diener joue admirablement un concerto de Saint-Saëns puis plusieurs morceaux où pleuvaient les trilles qu'il fait d'une façon étonnante ; mais vraiment on en entend trop et puis il les fait avec plutôt trop de facilité, il a un peu l'air d'être remonté lorsqu'il joue sans bouger et en souriant ses petits morceaux à effet, qui du reste ont un succès fou. Jules joue d'une façon extraordinaire le concert Stuck, composition de Diener pour orchestre et violon, beaucoup mieux que celles qu'il fait généralement. Seulement c'est tellement difficile qu'aucun violoniste n'avait pu le jouer depuis que Sarasate l'avait exécuté autrefois. Il y a un passage où la flûte répond au violon qui est d'un coup d'archet diabolique et Jules faisait cela merveilleusement, il a mérité un grand succès. Il a été très sensible au compliment de Taffanel qui dirige l'orchestre du Conservatoire et lui a dit : « Je suis content d'avoir accompagné un artiste comme vous ». Je comprends que cela lui ait fait plaisir, c'est un grand artiste ce Jules Boucherit. La comtesse de Maupéou a admirablement chanté une chose de Godard et d'autres, elle a une belle voix mais son physique ne me plaît pas. Le concert s'est terminé par un superbe concerto de Bach en trois pianos et orchestre exécuté par Diener, d'une façon admirable.

Vendredi 1er avril — Comme J.M. ne revient plus, je finis cette toile qui m'amuse avec Martha et pour emberlificoter les choses, j'y ajoute Laërte.

Dimanche 3 avril — Grand messe. Quelle belle cérémonie que celle des Rameaux avec ses grandes palmes que portent les prêtres et les enfants de chœur. Plus on relit la Passion de Notre Seigneur, plus on la trouve belle, plus on est ému, il me semble que je la comprends mieux depuis que j'ai entendu Mgr Bonnefoy parler de Jésus-Christ.

Lundi 4 et mardi 5 avril — Après la messe, sermon du Père Billot qui parle sur Marie-Madeleine.

Vendredi 22 avril — Passé toute la semaine à pétaler, c'est un travail du diable ces costumes, par moment nous nous disons que nous serons grotesques, à d'autres nous sommes en admiration devant ce que nous faisons. Nous allons danser ce soir chez les de Loute. Après avoir eu trois visites de Jean dans la journée, nous nous amusons beaucoup, c'est toujours gai chez les de Loute.

Samedi 23 avril — Presse générale, enfin tout est fini à temps, on vient coiffer Paule, la poudrer, la farder un peu, son costume est gentil ; mais je l'aime mieux au naturel dans sa robe de satin rose. Tante Edma et Blanche montent nous habiller, Edma et les de Loute viennent nous voir et finissent même par nous aider pour les derniers épinglages. Le bouton d'or va très bien à Jeannie, elle en a un énorme sur la tête, un petit collier de mêmes fleurs, un corsage vert, des manches formant bouton d'or, le haut de la jupe formé de cinq grands pétales en satin jaune, le reste en tarlatane blanche couverte de petits boutons d'or. Moi j'ai jupe, corsage et manches en pétales de roses se retournant comme de vrais pétales et doublées de satin plus clair. J'ai fait faire des feuilles qui entourent la taille, tombent sur la jupe, montent sur le corsage, et d'autres petites sur la manche. Mon collier est de baies rouges, j'ai une grande églantine double sur la tête et même des roses sur mes souliers. Ces costumes me paraissaient assez jolis lorsque nous sommes parties, mais à la fin du bal nous étions dans des fleurs fanées. Ils n'ont pas eu de succès et différaient trop des autres plutôt trop riches en général. Mme Renault était comique en vieille anglaise, Berthe très amusante en cigale. En somme tous ces costumes disparates, ce n'est pas très joli à voir et cela ne donne aucun entrain, pour que cela soit drôle, il faudrait se connaître. J'ai passé la moitié du temps avec un jeune homme assez gentil avec lequel j'ai beaucoup parlé et qui m'a fait compliment de mon costume. C'est assez drôle de se trouver avec un monsieur qui ne vous a pas été présenté, qu'on ignore complètement et qui n'a même pas sa vraie tête.

Dimanche 29 mai — Je lis aujourd'hui des lettres de Maman adressées à Madame Cannât, elles sont tout à fait charmantes. Je ne peux m'empêcher de pleurer en voyant toute l'affection que Maman avait pour moi et tout ce qu'elle a fait pour se contenir devant moi après la mort de Papa pour ne pas me montrer sa douleur et essayer de me distraire. Quel sacrifice pour moi. Pourquoi au lieu de ne pas oser parler de Papa n'aurais-je pas pleuré avec Maman ; nous aurions pu nous entretenir sur lui et cela aurait peut-être été moins dur. Voilà une chose que je me reproche toujours. Que de bontés Maman a eues pour moi, comme elle me chérissait ; dans d'autres lettres adressées à tante Edma elle parle toujours de moi. Son style est d'une simplicité délicieuse. Ses lettres sont presque des conversations. Ah quelle personne charmante que Maman si bonne, et quelle artiste !

Lundi 30 mai — Nous allons chez Mme Roudier. Raymonde joue une comédie avec son cousin Cor ; ils ont beaucoup de succès et très mérité. On fait ensuite de la musique ; Cor qui est d'un maniéré exagéré est des plus amusant à voir au piano. Raymonde chante avec sa voix toujours si pure.

Mardi 31 mai — Je commençais à avoir mal à l'œil ces jours-ci, aujourd'hui il est énorme, il paraît que j'ai un clou dans le coin. Je suis obligée de rester sans rien faire, d'avoir un bandeau. M. Mallarmé qui est venu chercher Mme Mallarmé et Geneviève, vient très aimablement nous voir, ce qui nous fait beaucoup de plaisir. Il est au courant de tout ce que nous avons fait, soirées dans leurs moindres détails, matinées d'Asnières, même de la fleur d'oranger. Nous trouvons très touchant que nous les intéressions tellement que Geneviève, ayant vu son père même pas un jour, lui ait raconté ainsi notre vie. C'est agréable d'avoir de tels amis dont l'affection qu'ils avaient pour vos parents, se reporte sur vous.

Jeudi 2 juin — Comme je ne peux rien faire, Paule me lit *Le Chevalier d'Harmental* d'Alexandre Dumas, c'est très amusant et très joli, plus joli même que le Dumas ordinaire ; il y a des tableaux délicieux : celui d'une rue étroite et d'un intérieur de jeune fille et la terrasse de son tuteur vue d'une fenêtre d'en face qui est délicieux ; puis un autre d'un déjeuner chez une bourgeoise à filles correctes qui est extraordinaire.

Vendredi 3 juin — C'était hier l'ouverture de l'exposition de M. Monet. Paule seule y est allée, elle a vu toute la famille Monet, et Germaine a la gentillesse de venir me voir aujourd'hui. Elle nous apprend l'affreux accident qui est arrivé hier aux Helleu. Justement pendant que M. Helleu était à l'exposition Monet, sa dernière petite fille âgée de 18 mois, qu'on promenait dans une petite voiture, a été écrasée par une voiture dont les chevaux étaient emballés. Cela s'est passé sur l'avenue du Bois à peu près devant les fenêtres des malheureux parents. Pauvres gens, quelle chose atroce de perdre ainsi un petit être de 18 mois. Le petit garçon a assisté à cette catastrophe, quelle impression cela a dû lui faire. C'est vraiment une bien grande malchance qu'une pareille chose arrive sur l'avenue du Bois où les enfants paraissent en sécurité. C'est terrible tous les accidents qui peuvent arriver. Que je plains les familles qui en sont victimes.

Samedi 4 juin — Mon œil va tout d'un coup beaucoup mieux, je peux même aller à un concert dans le quartier pour lequel Portier nous a donné des places parce que sa protégée Renée Delerbe y joue. Elle est charmante avec ses cheveux aux épaules, bruns et très plats, encadrant une figure d'un joli dessin, dans une robe verte. Quant à son violon, c'est ce qu'en dit Jules, très bien, parce que c'est une jeune fille ; mais elle n'a pas d'ampleur.

Dimanche 5 juin — Je vais chez Mme Quesnoy puis à la réunion des enfants de Marie dont nous faisons partie, Jeannie et moi depuis ce jour, comme aspirantes. La cérémonie de réception est très gentille, pleine de calme et de religion. Je me mets sous la protection de la Sainte Vierge en lui demandant de me soutenir et en prenant la résolution comme enfant de Marie d'être plus chrétienne, de m'occuper plus des autres. Il serait temps que je m'occupe des pauvres, que je rende des services ; je vais avoir 20 ans, il faudrait commencer.

M. Renoir vient dîner. Il est étonné que l'exposition de M. Monet lui ait produit une impression de vide et il demande à Paule ce qu'elle en pense ; elle répond qu'elle a trouvé cela ennuyeux aussi, puis il dit que les rues de Pissarro sont bien mal. Il paraît qu'Arsène Alexandre ne sachant que dire sur ces deux expositions est venu demander conseil à M. Renoir qui répond : « Monet, c'est superbe — Ah bien, je vais dire que c'est superbe, réplique Arsène Alexandre.

— Pissarro, c'est idiot, reprend M. Renoir.

— Je vais dire que c'est très mal.

— Non dites seulement que c'est moins bien. » Voilà ce que deviennent les critiques d'art les plus intelligents.

Nous parlons du Salon. M. Renoir trouve l'Anquetin assez bien, Lerolle pas plus mal qu'autre chose, Puvis de Chavanne si mal qu'il a passé cent fois devant sans le voir. « Le Balzac, dit-il, vous produit une certaine impression au premier abord, mais elle diminue et en y repensant on trouve cela moins bien. La sculpture qui est faite pour rester doit être calme. » M. Renoir est particulièrement intéressant ce soir. Il nous raconte comment il a été un des premiers à connaître les œuvres de Wagner, faisant partie d'une société où étaient Lamoureux, d'Indy, etc., puis ayant un atelier avec des amis qui faisaient beaucoup de musique. Souvent lorsqu'il était couché, il entendait encore du Wagner et criait : « Avez-vous bientôt fini. » À ce moment-là, il alla en Italie et ses amis lui conseillèrent de pousser jusqu'en Sicile pour voir Wagner qui était à Palerme et leur rapporter son portrait. M. Renoir y alla et fut reçu par Mme Wagner qui lui dit que son mari ne pouvait recevoir personne à ce moment-là étant en train de terminer une partition. M. Renoir attendit quelques jours puis eut enfin une entrevue avec Wagner et en une demi-heure, il fit ce portrait superbe qui était là à son exposition de 92 et qui doit être si ressemblant. Il semble que l'on a connu les yeux bleus de Wagner lorsqu'on voit ce portrait.

Lundi 6 juin — Mme Renault nous a emmenées à l'Opéra dans une loge de premier rang d'où on voit assez joliment la salle avec toutes les figures en robes décolletées. Nous entendons *Le Prophète,* c'est vraiment bien commun et ennuyeux. Delna avec sa voix superbe et Alvarez avec sa voix charmante ont les premiers rôles. Le ballet est joli, c'est toujours charmant les danseuses. Nous admirons Cléo.

Mercredi 8 juin — Le Père-Lachaise est bien un lieu de repos, ce grand cimetière est très beau. Je vais avec Paule et Jeannie déposer des fleurs sur la tombe de leur mère qui depuis cinq ans aujourd'hui repose là. Pauvre tante Yves, comme elle a travaillé dans sa vie !

Jeudi 9 juin — Je vais à l'exposition de M. Monet ; bien décidée à ne pas être influencée par ce qu'on m'a dit. Contrairement à l'opinion de plusieurs personnes, je trouve les fleurs belles, je crois voir un des massifs de l'exposition des *Chrysanthèmes,* de ces chrysanthèmes monstres aux tons superbes. Ses *Seine* me paraissent très tristes, deux à l'eau assez clapotante me plaisent bien, je revois de belles cathédrales dans les tons jaunes, dorés, verts sur ces ciels bleus et deux complètement roses qui me font un peu l'effet d'une glace aux fraises. Plusieurs vues de Pourville sont superbes, entre autres une avec la mer très bleue et des côtes roses, une avec une falaise portant ombre sur la mer et une dont la mer verte écume sur une plage lilas. Évidemment l'aspect général n'est pas du tout amusant ; cela tient peut-être à la monotonie de cette grande salle Petit (quand on s'appelle Petit on fait des choses grandes) où un panneau est tenu par les paysages de Norvège, l'autre par la série des Seines grises, le troisième par les cathédrales et le quatrième par les mers. Il y a bien de l'ordre là-dedans.

En sortant nous allons chez Durand-Ruel et quel n'est pas notre étonnement en entrant par la rue Lepeletier de voir une salle d'œuvres souriantes et gaies de M. Renoir, tel que le superbe *Déjeuner à Bougival* dans lequel on découvre toujours quelque chose d'amusant, les « danses » à la campagne et à la ville, les deux gants blancs de la danseuse et du danseur sont étonnants. *La Loge* que j'aime énormément ; ces enfants d'un blond déteint au soleil sur un fond de mer ; des torses, plusieurs figures, et au milieu de ces œuvres plus anciennes sont de ravissantes petites têtes faites cet hiver.

Dans la seconde salle on trouve des paysages de M. Monet qui, eux, ne sont pas tristes, des lilas, des mers du Midi et des oliviers superbes. À côté se trouvent les rues de Paris de Pissarro qui paraissent avoir été faites du haut des toits d'une maison. On voit des quantités d'omnibus et de voitures d'en dessus, mais le malheur est que les chevaux sont vus de profil et paraissent toujours couchés à droite (comme le pavé doit être glissant, que de chevaux tombés). Tout cela est noir et blanc enfin ce n'est pas très réussi. Je me rappelle des expositions de Pissarro avec des figures dans des foins, très jolies et qui ne ressemblent pas à cela.

Ensuite une autre petite salle est donnée à Sisley, qui y a des paysages délicieux, absolument la nature. La machine de Bougival se reflétant dans une eau claire me fait envie. Puis un bord de rivière avec un arbre très fourni s'élevant sur le ciel est bien joli aussi.

En sortant nous voyons une délicieuse danseuse de M. Degas.

Vendredi 10 juin — Nous retournons chez Durand-Ruel voir toutes ces merveilles en peinture. Les tons de M. Renoir sont étonnants.

Dimanche 12 juin — Parcouru les deux Salons et les Indépendants, c'est abrutissant. On n'est déjà pas très épris de la peinture lorsqu'on va au Champ de Mars mais lorsqu'on va aux Champs-Élysées on en est complètement dégoûté. Heureusement qu'on oublie cette peinture-là pour penser à celle qui est chez Durand-Ruel et chez soi. Comment la foule pourrait-elle s'y connaître en peinture en allant tous les ans au Salon ?

Mercredi 15 juin — Depuis le commencement de la semaine nous avons une jeune fille aux mouvements souples, à la figure ronde et aux beaux cheveux, comme modèle, que M. Renoir nous a envoyée. Nous la faisons se coiffant. Elle est très amusante, parle beaucoup de M. Renoir, M. Degas, etc.

Je vais ce matin au cimetière. Je couvre la tombe de fleurs roses tandis qu'un rosier s'enroule autour de la colonne. Cette tombe paraît l'image d'un heureux repos.

Jeudi 16 juin — Nous faisons une petite visite à M. et Mme Renoir après le dîner. Nous sommes très bien reçues ; nous parlons à M. Renoir de son exposition, il nous dit qu'il a fait *La Danse* d'après Mme Renoir et son ami Lauth dont il parle toujours avec affection et regrets. Le portrait de Jean en velours noir avec un col de guipure et un cerceau à la main est accroché dans le salon, il fait très bien, on croirait que c'est le portrait d'un petit prince.

Dimanche 19 juin — Je joue chez Madame Quesnoy un quatuor de Fesca assez amusant puis on me fait déchiffrer un autre quatuor de Mendelssohn. Je ne reviens pas de mon aplomb, je ne m'arrête devant rien, je barbouille mais heureusement me retrouve tout de même. Madame Quesnoy est des plus aimable avec moi ; elle me dit qu'elle espère me revoir l'hiver prochain. Cela m'amusera si je continue cette musique d'ensemble. Après un thé délicieux la personne qui joue de l'alto s'est fait entendre au violon dans une sonate de Grieg puis Raymonde a chanté.

Vendredi 1er juillet — Nous allons à l'atelier de M. Renoir voir ses grecques pour décoration de portes, c'est délicieux, plein de mouvement, d'une coloration étonnante, les draperies sont fines, les jaunes lumineux.

M. Renoir part demain matin pour Dieppe où il passera trois jours afin de chercher une maison pour cet été et il nous offre d'aller avec lui. Nous commençons par dire que c'est impossible, il y a justement demain plusieurs rendez-vous avec le notaire, etc., puis nous réfléchissons qu'un petit tour à Dieppe que nous ne connaissons pas ne serait pas désagréable. Enfin nous quittons M. Renoir en lui disant que si nous nous décidons il nous trouvera à la gare Saint-Lazare demain matin. En rentrant nous continuons à hésiter et ce n'est que ce soir que nous envoyons des dépêches et que nous téléphonons aux professeurs, élèves et notaire.

Samedi 2 juillet — À 8 heures nous sommes à la gare Saint-Lazare où nous retrouvons M. et Mme Renoir et Jean qui remue comme un diable tout le temps du trajet et questionne une personne, portant des serins, sur sa vie, ce qu'elle va faire à Dieppe, etc. Nous passons par l'ancienne ligne de Meulan qui me rappelle le temps de Mézy, ce temps si heureux, hélas bien loin. Nous traversons Mantes-la-Jolie, Rouen aux superbes églises, mais le ciel est gris et la campagne n'est pas aussi jolie qu'ordinairement.

Nous arrivons à Dieppe pour le déjeuner. Aussitôt descendus du train l'air frais de la mer parvient jusqu'à nous et nous apercevons les maisons grises derrière les mâts des bateaux qui sont dans les bassins. La ville est très gaie, c'est demain le concours de musique et les rues sont toutes ornées de drapeaux, lanternes et verdure. Autour de la belle cathédrale est le marché très animé. Après le déjeuner nous allons à la plage bordée d'un affreux casino et d'un jardin ressemblant aux squares de l'intérieur de Paris. Malgré le temps gris la mer est assez belle. J'éprouve du plaisir à retrouver cet élément si grand et si captivant que je n'avais pas vu depuis deux ans. Ici la mer n'est pas du tout la même qu'en Bretagne, elle est moins animée.

Après avoir visité Dieppe nous prenons une voiture qui nous mène à Berneval par une route dominant la mer qui devient bleue à mesure que le soleil se montre, et bordée de champs de blé parmi lesquels sont des groupes d'arbres, puis par le chemin qui traverse le village de Berneval aux toits de chaumes se reflétant dans les mares, qui est abrité d'arbres quand on aperçoit au fond de la verte vallée où sont les chalets, la mer d'un délicieux bleu qui semble dégager un gaz vaporeux. Les falaises sont très hautes, tout à fait blanches et toutes droites, le sommet couvert d'herbes et de fleurs. Nous nous arrêtons à l'hôtel d'un dénommé Bonnet, un homme extraordinaire presque nain avec une énorme tête frisée, qui nous donne des chambres dans son chalet où nous serons comme des princesses, dit-il. Nous allons nous asseoir sur la plage de galets puis revenons avaler un mauvais dîner et nous nous couchons ensuite dans des lits qui sentent le moisi ; il paraît que c'est cela les lits de princesses.

Dimanche 3 juillet — Il fait glacial au bord de la mer, il n'y a pas moyen de rester sur la plage. Lorsque l'on est à une certaine distance, la mer qui est vraiment très belle vous appelle et lorsqu'on approche, elle vous repousse. Nous faisons une jolie promenade sur la falaise, d'où l'on domine les côtes qui ressemblent à ce que M. Monet a fait de Pourville, puis nous allons en voiture dans la campagne. La nourriture est décidément atroce ici, nous sommes obligés de nous mettre tous au lait et au pain. Nous passons la soirée à la fenêtre de M. Renoir à regarder le paysage, la falaise se découpant sur la mer : « Cette dentelle ridicule », comme dit M. Renoir. Nous jouissons d'une magnifique éclipse de lune. C'est curieux de voir l'ombre de notre terre sur une autre planète. Quelle étrange sensation on ressent lorsqu'on pense que l'on est sur un globe. Quelle merveille que toute la création ! Combien en réalité l'homme est petit et chacun se trouve si important ! Nous ne sommes rien en comparaison de cette immensité ! Ainsi la soirée s'écoule à la fenêtre en regardant la lune et causant tandis que la bruyante mer roulant les galets de la plage se faisait entendre sourdement.

Lundi 4 juillet — M. Renoir n'avait pas envie de louer ici un de ces affreux chalets, Mme Renoir en avait envie, alors ils ont loué.

J'avoue que j'étais assez contente de quitter

le mauvais hôtel et ce petit endroit de Berneval qui est charmant le premier jour, trop petit le second, et le troisième on en a par dessus la tête. M. Renoir nous a dit en partant : « Vous êtes bien heureuses de penser que vous ne reviendrez plus ici ». C'est ce que je me disais tout en étant contente d'avoir vu ce côté que je ne connaissais pas et de n'avoir plus à le revisiter. Nous revenons par Neufchâtel, Chaumont-en-Vexin, un endroit délicieux, et Pontoise. Ce voyage est comme une promenade dans une ravissante campagne et bien plus agréable que celui de l'aller.

Nous retrouvons la maison avec plaisir et passons la soirée chez tante Edma à raconter notre petit tour.

Jeudi 7 juillet — Quelle horrible catastrophe que ce naufrage de la « Bourgogne », comment arrive-t-il des choses aussi épouvantables, il n'y a pas de mots pour exprimer la pitié que l'on a pour les malheureux êtres qui ont péri, et pour l'expression de terreur que cela vous fait ressentir. La mer c'est terrible. Nous allons à Bellevue avec Fernande et Gabrielle.

Vendredi 8 juillet — Visite à tante Suzanne. Blanche part ce soir pour Cherbourg où elle va rejoindre Jeanne.

Lundi 11 juillet — Notre modèle Germaine a réapparu. Nous faisons un nu d'elle, dans un très joli mouvement, s'essuyant les pieds sur le fond bleu de la chambre de Paule. C'est très beau à faire et très amusant.

Mardi 12 juillet — Nous déjeunons chez M. et Mme Renoir avec Jeanne Baudot, on nous donne un excellent poulet aux olives noires. Au dessert nous avons M. Faivre qui nous paraît vieux garçon.

Nous rentrons de bonne heure pour travailler et nous allons dîner chez Mme Mayniel.

Jeudi 14 juillet — Tout le monde fuit Paris pour le 14 et vraiment, c'est très calme, je crois qu'on se lasse de cette fête qui devient de moins en moins animée. Nous avons miss Vos à déjeuner puis nous peignons.

Vendredi 15 — Pas de modèle, c'est désolant !

Samedi 16 juillet — Mme Boucherit me dit que Jules est ravi d'être à Trégastel, il écrit qu'il a l'air d'une jeune tomate, et entrecoupe ses lettres à Madeleine de passages de la ballade de Chopin et fugue de Bach (morceau de concours que Madeleine selon son habitude travaille de 7 heures du matin à 11 heures du soir).

Jeudi 21 juillet — Visite à tante Suzanne.

Samedi 23 juillet — Concours de piano. Madeleine n'a qu'un 1er accessit et pleure à la porte du Conservatoire, elle s'attendait à plus après tout son travail de l'année. Son air malade et nerveux a dû lui nuire, elle était effrayante au piano ; elle a joué avec beaucoup de charme mais elle avait un peu l'air de peiner dans les traits. Lucie Léon est devenue tout à fait jeune fille et assez poseuse, elle est ravie, elle a un second prix, ce que je ne comprends pas (enfin je ne peux pas juger des pianistes). Mlle Renenson au jeu limpide et clair a un premier prix ainsi que la petite Richer qui joue d'une façon charmante et déchiffre adorablement. Elle est gentille cette petite. Quant aux autres premiers prix et récompenses je n'y comprends rien, il me semble qu'on en donne beaucoup trop.

Dimanche 24 juillet — Nous passons la journée à Valvins avec les Mallarmé qui nous reçoivent avec leur gentillesse habituelle et nous éprouvons un vif plaisir à les voir. Monsieur Mallarmé nous promène en barque sur la Seine qui est délicieuse, nous rentrons pour prendre le thé dans le jardinet tout fleuri de roses trémières ; trois d'un joli rose nous représentent, dit Monsieur Mallarmé.

On parle du naufrage de la « Bourgogne » et Monsieur Mallarmé raconte que le commandant avait dit à Mirbeau lorsqu'il commandait le bateau qui a été au devant du tsar il y a deux ans : qu'il connaissait bien la mer, toutes ses ruses, et qu'il ne craignait qu'une chose, c'était le brouillard parce qu'on y trouvait toujours les Anglais ! Quel pressentiment ! Nous dînons avec une Danoise, amie de Geneviève qui est très drôle, elle est étonnée que nous ne fumions pas. Elle raconte qu'en arrivant à Paris, se promenant un jour aux Buttes-Chaumont avec une amie, elle entre dans un restaurant pour se rafraîchir et voyant absinthe écrit sur la carte, elle en demande, ne sachant ce que c'était : « Ce n'est pas pour les petites miss », répond le garçon qui lui apporte de l'eau et de la grenadine. Après le dîner on commente à se faire des adieux et à s'embrasser, Mademoiselle (la Danoise) déclare que par principe elle n'embrasse jamais un homme. Monsieur Mallarmé nous accompagne jusqu'à la petite gare de Valvins avec Geneviève et nous embrasse de nouveau, on se quitte en se souhaitant bon été et à regret.

Lundi 25 juillet — Paquets toute la journée et adieux à ma tante Félicie ainsi qu'à Vosinette. Nous partons demain. Je ne sais pourquoi cela m'attriste.

Dimanche 31 juillet — Nous sommes arrivées mardi soir chez Madame Renault que nous avons trouvée avec plaisir ainsi que Berthe. La mer à Dinard a commencé par m'étonner après celle de Dieppe. Ici, on la sent plus peuplée, plus lourde, il fait très beau temps et elle est superbe, elle passe par les tons les plus beaux, nous avons commencé une vue de la Malouine : un pin sur la mer et Saint-Malo dans le fond, joli motif à l'air méridional mais ce n'est pas facile à faire. Jusqu'à présent nous faisons des promenades à nous trois, Berthe reste chez elle à raccommoder ses bas. Les Angoulvent sont arrivés hier.

Dimanche 7 août — Nous faisons une très agréable promenade toutes les trois avec Berthe, qui est charmante, elle est délicieuse à voir seule, nous passons de bons moments ensemble. Nous allons à un vieux château situé au-dessus d'un curieux étang sur lequel dévalent de beaux arbres. Berthe se sent inspirée pour faire le libretto d'un opéra, Jeannie la musique, moi les décors. Quand verra-t-on jouer cet opéra ?...

Mardi 9 août — Nous allons voir Madame Léouzon-le-Duc qui habite aux environs de Saint-Malo, la Mettrie près de Saint-Méloir des Ondes, une ravissante propriété Louis XIV qui a conservé tout son cachet. Nous avons été très contentes de passer quelque temps avec elle, de causer de choses et d'autres.

Jeudi 11 août — Nous quittons Mme Renault pour aller retrouver les Roudier dans un coin du Finistère à Brignogan ; la vie de Dinard n'est pas assez celle de la campagne, je ne regrette en quittant cet endroit que celles qui nous reçoivent si gentiment.

Nous nous arrêtons à Morlaix pour coucher à l'hôtel de l'Europe comme il y a quatre ans ; nous arrivons le soir et passons le viaduc au-dessus de la ville où brillent quelques lumières comme ce même jour de cette même année. C'est avec un serrement de cœur et appréhension que je sens le train m'emporter vers cette ville que j'aperçois à la nuit et que je descends à la gare pour me rendre à cet hôtel où ici, à cette table, je vois Maman assise riant de ce que je me trouvais si bien à Morlaix. Déjà quatre ans de ce dernier voyage avec Maman qui a été si gentil, c'est mon dernier souvenir de plaisir avec elle ; j'y pense souvent.

Vendredi 12 août — Nous faisons un petit tour dans Morlaix et sommes désolées de voir que l'on comble la rivière pour faire une place, quelle bêtise, c'est infiniment moins pittoresque ; on ne sait qu'abîmer les jolies choses à notre époque. Nous parcourons quelques ruelles, passons par la maison de la Reine Anne, entrons à Saint-Melaine, où je me rappelle avoir prié à côté de Maman devant un autel de la Sainte Vierge. Je revois ce tronc pour la bonne mort où Maman a mis deux sous, ce qui nous avait amusées ; nous ne pensions pas que serait si tôt cette terrible mort.

Nous quittons Morlaix pour aller à Landerneau, et de Landerneau à Brignogan par un petit chemin de fer départemental qui parcourt une campagne superbe pour arriver en un bord de mer plat aux rochers qui roulent vers la mer et aux tas noirs de varech. Nous trouvons à Brignogan, Raymonde dans un costume tricolore avec sa mère et sa grand-mère aveugle, elles nous offrent un thé très gentil et nous montrent le pays.

Samedi 13 août — Promenade dans la brume. Nous sommes tout étonnées de trouver dans ce coin perdu du Finistère un très bon hôtel ; nous sommes déjà au mieux avec le chef.

Dimanche 14 août — Le soleil réapparaît. Nous allons à la grand messe à Plouméour-Trez, nous entendons un sermon en breton et entendons les chants les plus extraordinaires qui aient jamais résonné dans une église. Ici la population est sauvage, elle paraît être taillée dans du roc, les femmes sont laides et grossières, leurs bonnets blancs qui leur enveloppent la tête sont très gentils, les hommes sont bien et admirablement faits, ils portent la petite veste courte, le chapeau breton avec un velours retenu par une boucle.

Nous prenons un délicieux bain dans la minuscule baie de Brignogan qui est charmante à marée haute, car à marée basse on ne voit que du sable mouillé et des rochers.

Lundi 15 août — Nous assistons à une procession superbe, jamais je n'ai vu d'aussi beaux costumes, des femmes en bonnets de dentelle posés sur des casques d'or, en robes de satin rouge et violet aux tons de dahlias, brodées d'or, aux châles bleus de dentelle retenus par des bijoux et teintés de rose par leur transparence sur les robes, portant les reliquaires, les statues de la Vierge, de petites filles en robes de mousseline blanche à pois avec de grands bonnets blancs en pain de sucre, portent des bannières. On se croit transporté à un autre siècle devant ces femmes enchâssées dans ces richesses. Quels tons superbes, quel sujet de tableau que cette procession dans la campagne revenant d'un petit calvaire ayant pour fond un groupe de toits de chaumes et la mer.

Mercredi 16 août — Mme Denieau, Mme Roudier et Raymonde sont d'une compagnie charmante ; cette famille qui me fait l'effet de représenter les trois âges ne manque pas de drôlerie. J'admire le bon caractère de Mme Denieau qui accepte si bien sa cécité et qui veut toujours tout voir et qui est ravie de toutes les promenades. Raymonde est agréable par la fraîcheur de sa jeunesse d'esprit, sa naïveté qui tient à son éducation de petite jeune fille à 25 ans. La lumière est délicieuse aujourd'hui. Nous allons par une très belle route au Folgoat où se trouve une vieille église extrêmement curieuse, elle est entourée à l'extérieur de jolies statues de saints et à l'intérieur on remarque un jubé de style pur et fin. L'autel est aussi joli et particulier ainsi que la chaire sur laquelle est représentée l'histoire de Notre-Dame de Folgoët. À l'extérieur juste derrière l'autel se trouve une charmante statue de la Vierge au-dessus de la fontaine miraculeuse.

La voiture passe par une non moins jolie route pour rentrer par de petits villages aux fins clochers à jour. Nous nous arrêtons au dernier, appelé Saint-Goulven. Le clocher de l'église, plus sage et plus solide que ceux de Bretagne en général, domine une jolie porte au-dessus de laquelle Saint-Goulven encore tout coloré fait penser à ses pieds au milieu de la pierre, des fleurs roses. La petite église renferme une chaire curieuse surmontée d'anges aux tons roses et or ; un autel représentant tous les miracles de Saint-Goulven. Elle est entourée par le cimetière où les pierres des tombes sont à demi soulevées et les soucis jaunes poussent en masse.

Jeudi 18 août — Nous partons à huit heures du matin dans une mauvaise voiture découverte avec des chevaux déjà fatigués, pour aller à Saint-Pol-de-Léon et Roscoff, une promenade d'à peu près vingt lieues, nous parcourons une assez jolie route en passant au bord d'une espèce de marais formé par la mer qui est au bas de Plouescat, à mesure que l'on va vers Saint-Pol et que l'on aperçoit ses trois clochers dans une légère brume, la campagne devient plus belle, d'un côté nous avons de hautes collines, de l'autre derrière des châteaux, des toits de chaume, des rochers, des champs et la mer qui se perd avec le ciel. Malheureusement le temps se gâte, un gros nuage d'orage est sur nos têtes et de grosses gouttes de pluie commencent à tomber ; nous entrons précipitamment dans une maison composée d'une pièce, au parquet de terre battue, où sont accrochées casseroles de cuivres, etc., puis à une ficelle qui pend du plafond toutes les cuillères et à une autre de la graisse ; au fond sont deux lits armoires et de la petite ouverture de l'un d'eux sort une tête de vieille femme qui paraît sculptée dans du bois comme son lit et qui parle breton ; Raymonde qui sait un peu cette langue essaie inutilement de comprendre ; une autre femme arrive qui ne parle pas plus le français mais se comprend avec Raymonde et elle nous reçoit très bien. Quand la pluie est passée nous partons en disant toutes : « Keno, merci », et nous remontons en voiture riant de cet orage, plutôt de comédie, qui nous a fait voir ce curieux intérieur breton. Nous arrivons à Saint-Pol-de-Léon à midi, nous entrons dans cette ville qui a l'air fier de sa belle cathédrale et de son haut clocher à jour du Creisker. Nous commençons par déjeuner dans le jardin public et après nous visitons la cathédrale. Je nous vois entrant par ce beau portail avec Maman et regardant cette espèce de balcon qui le surmonte où allait l'archevêque pour je ne sais plus quelle cérémonie. Je me rappelle avoir admiré avec elle ces statues uniques, ces ornements en guirlandes de la chaire en bois sculptée, et avoir remarqué cette espèce de grande campanule qui surplombe l'autel par où on descend l'Hostie les jours de fête ; on ne voit cela qu'ici ainsi que la colonnade de granit qui entoure le chœur. Malheureusement je ne retrouve pas ce joli et naïf autel de la Vierge avec cette statue dorée aux bandeaux noirs, si particulière, dont Maman avait fait un délicieux croquis. Je me dirige immédiatement dans l'église dans le coin où se trouvait cet autel et je suis désolée de ne pas le revoir, nous apprenons qu'on l'a enlevé pour en mettre un moderne pour Saint-Pol à la place. Comment permet-on de faire des choses pareilles, c'est un meurtre que de détruire d'aussi jolis ouvrages d'une ville où on avait plus de goût qu'à présent. Décidément il vaut mieux ne pas revoir les belles choses qui nous ont frappées, on n'a que des déceptions. La rivière de Morlaix comblée, l'autel de Saint-Pol-de-Léon démoli, c'est trop !

L'ensemble de cette cathédrale est magnifique, on y a une impression de grandeur, on s'y sent enveloppée de religion et y ressent des pensées plus élevées, on y prie mieux qu'ailleurs, il me semble que je suis moins séparée de Maman en me trouvant à genoux dans cette église que nous avons examinée ensemble dans ses moindres détails. On se sent plus près de Dieu dans les églises de Bretagne, de ce peuple si religieux, si gentil, Dieu doit l'aimer tout particulièrement. La

Bretagne et les Bretons me plaisent beaucoup. Jules est bien de son pays.

Revenons à la cathédrale qui renferme aussi des tombeaux très curieux. J'ai bien la même impression qu'il y a quatre ans en la revoyant de côté avec ses deux hauts clochers, son petit clocheton doré dont je reconnais la mousse verte, sa porte des lépreux, sa belle rosace. Je me rappelais aussi très bien toutes les anciennes maisons très fines qui peuplent la ville.

Nous descendons la rue qui aboutit devant le joli portail du Creisker où nous entrons et qui renferme un superbe et riche autel Louis XIV en bois sculpté où sont des motifs de fruits et de fleurs qu'il faudrait copier. Nous montons dans le délicieux clocher si haut et si pointu d'où on a une vue ravissante sur la rivière de Morlaix ; je n'ai jamais vu de campagne plus belle qu'ici.

Nous nous dirigeons au milieu de la journée vers Roscoff qui est un peu trop environné de champs d'artichauts. Je trouve ce petit pays mieux qu'il y a quatre ans ; mais cela ne m'emballe pas. C'est assez bien construit, l'intérieur de l'église est curieux, on y voit un autel Louis XIV, une vie du Christ sculptée sur pierre, c'est assez joli. Nous allons au port et sur la plage. La mer y est jolie, seulement l'île de Batz est trop près.

En revenant nous nous arrêtons à Cleder dont l'église est très particulière, entourée de gargouilles extraordinaires. Il fait presque nuit à l'intérieur, près d'une solide colonne, dans un blanc mystérieux sont agenouillées des religieuses et des petites Bretonnes en délicieux bonnet. C'est très joli, toutes ont sur la tête deux petites cornes, elles commencent vaguement à se faire sentir à Brignogan et augmentent jusqu'à Roscoff. C'est très joli toutes ces coiffes bretonnes qui changent d'un village à l'autre. Monsieur Mallarmé dit que s'il était une femme, il écrirait un livre sur les coiffes et en ferait une collection.

Notre promenade commence à nous sembler longue, les chevaux sont éreintés, nous craignons qu'ils ne tombent, il est 7 heures 1/2, la nuit vient et des nuages apparaissent, bientôt le ciel est sillonné d'éclairs et les coups de tonnerre partent de tous côtés, les chevaux font un pas par minute et nous allons bien lentement jusqu'au premier clocher qui est celui de Saint-Goulven, assez ennuyées car vraiment c'est effrayant. Raymonde est affolée, elle pleure, appelle, veut descendre. Enfin nous arrivons à Goulven et entrons dans une soi-disant auberge où on n'a rien à nous donner, même pas une chaise et on nous laisse dans un couloir sombre où nous nous demandons non sans inquiétude comment et si nous rentrerons. Raymonde ne se calme pas, elle veut aller chez le recteur, elle ne dit que cela ; « Mais ma petite, lui répond sa grand-mère toujours pleine de tranquillité, se promenant dans le couloir sombre comme si elle était chez elle, on ne peut pas débarquer six femmes chez le curé. » Puis au milieu de son trouble Raymonde pense que cela sera une aventure à raconter aux danseurs cet hiver.

Comme les bonnes de l'auberge qui se moquent de nous, nous disent que l'orage ne va pas cesser, nous nous décidons à repartir avec nos chevaux à moitié morts, sous la pluie, au milieu des éclairs et du tonnerre qui pourrait bien tomber sur nous. Nous risquons notre vie me dit Paule ; c'était mon impression, la chance était partagée, nous pouvions aussi bien être foudroyées que rentrer. Je sentais que d'une minute à l'autre cela allait probablement y être ; mais j'ai prié la Sainte Vierge qui est si bonne pour les malheureux et elle m'a exaucée. Oh, Sainte Vierge je veux faire tout ce que je pourrai pour porter ce nom d'enfant de Marie pour vous remercier de m'avoir sauvé la vie.

Vers 9 heures nous sommes à l'hôtel, on croyait que nous ne rentrerions plus.

Samedi 20 août — Promenade au Phare, chaos de rochers très beau.

Dimanche 21 août — Fête de Brignogan ; le petit pays est rempli de Bretons bien taillés et de coiffes blanches. Les réjouissances commencent par des courses dans la petite baie pendant la marée basse. Puis il y a des courses en sacs, etc., tout cela très animé. Quand la mer est haute, ont lieu les régates. Les voiles orange et blanches et grises peuplent la mer d'un bleu clair très fin, la foule se précipite sur les rochers et grouille sur la plage, un ou deux torses d'hommes brillent au soleil sur des rochers au milieu de l'eau qui se joue de la lumière d'une délicieuse fin de journée. Je ne cesse pas de prendre quelques notes à l'aquarelle de ce délicieux coup d'œil et puis de faire des instantanés.

Après le dîner nous revoyons cette petite baie

entourée de cordons de lumière éclairée de temps en temps par des feux de Bengale et recevant quelques fusées solitaires.

C'est une jolie journée pour la dernière que nous passons à Brignogan.

Lundi 22 août — Nous partons de bonne heure encore en voiture avec les Roudier pour Brest et nous mettons très longtemps avant d'arriver. Nous passons devant un petit bijou d'église à Cuesnon mais nous n'avons pas le temps de nous arrêter.

Nous visitons Brest dans la journée et là encore je me revois avec Maman me promenant sur le cours d'Ajot, aux groupes de Coysevox qui domine la rade.

L'entrée du port de guerre est imposant, on y sent une force humaine, on y admire le travail de l'homme. Nous faisons nos adieux à la famille Roudier avec laquelle nous avons passé d'agréables journées et qui est charmante. Elle rentre à Brignogan, nous, nous couchons à Brest.

Mardi 23 août — Monsieur Mallarmé m'a toujours parlé de la pointe de Saint-Mathieu, nous profitons de ce que nous sommes à Brest pour y aller. Nous partons de bonne heure le matin malgré une petite pluie fine qui se dissipe bientôt et nous arrivons au Conquet pour déjeuner ; le soleil se montre et la mer est d'un bleu superbe, si limpide qu'on la voit caresser les herbes et les rochers qu'elle recouvre ; les rochers sont si étonnants, ils avancent au milieu des flots comme de grandes lames prêtes à répondre à celles de l'élément capricieux, ils ont l'argent. Nous nous sommes assises devant un de ces rochers couvert çà et là de mousse orange et vert clair en nous demandant comment on pourrait rendre cela : en broderie avec des fils d'argent. Après avoir contemplé cette mer qui hypnotise le regard et avoir mangé un homard incomparable nous arrivons à grand peine à passer la rivière où il y a trop d'eau pour aller à pied, pas assez pour aller en bateau, afin de voir la plage des Blancs Sablons qui n'a rien de curieux. Nous nous rendons du Conquet à la pointe Saint-Mathieu où nous sommes très étonnées de voir une vieille église en ruine au travers de laquelle on aperçoit la mer. Malheureusement maintenant le soleil a disparu, tout est gris. Le gardien de phare nous montre à droite de cette immense étendue de mer les îles Bénigans, Molène et Ouessant que l'on voit aussi du Conquet, et à gauche la pointe de la Chèvre que nous avions aperçue de la pointe du Raz. C'est curieux cette église à cette extrémité de terre ; jusqu'au plus petit bout la Bretagne est religieuse. À côté de cette ruine se trouve une chapelle avec un fragment d'une assez jolie porte surmontée d'une statue de la Vierge. Des fleurs poussent au milieu de ce paysage sauvage. On se sent moins à la fin d'une terre qu'à la pointe du Raz.

En revenant, notre cocher qui est très aimable et dont les chevaux marchent un peu mieux que ceux de Brignogan, nous arrête à la plage de Trez-Hir, qui est charmante ; les rochers ronds qui se trouvent avant le goulet, sont en face et cette plage paraît être dans une petite baie. Autour il y a des arbres magnifiques. Le soir, sortie dans Brest.

Mercredi 24 août — À 9 heures notre équipage d'hier est à la porte de l'hôtel pour nous mener prendre le train pour Paris, à Landerneau en passant par Plougastel. Nous suivons la rade de Brest qui prend de plus en plus de grandeur à mesure que l'on s'éloigne, puis la rivière de Landerneau dont les abords sont délicieux ; nous passons près de cet endroit de Sainte-Barbe dont Maman me parlait bien souvent et où elle était allée toute enfant ; quand je lui disais : « Raconte-moi une histoire de quand tu étais petite fille » (car c'était les histoires que j'aimais le mieux lorsque j'étais petite), elle me racontait comment à Sainte-Barbe quand elle avait cinq ans, elle était en rouge et une vache lui avait donné un coup de corne. Que les petits de Trobriant étaient si méchants qu'ils lui mordaient les bras et toujours à Sainte-Barbe. Il y avait des Trobriant à Brignogan, je me suis demandé si c'étaient les mêmes. Lorsque Maman jeune fille alla passer quelques jours à Brest chez Madame de Trobriant, celle-ci qui était un peu toquée, la suppliait de faire le rôle de médiateur entre ses deux fils qui voulaient se battre en duel.

Arrivés en face de deux superbes rochers plantés sur la colline, nous traversons la rivière en bateau pour escalader à pieds la côte derrière laquelle est situé Plougastel. Là nous jouîmes d'une vue ravissante, d'un paysage plein de grandeur et de charme, d'un côté la rade de Brest, la large embouchure de la rivière, de l'autre des collines aux lignes superbes. Puis en marchant un peu nous arrivâmes à Plougastel. Quelle surprise que de voir en débouchant de derrière l'église, ce calvaire de granit gris représentant la vie de Jésus-Christ, aux quantités de figures et en même temps si simple, si pur, si fin, si religieux, plein d'unité, sur de petites montagnes bleues et la rivière de Châteaulin, car il est placé sur l'autre versant du coteau. Nous n'avons qu'un quart d'heure pour regarder et croquer quelques-unes de ces jolies et naïves figures, ce Christ si fin, et il faudrait pouvoir rester pour dessiner cette foule qui environne le Calvaire.

Nous redescendons à la hâte, enchantées de notre escapade du matin avant de quitter cette belle Bretagne où j'espère bien revenir, plus on la voit, plus on l'aime.

Pour ne pas perdre une minute nous déjeunons en voiture et arrivons à Landerneau en passant par des bois délicieux. Nous voyons les quais, quelques vieilles maisons et une église à Landerneau, puis nous prenons le train pour Paris qui, pendant la nuit, va nous éloigner de ce charmant pays. Du wagon nous jetons encore un coup d'œil sur la grande campagne, sur le précieux Morlaix, etc.

Jeudi 25 août — À Paris à 5 heures du matin, bon accueil rue de Villejust par notre bonne concierge. À déjeuner mon cousin Gabriel et miss Vos. Courses dans la journée.

Vendredi 26 août — Nous devions faire un petit voyage en Bourgogne avec Jeanne Baudot et pour cela la prendre chez sa cousine, Madame Clément qui habite le Doyenné à Givry près Vézelay, et qui nous a invitées à aller chez elle d'une façon si aimable qu'il ne fallait pas songer à refuser. Nous partons donc aujourd'hui à 11 heures. Je finis de lire en chemin de fer, *Le capitaine Fracasse* de Th. Gautier que je trouve très joli et très amusant, c'est enlevé, mais ce n'est pas une perle comme la Momie. Vers 5 heures nous commençons à être intimidées à l'idée d'aller chez des gens que nous connaissons à peine. Mais à peine débarquées, lorsque nous voyons Monsieur, Madame et Mlle Clément, Monsieur, Madame Baudot et leur fille, Jacques Drogue, que l'on a fait entrer dans un jardin bien français rempli d'arbres fruitiers où des fleurs surgissent de jardinières de pierre qui bordent la pièce d'eau et en haut duquel derrière un sapin est la maison toute cabossée, de ces vieilles maisons hospitalières sans symétrie, qui tournent et sont recouvertes de jolies tuiles, nous oublions déjà toute idée de timidité. Nous sommes reçues si bien que lorsque nous dînons, dehors à l'ombre de l'église et qu'ensuite nous nous promenons sur la terrasse qui domine le jardin en bas duquel coule la rivière bordée d'arbres, nous sommes tout à fait à notre aise et ravies de faire connaissance de la famille Clément qui paraît charmante.

Samedi 27 août — À huit heures au son de la cloche on se retrouve au petit déjeuner, ceux qui sont en retard donnent deux sous pour les pauvres, je trouve cela très bien. On est de plus en plus aimable et gentil pour nous, le colonel Clément ne cesse de nous dire : « Faites comme chez vous, ne vous gênez pas. » C'est un homme très agréable que M. Clément, grand et fort qui paraît bien fait pour être militaire, à la figure assez bourguignonne et au regard très bon et très joli en ayant en même temps un air de commandement. Sa fille lui ressemble étonnamment, elle a un physique qui me plaît beaucoup, une figure ronde et rose et blanche, une bouche rouge, un petit nez, des yeux plutôt petits, un peu verts, très intelligents, des cheveux foncés ; des bras longs et des mains d'une finesse incomparable. Malheureusement elle a une taille lourde et une hanche plus haute que l'autre, elle boite un peu depuis qu'elle a eu une coxalgie. Jeanne Baudot vient de faire un portrait d'elle, très bien, son fichu Marie-Antoinette en transparent sur une robe rose orange et sa ceinture verte sont particulièrement jolis et lumineux. Je serais bien contente si je pouvais faire quelque chose comme cela.

On nous promène en voiture dans la journée et on nous montre un coin de rochers roses assez beau au bas d'Avallon qui est très bien situé avec sa grande terrasse plantée d'arbres d'où l'on a une très jolie vue sur la campagne. Jeannie en sa robe verte abritée du soleil par son ombrelle du même ton et Jeanne Clément en rose et ombrelle rose étaient charmantes, assises sur le mur avec ce fond. C'est délicieux les figures en plein air et les robes d'été.

Avallon est un peu mort, mais c'est une gentille ville, la rue avec l'horloge et le portail assez particulier de l'église est jolie.

Dimanche 28 août — Nous allons à Vézelay, vieille ville située sur une haute colline, entourée de fortifications, d'anciennes portes et d'une superbe allée de noyers qui enveloppe la ville et d'où on a différentes vues superbes sur des coteaux aux tons rosés, sur la petite vallée de Saint-Père et de petites montagnes qui ferment l'horizon en se perdant avec le bleu du ciel. Au point le plus élevé se tient avec fierté la solide cathédrale presque aussi grande que Notre-Dame de Paris. Son portail surmonté de saints est très beau et ce qui est assez curieux c'est qu'il y en a un second à l'intérieur sur lequel est représenté le « Jugement dernier ». Tout cela a été bien restauré par Viollet le Duc et l'on nous montre des quantités de surmoulages faits pour servir à la restauration ainsi que des débris des antiques statues et bas-reliefs qui sont délicieux. L'intérieur est immense avec de grandes colonnades. Chaque chapiteau est différent et représente des histoires de saints ; il s'y trouve de petites figures délicieuses. Presque toutes les maisons sont curieuses dans Vézelay, on y voit une petite demeure avec cette devise : « Comme colombe humble serai. À ses mœurs je me conformerai. » Puis d'autres avec de charmantes portes, de petites fenêtres drôles, etc. Nous entrons dans un couvent où une très aimable religieuse nous montre une pièce à boiseries superbes et une cave à piliers très curieuse.

Le colonel Clément non seulement nous promène mais encore nous donne des souvenirs des villes qu'il nous fait visiter. Il nous achète aujourd'hui des petits sabots qu'il nous met ce soir dans nos assiettes. Vézelay est vraiment très curieux et unique, cela n'a pas l'aspect d'une ville de province ; mais un cachet ancien de grand village, c'est superbe.

Nous nous trouvons très bien au Doyenné, Madame Clément est charmante, on sent en elle une excessive bonté accompagnée d'une grande simplicité et d'un complet oubli d'elle-même. Nous sommes très contentes de nous trouver encore avec Jeanne Baudot et de faire la connaissance de l'autre Jeanne qui est très gentille, très intelligente comme sa cousine, d'une intelligence moins amusante. Ce sont toutes deux des jeunes filles bien particulières et agréables, l'une toquée de sa peinture, en admiration devant M. Renoir, l'autre toquée de son piano et de son harmonie en admiration devant Pugno, lisant tout, parlant comme des femmes mais conservant néanmoins beaucoup de jeunesse et de gaieté. Elles sont curieuses à voir après Raymonde qui ayant cinq ans de plus se considère comme une enfant et surtout après les X… qui ne connaissent rien, qui ne lisent rien et rougissent quand on parle naissance. Tout de même le monde artiste est bien plus agréable ; les personnes qui font de l'art savent mieux s'amuser ; par cela même qu'elles travaillent et font plus travailler l'esprit, lorsqu'elles se reposent elles ont plus de gaieté et deviennent plus enfant.

Jacques Drogue se trouve entouré de cinq jeunes filles qui le taquinent et il gagne le surnom d'enfant martyr. On lui fait faire toutes les corvées, qu'il accomplit avec bon caractère ; aussi lui disons-nous que c'est horrible un homme sans défaut, qui ne boit que de l'eau tandis que nous goûtons à tous les vins fins de Bourgogne.

Jeannie joue ce soir ainsi que Jeanne Clément qui a un jeu moins chantant mais très joli aussi, elle exécute avec passion le choral, prélude et fugues de César Franck, c'est très beau.

Lundi 29 août — En bateau sur la rivière, Jeanne Clément gaffant est très bien.

Promenade en voiture. Visite de grottes assez curieuses ; mais j'aime mieux rester en plein air que de me glisser dans ces souterrains. Rochers de Saint-Moret près de la rivière, très beaux, complètement dorés sur le ciel lilas rose d'un soleil couchant. Belle impression de couleur, c'est un paysage de Claude Monet.

On prépare le petit voyage en voiture pour lequel on part demain matin de bonne heure. Les voyageurs sont le docteur Baudot, sa fille, Jeanne Clément, Jacques Drogue et nous trois. Les mères et le colonel restent seuls.

Mardi 30 août — Nous nous embarquons donc de bonne heure dans un petit break à deux chevaux, la fameuse voiture et M. Baudot sur le siège, sa place favorite, pour voir le paysage et aussi pour ne pas être gêné par les jeux remuants, car ici on joue à sauve-qui-peut en voiture.

Nous passons au bas de Vézelay dont on voit encore pendant longtemps sa cathédrale dominer les collines et nous nous arrêtons à Saint-Père pour jeter un coup d'œil sur la délicieuse et fine église que nous avons déjà vue dimanche. C'est certainement une des plus merveilleuses et particulières que j'ai vues jusqu'ici. Il faudrait l'avoir examinée très longuement pour pouvoir la décrire.

Un peu plus loin nous descendons de voiture pour suivre la Cure (la rivière) par un petit sentier au travers des arbrisseaux jusqu'au village de Cure où nous devons retrouver notre voiture. Bientôt nous perdons le sentier, nous savons qu'il faut traverser la rivière, mais comment ? L'enfant martyr finit par découvrir un pêcheur qui nous passe et refuse presque l'argent, c'est un bel homme et Jeanne B. s'écrie que c'est l'homme qu'il lui faut. Il nous indique le chemin pour aller à Cure et nous gravissons une côte au milieu des ronces par un petit chemin où nous nous retournons sans cesse pour admirer une roche rose et droite qui se reflète dans la rivière à l'endroit où nous avons traversé. Enfin nous sommes sur un plateau et nous apercevons le gentil village de Cure.

M. Baudot a écrit à l'hôtel de Chastellux où nous devons déjeuner (car il s'annonce partout avec sa nombreuse famille) et il est très inquiet en pensant que la petite promenade à pieds va nous retarder. Il entre dans une maison pour demander à acheter du pain ; mais le maître qui se trouve être un peintre, élève de Henner lui offre la moitié du sien. M. Baudot lui présente toute la troupe comme se composant de confrères et on se quitte le plus aimablement du monde. Nous montons en voiture et mangeons le pain un peu rassis du peintre avec du chocolat emporté par

Jeanne B. Dès le début de notre voyage nous voilà obligés de mendier. Mais quelle Providence que de rencontrer un élève de Henner sur sa route !

Comme le chemin n'est pas très joli nous nous distrayons en nous imaginant que nous sommes des comédiens ambulants et Jacques Drogue qui dorénavant s'appellera le comte de Drogue, car il faut être titré pour visiter le château des sires de Chastellux, raconte la pièce que nous devons jouer ce soir à Quarré-les-Tombes. C'est très palpitant, le titre en est : « La princesse Jolie mine » ; c'est moi qui ai l'honneur d'être la princesse Jolie mine aimée d'un jeune chevalier (Jeanne Baudot), Jeannie est la grande coquette, Jeanne Clément la soubrette, Paule la Duègne, le comte un champignonniste, le D. Baudot le père noble qu'on oublie de faire paraître dans la pièce.

Ceci nous fait penser qu'il serait très amusant de louer une roulotte et d'aller donner des représentations dans les bourgs, il faudrait organiser cela, ce serait très drôle. Nous sommes tout à fait emballés par cette idée.

Nous apercevons dominant une profonde vallée boisée, le château féodal de Chastellux et nous descendons déjeuner à l'Hôtel du Maréchal de Chastellux, puis nous allons visiter ce château qui est assez beau mais pas amusant. À l'intérieur on voit de jolies tapisseries. Il appartient à une famille où plutôt que de déchoir, on se marie entre cousins et de là des sourds-muets à toutes les générations. Il faudrait mener la vie d'autrefois dans un tel château, il faudrait y voir des chasses, des foules, des meutes. C'est triste comme cela.

Nous nous dirigeons sur Quarré-les-Tombes où nous entrons en chantant et en annonçant la pièce ; les habitants à leurs portes sont tout étonnés. Pendant la route nous jouons à la pièce, la brosse, on tombe les uns sur les autres dans le fond de la voiture. M. Baudot a le soin de tous les parapluies. Les deux Jeanne dansent sur la route : « C'est la fille de la fermière qui dansait avec Lucas, elle a perdu sa jarretière, sa jarretière qui ne tenait pas, etc. » Sauterie campagnarde très gentille.

Après le dîner nous descendons une route éclairée par un admirable clair de lune, en jouant au veuf et en dansant la ridée sur une charmante chanson bretonne. M. Baudot court avec beaucoup d'entrain. Nous faisons le tour de l'église pour voir les tombes qui me laissent très froide.

Nous rentrons dans le petit appartement que nous a préparé l'hôtelière. Le Dr Baudot va se coucher et nous jouons dans la chambre des Jeanne, puis après avoir remué la poussière dans cette chambre nous allons causer dans celle du comte et nous y transportons toutes nos chaises ; à ce moment arrive la bonne qui paraît plutôt étonnée de voir toutes ces jeunes filles installées dans la chambre du jeune homme. M. Baudot crie qu'il faut se coucher et on s'y décide.

Mercredi 31 août — Nous allons à la Pierre-qui-Vire, monastère situé au milieu d'arbres sur le penchant d'une colline dominant un petit torrent. On y monte par un chemin de Croix que nous faisons et qui est très joliment placé au-dessus en partant de la rivière. Nous voyons la pierre qui autrefois vira et la chapelle du couvent qui n'ont rien de très curieux. M. Baudot dit quelques mots au Supérieur qui est un homme de grande distinction, nous sommes toutes frappées par sa tête pâle, son allure simple et élevée.

En rentrant déjeuner à Quarré-les-Tombes, J. Drogue rédige les mémoires de notre voyage.

Dans le jour nous partons pour l'étang des Settons où notre arrivée est annoncée à l'hôtel. L'enfant martyr se met en jeune fille, Jeannie en jeune bonne et la jeune fille aux moustaches fait des grâces à tous les hommes de la route. C'est ainsi que l'on quitte Quarré-les-Tombes pour suivre dans la Nièvre une mièvre route durant laquelle nous sommes arrosés pas mal, ce qui nous force à fermer les toiles cirées de la voiture. Malgré la pluie, dans les montées on va cueillir des branches d'arbres pour se livrer bataille. Au bout de quelque temps on s'aperçoit qu'on s'est trompé de route. On revient sur ses pas jusqu'au village où nous descendons dans une auberge pour danser, aux yeux ébahis des gens. Puis nous nous dirigeons sur les Settons où nous sommes reçus par Mme Séguin l'hôtelière, une très amusante femme. Le Dr Baudot tient à coucher dans la chambre où Charcot est mort, bien que nous essayions de l'en empêcher. Puis comme cela il est à l'étage au-dessous de ses six enfants et il pourra mieux dormir.

La lune éclaire le lac qui est comme une nappe d'argent sous les légers nuages qui courent ne voilant même pas la lune. Cet endroit-ci paraît joli contrairement à ce que nous avons parcouru aujourd'hui.

Nous sommes très sages ce soir jusqu'à ce qu'au moment de se coucher on ne trouve pas de couvertures sur les lits, alors on va dans une chambre vide en chercher, on frappe chez le comte pour savoir s'il n'en a pas de trop. M. Baudot crie qu'on fait trop de bruit, Mme Séguin monte, commence par se fâcher de tout le remue-ménage qu'on a fait, puis elle se met à rire en voyant des jeunes filles danser en chemises de nuit et nous quitte en nous recommandant d'être bien sages. Elle entre chez Jacques Drogue et lui dit : « Elles sont gaies ces jeunes filles, elles dansent en chemise. »

C'est bon de s'amuser de temps à autre, on ne pense plus. On peut se permettre de faire des bêtises lorsqu'on est chaperonné par le docteur Baudot. Il faut toujours que nous soyons si correctes toutes les trois seules.

Jeudi 1er septembre — Nous sommes réveillées par le bruit d'une sirène, Jeanne B. et J. Drogue la font à merveille, et nous trouvons sous notre porte quelques mots galants sur un air de musique. On se promène au bord de l'étang qui est à moitié à sec et la nappe d'eau bleue est entourée de terrains jaunes, rouge de Venise. Nous marchons au milieu de petits bouleaux aux fins troncs bancs, de genêts et de bruyères qui donnent à cet étang un aspect de rivière bretonne. C'est joli. On photographie la théorie voyageuse sur les bords du lac et on rentre doucement en cueillant des graines rouges dont tous les chapeaux sont ornés à l'hôtel pour déjeuner.

Le docteur Baudot est au mieux avec Mme Séguin, il lui donne des consultations et lui fait des déclarations, il est tout à fait émoustillé ; à mesure que le voyage s'avance Jeanne devient de plus en plus gaie, de plus en plus folle et son père tout à fait joyeux, elle est charmante cette grande Jeanne pleine de franchise et d'imprévu. Je ne sais si le voyage durait longtemps, à quel degré de camaraderie nous en viendrions.

Mme Séguin parle de nos exploits d'hier au soir, ce qui amuse fort trois bicyclistes qui partagent notre déjeuner et dont l'un d'eux regarde Jeanne Clément avec attendrissement. Au fait nous n'avons pas encore trouvé toutes, les hommes qu'il nous faut. Il y a ici un petit garçon brun charmant que la Grande coquette et Jolie mine trouvent des plus gentils ; mais il est trop jeune, hélas !

Nous quittons la mère Séguin et l'étang des Settons à 2 heures pour nous diriger sur Autun. La route est superbe, on descend tout le temps entre de hautes collines de bruyères aux rochers et au sable rose, on passe par de délicieux villages aux tours rondes, pignons pointus, vieux toits, etc. Le paysage est si joli que l'on ne pense même pas à se livrer à aucun jeu. Vers la fin de la journée on aperçoit Autun situé dans un cirque au milieu des montagnes du Morvan qui sont d'un beau ton lilas. Avant d'y arriver nous manquons d'être écrabouillées par un cheval emporté. Nous entrons par la porte romaine, très curieuse et jolie sur le fond des montagnes. C'est la fête de saint Ladre à Autun, il y a énormément de monde et nous ne trouvons que deux chambres à l'hôtel ; nous en sommes enchantées toutes les cinq ; notre chambre à cinq lits a l'air d'un dortoir. Nous allons avant le dîner jusqu'à la cathédrale où a lieu une cérémonie en l'honneur de saint Ladre ; il fait nuit et nous ne pouvons que deviner les beautés de l'église.

Après le dîner qui nous est servi dans une pièce à part par un sacristain plutôt que par un domestique, Jeanne Clément et Jeannie se mettent au piano puis nous dansons et ensuite nous allons à la foire. Nous assistons au feu d'artifice et nous nous amusons à pousser des ah... d'admiration comme de vrais provinciaux après chaque fusée et nous arrivons à les faire prendre dans un coin de la foule, mais dans un autre il n'y a pas moyen, on nous regarde avec l'air de dire : « Qu'est-ce que ces gens qui n'ont jamais vu de feu d'artifice. » Le comte a un grand talent pour imiter le bruit des fusées ainsi que pour faire le canard qui barbotte dans l'eau et fait coin coin.

Après nous avoir promené dans la foire, le Dr Baudot va se coucher et nous abandonne. Nous jouons aux couteaux et nous faisons plusieurs tours de chevaux de bois sur des coursiers perfectionnés qui galopent. Nous nous faisons des signes d'un cheval à l'autre, on se passe *ses* mouchoirs, etc. Un monsieur sur un animal à côté de moi me demande si cela ne me fatigue pas.

Nous rentrons très gais et les *young girls* prennent possession de leur dortoir.

Nous sommes très bien avec Jeanne Baudot, tout à fait amies, elle est très gentille, très tendre.

Vendredi 2 septembre — Passé la matinée à visiter Autun ; d'abord la cathédrale au beau portail ressemblant à celui de Vézelay, à l'intérieur élevé renfermant un curieux petit balcon à gauche en entrant, aux fines colonnades soutenues par de grosses poutres sortant de la gueule de sphinx, une Vierge assez gentille à la tête bourguignonne, le *Saint-Symphorien* d'Ingres un peu ennuyeux ; mais il y a de beaux morceaux et des fresques murales assez abîmées dans des chapelles, l'une représentant des cardinaux et des Saintes femmes, qui est délicieuse, et une autre qui devait être au-dessus d'un tombeau représentant deux anges tenant un linceul.

À côté de l'église se trouve une ravissante fontaine Renaissance dont les trois colonnes sont surmontées d'un ibis. Nous allons à la porte romaine, la plus grande et la moins jolie, la porte Saint-André puis à la porte d'Arroux par laquelle nous sommes entrés hier dans la ville et qui est bien jolie, qu'on la regarde de la rue, au bout de l'enfilade des maisons sur les montagnes ou de la route, du côté où elle est le plus ornée. Je photographie tout cela. Nous rencontrons sur le champ de foire un marchand de binious, chacun s'en paye un et après les avoir un peu essayés dans la ville nous rentrons déjeuner pour repartir ensuite en voiture au son de nos six instruments.

Nous gravissons une route d'où l'on domine la vieille et curieuse ville d'Autun si bien placée, ayant l'air de commander toute cette chaîne de montagnes aux tons enveloppés. Nous descendons de voiture à un petit sentier qui nous mène à une cascade verdoyante où nous nous livrons, après avoir sauté au milieu de l'eau de rocher en rocher, à un dernier combat avec le comte où vivement attaqué par la Grande coquette et Jolie mine il se trouve défait et même débarrassé de sa veste et de l'instantané qu'il a la bonté de porter tout le temps, pendant le plus fort de la bataille.

Nous revenons à Autun pour prendre le train, car hélas le voyage en voiture est terminé aux grands regrets de tous (si les parents restés au Doyenné savaient cela), et l'on prend à 4 heures le train pour être vers 8 heures à Givry. On continue à s'amuser en chemin de fer, on est aussi souvent au fond du wagon que sur les banquettes, à chaque station tous les binious se font entendre au grand étonnement des chefs de gare et des quelques voyageurs. Le Docteur Baudot ne voulant pas être trop dérangé par les fous s'est mis dans un compartiment d'où il nous encourage dans notre musique par son œil triangulaire comme le dit très bien dans le récit du voyage l'Enfant martyr qui trime en wagon pour terminer ses fameux récits dont la première édition a été perdue et qu'il a fallu recommencer.

À Avallon où il y a une demi-heure d'arrêt, nous descendons pour jouer au loup et à l'agneau sur le quai de la gare, puis en remontant en wagon nous parons Jacques Drogue pour l'arrivée à Givry. On lui poudre la figure, on lui attache une faveur rose dans les cheveux, une autre à la moustache et une pancarte à la boutonnière sur laquelle est écrit : « Ayez pitié de l'Enfant martyr ». À la sortie de Sermizelles les binious partent de plus belle et l'on descend devant le colonel Clément, Madame Clément et Madame Baudot qui se demandent d'où partent les sons aigres et ont l'air de nous trouver complètement toqués, on arrive ainsi jusqu'au Doyenné où l'on dîne.

Jeanne ayant dit qu'elle trouvait une très jolie coutume que les hommes baisent la main aux femmes, le comte saisit toutes les occasions de le faire et demande même maintenant une récompense de chacune de nous pour avoir si bien joué le rôle d'enfant martyr durant le voyage. Pour le satisfaire nous déposons ce soir près de son lit dans une enveloppe à l'adresse du comte de Drogue un papier sur lequel nous avons toutes les cinq écrit à notre tour en signant nos noms : « Je vous embrasse. »

Samedi 3 *septembre* — Au petit déjeuner on trouve sur la table l'enveloppe sur laquelle est écrit : « Retourné à l'expéditeur comme insuffisant ». Nous nous déclarons très offensées et le comte se décide à reprendre le papier pensant que cela lui servira comme bons. Il ne parle plus des droits qu'il a et donne des définitions sur le baiser, Jeanne Clément disant à Jeannie qu'elle ne sait pas bien embrasser. Ce doit être comme un son libre sur le violon, me dit le comte. Voilà le principal sujet de conversation de ces toqués ; c'est l'enfant martyr qui le remet tout le temps sur le terrain.

En montant sur une colline avant le dîner il dit qu'il récompense le premier arrivé et dame, c'est la Grande coquette qui l'écope.

À dîner on parle de l'affaire Dreyfus qui revient encore sur le pavé, du suicide du colonel

Henri, etc., de la guerre que cette affaire pourrait amener, ce qui attriste beaucoup Jeanne C. : « Je voudrais bien voir une armée comme mon cousin » dit Jeanne B. En effet on serait rassuré si on pensait n'avoir que des hommes comme cela pour défendre la France, on le sent plein de courage, comme il parlait de la revanche, Monsieur Baudot dit que ce ne serait pas possible : « Comment, répliqua le colonel, si vous le pensez, ne le dites pas, cela ne sert qu'à décourager. »

Ce soir colin-maillard très amusant au clair de lune sur la terrasse.

Dimanche 4 septembre — Petite promenade avant la messe avec sainte Paule (sainte depuis que nous avons lu la vie de sainte Paule et de ses enfants : Toxos, Rufine, etc.), le chevalier Baudot, la Grande coquette et le comte qui nous conte comment il a aimé une jeune fille lorsqu'il avait 19 ans. On n'est pas drôle le matin, on est sentimental.

Le colonel Clément part vers 5 heures pour Vannes ; le premier départ est attristant, il va falloir mettre fin à cette vie de plaisir qui du reste réjouit d'autant plus qu'elle ne dure pas. Nous croyons rester deux à trois jours ici, mais on veut nous garder jusqu'à mercredi et cela me paraît très naturel de passer encore quelques jours avec cette charmante famille qu'il me semble connaître depuis longtemps. Madame Clément est si bonne, si maternelle, si simple. Je suis tout à fait éprise de Jeanne Clément, elles sont vraiment délicieuses ces deux Jeanne. Depuis déjà nos copies au Louvre j'aime beaucoup Jeanne Baudot si avancée et par moment presque enfant, si pleine d'entrain et de franchise. Paule et moi pouvons peindre avec Jeanne B. et si Jeanne C. vient à Paris cet hiver ce sera charmant pour Jeannie de faire du piano avec elle. La famille Baudot doit partir mardi et on voit ce jour approcher avec peine, on dit bien que l'année prochaine on recommencera, mais sait-on ce qu'on fera dans un an ? D'abord Jeanne Clément sera probablement mariée avec un jeune architecte dont elle est très éprise et que son père jusqu'à présent n'a pas voulu qu'elle épouse ; mais tout cela s'arrangera et elle se mariera peut-être au printemps nous dit la cousine en confidence.

Lundi 5 septembre — On va faire un pic-nic à Saint-Jean, vieille abbaye en ruine dont il reste une gentille chapelle et une partie des colonnades du cloître, qui appartient à M. Clément.

Après avoir déjeuné nous allons à Monréal, charmant village aux vieilles portes situé sur une montagne d'où l'on a une jolie vue mais moins étendue qu'à Vézelay. L'église est placée au point le plus haut, elle est très curieuse avec son portail entouré de grosses fleurs, l'unique petite et mince colonne qui le soutient, à l'intérieur les stalles en bois sculpté qui sont superbes et une vie du Christ (un retable) en bas-relief très joli. Il faudrait venir ici dessiner des motifs. Cette église est aussi très particulière à l'extérieur, elle paraît solide. On continue chaque soir à inventer des jeux sur la terrasse.

Mardi 6 septembre — Nous partons ce matin en expédition pour escalader Mont Marte (pas Montmartre) qui est presque derrière Givry, sous les rayons cuisants du soleil ; mais nous sommes récompensés en nous trouvant sur une plateforme, où autrefois était un temple à Mars, où maintenant sont trois arbres et d'où l'on jouit d'un panorama magnifique de trois côtés l'on voit un ravissant pays. La cathédrale de Vézelay se montre derrière un coteau, les rochers de Saint-Moret brillent d'un autre côté, on aperçoit Avallon, enfin nous voyons l'ensemble de toutes nos excursions, nous devinons même les monts du Morvan ; le pays est très beau.

Nous descendons du Mont Marte au milieu des ronces ayant bien chaud et nous passons notre journée à nous reposer dans le jardin si joli au moment du coucher du soleil.

Nous pensons qu'il faut jusqu'au bout rendre l'Enfant martyr digne de son nom ce soir ; son lit est rempli de petits cailloux auxquels cinq fleurs se trouvent mêlées pour représenter les cinq bourreaux. Quand tout le monde s'est dit bonsoir et que le comte est dans sa chambre nous montons à pas de loup dans la chambre d'à côté pour entendre son entrée dans le lit mais à notre grand désespoir il nous a entendues et s'est douté qu'on lui jouait un tour. Il a trouvé les cailloux et les a déposés à sa porte. À ce moment nous sommes sorties de notre cachette pour rejeter tous les cailloux dans sa chambre et une terrible bataille où les oreillers voltigeaient d'une tête à l'autre, le comte est à sa porte en manche de chemise assailli par nous cinq et nous ne lâchons que lorsque nous sommes fatiguées du combat, bien ennuyées que notre coup ait raté.

Mercredi 7 septembre — Hélas il faut quitter ce bon Doyenné où l'on est si bien. Nous écrivons ce matin une lettre collective, presque en vers au colonel Clément avec nos caricatures soufflant dans des binious en tête et signée de nos surnoms.
Après avoir déjeuné nous disons adieu à tous ses habitants charmants du Doyenné et regrettant bien vivement de partir. M. Baudot nous accompagne en voiture jusqu'à Avallon et nous le quittons en l'embrassant. C'est vraiment un bien bon homme que le docteur Baudot, il nous a bien laissé nous amuser pendant le petit voyage. Il fait très chaud et nous passons notre journée en wagon pour arriver à 10 heures du soir à Essoyes où nous trouvons Blanche et Edme.

Jeudi 8 et vendredi 9 septembre — M. Renoir vient aussi d'arriver, il paraît content de sa saison à Berneval. Nous nous remettons à la peinture.

Samedi 10 septembre — Oh ! quelle terrible chose ! une dépêche nous apprend la mort de M. Mallarmé, est-ce possible, qu'a-t-il pu avoir, c'est affreux ! Pauvre Mme Mallarmé ! Pauvre Geneviève ! Ah que la mort de ce grand ami de Papa et de Maman, qu'ils avaient nommé mon tuteur me rend malheureuse. Il était charmant pour nous, il nous appelait : « Les enfants » d'une façon si paternelle. Il me rappelait ces soirées du jeudi si délicieuses à la maison. Que c'est atroce de penser que cet homme que nous avons encore vu si bien portant en juillet est maintenant disparu. C'est terrible la mort. M. Renoir est bien émotionné en apprenant cette horrible nouvelle. Il part avec nous ce soir pour Valvins. Nous allons coucher à Troyes.

Dimanche 11 septembre — Nous arrivons à Valvins vers 2 heures. Que c'est pénible de descendre ce chemin au bord de la Seine vers ce petit coin, on ne peut pas ne pas penser que celui qu'on pleure, n'y est plus. Le bateau paraît solitaire, son bateau qu'il aimait tant et qui me rappelle une première promenade faite dedans en 87 avec Maman et Papa qui demande à M. Mallarmé s'il n'avait jamais rien écrit sur son bateau : « Non, répondit-il en jetant un regard sur sa voile, je laisse cette grande page blanche ».

Je me sens le cœur bien gros en entrant dans ce petit jardin, en montant l'escalier et en voyant ces deux malheureuses femmes, qu'elles sont à plaindre, comment les soulager, on ne peut que pleurer avec elles. Ah, cette pauvre Geneviève quelle vie elle a. C'est horrible de voir ce charmant intérieur sans M. Mallarmé, et au lieu de l'entendre causer dans ce jardin sous le marronnier que Geneviève planta étant petite, d'y voir son cercueil ; c'est atroce ! Ah, penser que nous n'entendrons plus jamais cette voix douce. Il avait une façon si affectueuse de dire : « Maman » lorsqu'il me parlait d'elle. C'est lui que Papa avait nommé mon tuteur, c'est lui et M. Renoir les deux grands amis de Papa et de Maman. Ils étaient charmants à avoir ensemble. Certes, je ne me doutais pas cet hiver que nous jouissions de leurs conversations réunies pour la dernière fois.

Hommes de lettres et paysans avec lesquels Monsieur Mallarmé était si gentil, se trouvent réunis en grand nombre dans le jardin pour suivre cet enterrement si particulièrement navrant et on sent la douleur peinte sur tous les visages. La cérémonie à l'église de Samoreau est très simple et très bien. Le cimetière qui longe la Seine et regarde cette forêt que Monsieur Mallarmé aimait tant, où il est déposé près de son fils qu'il a perdu tout jeune ; Roujon prononce en tremblant quelques paroles au nom des vieux, Catulle Mendès, Dierx, Mars, etc., pleines de simplicité sur le caractère même de son ami en faisant ressentir toute la douceur, il arrache des larmes à tous en disant comment, lorsque dans les moments difficiles de la vie, on avait recours à lui et vous promettant son aide : « il vous tendait sa main amie en abaissant ses paupières sur ses grands yeux d'enfant ». Quel portrait juste et discret, comme M. Mallarmé aurait voulu qu'il soit. Paul Valéry prend ensuite la parole au nom des jeunes ; mais il est tellement émotionné qu'il ne peut continuer et l'on sort du petit cimetière en sanglotant avec Geneviève.

C'est peut-être encore ce qu'il y a de moins horrible le jour où tous les amis viennent vous embrasser et pleurer avec vous ; mais ce qui est terrible, c'est de voir la vie reprendre son cours comme si personne n'avait disparu et peu à peu l'éloignement de l'époque où l'on vivait avec ceux qu'on pleure. Que c'est lugubre ce soir lorsque tout le monde est parti, de ne plus trouver ici que ces deux femmes seules qui désormais seront sans celui pour lequel elles étaient. Nous dînons avec elles et je nous revois à cette même table le 24 juillet avec celui que nous nous attendons à chaque instant à apercevoir entrant par une porte disant une jolie phrase. Tout est lui ici. Valvins a perdu son âme.

Lundi 12 septembre — Nous avons couché chez Mlle Hubert et y resterons encore jusqu'à demain pour ne pas abandonner trop vite cette malheureuse amie et sa pauvre mère. Que pourrait-on faire pour leur rendre la vie moins triste ? vraiment je ne sais pas. Rester seules ici, c'est lugubre ; quitter ces chers souvenirs c'est encore plus dur. Nous leur demandons de venir à Essoyes mais elles ne s'y décideront pas. Ah, je suis bien navrée ! Je ne comprends rien à cette maladie de la gorge qui a enlevé cet homme si fort en trois jours, il a commencé à souffrir le mardi soir et est mort vendredi matin à 11 heures dans un spasme épouvantable. Il a eu trois de ces crises et après la première il a dit à Geneviève : « Est-ce que je ne pourrais pas rester dans une chose comme cela ? » Il a dû sentir qu'il s'en allait car Geneviève vient de trouver sur son bureau une enveloppe sur laquelle est écrit : « Recommandations quant à mes papiers », mais rien dedans. Par quelles souffrances il a dû passer, quelle angoisse en songeant qu'il laissait sa femme et sa fille seules et ses œuvres auxquelles il travaillait tant, inachevées !

Nous passons la journée avec Mme Mallarmé qui, chose extraordinaire, va presque mieux qu'à l'ordinaire et Geneviève qui a une mine épouvantable. Je déplore qu'elle ne soit pas mariée, maintenant cela sera probablement bien plus difficile.

Pouvait-on prévoir que M. Mallarmé s'en irait à 56 ans ? Ah non, jamais je n'avais pensé à sa disparition, je le voyais vivant très vieux. Quelle mort terrible.

Mercredi 13 septembre — Nous quittons notre pauvre amie et sa mère en pleurant, il me semble que c'est peu gentil de partir, je voudrais rester auprès d'elles, c'est si dur de s'éloigner de ceux qui souffrent. Nous sommes toutes émues.

Nous prenons le train à la petite gare où M. Mallarmé nous a reconduites ce soir de juillet et où il nous a embrassées pour la dernière fois, et je ne sais pourquoi cela m'a fait l'effet d'un adieu plutôt que d'un au revoir et j'ai même dit à Paule et à Jeannie : « Je suis contente d'être venue à Valvins avant de partir, on ne sait jamais si on se reverra. » Comme nous devions beaucoup voyager je pensais à un accident quelconque pour nous lorsque nous sommes revenues sous l'orage à Brignogan je me suis dit : « Ah voilà ce dont j'avais peur en quittant Paris, ce qui m'attristait et je revis l'adieu à la famille Mallarmé ; mais la Sainte Vierge nous a protégées et nous sommes revenues à Valvins sans y retrouver celui auquel j'avais dit adieu avec émotion. Ah, les pressentiments ! Je craignais aussi en arrivant à Essoyes d'apprendre une mauvaise nouvelle me rappelant mes émotions de l'année dernière. Puis lorsqu'on s'amuse, quelque chose vient rappeler vos pensées vers les tristesses. Souvent on n'a pas tort de se fier aux pressentiments. Je suis très superstitieuse à ma façon. »

Nous arrivons le soir à Essoyes après nous être arrêtées à Troyes où les églises sont belles et curieuses.

Mercredi 14 septembre — Nous retrouvons M. Renoir qui avait quitté Valvins dimanche soir. Nous parlons avec lui de cette pauvre famille Mallarmé, il dit des choses très justes sur la vie de Geneviève. Comme il nous voit attristées, il essaye de nous distraire, il est vraiment bien gentil avec cet air de ne faire attention à rien, en pensant à tout. Je me rattache d'autant plus à lui que j'ai perdu celui qui avec lui était le plus ami de Papa et de Maman. Monsieur Mallarmé et Monsieur Renoir étaient les amis les plus intimes, les assidus du jeudi. Ah ! les habitués de ces dîners du jeudi, qu'en reste-t-il ? Seulement M. Renoir. Il y était donc avec M. Mallarmé, tante Yves, mon oncle parrain, Papa, Maman. Et sur six personnes, depuis huit ans, cinq ont disparu. Que de morts !

Je ne cesse de penser à Geneviève et à sa mère, je voudrais bien les avoir ici. Je me répète les mots si jolis de Roujon et je revois sans cesse cette journée de dimanche qui était encore moins terrible pour ces malheureuses femmes que celles qui suivent. Ces preuves d'affection, ces pleurs des amis mêlés aux leurs étaient moins terribles que la solitude d'après. Il y avait beaucoup de monde à cet enterrement simple et plein de peine et tout le monde pleurait sincèrement, celui qui fut toujours aimable et bon. Ce qui m'a beaucoup choqué c'est de ne pas voir Mauclair qui a écrit une lettre où il ne parle que de lui étant en villégiature à Samois avec une dame fort éprise de lui. Il aurait pu se déranger car M. Mallarmé l'aimait beaucoup.

Jeudi 15 septembre — Nous reprenons tristement notre travail, nous avons modèle le matin et dans le jour nous peignons au bord de la rivière.

Vendredi 16 et samedi 17 septembre — Matin, étude au bord de la rivière, jour, dans les prairies et repris la bicyclette.

Dimanche 18 septembre — Reçu une lettre de Geneviève qui est navrante. Mme Mallarmé n'est plus bien, c'est désolant. Dîné chez les Renoir.

Lundi 19 septembre — Peint des prunes dans un petit panier de Givry, je les crois pas trop mal en les faisant, mais je me trompe.

Je travaille très régulièrement 4 à 5 heures de peinture, à peu près 2 heures de violon dont je me repose par une promenade à bicyclette, puis le soir j'écris et je lis.

Mercredi 21 septembre — Ce matin à bicyclette à Noé à 7 h 1/2, la campagne enveloppée d'une buée bleue est très jolie. Ensuite étude au bord de la rivière. M. Renoir regarde ce que je fais, me conseille de commencer autre chose et dit qu'il faudrait faire un petit paysage en une fois.

Jeudi 22 septembre — Matin toujours rivière. Dans le jour, promenade en voiture à Cunfin, village assez pittoresque. Une autre lettre de notre pauvre Geneviève, sa mère est toujours de même. Plus je vais, plus je trouve cette disparition poignante. Que cela va nous paraître dur à Paris de ne plus voir Monsieur Mallarmé. Je suis très touchée par plusieurs personnes qui m'écrivent au sujet de cette mort.

Samedi 24 septembre — Après avoir fait un petit tour en bicyclette, je vais travailler avec M. Renoir et après avoir essayé pendant une heure de trouver un endroit abrité du vent nous finissons par en revenir à la rivière. M. Renoir me donne le conseil de ne pas placer la ligne d'horizon trop haute dans une toile, mais au milieu comme étant le point qui attire le regard, et de ne pas commencer le premier plan trop près et il me démontre combien la rivière a plus l'air de couler et de s'enfoncer dans les arbres qui sont au bout en les plaçant au milieu au lieu d'en haut comme je le faisais. Puis il dit qu'il faut peindre très légèrement pour commencer. Je rentre n'ayant rien fait ; mais contente d'avoir eu une leçon de M. Renoir.

Nous recevons une lettre de dix pages de Jacques Drogue et une de Jeanne Clément qui nous apprend que son père est nommé général.

Dimanche 25 septembre — Geneviève écrit qu'elle a fini par trouver dans le buvard de son père un mot écrit le jeudi soir, veille de sa mort et adressé à elle et à sa mère dans lequel il leur demande de brûler ses papiers, tout étant inachevé. Quelle dure tâche et que c'est terrible de penser que le fruit d'un travail assidu de plusieurs années va ainsi disparaître dans les flammes, qu'une partie de son œuvre va mourir avec lui et quel bel exemple de dédain de son travail. Ah puisqu'il a compris qu'il allait quitter ce monde par quelles angoisses il a dû passer ce cher Monsieur Mallarmé en songeant qu'il laissait sa femme et sa fille seules et que de ses œuvres qui devaient être le couronnement des autres et qui avaient tant occupé sa pensée, il n'en resterait rien. Que dire à de si pénibles choses, que répondre à Geneviève comme consolations ? Sa mère est mieux mais elle a été souffrante, elle dit qu'elle ne viendra pas à Essoyes craignant le voyage pour Mme Mallarmé.

Le père Brote, notre propriétaire musicien, ou plutôt se croyant musicien, pense nous faire plaisir en nous faisant donner par la fanfare : « les Enfants d'Essoyes », un concert dans le jardin après lequel Jeanne joue une rhapsodie de Listz et nous offrons un goûter aux musiciens. Je suis en admiration devant leur mesure. Comme justesse cela laisse à désirer.

Dîner chez Mme Renoir.

Mardi 27 septembre — Jeanne Baudot qui disait venir nous voir m'écrit qu'elle ne peut pas. Nous attendons aussi miss Vos en arrivant ici, puis elle ne s'est pas décidée à quitter Paris à cause de ses leçons.

Mercredi 28 septembre — À bicyclette avec Jeannie, je tombe pour la première fois, très gaiement.

Jeudi 29 septembre — M. Renoir dit qu'il faut faire des natures mortes pour s'apprendre à peindre vite, il vient d'en faire de délicieuses.

Vendredi 30 septembre — Ce matin je fais des pêches dans une serviette puis dans la journée je commence une tête de Dina. Il me semble que cette journée est meilleure au point de vue peinture, tous ces jours-ci j'étais à bas. Il pleut, nous nous promenons à pied. Nous nous habituons à la campagne d'ici ; en venant de Givry les collines nous ont paru très basses.

Samedi 1er octobre — Le temps se remet, il ne peut pas faire mauvais cette année. Nature morte de prunes violettes ce matin et dans la journée grande promenade à pied et à bicyclette avec la famille Renoir.

J'ai commencé *Outremer* de Bourget, je croyais que cela m'intéresserait et je ne me décide pas à le finir et aime mieux lire quelques délicieux fins et gais vers de Théophile Gautier dans *Émaux et Camées* et le *Journal* de Delacroix. J'ai de la sympathie pour ce grand peintre, j'aime énormément sa tête, que son portrait peint par lui-même est beau ! Il est très occupé par l'hygiène du corps et de l'esprit et il me semble qu'il a raison de trouver qu'il est bon d'écrire un journal. Je me souviens que c'est lorsque Maman m'a lu des passages de ce journal que je me suis décidée à griffonner ces pages, inutilement pour ce qu'il en reste ; et après tout je ne vois pas beaucoup en quoi j'en profite ; maintenant peut-être serais-je encore un peu plus bête si je n'écrivais pas. Souvent je souffre de ne pas être plus intelligente. Je ne suis pas assez bête pour ne pas comprendre quels doivent être les agréments de l'intelligence, comme je ne suis pas assez laide pour ne pas me figurer le plaisir qu'on doit éprouver à être jolie.

Mais ce qu'il vaudrait mieux avoir c'est la bonté, la vertu, c'est cela qu'il faut travailler à acquérir en me contentant de ma tête et de mon petit cerveau.

Joli passage dans le journal d'Eugène Delacroix : « L'art du peintre est d'autant plus intime au cœur de l'homme qu'il paraît plus matériel, car chez lui comme dans la nature extérieure, la part est faite franchement à ce qui est fini, à ce qui est infini, c'est-à-dire à ce que l'âme trouve qui la remue intérieurement dans les objets qui ne frappent que les sens. »

Puis cette phrase que je trouve très juste en parlant de peinture : « Cet art ainsi que la musique sont au-dessus de la pensée : de là leur avantage sur la littérature par le vague. »

Dimanche 2 octobre — Geneviève, d'après sa lettre de ce matin n'a pas l'air d'aller bien, comme je regrette qu'elle ne soit pas venue ici ; un changement d'air avant la rentrée à Paris aurait été très bon pour elle. Elle va être dure cette rentrée à Paris pour sa mère et aussi pour les amis de son charmant père.

On m'envoie un article de Mme Catulle Mendès sur Monsieur Mallarmé. Cela me gêne pour le lire d'avoir vu cette femme si peinte, si mauvais genre. Son style est prétentieux et empêche d'apprécier tout à fait cet article qui est très bien d'idées : « Quand on lui avait dit, en paroles au hasard, des choses un peu senties, à peine réfléchies, qui auraient ennuyé tout autre que lui, on avait soudain la surprise, un peu orgueilleuse d'être compris mieux qu'on ne se comprendrait soi-même, d'entendre Stéphane Mallarmé en extraire, et si simplement et pour vous plaire, et vous l'attribuant leur quintessence d'esprit et de sensation. Les mots qu'on avait prononcés, bourgeons informes destinés à l'atrophiement s'épanouissaient en une belle fleur de pensée définitive et immortelle. Ce pouvoir, dont il n'usa que pour voir du rêve sur tous ceux qui l'environnaient ». Ce passage est très vrai.

Je travaille dans la journée une nature morte de perdreaux sur une nappe blanche avec pêches derrière, ce n'est pas facile. Quand j'ai juré de travailler je prends mon courage à deux mains pour aller demander à M. Renoir qui part demain de venir me donner des conseils. Il me donne une excellente leçon. Il dit que lorsqu'on commence une nature morte ou autre chose, il faut bien regarder les tons par rapport les uns aux autres, et esquisser très légèrement en observant bien ce qui est noir, gris et blanc. « Il n'y a que du noir et du blanc dans la peinture », dit M. Renoir. Puis il ajoute que l'on doit donner au blanc son intensité par la valeur de ce qui l'entoure et pas en y mettant du blanc. « Dans les œuvres d'un grand peintre comme les blancs sont beaux et simples parce qu'il sait leur réserver leur place ; regardez les blancs du Titien, les blancs de Manet, les blancs de Corot. » Ceci à propos de ma nappe dont je n'ai pas fait ressortir l'endroit lumineux ; mes perdreaux ne sont pas assez simples, pas assez veloutés ; ils manquent de couleur parce qu'il y en a trop, dit M. Renoir et il ajoute que les pêches sont très bien. Il me conseille de reprendre cela demain et qu'alors je verrai que les perdreaux sur la nappe ne sont pas en valeur lorsque j'éloigne ma toile. Puis il continue à parler peinture, il dit que c'est très bon de faire des maisons justement, d'apprendre à rendre le blanc des murs brillant au soleil. Enfin j'ai reçu une bonne leçon et voilà que tout en étant très contente, je pleure parce que je n'ai pas osé montrer à M. Renoir mes autres natures mortes et mes paysages sur lesquels je comptais lui demander son avis. Paule et Jeannie paraissent me trouver ridicule et elles ont raison ; elles disent, ce qui est vrai, que cette leçon sur les perdreaux comprend tout, qu'elle est générale.

Lundi 3 octobre — Jeannie et moi nous conduisons M. Renoir et Pierre à bicyclette avec Parisot à Bar-sur-Seine. Nous partons à 7 h 1/2 et rentrons à midi, cela fait une agréable promenade.

Je travaille à ma nature morte un peu abrutie par ma course de ce matin.

Mardi 4 octobre — Paule nous dit qu'elle est tombée hier de bicyclette en se trouvant brusquement en face d'une voiture à un tournant de rue et qu'elle s'est fait un peu mal au bras. Jeannie et moi lui reprochons vivement de ne pas nous l'avoir dit en rentrant et sommes émotionnées en pensant à ce qui aurait pu lui arriver.

La journée est grise et triste. Nous commençons de grands paysages d'après l'église, des toits et de petits arbres devant ; motif indiqué par M. Renoir.

Mercredi 5 octobre — Temps superbe. Matin violon, puis travaillé à l'entrée d'Essoyes dans le bas et fait un petit paysage de la route pénétrant dans le village, maisons grises et roses derrière les arbres. Les arbres sur le ciel que c'est difficile à faire. Avant je croyais qu'il fallait peindre le ciel avant, ces jours derniers je me disais qu'au contraire il fallait commencer par les arbres. Mais aujourd'hui je me dis qu'il ne faut faire ni l'un ni l'autre, mais peindre les deux, l'un dans l'autre ; les arbres légèrement, le ciel plus empâté. Ai-je raison ? Dans le paysage de Corot, de M. Renoir, comme ils sont flous sur le ciel du premier plan ; du reste ce qui est au premier plan doit être moins peint. Dans le jour, travaillé sous le soleil encore très chaud, au clocher, puis promenade à bicyclette avec Jeannie et notre professeur jusqu'à Viviers, charmant village situé dans une délicieuse petite vallée dont quelques maisons sont baignées par un petit cours d'eau et dont les autres aux toits violets entourent un mamelon planté de noyers aux feuillages qui se dorent et sur lequel est une petite église adossée aux vignes et au cimetière qui semble heureux d'occuper la place la plus élevée de l'endroit. Il y aurait un tas de choses à faire ici, c'est charmant, c'est assez bourguignon. La route que l'on prend pour arriver à Viviers de Landreville, traverse des vignes aux feuilles rouges et le paysage éclairé par le soleil couchant aux tons d'or était ravissant.

Après le dîner lecture par devoir d'un livre sur la peinture italienne de Lafenestre qui ne paraît pas très amusant. Chercher *La Vierge de Cimabue* au Louvre et aussi la première fois que j'irai y remarquer comme M. Renoir me l'a dit comment sont placés les paysages des différents peintres dans les toiles.

Comme Delacroix est poète ; qu'il dit bien que l'on peut toujours exprimer quelque chose de nouveau, que chaque âme a sa particularité :

« La nouveauté est dans l'esprit qui crée et pas dans la nature qui est peinte. » Il est l'heure de se coucher. Agréable journée.

Jeudi 6 octobre — Toute la matinée dans les vignes des Brotel sur la côte de Mellet à vendanger et à faire de l'aquarelle. La lumière est délicieuse, les coteaux enveloppés derrière les vignes dorées, superbes avec des figures dedans et parsemées de hottes de raisins violets. Que de belles choses à peindre. Les jeunes filles au teint coloré dans ces vignes sur le fond d'Essoyes ressemblent à une fresque italienne. Comme le mois d'octobre est bien à la campagne ; on en jouit d'autant plus que l'on voit les dernières merveilles de la nature avant de s'enfermer à Paris. Monsieur Mallarmé disait que c'était le lever de rideau.

Vendredi 7 octobre — Il me semble continuellement que nous allons retrouver Monsieur Mallarmé en rentrant à Paris et cela me paraît atroce lorsque je me dis que nous ne le verrons plus jamais.

Geneviève écrit toujours bien tristement. Elle et sa mère vont mieux bien doucement. Elles ont quelques visites d'amis fidèles ; Valéry entre autres qui paraît bien gentil. Je me souviens que l'année dernière Monsieur Mallarmé avait dit qu'il désirait se marier et nous y avions pensé pour Jeannie. Depuis que je vois qu'il paraît être un garçon de cœur pas trop littérateur, intellectuel je veux dire, je songe qu'il ferait en effet un très gentil mari pour ma chère Nini. Mais comment arranger cela ? Monsieur Mallarmé disait que Valéry le faisait penser à lui jeune.

Samedi 8 octobre — Très jolie promenade à bicyclette. Petit coin de Seine près d'une ferme, charmant, ressemblant à un Renoir. Vu Mussy avec sa vieille église assez particulière.

Lundi 10 octobre — Geneviève nous envoie des articles sur son père ; il y en a de très bien. Ce qui me paraît être plus intéressant c'est la jolie étude de Régnier pleine de conscience et de vérité qui a paru dans la revue de Paris. Le plus court article de Mauclair qui serait tout à fait bien s'il supprimait quelques « je » dont il abuse. Il devrait penser au précepte de Puvis de Chavanne sur ce qu'on doit, lorsqu'on a écrit, se relire et supprimer les je. Je copie la fin qui est très belle : « Selon le cri prodigieux que lui inspire la statue d'Edgar Poe, où il vit au lieu du bronze inerte, le poète ressuscité. »

« Tel qu'en lui-même enfin l'éternité le change, Stéphane Mallarmé est remonté aux régions surnaturelles qu'il aimait, et que son geste et ses grands yeux fiers semblaient désigner et contempler. Sa voix sourde déjà nous parlait du fond des ombres. Nous sentions qu'il n'appartenait qu'à demi à la terre. Mais personne ne supporta d'y figurer le temps nécessaire avec une plus hautaine beauté. »

Georges Rodenbach raconte sa vie de jeunesse en Angleterre et le décrit bien. Il cite une jolie réponse à cette demande de Daudet : « Mais, mon cher Monsieur, dites-nous donc, vous devriez nous écrire, ce serait si intéressant ! Si c'est volontairement que vous vous êtes retiré dans des ténèbres, pour ne pas que tout le monde vous y suivît, pour être seul avec une élite, avec vous-même, avec votre rêve ; ou bien si c'est involontairement ? » La question espiègle resta en suspens, il y eut un silence. Daudet qui mettait dans tout une certaine malice, darda son monocle. Goncourt souriait, dans l'attente de l'amical tournoi ne sachant vers qui son vœu penchait. Alors Mallarmé avec sa sérénité souriante, ébaucha un de ces gestes (un peu de prêtre, un peu de danseuse) avec lesquels il avait l'air chaque fois d'entrer dans la conversation, comme on entre en scène et dit : « Mais est-ce que l'opération même d'écrire n'est pas de mettre du noir sur du blanc ? »

Puis il y a aussi de jolis articles d'Armand Sylvestre, etc., un signé Fagus dans lequel sont cités les si beaux poèmes de Monsieur Mallarmé : « Brise marine et l'Azur ».

Mardi 11 octobre — Je finis une nature morte de pommes, poires, raisins blancs et noirs qui coulent d'un petit panier rond renversé sur une nappe. Je vois un Jordaens d'après cela ; mais malheureusement je n'en fais pas un ; il y a peut-être progrès dans la nappe. Après avoir travaillé le matin devant un Jordaens, dans le jour c'est d'après un Chardin que je peins : une salade, des oignons, des carottes devant une petite casserole de cuivre jaune et un torchon.

Samedi 15 octobre — C'est désolant, Geneviève ne va pas, ses troubles au cœur augmentent. La vie de ces deux malheureuses femmes malades dans ce triste Valvins est terriblement angoissante. Elles ne sont pas en état de rentrer, je crois que nous ferions bien d'aller les chercher. La santé de Geneviève m'inquiète, depuis un an déjà elle a bien mauvaise mine et elle vient d'être terriblement secouée.

Avant de renvoyer les articles sur Monsieur Mallarmé à Geneviève, je relisais ces pages profondes et spirituelles de De Régnier qui dépeignait si bien le doux poète qu'était ce charmant M. Mallarmé :

« C'est agréable, me disait l'autre jour Jeannie en suivant la rivière aux teintes automnales voilées d'un gris mystérieux, en lisant ces articles de voir exprimer ce que l'on pense et qu'on ne sait dire. » Oui, et voici décrit M. Mallarmé au concert Lamoureux en ces lignes d'Henri de Régnier, tel que je le vois et que je le dépeindrais si j'avais à mon service cette langue si belle, si faite pour parler de celui même qui travaillait :

« Auditeur attentif, il interrogeait les rythmes de son beau regard pensif et voluptueux. Il suivait, le crayon levé l'arabesque multiple de la symphonie et notait, sur un papier sa réponse peut-être à la voix universelle qu'est la musique.

Puis le morceau fini, le feuillet s'éclipsait jusqu'à ce que la reprise du concert autorisât le même usage mystérieux. Stéphane Mallarmé aimait passionnément la musique qu'il appelait : « le plaisir sacré »... il y trouvait une secrète analogie avec la nature et comme il disait « le dernier et plénier culte humain »... mais il se demandait comment cette « sourde puissance » attirait à elle ainsi cette foule unanime ; comment il se faisait que cette multitude « satisfaite du même jeu de l'existence, eut besoin de se trouver face à Face avec l'indicible et le pur, la poésie sans les mots » ; quel rapport y a-t-il entre « une assemblée contenue et sobre » et ce qu'il nommait « les bouffées infinies » de l'orchestre. Parfois il en augurait de radieuses possibilités poétiques à moins qu'il ne se contentât de voir en cet engouement « le lavage dominical de la banalité ? »

« C'est ainsi qu'il dissertait quand, sorti du temple sonore à un bras ami, il s'attardait en longues causeries confidentielles...

« La promenade à travers les idées durait en conduites et reconduites réelles jusqu'à l'angle d'une rue où le seuil d'un logis avec la poignée de main d'adieu qui semblait figurer tout ce que venait de vous donner en esprit ce dispensateur merveilleux de lui-même. »

Je recueille aussi éparses ces phrases si justes sur l'art et les œuvres de Monsieur Mallarmé :

« Il est entendu certes que la matière commune de toute œuvre d'art est ce qui est. Sa condition reste inévitable, mais pour la plupart, l'univers consiste en personnages, sentiments, passions, lieux, mœurs et autres particularités qui ne sont pour un Stéphane Mallarmé que des signes à interpréter. Ils n'ont de sens qu'en leurs rapports et leur hiérarchie. L'ensemble, pour celui qui en prend conscience, constitue la vérité.

« Lisez l'*Après-midi d'un faune*. Écoutez l'églogue moduler sur sa flûte un songe d'ivresse et de soleil. Le roseau a encore la fraîcheur de la source natale où il fut cueilli avant que, durci au vent qui le dessèche, il devienne la pointe aiguë qui trace sur les tablettes l'arabesque sonore qui sera comme la ligne musicale de l'idée.

« D'ailleurs peut-on prétendre expliquer quoi que ce soit, surtout des vers ? » Comme disait malicieusement Stéphane Mallarmé : « cela tendrait à faire croire qu'ils sont obscurs. »

Dimanche 16 octobre — Tout le tumulte qui règne en ce moment à Paris est inquiétant, pourvu que cela ne tourne pas mal ; je fais des vœux pour que cela finisse. Si les chemins de fer se mettent complètement en grève, il arrivera probablement de terribles accidents. Entre les grèves et l'interminable affaire Dreyfus on ne peut augurer rien de bon.

Penser la première fois que j'irai au Louvre voir les tableaux de Pietro de Cortone, de Francesco Solimena et de Giotto.

Joli ce que dit Delacroix sur : « Le poète se sauve

par la succession des images, le peintre par leur simultanéité »...

« Si on considérait la vie comme un simple prêt on serait moins exigeant »...

« Combien de livres qu'on ne lit pas parce qu'ils veulent être des livres »...

Principes pour le dessin et la peinture de Delacroix : « En tout objet la première chose à saisir pour la rendre avec le dessin, c'est le contraste des lignes principales. Avant de poser le crayon sur le papier en être bien frappé...

« Bien distinguer les différents plans en les circonscrivant respectivement ; les classer chacun dans l'ordre où ils se présentent au jour, discerner avant de peindre ceux qui sont de même valeur... »

Delacroix et Victor Hugo ne s'aimaient pas ; c'est curieux quelques fois comme de grands artistes ne se comprennent pas mutuellement : « M. Victor Hugo, disait Baudelaire, est un grand poète sculptural qui a l'œil fermé à la spiritualité. »

Lundi 17 octobre — Communié ce matin. Mon plus grand désir est de voir Geneviève mieux ; elle et sa mère moins malheureuses ; oh mon Dieu ! exaucez ma prière, il me semble qu'étant en état de grâce je puis mieux vous demander de secourir ces malheureuses femmes !

Quel sentiment de sécurité on éprouve lorsqu'on prie à la nuit tombante dans une église où l'on voit peu à peu luire les cierges allumés. Quelle impression grande d'oubli pour ce monde, d'amour pour Dieu j'éprouvais hier au soir au moment de me confesser. Hélas, je suis encore retombée dans les mêmes fautes. L'année s'avance et je n'ai guère fait un pas dans la vertu depuis ces Pâques qui auraient dû être si profitables. Et mes résolutions de l'Assomption ! Je n'arrive pas à faire chaque jour mes prières avec toute l'attention que je devrais y porter. Mais il ne faut pas se décourager et essayer de rattraper le temps perdu. Il faut pendant ces quinze jours jusqu'à la Toussaint m'observer tout particulièrement. Ne pas oublier que la mort peut vous surprendre d'un moment à l'autre. Je crois qu'il est bon chaque dimanche de jeter un coup d'œil sur la conduite de la semaine.

Yvonne Lerolle m'annonce son mariage avec Eugène Rouart. Notre génération à Jeannie et à moi commence à se marier, nous ne sommes décidément plus de toutes jeunes filles.

Comme les années filent vite ! Dans deux mois ce sera l'époque du triste 1er janvier et bientôt 1900 qui m'apparaissait si lointain étant enfant.

Jeudi 20 octobre — Jour superbe, un peu froid, atmosphère d'automne rosée, qui fait oublier les fréquentes ondées des semaines dernières !

Ceux qui n'ont pas encore terminé leurs vendanges vont les finir sous le soleil. Chez Brotel, mardi a été le dernier jour, que l'on fête en revenant en chantant et en accrochant à la porte du propriétaire un genévrier ou un bouquet et des lanternes vénitiennes puis en faisant un bon repas suivi de réjouissances. Nous sommes descendues trinquer avec les vendangeurs et assister à leurs jeux qui consistaient à se tenir en équilibre sur une bouteille, sur un bâton, etc., et à rire.

Geneviève est un peu mieux mais maintenant c'est Madame Mallarmé qui est reprise de ses crises d'estomac. Pauvres femmes ! on ne peut assez les plaindre.

Regarder quand j'irai au Louvre : *Le Couronnement de la Vierge* de Fra Angelico puis ce qu'il y a de Paolo Uccello et de Filipo Lippi.

Le livre sur les Primitifs commence à m'intéresser bien qu'il soit fait d'une façon ennuyeuse. Je lisais hier soir les procédés de la peinture ancienne ; fresque, peinture à l'œuf et à la colle remplacées par la peinture à l'huile découverte au Xe siècle par le moine Théophile puis retrouvé par Cennino Cennini et enfin par les frères Van Eyck.

M. Renoir dit qu'il trouve que la vraie peinture est à l'huile plutôt qu'à l'essence et que l'on a besoin de s'en servir seulement pour les choses que l'on veut faire plus vite. J'essaye de l'huile depuis un mois, je trouve que cela donne plus de consistance et que cela lie plus. M. Renoir est en Hollande avec Faivre, Durand-Ruel fils, M. Bérard et « e... » dit-il. Nous avons tellement l'habitude de voyager qu'il me semble drôle que l'on parte sans nous. Monsieur Mallarmé nous appelait en riant « l'Escadron volant ». Il me semble que j'ai un peu appris en peinture ici ; est-ce une illusion ? Cela ne veut pas dire que je fasse encore rien de bon mais je crois mes dernières natures mortes mieux que les premières. Enfin je ne suis pas découragée en ce moment. Depuis que j'ai communié je me sens plus calme, je vais à la messe tous les matins, je travaille et je jouirais de cette vie si ma pensée n'était sans cesse vers madame Mallarmé et Geneviève. Je voudrais que mes prières pour elles soient dignes d'être exaucées !

Samedi 22 octobre — Temps grotesque de laideur. Pluie.

Dimanche 23 octobre — Le dernier à Essoyes qui est ravissant. Promenade, arbres or et rouges sur le ciel bleu éclairé par le soleil, effets étonnants.

Lettre de Geneviève tout à fait charmante qu'elle termine par ces mots de son père : « ces enfants sont de notre famille ». M. Mallarmé me faisait bien l'effet d'être de ma famille. Mme Mallarmé n'est pas mieux.

Je pense aux Primitifs, à Mantegna ce matin en terminant de souvenir mes vendangeurs. J'ai fini le livre de Lafenestre. Penser à voir encore au Louvre : fragment d'une prédelle de Pesellino, un tableau de Lorenzo di Credi, un Stefano di Giovanni dit Sassetta, un de Pietro Perugin, un d'Antonello de Messine, les portraits de Bellini, un de Lorenzo Costa, un de Francia, et regarder les Boticelli, Mantegna et Carpaccio, toute la galerie des sept maîtres.

Mardi 25 octobre — Appelée hier par dépêche à Valvins auprès de madame Mallarmé qui a été très malade dimanche et Geneviève très inquiète. La visite du Dr Utinet leur a fait beaucoup de bien et nous les trouvons un peu mieux que nous ne l'espérions. Mais quelle triste vie. Nous forçons Geneviève à se promener en voiture et à manger.

Mercredi 26 octobre — Geneviève nous raconte très joliment l'histoire de Villiers de l'Isle-Adam, sa fin, son mariage avant avec une femme qui ne savait même pas écrire et dont il avait un fils. Comment il avait été très pénible à monsieur Mallarmé d'insister auprès de son ami pour que ce mariage eût lieu à cause de l'enfant, l'impression triste qu'il éprouva en voyant cette femme signer d'une croix sous le beau nom de Villiers de l'Isle-Adam.

Les journaux apportent de mauvaises nouvelles de Fachoda ; quelle question inquiétante, ce serait horrible d'avoir une guerre avec les Anglais ; leur marine est si forte. Cette idée me navre.

Nous passons nos journées à coudre en causant dans cette pièce rouge de celui qu'on voudrait y voir, et on parle du passé ; vivre parmi les souvenirs est encore ce qu'il y a de plus doux lorsqu'on est triste. Geneviève me rappelait la façon spirituelle dont Maman avait dit à son père : « Devinez ce que Renoir a fait ? » en venant le voir il y a quatre ans après la naissance de Jean ; et je me souviens qu'elle ajoutait : « Renoir va encore réfléchir et dans dix ans il se décidera à avoir une fille. »

Nous apprenons la mort de Puvis de Chavanne qui suit de près sa femme au tombeau. La dernière fois que je l'ai vu c'est à l'exposition des œuvres de Maman ; il m'a parlé un peu. Je me souviens qu'autrefois il venait souvent à la maison, surtout à Bougival. C'est là qu'un jour en le voyant arriver je m'étais écriée devant lui : « Voilà le Bonhomme ». Nom que je lui donnais à cause de son teint rouge. J'avoue qu'il parut étonné en m'entendant, les enfants sont terribles. Il revenait rue de Villejust jusqu'à il y a une dizaine d'années. C'est alors qu'il racontait à Maman comment il ne voulait plus aller dîner chez Mme Pillaut qui, un jour qu'il demandait du pain à la bonne, s'était penchée gracieusement vers lui en lui disant : « De la mie n'est-ce pas ? »

Il écrivit une très jolie lettre à Maman en 92 après son exposition chez Valadon. Tout à fait autrefois il était en correspondance avec elle et j'ai beaucoup de lettres de lui.

Jeudi 27 octobre — Geneviève nous apprend la passion de Mauclair pour Mlle Leblanc, comment elle l'a lâché et comment le susdit Mauclair a retrouvé ses propres lettres pleines de passion chez Maeterlinck. Aussi s'est-il vengé d'elle dans le Soleil des mots où Monsieur Mallarmé est principalement en scène.

La tristesse est maintenant ancrée en Geneviève, on sent que rien ne pourra l'en sortir, c'est désolant. Elle a perdu à la fois son père et son ami. On ne peut pas se faire à cette disparition.

Vendredi 28 octobre — Journée ravissante enveloppée d'une légère brume, la rivière est d'un bleu délicieux, les arbres légers. Les Bourges, qui quoique voisins de Mme Mallarmé ne paraissent pas souvent, viennent faire une visite et semblent très gênés. Le ménage ne marche pas bien. À propos de Paul Margueritte on parle divorce :

« C'est un élan à prendre », dit Bourges et il raconte que Caton empruntait les femmes de ses amis. Mme Bourges n'a vraiment pas une vie gaie ; l'hiver dernier il était fort question d'une séparation et lorsqu'elle faisait ses confidences à Mme Natanson, « Trompez-le » lui disait celle-ci et Mme Bourges répondait : « Il ne s'en apercevrait même pas. » Je le trouve un peu dégoûtant ce Bourges si égoïste sous cet aspect aimable et charmant.

Samedi 29 octobre — Nous allons avec Geneviève au cimetière. Notre pauvre amie pleure en passant devant cette petite église où a eu lieu la cérémonie en suivant cette route qui mène à sa dernière demeure et nous laissons couler nos larmes avec elle ; et nous prions devant la tombe de ce poète si délicieux, de cet ami si bon, de ce paternel protecteur. Sa mort est effroyable ! Ah, ces pauvres femmes !

Je lis une très jolie lettre de lui écrire à Verlaine qui a paru dans une revue. Il vit, parle de ce livre, hélas, qui trois mois plus tard devait être achevé et qui maintenant sera dévoré par les flammes dont l'idée, qu'aucun autre cerveau ne concevra, disparais. Une pensée trop grande, trop au-dessus de l'intelligence humaine pour qu'une vie suffise à sa création et qui s'envolera avec celui qui l'émettait. C'eut été curieux ce livre comme aucun autre, de quel travail de pensée il eut été le résultat. Geneviève nous donne à lire quelques fragments de vers d'Herodiade et autres que M. Mallarmé venait de terminer, ils sont superbes. Le cantique de saint Jean surtout est d'une richesse et d'une simplicité magnifique. Je vais essayer de me les rappeler et de les écrire ici. Geneviève ne les montre qu'aux amis intimes et ne veut pas qu'ils soient connus.

Aussi pour les posséder ne puis-je les avoir qu'en ma mémoire qui j'espère me laissera les reproduire à peu près :

« Le soleil que sa halte
Surnaturelle exalte
Aussitôt redescend
Incandescent
Je me sens comme aux vertèbres
S'éployer des ténèbres
Toutes dans un frisson
À l'unisson
Et ma tête surgie
Solitaire vigie
Dans les bois triomphaux
De cette faux
Comme rupture franche
Plutôt refoule ou tranche
Les anciens désaccords
Avec le corps
Qu'elle de jeûnes ivre
S'opiniâtre à suivre
En quelque bond hagard
Son pur regard
Là-haut où la froidure
Éternelle n'endure
Que vous le surpassiez
Tous ô glaciers
Mais selon un baptême
Illuminée au même

Principe qui m'élut
Penche un salut. »

Mme Mallarmé et Geneviève nous donnent en souvenir de Monsieur Mallarmé les trois petites gravures anciennes représentant l'été, l'hiver et le printemps que nous lui avions rapportées de Rouen et dont il se servait comme presse-papiers. Il nous est doux d'avoir ces objets que chaque jour en travaillant il touchait et qui retenaient ces milliers de petites feuilles recueils de sa pensée.

Dimanche 30 octobre — Nous quittons à regret Valvins et ses malheureuses habitantes, espérant que bientôt elles pourront revenir à Paris. Nous courrons dès ce soir chez Mme Mayniel.

Lundi 31 octobre — J'aime à retrouver notre joli intérieur, à contempler toutes ces toiles délicieuses qui me font vivre plus près de ma chère Maman ; j'aime à retrouver tout ce milieu de quoi j'ai toujours vécu avec Papa et Maman. Je relis des lettres de ce pauvre Monsieur Mallarmé ; comme il m'en a écrit une jolie pour mes 18 ans où il parle des petites gravures, elle est délicieuse et tous ses quatrains.

Mardi 1er novembre — Au cimetière du Trocadéro. Les chrysanthèmes semblent s'ouvrir et épanouir leur chevelure d'or, de neige de tous tons pour fêter les saints, pour rendre hommages aux morts. Il fait beau comme presque toujours à la Toussaint. Le beau temps, le ciel bleu qu'il fait lorsque je visite la tombe de ma pauvre Maman, mon pauvre Papa et de mon oncle Édouard me paraît vouloir dire que ceux qui reposent là sont heureux là-haut.

Nous allons voir Mme Renault et Berthe qui est charmante, pleine de gaieté et d'esprit ; nous rions de bon cœur avec elle. Elle nous chante une chanson très drôle composée par elle sur une visite qu'elle fit à cheval chez un châtelain près de Bourgueil. Je suis enchantée de la retrouver.

Mercredi 2 novembre — Le matin communié, puis allées au Père-Lachaise.

Jeudi 3 novembre — Au cimetière de Genevilliers à la tombe de mon bon oncle parrain. Visite à tante Suzanne puis aux Renoir que nous ne trouvons pas et enfin à M. Degas qui nous reçoit très gentiment dans son atelier où il vient de travailler à une petite cire ravissante représentant une femme nue. Nous parlons de la pauvre famille Mallarmé puis de M. Renoir, de Jeanne Baudot dont M. Degas trouve la façon de dire bonjour charmante : « ses charmes m'ont séduit » dit-il, puis tout à coup il s'écrie : « Si j'épousais Mamzelle Baudot !... ce serait un drôle de mariage ». M. Degas ne parle plus que mariage ; à propos de celui d'Yvonne Lerolle avec Eugène Rouart il nous raconte que l'hiver dernier au Louvre il avait dit à Ernest Rouart : « Eh bien tu vois ces jeunes filles, à laquelle veux-tu que je fasse ta demande ? Je t'assure que tu ne seras pas repoussé ; tu es gentil, tu as de la fortune, tu n'as pas l'air d'un viveur ».

Jamais Ernest n'a voulu répondre et nous comprenons maintenant pourquoi il était pris d'effroi à notre vue. M. Degas dit qu'il veut s'occuper de notre mariage, il nous offre Fauché qui est marié, Faivre, et demande si Jacques Drogue cet été n'a pas manifesté des intentions ; enfin nous quittant après avoir montré le magnifique portrait de M. de Norvins par Ingres qu'il vient d'acheter (se rappeler la cravate blanche dans le noir) il nous dit qu'il s'occupera de nous.

Nous avons éprouvé un grand plaisir à plaisanter ainsi et à causer avec le charmant homme d'esprit qui était très affectueux. À sa porte après nous avoir tâté les joues, il nous a embrassées.

Vendredi 4 novembre — À l'atelier de Jeanne Baudot où nous trouvons Jeanne Clément charmante dans sa robe grise, chapeau gris avec deux camélias roses sur ses cheveux noirs, puis M. Renoir qui a rajeuni. Nous allons faire une visite à Mme Clément. Nous faisons à Jeanne B. la demande en mariage de M. Degas et Catherine déclare que M. Degas est trop vieux pour Mlle Jeanne.

Dimanche 6 novembre — Messe de communion des enfants de Marie. Temps superbe ; concert Lamoureux où je m'attends à chaque instant à apercevoir Monsieur Mallarmé et à jouir à la sortie de sa conversation.

Nous entendons diverses ouvertures et symphonies bonnes, Diener plus amusant dans un concerto de Beethoven et un superbe fragment du *Crépuscule des Dieux*. C'est beau les différents timbres de l'orchestre, la sonorité à laquelle il parvient.

Aperçu Jules et Madeleine puis Drogue qui nous reconduit et monte à la maison. Nous lui montrons ce que nous avons fait à Essoyes.

Quelques passages du *Journal* de Delacroix :

Quel que soit le chagrin que l'on éprouve à voir l'impression de simplicité d'une belle ébauche disparaître à mesure qu'on y ajoute des détails, il reste encore beaucoup plus de cette impression que vous ne parveniez à en mettre quand vous avez procédé d'une façon inverse. »...

« Ces ébauches avec le ton et la mesure seule sont vraiment admirables sur ce genre de travaux sur parties comme des têtes, par exemple, préparées par une seule tache à peine modelée. Quand les tons sont justes, les traits se dessinent comme d'eux-mêmes... »

« Dumas ne tarit pas sur cette place publique banale, sur ce vestibule de palais, où tout se passe chez nos tragiques et dans Molière. Ils veulent de l'art sans convention préalable. Les prétendues invraisemblances ne choquaient personne ; mais ce qui choque horriblement, c'est dans leurs ouvrages ce mélange d'un moi à outrance que les arts repoussent avec les sentiments, les caractères ou les situations les plus fausses et les plus outrées... Pourquoi ne trouvent-ils pas qu'une gravure ou qu'un dessin ne représente rien, parce qu'il y a manque de couleur ?... S'ils avaient été sculpteurs, ils auraient peint les statues et les auraient fait marcher par des ressorts et ils se seraient cru beaucoup plus près de la vérité. »

Comme ceci me semble juste, il faut laisser place à l'imagination dans l'art.

Puis ce passage suivant rend bien mon impression sur le Jordaens : « Le Jordaens est un chef-d'œuvre d'imitation large et bien entendue, comme peinture. Voici un homme qui fait bien ce qu'il est propre à faire !... Que les organisations sont diverses. Cette absence complète d'idéal choque malgré la perfection de la peinture, la tête de cette femme est d'une vulgarité de traits et d'expression qui passe toute idée ! Comment ne s'est-il pas senti le besoin de rendre le côté poétique de ce sujet autrement qu'avec les admirables oppositions de couleurs qui en font le chef-d'œuvre ?... C'est dans l'accord des qualités individuelles avec les lois générales du beau et du bon, qu'éclate la véritable originalité. »

« Ce serait une bonne chose, en commençant, que d'établir la gamme d'un tableau par un objet clair dont le ton et la valeur seraient exactement pris sur nature : un mouchoir, une étoffe... »

Lundi 7 novembre — Visite aux Angoulvent et à Mme Roudier, Raymonde toujours très amusante.

Dîner chez Mme Baudot ; le tout Givry réuni avec en plus M. Renoir et les Bertrand, on s'amuse bien, on reprend les jeux de la terrasse du Doyenné.

Mardi 8 novembre — C'est au théâtre Montmartre qu'on se retrouve avec Faivre en plus qui est vraiment drôle. Nous arrangeons une petite surprise pour Jeanne Baudot qui n'a pas voulu à notre demande donner une petite fête pour pendre la crémaillère dans son nouvel atelier. Nous allons entrer de force chez elle vendredi.

Mercredi 9 novembre — Passé la journée à l'atelier de M. Renoir qui est tout ce qu'il y a de plus gentil, il me donne un petit paysage fait à Essoyes dont j'avais très envie ; je suis enchantée de l'avoir. Ses décorations de portes pour M. Gallimard sont ravissantes et tout ce qu'il a fait à Berneval délicieux.

Vendredi 11 novembre — Depuis le matin on cherche des loques à se mettre sur le dos car c'est en modèles italiens que nous devons nous présenter toutes les trois avec Jeanne Clément, Drogue et Faivre à 4 heures à la porte de l'atelier de Jeanne Baudot apportant des instruments de musique, des gâteaux, du vin de Champagne et des bougies. On se donne rendez-vous chez Jacques Drogue où nous arrivons après avoir cherché dans Paris, Paule des cheveux blancs, Jeannie des noirs et moi des roux. Nous avons ainsi l'air de parfaites Italiennes. On se dirige vers l'atelier de Jeanne B., nous montons son escalier, Faivre en barbe et perruque rousse tape à sa porte en demandant « Mamzelle Baudot » qui referme sa porte en disant qu'elle n'est pas là. Alors nous entamons une musique extravagante, Jeanne ouvre sa porte et sa cousine peu costumée nous fait reconnaître, puis nous entrons comme des fous. Nous trouvons M. Renoir qui était dans le secret et travaillant avec Jeanne, avait été chargé de la garder jusqu'à notre arrivée à son atelier, ce qu'il avait encore assez de peine à faire.

On commence par goûter, On nous retient

comme modèles, on allume les bougies que l'on plante en haut de l'escalier puis on se livre aux jeux de la brosse, colin-maillard, etc. M. Renoir valse avec moi en prenant des poses extraordinaires, Faivre, en jupe esquisse des pas de danse, puis à un moment donné il éteint tolites les bougies, enfin on s'amuse bien et puis Mlle Jeanne B. nous emmène tous dîner chez elle. Quel ahurissement pour Mme Baudot de voir arriver sept jeunes personnes en plus un vendredi. Le soir, les Jeanne toujours infatigables veulent absolument aller à la foire de Montmartre, ce qui n'amuse personne. On finit la partie par Dezon. Faivre fait une cour assidue à sa cousine Jeanne Clément (car ils ont découvert qu'ils sont cousins) et elle lui répond. On s'amuse vraiment bien avec toute *cette* compagnie, Drogue et Faivre sont très bien ensemble ; c'est agréable d'avoir des amis hommes avec lesquels on est d'autant plus à l'aise que l'on a aucune vue sur eux. Faivre a un tact étonnant au milieu de cette liberté et ce sans façon qui le rendent drôle. Il m'appelle « mon trésor », me dit « à ta santé, mon petit chat » sans que je trouve qu'il va trop loin, on sent qu'il ne dépasserait pas les limites. Nous jouons comme des enfants et vraiment c'est encore ce qu'il y a de plus amusant d'être enfant.

Que de distractions cette semaine : « nous commençons bien », dit Drogue. En effet, cette société pour laquelle il faudrait avoir un nom se retrouve partout.

Dimanche 13 novembre — Au concert Lamoureux où nous retrouvons Mme Clément, Jeanne et Drogue, puis quel n'est pas notre étonnement de voir entrer Faivre aux places chics d'où il nous regarde avec un certain dédain, nous qui sommes aux dernières places : « Il doit dire au monsieur qui est avec lui : ce sont des petits modèles auxquels je dis bonjour », pense Jeannie.

Nous entendons le premier acte de *Tristan et Yseult* c'est superbe ! on se sent pénétré d'un fluide harmonique en écoutant cette musique d'une beauté surnaturelle. Tout cet acte se suit comme une unique phrase ; les passages les plus beaux, les plus chantant apparaissent sans brusquerie aucune, tout cela est fondu l'un dans l'autre, enveloppé comme la belle peinture, il y a de l'atmosphère. Il me semble que nul art ne peut vous élever autant, que nul art ne parle tant à l'âme que la musique. Ce qui n'empêche que la peinture est bien amusante, plus peut-être à mon sentiment et la, musique plus surnaturelle. Je crois que tous les arts ont un lien commun.

À la réunion des enfants de Marie, on nous parle de la vanité.

À dîner chez les de Rugy, Julie a l'air contente, mais je la plains d'avoir un mari aussi sourd.

Lundi 14 novembre — Voilà que j'entre déjà dans le n° 2 *:* 20 ans : on me les fête très gentiment à Bellevue où nous allons déjeuner ; tous les enfants me reçoivent une fleur à la main en criant vive Julie puis on nous donne un déjeuner excellent servi sur une table remplie de fleurs, on boit du Champagne à la joie des cinq enfants qui sont charmants tous autour de la table avec leurs gentilles figures, Maxime et Juliette surtout avec leurs cheveux si blonds ; puis on m'apporte un magnifique gâteau sur lequel est écrit : « Vive Julie — 14 novembre 78 ». Enfin on est tout à fait gentil avec moi.

Mardi 29 novembre — Leçon avec Jules.

Jeudi 1er décembre — Visite à Mme Normant.

Dimanche 4 décembre — Nous essayons en vain d'entrer à Colonne où on donne un festival Wagner et nous allons à Lamoureux entendre du Berlioz. Quel délicieux compositeur qui vous fait éprouver de si douces sensations. « L'âne paissant, l'enfant dormant » dans *L'enfance du Christ* est-ce reposant. Je trouve les fragments des *Troyens* très beaux ; ce doit être intéressant à entendre en entier.

Nous finissons notre journée chez Mme Mallarmé.

Mardi 6 décembre — Comme nous racontons à Jules qu'une queue faisant tout le tour du Châtelet, dimanche, nous a empêchées d'entrer au concert, il dit : « C'est bien cela les Français, ils avaient deux concerts, l'un d'un auteur français, l'autre d'un auteur étranger et ils accourent tous à celui de ce dernier ; Wagner n'est pas fait pour être entendu au concert, le festival Berlioz était évidemment beaucoup mieux, etc. » Il s'emporte à la façon de M. Renoir et change d'avis chaque jour, il est vraiment drôle.

Mercredi 7 décembre — Nous conduisons Jeanne Baudot chez M. Degas ; elle met ce qu'elle a de plus élégant pour aller chez son admirateur ; mais malheureusement il la reçoit dans l'obscurité. On parle beaucoup de la lettre de M. Bertrand pour défendre Piquart.

Jeudi 8 décembre — Jeanne Baudot et Drogue dînent avec nous.

Vendredi 9 décembre — Je lis l'article de Mauclair sur Monsieur Mallarmé qui est vraiment étonnant, il donne une explication sur le travail, la façon d'écrire de Monsieur Mallarmé, c'est extrêmement intéressant. Il a un cerveau étonnant ce Mauclair.

Dimanche 11 décembre — Journée chez Mme Quesnoy et ensuite réception des enfants de Marie. Jeannie et moi recevons les rubans bleus qui vous consacrent à la Sainte Vierge. « Les enfants de Marie doivent faire mieux que d'autres » dit le curé. Et oui, ne faudrait-il pas se montrer de véritables enfants de la Sainte Vierge. Ah, vraiment il faut que je change, que j'agisse plus pour Dieu.

Lundi 12 décembre — Visite aux Angoulvent, Mme Renault et Berthe viennent dîner et Berthe nous lit une pièce qu'elle a commencée où nous jouerions, qui est charmante ; le 1er acte se passe dans une cordonnerie.

Mardi 13 décembre — Dîner chez Mme Baudot.

Mercredi 14 décembre — À l'atelier de Jeanne B. le matin et déjeuner chez M. Renoir.

Vendredi 16 décembre — Nous avons Raymonde Roudier à déjeuner. Aussitôt après son départ Faivre arrive et il passe deux heures à la maison, on lui sort toutes les bouteilles de liqueurs, cerises à l'eau de vie et ensuite nous partons avec lui. Nous allons voir Geneviève chez laquelle nous rencontrons Mme Normant.

Samedi 17 décembre — Petite soirée chez Mme Renault, on y joue la comédie.

Dimanche 18 décembre — Jeannie va au concert Lamoureux avec les Clément, Paule et moi nous allons chez Mme Mallarmé, puis nous retrouvons les Clément pour aller dîner avec eux au fort de Vincennes. Nous ne le voyons qu'à la nuit mais il nous paraît très beau, imposant. Le général Clément a un immense appartement.

Mardi 20 décembre — Berthe vient dîner et nous lit la fin de sa comédie qui n'est pas du tout bien comme le commencement. Après lui avoir fait tant de compliments l'autre jour, nous ne savons que lui dire aujourd'hui.

Mercredi 21 décembre — Visite aux Baudot chez lesquels nous rencontrons Mme Gallimard qui offre à la société une petite partie aux Variétés pour le 30. Chez les Mallarmé, Geneviève rit beaucoup de penser que nous allons aux Variétés. Dîner chez les Mayniel.

Jeudi 22 décembre — Jeannie fait une tentative chez Pugnot pour avoir des leçons avec lui et elle rentre découragée.

Nous allons à la soirée de contrat d'Yvonne Lerolle qui a lieu chez M. Rouart à l'entrée, Ernest m'offre le bras pour m'amener à Yvonne. Nous retrouvons beaucoup de gens de connaissance et pendant que l'on fait de la bonne musique on se ravit les yeux en regardant les Corot. Yvonne est charmante dans une robe blanche pailletée d'argent, et son fiancé tout à fait gentil.

Je suis toute étonnée d'apercevoir Valéry et je n'ai qu'une idée c'est que nous arrivions à lui parler pour le mettre en présence de Jeannie, car depuis ce jour où M. Mallarmé parla de lui pour Jeannie je nourrissais cette idée me demandant comment on pourrait le voir ; plusieurs fois *ces* temps derniers je voulais en dire quelque chose à Geneviève et puis je ne la voyais pas seule. Il me semble que peut-être ce soir c'est la Providence qui offre l'occasion d'agir. Je l'épie, par moment je le perds de vue puis il vient causer avec M. Degas qui est près de nous, alors Paule qui a évidemment la même idée que moi sans que nous ayons rien dit, se lance et lui parle. Peu après je vois Jeannie au bras de Valéry allant au buffet et causant. Et j'ai un éclair de joie ; il me semble qu'il y a une chance en cette première rencontre qui pourrait continuer par la suite. Envahie par ces sortes de pensées, suivant Valéry et Jeannie, moi au bras d'Ernest Rouart, je me demande si en cette charmante soirée nous ne sommes pas chacune au bras de celui avec lequel nous pourrions ainsi parcourir la vie… mais rien n'est moins sûr.

Oui, Ernest m'a plu, il a laissé un peu de côté sa timidité, et ne serait-il pas, ayant les mêmes goûts, vivant dans le même milieu que moi, ayant un père charmant, celui qui pourrait me convenir ? Oui voilà l'idée que m'a fait naître cette soirée. « Je vous ai débrouillé Ernest, me dit M. Degas, maintenant c'est à vous de continuer ». M. Lerolle entend cette phrase et prend l'air intrigué. M. Degas est tout à fait charmant, M. Renoir n'est pas entrain.

Nous rentrons très contentes de cette soirée. Je suis ravie de la rencontre avec Valéry et je m'endors en remerciant Dieu.

Dimanche 25 décembre — Noël, fête qui dès l'enfance vous touche. Noël, ce jour où le Sauveur apparut sous l'image d'un petit Enfant. Peut-on penser sans attendrissement à cette crèche, à cette Sainte Famille !

L'abbé Lebreton qui était devenu notre confesseur nous apprend qu'il est envoyé à Saint-Vincent-de-Paul, il en paraît bien peiné et nous en sommes désolées. Il donnait de bons conseils.

Lundi 26 décembre — À Asnières, nous parlons du mariage d'Yvonne et Jules dit qu'on se marie beaucoup en ce moment. Il trouve que la vie de garçon se passe sous cloche mais cependant il se trouve trop jeune pour se marier. Il offre à Jeanne un professeur de piano, Pierret, un blond ondulé, très bien dont il fait des descriptions assez drôles.

Mardi 27 décembre — Mariage d'Yvonne. Elle est très jolie dans son blanc avec ses cheveux blonds, et Rouart étonnant avec ses cheveux dorés.

Les chanteurs de Saint-Gervais se font entendre. Les demoiselles d'honneur sont charmantes, Christine tout en blanc sous son grand chapeau à plumes, une fleur rose et une petite écharpe rose à sa robe.

Yvonne nous embrasse avec gentillesse et affection à la sacristie, où nous retrouvons Valéry qui chez Mme Lerolle au lunch parle beaucoup avec Paule et Jeannie. Quant à moi je cultive plutôt Ernest avec lequel je n'avais pas été bien aimable jeudi. Son père est vraiment charmant, il a l'air si bon, il me parle en me tenant la main. Eugène Rouart est très gai, il nous invite très gentiment à aller à Autun ; Valéry est un de ses meilleurs amis, il paraît très gentil Valéry, il dit drôlement à Ernest, arrêté dans une porte avec une assiette de gâteaux sous sa belle barbe : « Vous avez l'air d'une nature morte. »

Je fais compliment à M. Lerolle de ses filles : « Elles sont bien gentilles, dit-il avec attendrissement. » Puis il ajoute qu'il espère bientôt assister à mon mariage. Je prends un air si étonnée probablement, qu'il dit : « Je ne sais pas avec qui. » Est-ce les mots de M. Degas de l'autre soir qui lui ont donné l'idée de me dire cela ?

Quand je suis à un endroit où se trouvent les

Lerolle, je m'amuse. On ne voit pas très bien ce qu'il peut y avoir d'amusant à un lunch, eh bien cependant je ne me suis pas ennuyée du tout. Nous sommes rentrées à pied avec M. Renoir qui est toujours fatigué.

Mercredi 28 décembre — Nous avons un dîner de 15 personnes, Clément, Baudot, M. Degas, M. et Mme Renoir, Drogue, Faivre. La conversation est animée et cela se passe assez bien. Jeanne Clément, Jeanne Baudot et sa cousine sont en blanc, ce que je trouve charmant pour un dîner. Paule et Jeannie sont en velours bleu et moi dans une robe de velours rouge avec une guimpe de dentelle posée sur du rose et une bordure de chinchilla, elle est très bien cette robe, M. Renoir dit qu'il aurait envie de la peindre, elle me fait penser à la robe de Mme Senones d'Ingres. Tante Edma monte avec Blanche après le dîner et elle nous envoie avant un superbe panier de fruits, ce dont nous sommes très touchées.

Jeudi 29 décembre — Nous avons fait la surprise à Mme Mallarmé et à Geneviève le jour de Noël d'aller dîner avec elles pour qu'elles ne finissent pas ce jour toutes seules. Jour d'autant plus pénible pour elles que c'était celui où on fêtait la saint Stéphane.

Nous retournons dîner chez elles ce soir, nous nous rencontrons avec leur vieille cousine qui est une assez curieuse personne.

Vendredi 30 décembre — Nous dînons chez les Baudot puis allons avec eux et les Renoir aux Variétés où nous retrouvons les Gallimard, Drogue et Faivre. Jeanne Clément manque. Nous assistons à une pièce complètement idiote : Autour du Code, dont on n'avait pas besoin de s'effrayer. Ensuite on va chez Mme Gallimard qui nous offre un souper charmant et excellent. On cause, on regarde les tableaux, elle a une jolie collection et on se retire assez tard.

Samedi 31 décembre — Nous finissons l'année chez les Simon qui nous ont à dîner avec toute leur famille.

1899

Dimanche 1er janvier — Pluie, neige, vent, temps atroce, visites, dîner chez tante Edma. L'année commence tristement, Geneviève a appris par Valéry qui est au ministère de la Guerre, que certainement nous allions avoir la guerre avec l'Angleterre et très prochainement. Quel présage, c'est atroce. Il était facile de comprendre que Fachoda était un prétexte pour entrer en querelle et que si cela ne réussissait pas, les Anglais trouveraient autre chose. Au lieu de tant parler de l'affaire Dreyfus on devrait s'occuper plus des moyens de défense de notre France. Quel effondrement si ces diables d'Anglais nous déclarent la guerre ou nous forcent à la déclarer car nous ne pouvons pas continuer à nous laisser toujours humilier par eux. On ne peut pas croire à ce malheur et on n'ose encore moins que jamais faire des projets.

Tout le monde souhaite un mari à Jeannie et je désire vivement qu'elle épouse Valéry, mais si il y a la guerre peut-on penser à autre chose ? Oh Sainte Vierge préservez-nous de ce fléau.

Lundi 2 janvier — La tempête augmente encore les noirs pressentiments. Déjeuner à Bellevue — visites et mardi *id.*

Mercredi 4 janvier — Fait poser la blonde Yvonne en robe de bal bleue et la petite bonne brune lui posant des roses sur sa jupe. Très joli motif.

Jeudi 5 janvier — Nous recevons la visite du général Clément, des Roudier, que Faivre, qui nous apporte de bons chocolats, rencontre. Rien de plus drôle que ces types si différents ensemble. Puis le comte et les de Loute également avec un sac de chocolats sous le bras. C'est gentil de ne recevoir de bonbons que de jeunes gens.

Vendredi 6 et samedi 7 janvier — Peinture de 9 heures à 4 heures, le matin Yvonne en robe verte avec un violon, dans le jour l'autre motif. Jeanne Baudot travaille avec nous. C'est très amusant.

Dimanche 8 janvier — Répétition de *La barcarolle* de Lefort à Asnières le matin et à Colonne dans le jour. Mozart et Bach, Pugno et Isaye, ce dernier me fait moins de plaisir qu'habituellement, Pugno joue d'une façon délicieuse.

Lundi 9 janvier — Peinture avec Jeanne B. Dîner chez Mme Angoulvent.

Mardi 10 janvier — Le matin chez M. Renoir auquel on a ordonné de se mettre au lit pour ses douleurs rhumatismales qui ne cessent pas. Il ne paraît pas trop agacé. Déjeuner chez Mme Baudot et après à Asnières, Jules est vraiment très amusant, il change tout le temps d'idées comme M. Renoir. Il parle très drôlement de son docteur, des opérations dans le nez, etc.

En revenant, passé chez Mme Mallarmé.

Mercredi 11 janvier — Introduit Edme apparaissant dans l'entrebâillement d'une porte derrière Yvonne et Antoinette, il rend, la chose très comique. Peinture de 9 heures à 4 heures puis 3 h 1/2 de violon.

Jeudi 12 janvier — Ce matin je rangeais les toiles de Maman que nous n'avons pas la place d'accrocher et que l'on change de chambre au sixième. Dans quels transports d'admiration la vue de ces colorations délicieuses, ces dessins si beaux, m'a laissée ! C'est bien là l'œuvre de Maman, d'une femme comme on n'en rencontre pas, dont le charme émanait tout autour d'elle, en sa peinture, en ses paroles, en ses attitudes, en son physique, en la tendresse... Ah Maman tu vis encore en tes toiles ; mais je ne peux pas m'empêcher de pleurer de ne plus t'avoir ! Que je voudrais pouvoir t'embrasser, par moment je me sens si malheureuse, je veux parler à Papa, à Maman, il me semble que je vais les embrasser ; et puis je me dis : mais non, c'est pour la vie et j'ai le cœur bien gros.

Vendredi 13 janvier — Nous avions hier au soir les Christian Scheffer à dîner et Blanche, ils ont été très gentils. Nous avions invité aussi Jeanne

Baudot et Christine Lerolle qui ne sont pas venues, Christine étant malade, et nous apprenons aujourd'hui qu'elle a une appendicite, c'est vraiment bien ennuyeux.

Samedi 14 janvier — Nous travaillons ces deux jours avec Jeanne B. Aujourd'hui nous allons voir Christine qui est au lit pour quinze jours et ne se plaint pas du tout ; elle est charmante sur son oreiller blanc.

Dimanche 15 janvier — Encore répétition à Asnières le matin, pluie. Je suis triste, je trouve que j'ai une vie d'égoïste, comment être utile ?

Mardi 17 janvier — Saint-Antoine, fête patronale dite de la Saint-Cochon, jour où tous les membres de la société des petits cochons peuvent s'appeler par leurs petits noms, donc dîner aux anges de la rue de Villejust très amusant où Abel ne manque pas de dire « ma pauvre Jeanne, ma petite Jeanne, ma Chère Jeanine, mon petit Julie et Paule ma reine », car on tire les rois et naturellement on s'arrange pour que Faivre ait la fève ce qui lui procure l'occasion de faire un discours admirable et de prendre Paule comme reine.

Nous faisons entrer dans la société un nouveau membre, le petit Gallimard qui passe par quelques épreuves comme de deviner les yeux fermés un cochon en commençant par la queue et il s'en tire avec succès.

Mercredi 18 janvier — Jeannie désire depuis longtemps prendre des leçons avec Pugno qui s'esquive toujours ; cependant elle joue aujourd'hui devant lui après la leçon de Jeanne Clément et en l'entendant il la prend immédiatement comme élève, ce qui lui fait bien plaisir. Et cela m'en fait aussi, je suis toute réjouie pour elle. Jeanne Clément est vraiment bien gentille, elle en paraît enchantée aussi, et Jeanne Baudot qui travaille avec moi ce matin est toute émue pour Jeannie.

Jeudi 19 janvier — Dîner chez les Baudot, 18 personnes naturellement, toute la société puis des Boire et le séminariste prêchant, enfin il nous fait beaucoup rire et distrait M. Renoir qui ne va toujours pas très bien, il ne peut ni travailler, ni sortir et ses rhumatismes ne le quittent pas.

En rentrant à la maison je trouve un mot de Mme Lerolle qui me dit qu'elle est chez les religieuses avec Christine qui vient d'être opérée, cette nouvelle me produit une impression désagréable. J'admire Christine de s'être décidée, quel jour pénible pour toute la famille bien qu'elle n'eût qu'une appendicite fort simple. Pauvre Christine, comme distraction après le mariage de sa sœur ce n'est pas très drôle. Vraiment on doit être content quand on se porte bien.

Vendredi 27 janvier — Séance Pugno Ysaye consacrée à Bach. La dernière sonate qu'ils jouent en *la* majeur est un délire. J'aime cette musique de Bach si précise.

Nous sommes toutes étonnées de trouver

M. Lerolle qui nous dit que Christine ne va pas mal.

Samedi 28 janvier — Chez M. Degas pour lui demander de faire un dessin pour publier avec les poésies de M. Mallarmé ; mais naturellement il refuse puisque c'est publié par des Dreyfusards. Il nous montre la nature morte de Delacroix qu'il vient d'acheter et le portrait d'Ingres par lui-même. Il nous charge de bien des choses pour Jeanne Baudot en disant : « Tout le monde connaît mon faible pour elle ».

Dimanche 29 janvier — Nous allons avec Jeanne voir la collection Pellerin. Je ne comprends rien à cet homme qui n'y connaît rien en peinture et paraît cependant avoir une adoration pour le talent de mon oncle Édouard dont il a des choses superbes : « Léon Leenhoff en velours devant une table » couverte de quantité de choses si admirablement peintes, *Nana,* « la femme en Espagnole couchée sur un canapé » que je ne connaissais pas et qui est merveilleuse, qu'elle peinture ! puis *Le Skating, Le Bar, L'Artiste* que j'aime moins, une *Femme nue* dont Pellerin est enchanté et qui est belle en effet, mais le fond est d'un noir qui m'étonne, puis des esquisses, de petites choses, un « homme suicidé » impressionnant de réalité, *Eva Gonzalès peignant* et un petit Espagnol près d'elle, cela fait en quatre coups de pinceau, des pastels charmants et une esquisse d'après Maman de profil en chapeau violet avec un manteau de fourrure qui la rappelle tout à fait, je voudrais bien posséder cette toile-là. Nous voyons de Maman le portrait de *Lucie Léon au piano en bleu* qui est vraiment ravissant et particulier, puis *Maurecourt* et une *Femme en rose sur un canapé* à contre-jour, au pastel, d'une impression de lumière étonnante. Pellerin possède aussi la jolie *Femme qui tient un enfant* faisant ses premiers pas, de M. Renoir, puis un joli petit *paysage* de Sisley, plusieurs de Monet, entre autres un plein air et charmant des bords de la Seine.

Nous rentrons enthousiasmées par cette collection qui montre si bien l'œuvre de mon oncle Édouard. Quel grand peintre, que de réalité dans ses toiles et comme il saisit les mouvements. Je ne fais que penser à cette belle peinture pleine de simplicité ; du reste la simplicité est la première condition du beau.

Lundi 30 janvier — Séance Pugno, deux sonates de Beethoven, et enfin la sonate à Kreutzer qui est jouée avec une unité et une entente entre les deux artistes qui paraissent ne plus penser aux auditeurs mais à la musique seule, à ce Beethoven qui est vraiment extraordinaire. Les trois sonates ainsi groupées représentaient un peu chaque période de son œuvre qui aboutissait à cette superbe sonate : « la belle Kreutzer » comme dit Pugno qui le rend si délicieusement. Quelles impressions délicieuses peut vous procurer l'art, je plains ceux qui n'y sont pas sensibles, ils s'enlèvent vraiment une grande partie des plaisirs que l'on trouve sur cette terre. Je ne vais que d'enthousiasme en enthousiasme, hier devant cette peinture, aujourd'hui en entendant cette musique superbe.

Mardi 31 janvier — Temps noir qui nous empêche de travailler et Jeanne Baudot ne vient pas ; elle nous manque beaucoup quand pendant un jour nous ne la voyons pas ; plus on la connaît plus on la trouve charmante, si intelligente, si douée et en même temps si jeune, si gaie. Ce qu'elle fait est vraiment très bien, elle est très étonnante en peinture.

Comme nous sommes assez découragées Paule et moi, nous profitons d'un jour où nous ne travaillons pas pour porter quelques toiles à M. Renoir qui trouve que ça va bien et nous remonte un peu. « C'est plein de qualités ce que vous faites, mais il y a une certaine gêne qui empêche que ce soit tout à fait bien » et il dit que cela tient peut-être à ce que nous travaillons ensemble sans pouvoir faire poser le modèle selon notre idée à chacune, de là provient pour lui cette gêne dans le dessin des mouvements. Il nous conseille de ne pas faire en même temps, une chose poussée et de beaucoup dessiner. Il me fait des compliments sur « Yvonne avec le chapeau » et la « jaquette rouge » de Jeannie ; j'en suis toute étonnée, enfin il a l'air de trouver que je peux continuer à faire de la peinture ; tant mieux, car c'est amusant, mais j'ai peur qu'il ne soit trop indulgent.

Quand nous parlons de la collection P., Mme Renoir nous dit que les B. ont repeint un tableau de mon oncle qu'ils ont vendu à M. P. 100.00 frs. Paule et moi nous n'hésitons pas à penser que c'est le fond des *Femmes nues* qui a été refait.

M. Renoir est attristé par la mort de Sisley qui a été son compagnon de jeunesse et pour lequel il a conservé une grande affection bien qu'il ne l'ait pas vu depuis la mort de mon oncle Édouard. À propos de peinture, M. Renoir répète qu'il faut travailler peu de suite et se reposer beaucoup : « Madame Manet savait admirablement travailler » dit-il. Jeanne Baudot dit qu'il lui parle constamment de Maman avec admiration et qu'il trouve pour elle des mots tout particuliers. Je pense quelquefois à cette phrase que M. Renoir avait répondue à M. Mallarmé lorsqu'un jeudi soir sortant de la maison celui-ci parlait de toutes les qualités de Maman : « et avec tout cela une autre femme trouverait le moyen d'être insupportable ».

Nous passons une bonne partie de la journée chez M. Renoir. Que de jolies choses il y a dans son salon. *Yvonne et Christine Lerolle au piano* attirent mes regards chaque fois que j'y vais.

Nous avons à dîner les Angoulvent, de Loute et Lahalle, on s'amuse assez le soir à danser, sauter, chanter, à faire les bébés.

Jeudi 2 février — Séance Ysaye Pugno, moins intéressante que les autres, trois sonates de Grieg, c'est trop. Quel n'est pas notre étonnement de voir arriver Jeanne B. que nous venons de lâcher il y a un quart d'heure et qui ne va jamais au concert. Paule est restée à la maison, elle reçoit la visite de Jacques Blanche qui a eu *Les Baigneuses* de mon oncle Édouard avec un fond frotté vert et plusieurs jambes ; il les a vendues aux B. cet été pour P. Donc plus de doute sur le fond repeint ; c'est inouï, j'ai grande envie de faire un procès à ces horribles B.

Vendredi 3 février — Nous sommes bien ennuyées de miss Vos qui nous dit aujourd'hui qu'il faut décidément qu'elle soit opérée, elle a un fibrome et le Dr Second l'engage à ne pas attendre. Quel coup pour cette pauvre miss Vos. Au moment où elle gagne plus d'argent, s'installe un peu plus grandement voilà ce qui arrive. Quelle terrible malchance !

Dimanche 5 février — Au concert Lamoureux ; l'orchestre est dirigé par Weingartner qui, âgé de 35 ans, long et mince, à la tête petite et ronde presque enfantine, apparaît d'abord un peu ridicule par ses gestes particuliers, puis sublime lorsque l'on entend ce qu'il fait sortir de l'orchestre, comme il le fait valoir ; avec lui accroît l'admiration qu'on a pour chacun de ces exécutants qui fait oublier sa personnalité pour suivre chaque mouvement, chaque impression de cet être étonnant, cet homme de la musique, au cerveau extraordinaire, qui du bras droit avec autorité et avec une impulsion mécanique marque la mesure de son bâton, tandis que de sa longue et blanche main gauche, il semble modeler les sons, les adoucir ou les laisser surgir dans toute leur plénitude ; alors au milieu des cuivres, de la force orchestrale, on se demande si cet être mince ne va pas être foudroyé par la décharge sonore ; mais non ; enveloppé de cette atmosphère, fronçant le sourcil il commande avec sûreté à la foule instrumentale, puis semble retenir cette puissance de sa main gauche, la calmer. C'est un chef d'orchestre étonnant qui conserve l'ensemble et garde le style d'une Kuvre en vous en faisant mieux comprendre chaque partie.

Il conduit d'abord *L'ouverture d'Alceste* de Gluck, puis par cœur une délicieuse symphonie de Mozart, on bisse le menuet où la phrase de la clarinette reprise par la flûte ressort si joliment. Ensuite il fait entendre un fragment de *Roméo et Juliette* de Berlioz comme jamais on ne l'a entendu, puis il termine par du Wagner qu'il conduit également sans partition, des fragments de *Parsifal* et *Tannhaüser*. On est enchanté et l'on fait un succès fou à Weingartner qui très gentiment fait lever les musiciens de l'orchestre aux redoublements d'applaudissements ; évidemment il devait être content d'avoir trouvé un si bon orchestre et par conséquent très malléable, qui lui permettait de triompher à Paris. Il me semble que Chevillard paraîtra lourd après Weingartner.

Lundi 6 février — Dernière séance Ysaye Pugno, sonate de Saint-Saëns, très jolie, celle de Castillon vraiment un peu longue quoique curieuse, et la belle, la superbe de Franck, qu'Ysaye joue avec largesse, plénitude de son admirable. Nous allons voir M. Renoir qui doit partir pour le Midi cette semaine, il est toujours à peu près de même.

Mardi 7 février — Chez tante Suzanne à laquelle je vais parler du tableau retouché de P. pour qu'elle me donne l'autorisation de faire un procès, car je trouve qu'il n'est pas acceptable que je laisse ainsi abîmer les œuvres de mon oncle ; mais je ressors outrée, il n'y a rien à faire, rien à dire, ratite Suzanne a écrit derrière ce tableau qu'elle le reconnaissait comme pour être de son mari après avoir hésité, s'apercevant qu'il y avait quelques retouches : « Je ne pouvais pas dire que ce n'était pas de mon mari, me dit-elle avec sa nonchalance hollandaise, puisque les femmes étaient de lui. » Je lui dis carrément qu'elle n'aurait pas dû signer, je m'emporte un peu, je crois qu'elle trouve que je me mêle de ce qui ne me regarde pas, et elle est très calme et dit qu'il en est toujours ainsi pour les esquisses ; c'est vrai que son propre frère a repeint plusieurs toiles de mon oncle. Voilà ce qui s'est passé, ces rusés B. pour se mettre bien à l'abri se sont arrangés pour avoir la signature de tante Suzanne avant que le tableau ne soit tout à fait repeint. Il n'y a rien à faire avec ces gens-là ! Tante Suzanne croit que P. travaille de concert avec eux. Je ne sais, en ce cas il est bien caché.

Je vais seule prendre ma leçon avec Jules. Il rit de sa façon de jouer du piano : « J'ai le trac, me dit-il, quand je joue. » Il trouve que nous allons à bien des concerts.

Jeudi 9 février — Nous avons appris hier la mort de la pauvre fille de Mme Monet, Butler qui était paralysée depuis plusieurs années. Son enterrement a lieu aujourd'hui à Giverny ; Paule et moi nous y allons ; nous trouvons la pauvre famille bien frappée, elle ne se rendait pas compte à quel point cette jeune femme était malade ; Mme Monet a une bronchite et Germaine est horriblement nerveuse. Ces pauvres gens n'ont que des événements tristes depuis quelques temps. Après être parties vers 7 heures du matin, nous rentrons vers 5 heures, nous trouvons à la maison mon cousin Georges que nous sommes étonnées de savoir à Paris, puis nous avons la visite de Drogue, de Valéry que Geneviève nous avait annoncé, Paule lui ayant demandé de venir lorsque nous l'avons rencontré au mariage Rouart-Lerolle. Il est très gentil et a peut-être, comme Geneviève nous le disait, quelques rapports avec Monsieur Mallarmé jeune. Sa conversation est charmante, il dit très joliment comment dans le concert, il y a non seulement la musique qui l'intéresse, mais la foule, « cette purée humaine » formée de tant de choses, qui retient la lumière derrière l'immense ombre chinoise de l'individu qui est devant vous, puis l'accordage même des instruments l'amuse.

Je trouve aussi que la musique n'empêche nullement la vue de jouir et de s'exercer ; je parle pour les personnes qui écoutent pour le simple plaisir que leur procurent les sons et qui ne sont pas assez musiciennes pour étudier et pénétrer l'harmonisation et l'orchestration d'un morceau ; je parle pour moi qui ne suis pas musicienne. J. Drogue n'est pas de cet avis, il ne peut pas voir lorsqu'il écoute ; c'est drôle pour quelqu'un qui fait de la peinture ; mais je crois qu'il n'a pas un œil de peintre.

Jonnhy de Loute et Lahalle viennent aussi nous voir ; enfin nous avons cinq jeunes gens et rien qu'eux et nous pensons que Valéry qui vient pour la première fois et qui devait s'attendre à voir plutôt des jeunes filles et leurs mères, ici, doit trouver cet intérieur de demoiselles rempli de jeunes gens, assez comique.

Nous allons ce soir à une conférence que fait Christian Scheffer sur Bugeaud ; le sujet n'est pas distrayant ; mais cependant la conférence n'a rien d'endormant, au contraire ; quelques mots sur la casquette lui donnent de la gaieté et le reste est assez intéressant. Christian parle avec une grande aisance.

Nous avons fait bien des choses aujourd'hui ; il est probable que si nous avions eu quelques visites de dames en rentrant de Giverny nous ne nous serions pas senti la force d'aller jusqu'à la salle de Géographie entendre la conférence, mais comme nous n'avions que des hommes nous étions tout à fait réveillées et disposées à sortir le soir.

Vendredi 10 février — Notre confrère Faivre vient de passer quelques jours à Lyon où il a marié son frère ; il est revenu hier et vient aujourd'hui nous voir, c'est très gentil ; il nous raconte le mariage, le sermon, etc. Il paraît assez ennuyé de la santé de M. Renoir qui nous préoccupe bien qu'il ne paraisse pas si changé. Nous allons voir les Mallarmé, puis après le dîner nous avons une petite soirée grotesque chez les de Loute.

Samedi 11 février — Jeanne Baudot travaille pour le dernier jour avec nous car elle part demain pour le Midi ; elle va bien nous manquer, c'était si charmant de l'avoir tous les jours, plus on la connaît plus on lui découvre de l'esprit et de la gentillesse ; notre amitié avec Jeanne me fait l'effet d'une amitié de garçons qui simplifient en toutes choses, art, idées, etc., cela vous lie bien plus d'aimer la même chose, de travailler pour le même but. On jouit bien plus les uns des autres ainsi. Souvent l'on a des amies que l'on aime beaucoup mais avec lesquelles on est obligé de faire abstraction complète d'une partie des choses qui vous intéressent ; c'est un petit sacrifice qui se fait tout seul et s'efface sous le poids de l'affection que l'on a pour ses amies. J'ai essayé de faire une petite esquisse d'après Jeanne en rouge, peignant. La grande affaire est complètement ratée ; celle qu'a faite Jeanne est très bien.

Nous allons dire au revoir à M. Renoir qui nous fait une description enchanteresse du Midi et nous donne envie de le suivre. Puis nous dînons chez Mme Baudot avec les Clément et d'autres personnes. Jeanne B. est charmante dans une robe verte et rouge orange qui fera très bien dans le Midi.

Les Baudot doivent partir demain à 9 heures, aller à la messe avant, finir des malles et nous ne les quittons qu'à onze heures du soir ; je me demande quelle nuit ils ont eue.

Lundi 13 février — Nous faisons quelque chose d'après *Antoinette coiffant Marthe,* c'est joli à faire comme mouvements. L'intérieur paraît très triste sans la camarade Jeanne B. Antoinette elle-même trouve cela bien calme.

Mardi 14 février — La pauvre miss Vos vient déjeuner et passer une partie de la journée avec nous ; elle a bien du courage, elle s'est décidée à entrer à l'hôpital, à la Salpêtrière, lundi prochain où Second, en qui elle a beaucoup de confiance, l'opérera. Que c'est pénible de penser qu'il faut qu'elle passe par là, pauvre Vos, je ne cesse d'y penser ; mais ça ne lui sert à rien mes pensées. Les opérations me courent dans la tête.

Mercredi 15 février — Nous allons chez Mme Simon faire de la musique, Drogue y va faire du violoncelle puis il dîne à la maison et nous jouons le trio de Beethoven ; je suis complètement endormie.

Vendredi 17 février — Charlotte nous réveille ce matin en nous apprenant la mort de Félix Faure ; c'est inouï cette mort foudroyante.

Edme est parti pour l'Allemagne hier, tante Edma prend son départ avec beaucoup de courage.

Samedi 18 février — Nomination du Président de la République ; j'avais un peu l'idée que Cavaignac serait nommé, et je faisais des vœux pour Méline dont on ne comprend pas l'hésitation pour finir par se retirer pour tout donner à Loubet, le candidat des dreyfusards. C'est horrible d'avoir comme chef d'État un homme sali dans le Panama, et de penser que l'armée est obligée de servir et de garder un homme qui fait partie de ses ennemis ; je suis outrée et navrée pour notre pauvre pays de ce dernier événement qui continue la tristesse des autres. Je voudrais être homme pour manifester, crier ; ce doit être passionnant de faire de la politique, mais terrible !

L'accueil fait à Loubet dans Paris est effrayant ; il paraît qu'il arrive jusqu'à sa voiture, vert, le chapeau sur les oreilles, ne voyant que des poings à sa portière, accompagné des cris de Panama, démission, etc. Nous avons passé devant la gare Saint-Lazare un peu avant son entrée, il y avait foule ; nous allions avec Geneviève Mallarmé entendre dire des vers de son père au théâtre Sarah Bernhardt, par la grande actrice elle-même. Elle a bien dit *Apparition* avec douceur, mais dans les *Ténèbres,* elle a poussé de ces grognements de bêtes fauves qui lui aussi sont particuliers et que je déteste. Nous avons entendu aussi de beaux vers de V. Hugo, Banville, Musset, *La Nuit de Mai* très joliment récitée par Sarah et de Max qui comme elle est bien en douceur et comme elle fait la panthère hurlante, fait le lion rugissant. Cette séance de poésie est beaucoup moins bien que celle de l'Odéon, l'année dernière, cela sent trop le fard, c'est terriblement théâtral.

Dimanche 19 février — On a beaucoup manifesté hier au soir ; malheureusement il est probable que l'on criera pendant deux jours puis on se calmera et Loubet restera à la présidence.

Chez tante Edma et ici on est plongé dans les journaux ; nous achetons *L'Aurore* par curiosité, c'est un journal ignoble, il ne devrait pas être permis que de telles horreurs soient écrites sur l'armée.

Nous allons au Louvre ; je regarde les primitifs puis dans la galerie française nous remarquons combien *La Leçon de piano* de Fragonard ressemble comme facture, coup de pinceau à ce que faisait Maman ; il y a certainement une parenté. Un peu examiné aussi les *Femmes d'Alger* de Delacroix, que c'est beau !

Ensuite visite à miss Vos qui quitte son appartement demain ; que je la plains ! Sa sœur de Juziers va venir. Elle parle de son opération avec beaucoup de calme et est toujours comique.

Mercredi 22 février — Paule et moi allons à la Salpêtrière voir Miss Vos ; quelle ville de souffrance, c'est immense, assez beau mais que de malheureux êtres humains se traînant dans les jardins aux allées symétriques. Miss Vos est couchée dans une salle où se trouvent des quantités de lits occupés par des femmes ayant des maladies intérieures. Elle est assez excitée. Elle est déjà très bien avec tout le monde, et même de son lit fait la charité. C'est pénible de voir la pauvre Vos à l'hôpital, un papier accroché à la tête de son lit avec son âge, sa maladie, etc. Il doit y avoir des tas de détails très durs à supporter à l'hôpital ; maintenant peut-être qu'en voyant d'autres personnes plus malades que soi l'on trouve son sort acceptable. Que c'est terrible de voir de combien de maux la pauvre nature humaine est affligée.

Jeudi 23 février — Nous avons d'abord la visite de Mme Normant ; puis à notre étonnement celle de Valéry, ils sont très amusants à voir ensemble parlant politique. Mme Normant dreyfusarde, Valéry patriote. Mme Normant part en disant : « Eh bien, monsieur nous allons gouverner la France à nous deux. » Valéry parle pendant 2 h 1/2 presque sans s'arrêter, il est très curieux. Des plus amusants au sujet des littérateurs, il voit leurs ridicules à ces littérateurs qui veulent tout faire : « Puis après tout dit-il, la littérature, la musique, la peinture qu'est-ce que c'est ? » (Je raisonne quelquefois de la sorte et cela n'intéresse d'entendre ces idées complètes et exprimées.)

Valéry nous raconte comment il a passé une première année à Paris, se promenant le cœur gonflé, ne lisant plus, n'écrivant plus, ne parlant plus (ici Jeannie manifeste son étonnement), tout cela avec une naïveté curieuse à côté de ce cerveau, d'un homme qui a beaucoup étudié, ces idées semblent découler sans interruptions comme l'eau d'une rivière, sa parole est douce et parfois on y retrouve des accentuations qui trahissent son origine Méridionale. Il dit aussi assez drôlement comment à Montpellier lorsqu'il y était tout jeune homme, il avait cru bien de se brouiller avec toute la ville. Vers 6 h 20 il regarde sa montre et trouve qu'il peut encore rester un quart d'heure, après lequel il nous quitte. Et nous nous demandons ce qui lui a fait profiter de son jour de congé à l'occasion de l'enterrement du pauvre Félix Faure pour venir nous voir lorsqu'il est venu quinze jours auparavant pour la première fois. Que je voudrais que Jeanine lui plaise, j'ai cette idée fixe de voir ce mariage ; mais les hommes je crois ne veulent plus se marier et puis dans notre famille cela ne paraît pas prendre. Valéry me paraît très difficile à pénétrer.

Dimanche 26 janvier — Matinée chez Angoulvent, nous dansons pour la première fois de l'hiver ; cela me paraît bien rasant de faire de temps en temps un tour de valse en marchant sur les pieds de danseurs avec lesquels on n'arrive pas à avoir une conversation. Je reste pas mal sur ma chaise, ce qui l'année dernière m'aurait ennuyée et je m'en accommode fort bien en regardant et observant, je me fais l'effet de la personne grognon, le genre vieille fille que l'on ne fait plus danser et je suis tout étonnée quand Jeanine me dit en rentrant que ma robe rose me va bien et que je n'étais pas si mal que ça ; je me croyais, peut-être pas tout à fait repoussante, mais éloignante et je ne faisais aucun effort pour ne pas l'être.

Le monde est si convention, on en est frappé lorsqu'on y va une fois par hasard ; on dit qu'on s'amuse on ne sait pas pourquoi, on se l'imagine. Le cotillon est très gentil, naturellement très bien conduit par Léon et Fernande qui est charmante, un peu moins bien coiffée qu'habituellement, ce qui est beaucoup mieux. On donne des colliers de perles d'or et d'argent que les jeunes gens mettent dans les cheveux de leurs danseuses, c'est d'un effet charmant.

Vendredi 24 février — Voici qu'un homme a de l'action, du courage, ce qui ne se voit guère en ce temps-ci, mais ce courage l'emporte trop loin et il le fait arrêter, Déroulède hier en se jetant à la tête du cheval du général Roger en le suppliant de marcher sur l'Élysée a eu un mouvement patriotique, mais inutile : marcher sur l'Élysée, quel aurait été le résultat, ce n'est pas le seul bataillon que commandait le général Roger qui aurait suffi pour cela. Enfin voilà le seul homme un peu actif en prison et on ne s'occupe pas autant de lui que du prisonnier de l'île du Diable.

Lundi 27 février — Quelle n'est pas ma surprise de voir arriver aujourd'hui Jeanne Baudot qui a débarqué hier à Paris. C'est bien gentil de venir nous raconter son voyage si vite. Elle nous dit que M. Renoir va beaucoup mieux, ce qui nous fait bien plaisir.

Nous avons ce soir à dîner M. et Mme Mayniel, Alice, M. et Mme Simon et leur nièce Marie-Louise puis Drogue avec lequel Jeannie et moi jouons un trio de Beethoven, le soir.

Mardi 28 février — À Asnières, Jules devait donner deux concerts mais il a la flemme, dit-il, et il n'en donnera qu'un. Il paraît parti dans les idées de Valéry : « Qu'est-ce que la musique, etc. ». Il me semble que pour un exécutant il ne faudrait pas prendre ces principes-là, car du moment que l'on est violoniste ou instrumentiste, il faut jouer, se faire entendre, c'est là son métier.

En revenant nous passons chez Geneviève,

Mme Mallarmé est grippée. Nous rencontrons Bonniot, anciennement la barbe ondulée, mais il ne l'a plus, enfin l'admirateur infatigable de Geneviève.

Nous apprenons ce soir que miss Vos a été opérée ce matin et qu'elle va aussi bien que possible. Je suis contente de penser que c'est fait, c'était une préoccupation pour nous que cette opération.

Mercredi 1er mars — Le matin visité la collection Dolfus avec Mme Simon, Mme Martin, Jeanne Baudot ; vu beaucoup de belles choses comme souvent environnées de médiocres et même de mauvaises. Remarqué surtout des Delacroix, une copie d'un Rubens de Bruxelles, des Corot, des paysages d'Italie délicieux et un superbe portrait de femme, un poisson de Manet, de Renoir une copie éblouissante de *La Noce juive,* puis d'autres choses, une tête d'homme de Rubens très belle. Des Primitifs en quantité, flamands et italiens ; un Filipo Lippi surtout est très joli, puis encore beaucoup d'autres choses que nous voyons trop vite et pour lesquelles il faudrait une autre visite.

Jeudi 2 mars — Chaque année je suis étonnée de voir qu'encore douze mois se sont écoulés et ainsi de suite depuis cette date terrible, et que j'ai vécu parfois travaillant, parfois me distrayant, d'autres fois triste et d'autres fois gaie ! gaie ! Comment puis-je être gaie quelquefois ? C'est une grâce de Dieu qui veut que chacun ait ses moments de repos, de lassitude et puis aussi parce que j'ai la certitude que Dieu est bon et qu'il doit donner le bonheur à ceux qu'il m'a enlevés. Chaque année à ce 2 mars je dis déjà 1 an, déjà deux ans, déjà trois ans et enfin, déjà 4 ans et cette date fait que j'écris un peu de ce que je pense chaque jour, car tous les jours ne sont-ils pas de même propices à penser à ceux que l'on regrette tant ?

Je ne veux pas cependant qu'aujourd'hui se passe sans demander plus particulièrement à Maman de me diriger, et sans lui dire que je voudrais ne jamais faire une chose qui pourrait lui déplaire, ne jamais oublier les précieux conseils qu'elle m'a donnés et enfin lui dire par une prière spéciale comme je l'aime. Ah ! je pense à la phrase de cette lettre qu'elle m'a laissée : « Je t'aimerai encore morte ». Je veux répondre à cet amour de cette pauvre Maman que j'adorais et que je sens avoir tant souffert pour moi. Ah, Maman laisse-moi verser quelques larmes pour toi !

Bien que je vive avec des cousines qui comme des sœurs me rendent la vie très agréable, il y a des moments où je trouve terrible d'être sans Papa, sans Maman.

Je remplace Blanche aujourd'hui à Levallois où elle fait un catéchisme à des petits garçons pauvres. C'est un patronage très intéressant. Je devrais faire quelque chose dans cette œuvre et tâcher d'y aller le dimanche puisque le jeudi je ne suis pas libre.

Vendredi 3 mars — Conduit Jeannie chez Mme Heude où elle va chanter dans des chœurs puis visite aux Mallarmé.

Samedi 4 mars — Réunion de musique chez Mme Simon.

Dimanche 5 mars — À Colonne, nous entendons la jolie *Ouverture de Benvenuto Cellini* de Berlioz, *Médée* de d'Indy, Catulle Mendès et sa femme du jour applaudirent à tout rompre dans une loge. Nous apercevons aussi M. et Mme Natanson qui écoutent la main dans la main, et Jules qui ne reste pas une minute tranquille et manifeste ses opinions par des battements de canne. C'est vraiment un être particulier, il ne ressemble pas à tout le monde lorsqu'on le voit de loin ; mais à distance on remarque sa simplicité.

Le jeune Thibault joue l'ennuyeux concerto de Max Bruch avec un joli son, de la particularité, de la jeunesse, peut-être, pas assez d'unité, mais la grandeur c'est très difficile à mesurer dans la salle du Châtelet qui est vraiment un peu grande pour un violon.

Vienna de Motta avec ses allures de renard exécute du Bach qui, j'ose le dire, ne m'amuse nullement, j'en rejette la faute sur le pianiste.

Le concert finit par *La Rédemption* de César Franck. Ah, voilà de l'ampleur, de la beauté large, de la solidité. On sent dans Franck le grand artiste qui dans son interprétation nouvelle reste classique, comme on le sent dans mon oncle Édouard. C'est un art qui s'élève, qui monte vers Dieu et pas l'art mièvre qui rampe sur la terre.

Lundi 6 mars — Ce soir, c'est à Lamoureux que nous allons pour entendre la Résurrection de Notre Seigneur par l'abbé Renosi, le jeune maître italien à en croire les foules qui se pressent pour applaudir son œuvre. De nos modestes places à 2 frs où nous sommes entourées de séminaristes, nous jouissons de la vue de la salle qui s'emplit peu à peu de femmes des plus élégantes aux couleurs brillantes et de prêtres. C'est d'un très curieux effet. Le Nonce occupe la loge du milieu, à sa droite, à sa gauche des toilettes. Lorsque ce cirque, que Valéry appelle un bol et qui pour moi est un entonnoir, est plein, ce sont les instrumentistes qui s'installent, les chœurs venus de Saint-Gervais et enfin apparaît l'abbé Renosi, tout petit en une soutane très courte que les gestes de ses bras mettent continuellement en mouvement. Tantôt il jette les bras par derrière sa tête, puis bientôt met un doigt sur sa bouche et dirige ainsi cet excellent orchestre, ces chœurs délicieux que rehaussent encore parfois les voix d'artistes comme celles d'Eléonore Blanc, Passenna, Berton, etc., qui font les rôles des saints personnages. L'Oratorio de Renosi est donc présenté le mieux du monde et peut-être sans ces exécutants merveilleux perdrait-il beaucoup. Je n'ôterai pas cependant à l'auteur le mérite d'avoir disposé pour ainsi dire son œuvre très joliment donnant à un historien la charge de faire le récit ou plutôt de chanter les paroles de l'écriture sainte, puis faisant intervenir la voix de la Vierge et celle de Marie-Magdeleine tantôt séparément, puis dans un duo extrêmement joli, un peu céleste. Le rôle du Christ est le moins bien, il est vraiment trop difficile pour un chanteur de faire le Christ ; qu'un homme de théâtre représente Jésus-Christ, vraiment cela me choque un peu. Enfin cet Oratorio doit évidemment être bien mais il ne me produit pas l'impression qu'un tel sujet donne à rêver, et il ne m'en reste rien. « Si Franck avait fait cela on serait remué en l'entendant » me dis-je par moment ; mais tout le monde ne peut pas être Franck et puis l'abbé Renosi n'a que 25 ans, il est néanmoins très étonnant ; seulement un tel succès si jeune n'est-il pas gênant pour l'avenir ? Ce qui me paraît gênant aussi pour lui c'est d'être sur une estrade à diriger son œuvre, à répondre à tous les applaudissements de la salle en saluant. Cela ne me paraît pas être dans le rôle d'un prêtre. En somme, si l'on avait les yeux fermés pour venir à ce concert, on trouverait peut-être cela bien moins intéressant.

Je trouve qu'il y a de très jolies choses dans la seconde moitié, surtout dans les parties de chant. Dans la première le tremblement de terre me paraît un peu ridicule, là Renosi s'est servi de ces mêmes instruments de cuivre qui, avec Wagner, résonnent avec tristesse et profondeur, et avec lui tournent à la trompette de foire. Puis dans tout l'ensemble de l'Oratorio je trouve qu'il manque de grandeur (l'art a besoin de grandeur, dans un rien d'un vrai artiste il y en a toujours), c'est religieux ; mais pas d'une religion poignante.

Voilà que moi qui ne m'y connais pas en musique, j'écris des pages et des pages sur la musique ; que de bêtises dois-je dire.

Mardi 7 mars — Jules joue vraiment admirablement la sonate de Roff ; on éprouve toujours le même plaisir, la même émotion à l'entendre. Nous parlons avec lui des concerts de ces jours-ci.

Jeudi 9 mars — Nous passons un petit moment chez Mme Mallarmé où nous trouvons naturellement Bonniot puis Valéry.

Nous fêtons la mi-carême en dînant chez Mme Baudot et après le dîner nous essayons d'aller sur les Boulevards lancer des confettis ; mais il n'y a pas moyen de s'amuser, c'est trop voyou.

Vendredi 10 mars — À l'ouverture d'une exposition de jeunes peintres chez Durand-Ruel. Il me semble que Denis seul est vraiment intéressant. Nous rencontrons beaucoup de monde, Redon, l'admirateur de Paule, Chausson, les Lerolle, même Yvonne Rouart et son mari, Ernest Rouart, Fauché, etc. Rien de plus amusant que ces premiers jours d'exposition où l'on voit tous les gens intéressants que l'on connaît.

Samedi 11 mars — Nous partons par une brume épaisse pour le Mesnil où Plessis m'appelle pour constater qu'il faut faire des réparations ; mais ce n'est pas encore en ruine et je suis persuadée que je ne verrai par le Mesnil par terre. Vers midi la brume s'évapore aux rayons d'un soleil doré et chaud qui nous permet de nous asseoir dans l'herbe devant ce petit château qui évoque en moi bien des pensées ; j'y ai à peine habité et cependant c'est un souvenir.

Je me souviens des promenades que l'on faisait de Mézy jusqu'au Mesnil lorsque Papa et Maman avaient l'idée de l'acheter ; il me semblait que ce serait le Paradis que de vivre en cet endroit. Et maintenant, chose curieuse, il ne m'est pas du tout un souvenir triste ; mais un souvenir doux et j'aimerais encore y habiter. Cette propriété est délicieuse, particulière, il est drôle ce bas petit château contre ces grands marronniers de la terrasse, cette vieille cour, ce pigeonnier, le potager, tout cela est bien français. Il se dégage de cet ensemble par ce temps merveilleux un charme qui fait que l'on voudrait s'arrêter quelques instants de la vie à penser ici.

Comme ce serait amusant d'arranger l'intérieur de ce Mesnil, on pourrait y faire de si jolies choses. Quand pourrais-je y habiter ? Jamais peut-être. Il faudrait y aller en famille, recevoir des amis, être mariée… ce qui me semble ne pas vouloir entrer dans la maison le mariage.

Dimanche 12 mars — Je passe au cimetière déposer sur le granit de la tombe un bouquet de lauriers blancs cueillis au Mesnil. Maman avait cette coutume d'en rapporter toujours des fleurs pour Papa, qu'elle portait sur sa tombe et je veux continuer ainsi, les fleurs qui viennent de cet endroit qu'ils aimaient ne peuvent être que pour eux. Ces quelques branches que je leur ai rapportées leur diront l'émotion que m'a causée cette journée, cette arrivée au Mesnil.

Réunion Quesnoy — Réunion des Enfants de Marie. La retraite commence, demain.

Notes de souvenirs de la retraite prêchée par le R.P. Gaillard.

Jeudi 16 mars — Ce soir, je me sens de l'allégresse pour la première fois de l'année, je ne sais pourquoi mais depuis le 1er janvier j'étais triste, profondément triste, tous les malheurs de la vie me réapparaissaient de plus en plus foudroyants. Mais par la grâce de Dieu aujourd'hui je ressens du calme, de la joie, j'ai le désir d'agir uniquement pour Dieu. Ah, Seigneur merci de m'avoir permis encore cette année d'assister à une retraite qui pourrait être si profitable par les conseils entièrement pratiques que vient de donner le R.P. Gaillard. Je ne dois pas demeurer la même, il faut me changer, je sens naître un courage en moi pour combattre tout ce que j'ai de mauvais. Mon Dieu donnez-moi la force de le garder !

Dimanche 19 mars — Au Louvre ; le nouvel Ingres, *l'Odalisque* est superbe, c'est la perfection, la ligne du dos de cette femme et sa nuque sont d'une simplicité merveilleuse, la main tenant l'écran est délicieuse. Évidemment j'ai une impression idiote ; mais je trouve qu'il y a des parties presque trop bien faites, la draperie bleue et les objets qui sont dans le coin près des pieds.

Lundi 20 mars — Nous avons Jeanne Baudot à déjeuner, puis je vais voir miss Vos à la Salpêtrière ; elle va vraiment assez bien ; mais elle est énervée par tout ce qui se passe à l'hôpital, par les disputes entre les infirmières qui laissent de pauvres femmes mourantes gémir toute la journée sans leur faire une piqûre quand elles en ont l'ordre. Ne serait-ce pas mieux d'avoir des religieuses dans les hôpitaux au lieu de ces infirmières qui ont d'autres intérêts dans la vie que les malades, et qui le jour des opérations ne pensent qu'à se friser, se pomponner pour plaire aux internes et fleureter avec eux ? Ah il se passe des choses révoltantes et dont chacun prend peu à peu l'habitude.

Mardi 21 mars — Charlotte reçoit une dépêche lui annonçant la mort de son père. Cette pauvre fille est bouleversée, elle part pour Samoreau.

Mercredi 22 mars — Nous allons voir Berthe qui nous dit que ce pauvre Monsieur de Bouteiller malade depuis l'année dernière vient de mourir. Nous allons voir ses malheureuses filles et leur mère.

Paule est allée à la Salpêtrière aujourd'hui. Bile a parlé à une malheureuse femme qui souffre à hurler d'un cancer à l'estomac et dont les enfants sont dispersés de côté et d'autres et elle ne peut les voir. Cette pauvre créature dit : « Dieu fait bien tout ce qu'il fait. » Quelle leçon admirable ! Comment ose-t-on se plaindre quand on voit la résignation d'un être si affreusement éprouvé !

Jeudi 23 mars — Nous allons à une soirée chez les Heudes, on chante Rubetzal de Georges Hüe, c'est très intéressant.

Samedi 25 mars — Nous allons voir M. Degas avec Jeanne B. Il vient d'avoir la grippe et est encore un peu souffrant.

Nous rencontrons ensuite Faivre que nous devions du reste aller voir, il remonte chez lui avec nous. Il nous fait visiter son atelier et sa chambre, tout cela très rangé et très arrangé, puis il nous montre sa peinture devant laquelle nous ne pouvons rien dire. Ce sont de véritables chromos, c'est pitoyable, on se demande si vraiment Faivre est intelligent.

Dimanche 26 mars — Réunion Quesnoy, nous y voyons Cor qui est venu avec ses cousines Roudier.

Je lis *L'Échéance* de Bourget, curieuse nouvelle — le remords.

Lundi 27 mars — Nous rencontrons chez Mme Pillaut Mme Gounod qui paraît très curieuse ; nous passons chez les Lerolle que nous ne voyons pas et allons chez les Angoulvent.

Mercredi 29 mars — Je vais à la Salpêtrière pour assister au départ de Miss Vos.

Jeudi 30 mars — Messe du Jeudi Saint, communion.

Vendredi Saint — Jeanne Baudot nous avait engagées à aller entendre le Père Ollivier à la Trinité, nous suivons son conseil, nous entendons un sermon qui nous endort ; Paule et Jeannie trouvent le père Ollivier changé. En sortant on se demande si tout de même c'est le père Ollivier que l'on a entendu et on apprend que c'est le père Trippier.

Ne devrait-on pas plus souvent penser à tout ce que Jésus a souffert pour nous et l'en remercier !

Samedi 1er avril — À l'office du matin à Saint-Gervais.

Dimanche 2 avril — Jour de Pâques, jour heureux où l'on chante *Alléluia* après avoir suivi Jésus dans ses douleurs pendant la semaine sainte.

Lundi 3 avril — Nous passons la journée avec Jeanne Baudot et Jeannie à Beauvais qui ne nous emballe pas, ce vaisseau de cathédrale est cependant assez beau, le chœur d'une belle élévation. La place Jeanne Hachette est gentille. Il y a de jolis meubles en tapisserie à l'hôtel de ville. Les tapisseries modernes que l'on voit à la fabrique sont ignobles. La campagne environnante de la ville paraît très laide. Du reste le temps est gris et triste, pas fait pour embellir.

Mardi 4 avril — Les Boucherit ont déménagé, ils sont dans une maison au milieu d'un charmant jardin, c'est très campagne. Jules est ravi de sa nouvelle installation et a l'idée de jouer au croquet dans son jardin.

Jeudi 6 avril — Nous avons la visite des Angoulvent, de Cor et de Valéry. Puis il y a un dîner de la société des P.C. qui se ramollit bien.

Dimanche 9 avril — Je vais à Levallois faire le catéchisme aux petites filles du patronage des petits chiffonniers. Je me suis décidée à aller là de temps en temps le dimanche car il faut absolument faire quelque chose pour les pauvres lorsque cela vous est possible. Mlle Tarride qui est la tête du patronage me plaît bien.

Nous passons voir miss Vos, puis nous dînons à Vincennes.

Lundi 10 avril — Chez Durand-Ruel où sont exposés des Renoir, ceux de la collection particulière des Durand-Ruel, puis *La Loge,* de petites têtes en chapeaux, des petites figures nues ; une couchée, la tête dans la demie teinte sur un fond de draperie me plaît énormément. Comme j'aimerais l'avoir.

Jeudi 13 avril — Voici sept ans que j'ai perdu mon pauvre Papa, et aujourd'hui plus que les autres années cet anniversaire me remplit de tristesse, c'est presque pénible de s'éloigner ainsi du temps où l'on a vécu avec un être aimé. Tante Edma avait de la jeunesse à dîner et nous étions invitées à descendre ; mais je n'en ai pas eu le courage et je n'ai pu m'empêcher de pleurer devant Paule et Jeannie. Il me faut verser des larmes ce soir, je suis triste, profondément triste.

Vendredi 14 avril — Nous allons avec les Baudot voir la collection de Michel Lévy. Il a *L'Enseigne* de Watteau qui est un tableau merveilleux, d'une liberté d'exécution délicieuse. Quel éclat dans le banc de la chemise d'une figure penchée sur une caisse d'où elle déballe des tableaux, et celle toute droite de dos dans sa robe lilas est merveilleuse. Il n'y a pas de Watteau pareil au Louvre.

Il en a encore d'autres petits, puis des dessins et des sanguines et crayons de Boucher, Fragonard, etc., un joli Degas, une petite figure de Corot délicieuse, des natures mortes de Chardin. Il avait avant paraît-il des Corot qui sont en ce moment chez Durand-Ruel, un entre autres, *Château-Thierry,* est bien joli.

Samedi 15 avril — dimanche 16 — J'étais triste, je n'avais guère envie d'aller au bal du général Clément et voilà que je m'y amuse. Nous sommes allées jusqu'à Vincennes dans un omnibus de la Cie de l'Ouest à 12 places, procuré par le docteur Baudot, avec les Baudot, Bertrand, Drogue, Faivre et son frère, de sorte que le trajet est assez gai. Au commencement de la soirée on assiste à des ombres sur l'histoire de France accompagnées de musique puis ensuite on danse jusqu'à 4 ou 5 heures, on soupe assez gaiement par petites tables, je soupe avec Sechiari, il me paraît bien commun, enfin il est assez aimable. Puis on danse encore. Je trouve que c'est vraiment une sensation délicieuse que de valser lorsque je ne vais pas trop mal. Nous ne reprenons notre omnibus qu'au jour emmenant en plus avec nous deux jeunes gens très gais. Rien n'est plus drôle que le passage de l'octroi et l'air épaté de l'homme regardant l'intérieur de cet omnibus. Nous ne sommes à la maison qu'à 7 heures.

Vendredi 21 avril — Nous allons voir M. Renoir qui est étonnant de philosophie de résignation. Nous parlons de la souffrance et des malheureuses créatures que l'on voit dans les hôpitaux. « C'est un crime de se plaindre, dit-il, lorsqu'il y a tant d'êtres qui souffrent tant, et on doit être content de son sort. » Que c'est bien de trouver qu'il n'a pas à se plaindre, lui qui est si malade maintenant.

Samedi 22 avril — M. Renoir vient déjeuner avec nous ; il est assez gai, très gentil, il dit qu'il a du plaisir à se trouver à la maison. Il a une conversation charmante raconte comment à l'époque où Courbet avait mis à la mode de peindre des cuisines, etc. Corot disait : « Cela ne m'empêche pas de mettre quelques petites divinités dans ce paysage. »

Je raconte à M. Renoir que j'ai rencontré P. qui m'a engagée à aller voir ses nouveaux Manet qui ne sont pas connus du tout : « Même Manet ne les a jamais vus, auriez-vous dû répondre », dit M. Renoir.

Nous parlons ensuite de Sisley, de la façon si retirée dont il vivait pendant ces dernières années à Moret croyant que tous lui en voulaient. Quand il rencontrait M. Renoir avec lequel il avait vécu, il traversait la rue pour ne pas lui parler. Il se rendait très malheureux. M. Renoir me rappelle que lorsque je suis allée à Valvins avec Maman nous l'avons un jour rencontré comme nous visitions Moret. Maman l'a engagé à venir la voir à Valvins, il a accepté, puis après lui avoir dit au revoir, il a couru après elle en lui disant : « Eh bien, non, je n'irai pas vous voir. »

Paule montre à M. Renoir le portrait qu'elle vient de faire de moi dans ma robe de velours rouge et moi je montre celui de Jeannie au piano et Paule l'écoutant. Nous recevons quelques conseils, celui de refaire quelques petites choses. M. Renoir est plutôt encourageant. Il y a des parties qu'il trouve bien.

Nous passons une tout à fait délicieuse journée avec M. Renoir qui reste jusqu'à 5 heures. J'éprouve beaucoup de plaisir à le voir ici, il y avait si longtemps qu'il était venu.

Nous allons ce soir à l'Opéra entendre la *Walkyrie* avec Blanche dans une loge de 4e. Je suis absolument emballée, subjuguée par cette merveilleuse musique si prenante, si grande, le motif de la chevauchée donne à chaque fois qu'il reparaît un mouvement envahissant.

C'est probablement parce que je ne comprends absolument rien à Wagner que je trouve que l'ensemble de cet opéra est simple. En tout cas j'ai éprouvé un bien grand plaisir à l'entendre, c'est tout ce que je demande.

Ce jour tout entier a vraiment été bien agréable.

Lundi 24 avril — Dîner très gai chez les Baudot, avec les Clément une jeune fille amenée par eux puis Drogue et Faivre.

Mardi 25 avril — À l'hôtel Desfossé voir la collection de tableaux qui se vend demain. Il s'y trouve *La Toilette* de Corot qui est bien jolie, puis *L'Ate-*

lier : une petite figure en gris tenant une lettre à la main et regardant une toile sur un fond d'atelier avec un poêle dont le tuyau est merveilleusement peint, c'est une chose délicieuse, il y a encore d'autres Corot, la *Mise au Tombeau* de Delacroix qui est magnifique, empoignant même, puis des Monet, bord de rivières très beaux, un joli jardin de Renoir, une curieuse aquarelle de Manet d'après les petits cavaliers de Velazquez, des Courbet dont l'Atelier qui ne m'amuse guère.

Nous rencontrons M. Degas. Pendant que je regardais attentivement le si admirable Delacroix, il me prend par le bras en me disant : « Un jeune homme à marier ». Je me retourne et aperçois Ernest Rouart avec lequel je ris. Voilà une façon intimidante d'être présenté.

Mercredi 26 avril — Vente Desfossé. Puis visite à M. Renoir.

Jeudi 27 avril — Nous avons Geneviève une grande partie de la journée, ce qui nous fait bien plaisir puis Mme Redon vient pour la première fois nous voir, Valéry arrive car il devient un assidu du jeudi, il doit même être un peu gêné de rencontrer Geneviève ici car il y a quelques jours comme il parlait mariage, elle lui a demandé s'il ne pensait pas à une « de ses trois petites amies », « si », a-t-il répondu. Jeannie paraît le trouver bien. Que je voudrais que cela s'arrange !

Samedi 29 avril — Exposition des tableaux qui restaient dans l'atelier de Sisley que l'on va vendre pour ses enfants avec d'autres que les artistes ont donnés. M. Monet qui organise cela m'a demandé une toile de Maman, j'ai donné, comme elle l'aurait fait pour venir en aide aux enfants d'un artiste qui a longtemps exposé avec elle, une petite femme en chapeau de paille de profil. Cela fait très bien. Nous rencontrons M. Monet puis Germaine Hoschedé et nous apercevons Mme Monet qui paraît être dans un état nerveux maladif. Elle ne me parle que de la mort de sa fille.

Dimanche 30 avril — Nous allons au vernissage du salon où nous retrouvons Jacques Drogue qui nous promène si rapidement devant tous les tableaux que nous n'apercevions pas le sien que nous ne voyons rien du tout.

L'*Eve* de Rodin est belle.

Nous rencontrons Mlle Cassât, les Baudot, Clément, Ernest Rouart dont nous cherchons en vain le tableau. Dans le jour à Levallois.

Lundi 1er mai — Vente Sisley — Les Sisley montent bien, M. Monet les pousse, on voit qu'il a pris cette vente à cœur et il s'occupe de cela avec dévouement. Le tableau de Maman est acheté par Durand-Ruel à 3 200.

Mardi 2 mai — Je vais seule à Asnières et j'y reste aussi longtemps qu'habituellement, Jules me promène dans son jardin et m'offre des lilas ; mais je ne peux en emporter ne rentrant à la maison qu'après le dîner. Je vais ensuite rejoindre Paule et Jeannie à l'exposition de la collection Doria chez Petit. Je les retrouve avec les Baudot, Renoir, Degas, etc. Cette collection est superbe, les Corot y dominent, ceux qui me plaisent le plus sont des paysages d'Italie, de la campagne de Rome, une vue de Rouen, un petit de Genève, une figure en blanc, des nymphes et encore d'autres. Puis il y a une belle esquisse de Delacroix, *La Chasse au lion,* puis trois de mon oncle Édouard, deux toiles de Maman, l'une d'une femme cousant aux cheveux blonds et corsage vert et l'autre une marine d'Angleterre, la Tamise probablement qui est étonnante, un petit bateau si finement dessiné sut une eau limpide, une eau qui remue, une eau comme il semble impossible d'en faire en peinture. Quelle artiste que Maman ! quelle force toujours entourée d'un charme infini ! J'éprouve du plaisir à voir de ses œuvres que je ne connaissais pas et je suis fière d'avoir eu une mère de tant de talent qui était si simple, elle paraissait ne pas se douter de ce qu'elle était.

Nous allons dîner chez M. Renoir on nous retrouvons Jeanne Baudot, Arsène Alexandre et le fils Durand-Ruel. On parle de la collection Doria naturellement, puis au salon Arsène Alexandre défend Carrière que M. Renoir attaque d'autant plus. Puis on parle de Mirbeau, de son style lourd. « Un gros mot sorti de la bouche d'un enflant peut paraître drôle une fois, dit M. Renoir, mais cela ne peut durer, et Mirbeau continue toujours de même. »

Mercredi 3 mai — Nous retournons à d'exposition Doria ; nous y rencontrons M. Rouart et Ernest et Louis.

Ensuite visite à Vincennes à Mme Clément. Nous parlons ce soir du talent de Maman, de la Femme extraordinaire qu'elle était et je ne peux m'empêcher de pleurer pendant le dîner.

Samedi 6 mai — Chez Petit voir les dessins de la collection Doria, il y en a de curieux de Corot, de Delacroix, de Barye. Nous rencontrons encore la famille Rouart. Ernest est très bien, je voudrais faire tout à fait sa connaissance ; je voulais absolument lui parler aujourd'hui et puis je n'ai pas osé, il me semble que Paule se moquerait de moi, je ne sais pourquoi car elle aurait trouvé cela très bien. Il me semble que je ne suis pas bien aimable avec lui, mais j'ai peur de l'ennuyer. Ah, si je pouvais lui plaire ! Je ne le reverrai plus maintenant !

Dimanche 7 *mai* — Nous allons avec tante Edma chez Jacques Blanche, sa peinture est très aimable et lui aussi. Il a les merveilleuses baigneuses de M. Renoir, si faites et si parfaites. Puis aussi de lui deux dessus de portes peints pour sa maison de Dieppe représentant le Tannhäuser, celui on se trouve Vénus seulement vêtue d'une ceinture d'or, tenant Tannhäuser endormi et absolument délicieux. Il a une petite aquarelle que Maman lui a donnée autrefois, puis un portrait de femme de mon oncle Édouard, très beau, un moine en prière bien aussi mais moins amusant, et des danseuses de M. Degas tout à fait étonnantes.

Nous avons pensé avant de partir qu'il était bien de demander à Blanche à voir de sa peinture et vraiment nous avons pu lui faire des compliments sincères sur des natures mortes.

Mercredi 10 mai — Soirée chez les Pillault, Jeannie joue beaucoup et M. Pillault est dans l'enchantement.

Samedi 13 mai — Impossible de rien voir à l'exposition Mulbacher, une foule chic et n'y voyant rien s'y presse. J'aperçois une délicieuse petite femme en rouge de Fragonard et je crois que c'est tout.

Dimanche 14 mai — Nous retournons avec tante Edma chez P., je reviens outrée et pleure toute la journée à la pensée que je ne peux rien faire contre cette industrie sur les Manet, P. en a des quantités de faux et il se défait des vrais ; je commence à ne plus hésiter à croire qu'il travaille de concert avec ces ignobles B. que nous rencontrons chez lui. Je me retiens pour ne pas répondre par des injures aux saluts jusqu'à terre et aux empressements de ces gens aux chapeaux, aux cheveux tout luisants. Ils ne cessent devant moi de parler du talent de Maman : « J'ai un superbe tableau de Madame Morisot », dit le petit qui fait vite son éducation et devient le plus creux de tous, « je l'aime énormément, je l'ai mis dans ma chambre à coucher » — « Lequel donc » reprend le noir ciré qui fait une gaffe, mais le petit l'interrompt et continue ses phrases. Ah, que de saletés il y a dans le monde, que d'ignominie, on peut en être très triste, y penser vous afflige atrocement.

J'ai éprouvé du plaisir à revoir les belles choses

de mon oncle Édouard et de Maman que possède P. mais j'ai éprouvé bien du déplaisir à voir ces esquisses de mon oncle Édouard repeintes, rendues ignobles. J'aurais tant voulu pouvoir crier, il a fallu que j'applique toutes mes forces à ne rien dire, et maintenant je le regrette. Mais je ne pouvais pas parler puisqu'il y a derrière ces toiles la signature de tante Suzanne, je ne peux condamner ma tante. Ah, ces gens-là se sont mis à l'abri. Il faudra que je retourne chez tante Suzanne lui parler de cela et savoir si elle a signé toutes ces horreurs, avant qu'elles ne fussent complètement retouchées, probablement. Cette affaire m'exaspère, je voudrais pouvoir agir. Je pleure de voir toutes les sales affaires qui se manigancent sur la terre. Quand on en voit une comme celle-là on pense que c'est la terrible crise qui bouleverse notre pauvre France en ce moment.

Mardi 16 mai — Comédies chez les Roudier.

Mercredi 17 mai — À Asnières, nous projetons une soirée. Puis dîner chez Mme Baudot.

Jeudi 18 mai — Nous allons dîner à Versailles chez les Matter et nous passons une très agréable soirée. Paule et moi nous sommes à côté d'un certain Piedlilèvre, assez gai, qui nous engage à exécuter le projet de roulotte pour cet été, et qui a autrefois connu les Baudot et même aimé Mme Bertrand.

Vendredi 19 mai — Miss Vos qui était à Juziers vient passer quelques jours à Paris, elle n'est vraiment pas mal. Nous avons sa visite ainsi que celle de M. Lasalle de Quimperlé.

Samedi 20 mai — Chez Geneviève, elle a organisé un déjeuner à la maison pour lundi avec Valéry. Elle est très gentille dans sa façon de prendre à cœur cette affaire, on voit qu'elle désire beaucoup comme Paule et moi que cela se fasse.

Dimanche 21 mai — Pentecôte — Communié à la messe de 8 heures. Invoqué le Saint Esprit. Ce dont je suis ennuyée, et cet ennui grandit toujours c'est de n'avoir pas été confirmée. Dans ce petit coin de Mézy, l'évêque ne venait que tous les trois ans, et le sort a fait que l'année où j'ai fait ma première communion et celle où je l'ai renouvelée l'évêque n'est pas venu. Puis à Paris je n'ai pas eu la volonté de demander à mes parents à être confirmée. J'y pense chaque jour et il faut que j'en parle à mon confesseur.

Lundi 22 mai — Le déjeuner avec Mallarmé, Geneviève et Valéry se passe très bien. Valéry fume sur le balcon et Jeannie reste seule à causer avec lui, il a l'air de trouver qu'elle a de l'esprit à la façon dont il rit de ce qu'elle dit. Il parle très drôlement de De Hérédia dont la dernière fille va épouser Pierre Louys son ami. Puis il a raconté des petites histoires sur les uns et sur les autres. Jeannie joue *l'Humorsque* de Schumann avec un charme inouï, Valéry semble ne pas oser lui faire de compliments et Jeannie en paraît ennuyée.

Mardi 23 mai — Au concert des instruments anciens où Jules joue. J'aime mieux les instruments modernes, c'est un peu agaçant ces instruments anciens qu'on adore, c'est de la musique pour insecte.

Mercredi 24 mai — Nous allons savoir si Mallarmé n'a pas été trop fatiguée par sa sortie de lundi puis nous allons voir M. Renoir qui est moins triste que ces temps derniers ; mais il a tout de même changé. Il est décidé à se soigner à sa façon et à prendre des fortifiants, à avoir chaud, au lieu de s'affaiblir par un régime qui lui défend tout. Il travaille un peu à son atelier, aujourd'hui il fait une jolie petite femme en chemise. Nous passons aussi chez M. Degas.

Lundi 5 juin — Nous apprenons par les journaux, la journée d'hier à Auteuil où Loubet a été conspué, a reçu des œufs à la tête, un coup de canne ; enfin le peuple tout entier s'est soulevé contre cet indigne représentant de l'État. Dans les journaux dreyfusards comme *Le Figaro* par exemple, on dit que l'aristocratie seule a crié et que c'est un complot monarchique. Pour donner cette allure-là à cette journée, le gouvernement relâche tous ceux qui ont été arrêtés et qui ne sont pas des nobles.

Être président de la République et recevoir des insultes du peuple que l'on représente ce doit être joliment désagréable.

Jacques Cor a eu l'amabilité de nous offrir ainsi qu'à Jeanne (qui est à Paris depuis une huitaine) et à Blanche, une loge au théâtre Sarah Bernhardt pour l'entendre jouer *Hamlet*. Puis il en a eu une autre pour les Roudier et sa sœur.

En arrivant au théâtre, quel n'est pas notre étonnement de voir se dresser dans une voiture et nous faire des signes avec une ombrelle, Yvonne Rouart qui est délicieusement jolie avec un chapeau blanc et un corsage blanc, elle est avec sa sœur et sa mère. Puis nous les retrouvons pendant les entre-actes avec son mari qui est vraiment très gentil, très gai, il nous invite à aller les voir à Autun. Il nous dit que ses frères doivent dîner avec nous demain chez M. Degas. Le plus jeune Louis est aussi à Hamlet ainsi que les Lerolle.

Dans une loge près de nous sont les de Régnier, de Hérédia et Louys. Nous passons une délicieuse soirée. Il n'y a rien au-dessus de Shakespeare, c'est sublime cet *Hamlet ;* l'esprit, la finesse, le tragique, la philosophie, la morale s'y rencontrent. La traduction de Shoeb paraît étonnante, il ne semble pas possible que la pièce puisse avoir plus de force et plus de charme en anglais. Sarah Bernhardt faisant le rôle d'Hamlet est beaucoup mieux que je ne l'aurais cru et elle me plaît bien plus que dans *Phèdre* la seule fois où je l'avais entendue. Je m'attendais à la trouver complètement ridicule ; et bien, elle ne l'est pas. Sa voix assez éraillée choque d'abord, mais on arrive à s'y habituer. Elle est étonnante de mouvement, d'agilité et de tournure. Son tort est de s'entourer de si pitoyables actrices ; celle qui avait le rôle de Gertrude donnait à la scène dans sa chambre avec son fils, qui est si poignante, un peu de ridicule par ses sanglots grotesques. Je n'ai pas trouvé Ophélie très à mon goût non plus. C'est un rôle si délicieux que celui-ci ; il n'y a qu'une Ophélie. Comme c'est beau cet entretien d'Hamlet avec le spectre de son père ! Quel être nerveux, efféminé que cet Hamlet. Quelle drôlerie dans la représentation des comédiens ambulants. L'acte du fossoyeur n'est-il pas une image de la vie, du peu que l'on est dans ce monde, une vraie poussière. Je crois qu'aucun écrivain ne peut m'enthousiasmer comme Shakespeare.

Mardi 6 juin — Nous ne pouvons résister au désir d'aller embrasser Mme Mallarmé et Geneviève avant leur départ ce matin. Nous leur racontons l'agréable soirée d'hier. Nous devons aller les voir à Valvins vers le 14, date à laquelle Valéry doit y aller.

Dîner chez M. Degas. En arrivant chez lui nous trouvons seulement Jeanne Baudot puis nous recevons Ernest et Louis Rouart. Nous regardons toute la collection du Post où sont d'admirables dessins de Forain et M. Degas arrive à son tour.

On passe bientôt à la salle à manger, M. Degas offre son bras à Paule, Louis à Jeannie et Ernest hésite entre Jeanne et moi puis : « Tout de même » dit-il et il vient vers moi. Je suis à côté de lui à table et nous parlons pas mal. Il dit qu'il était à Autun le jour de la Saint-Ladre, nous aurions donc pu le rencontrer à cette foire où nous étions assez entrain. Je lui demande s'il va tous les ans à Autun chez son frère et il me répond qu'il y était l'année dernière pour la chasse et qu'il y retournerait cette année, ce que je désirais savoir. Nous parlons de notre location à 100 frs. en Bourgogne près des Clément pour cet été, etc. Le dîner se passe très gaiement. Ernest ne cesse de se rendre utile et de travailler, il découpe d'abord un gigot, puis un poulet et fait du café. M. Degas prend après son repas du tilleul qu'il tient à partager avec Jeanne Baudot qui lui promet de lui en envoyer de son jardin. M. Degas lui parle de leur ménage, mais il se trouve qu'elle aime le canard pas le poulet et lui le poulet et pas le canard. Nous leur disons que cela ne marchera jamais.

Le soir on parle de l'affaire. Les Rouart disent que Quesnay de Beurrepain parle bien. Ils sont allés à une séance pour l'acquittement de Deroulède. C'est bien, ces jeunes gens si patriotiques, ne devraient-ils pas être tous ainsi, mais malheureusement beaucoup se soucient peu de leur France.

Avant de partir on descend au musée, là Ernest tient la lampe pour éclairer les tableaux : c'est un garçon précieux ; je ne peux m'empêcher de le complimenter sur la façon dont il rend service continuellement. Il est très bien, très bien. Quelle jolie barbe, des yeux enfoncés. J'ai enfin parlé avec lui, il n'est plus du tout timide comme lorsque nous le rencontrions au Louvre l'année dernière ; et je suis très contente d'avoir fait plus sa connaissance, vraiment il me plaît, oui. En revenant en voiture découverte, j'y pense et je me déclare que c'est Ernest qu'il me faudrait.

Jeudi 8 juin — Jeudi brillant, Renault, des Parisiennes, les Angoulvent, Drogue, Valéry, Bonniot, Avoine, etc. Quand toutes les dames sont parties, nous prenons un peu l'air sur le balcon avec Bonniot et Valéry.

Vendredi 9 juin — Je vais voir Mme Renault et Berthe après le dîner. Renault ne cesse de me donner des renseignements sur les Rouart.

Samedi 10 juin — Leçon avec Jules, je suis si émue à l'idée de jouer demain à la matinée le chant d'amour de Boisdeffre que je tremble déjà aujourd'hui, ce qui fait rire Jules. Il me fait des recommandations pour demain d'une façon tout à fait gentille, il me dit de prendre de la fleur d'oranger. Je vais avec lui de sa maison au théâtre où l'on répète les morceaux d'ensemble. Nous parlons de la journée de dimanche. C'est demain le grand prix ; mais il ne se passera rien, Loubet est si poltron qu'il se fait fortement garder par cette armée contre laquelle il est et que la discipline force à ne rien lui refuser.

Dimanche 11 juin — La matinée Boucherit ne m'amuse pas du tout. Peut-être est-ce qu'elle m'a ennuyée parce que j'ai raté mon chant d'amour, je me suis arrêtée avant la fin.

Nancy Schück et Madeleine ont très bien joué, Jules a été tout à fait délicieux dans la berceuse de Fauré.

En rentrant en voiture nous apercevons Ernest qui descendait l'avenue de Wagram venant probablement de manifester. Il nous voit et nous salue. Je me mets à penser à lui et j'oublie un peu l'ennui que me causait ma bêtise dans ce morceau que j'avais si bien étudié.

Petite soirée chez Mme Renault, comédie et danse.

Lundi 12 juin — Il ne s'est naturellement rien passé contre Loubet hier, le gouvernement avait loué les premiers venus, des anarchistes pour lui faire une ovation. Ces hommes grossiers ont attaqué le pavillon d'Armenonville où l'on prenait des rafraîchissements et ils ont blessé plusieurs personnes, des enfants. Cette journée a pour résultat aujourd'hui la chute du ministère Dupuy.

Nous allons dîner à Bellevue et y passons une délicieuse fin de journée ; mais nous apprenons avec effroi que Chausson s'est tué à bicyclette et nous rentrons en ne cessant de penser à cette chose atroce. À cet homme qui à bicyclette dans son jardin va se fracasser le crâne contre un mur et mettre fin à une vie qui devait encore lui servir à continuer sa carrière artistique, à rendre sa famille heureuse. Sa pauvre femme, les pauvres enfants. Ils paraissaient si heureux. J'avais remarqué au mariage d'Yvonne toutes ces familles où le bonheur semblait régner et cela m'avait fait plaisir à voir. Les Lerolle doivent être bien malheureux de cette mort, car ils étaient toujours ensemble.

Ah ! il se passe des choses bien atroces ! On voudrait tant voir ceux qui sont heureux le rester.

Mardi 13 juin — Été dire adieu à Berthe qui part après-demain. Elle est toujours en voyage.

Mercredi 14 juin — Nous allons voir M. Renoir à Saint-Cloud où il est très bien installé. Nous constatons avec plaisir qu'il a meilleure mine.

Jeudi 15 juin — Ce matin a lieu l'enterrement de ce pauvre Chausson ; une foule d'artistes recueillis et émus y assiste. Les deux filles aînées sont là, debout pleines de courage. La première a trouvé son père après l'accident ; la malheureuse, quelle effroyable image elle doit avoir pour toujours gravée dans son esprit ! Les Lerolle paraissent bien peinés et malheureux.

On ne cesse de penser à cet affreux accident, c'est cauchemardant, la pauvre famille !

Nous avons différentes visites, entre autres Valéry qui apporte un volume d'Edgar Poe. M. et Mme de Loute viennent et de Loute nous parle d'une façon très intéressante de l'affaire Dreyfus, de ce fameux bordereau dont on n'a que la copie ayant été obligé de rendre l'original à l'Allemagne afin de n'avoir pas la guerre.

Vendredi 16 juin — Nous allons voir Mme Lerolle et Christine, elles nous parlent de leur pauvre beau-frère et oncle. « C'était un beau-frère et en même temps un ami, nous dit Mme Lerolle, mon mari ne s'en remettra jamais. » Mme Chausson ne vivait parait-il que pour son mari. Les Lerolle veulent aller à la campagne aux environs de Paris avec elle.

Samedi 17 juin — Miss Vos vient déjeuner avec nous.

Dimanche 18 juin — Levallois.

Lundi 19 juin — Chez Durand-Ruel, exposition Puvis de Chavanne. L'ensemble est ennuyeux.

Jeudi 22 juin — Le ministère qui depuis douze jours a dû se reformer avec Waldeck Rousseau, Poincaré, l'est enfin aujourd'hui avec Waldeck Rousseau. Cela a tout de même été un petit travail de combiner un ministère pour acquitter Dreyfus qui va bientôt débarquer au milieu des applaudissements. C'est dégoûtant d'avoir un gouvernement anti-patriotique. Il veut faire accroire que la République est menacée par le parti monarchique mais ces d'Orléans sont bien trop endormis pour rien faire ; mais c'est lui qui attaque la République. Il n'y a plus de liberté, on ne peut plus crier ; « Vive l'armée » ; on ne peut crier que : « Vive Loubet et vive Dreyfus. »

Vendredi 23 juin — Jeanne B. et Jeanne C. viennent déjeuner avec nous, elles nous racontent l'amusante soirée chez Léandre qui a eu lieu mardi et à laquelle nous étions invitées.

Dimanche 25 juin — Je vais à Levallois avec Mlle Tarride qui est une personne très intéressante, très intelligente, beaucoup de mouvement et de gaieté, pas l'allure de la demoiselle aux bonnes œuvres. C'est très bien d'avoir une vie si utile. Réunion aux Enfants de Marie.

Lundi 26 juin — À Marly où comme tous les ans dans le courant du mois de juin le curé dit une messe pour tante Yves. Puis ensuite il nous reçoit dans son jardin et nous donne des roses. Cet endroit où cependant tante Yves n'a été que malade ne me paraît pas pénible à revoir, au contraire, et je vois qu'il en est de même pour Paule et Jeannie qui font chaque année le pèlerinage à la mémoire de leur mère plutôt avec plaisir.

Leur propriétaire, une brave femme, a perdu son mari qui était un non moins brave homme. Elle pleure et nous raconte sa douleur avec une simplicité touchante et rapporte des conversations vraiment d'âmes élevées clans l'enveloppe commune. Son mari qui lui disait « fille » et elle lui répondait « l'ami ». La façon dont elle dit ce pauvre cher ami va plus au cœur et à la pitié que cent phrases bien tournées. Nous déjeunons chez Mme Baudot avec les Clément et Drogue. On se promène dans les bois et nous repartons avec Mme Clément et Jeanne.

Mardi 27 juin — Dîner à Saint-Cloud chez M. Renoir qui a les pieds et les mains enflés. Son intérieur est très bien le soir, assez gai.

Mercredi 28 juin — Paule et moi nous retournons au Salon. Je ne m'étais pas aperçu que tout était si mal. C'est dégoûtant cette peinture ; à mesure que j'entre dans une salle j'ai envie de passer dans la prochaine espérant voir quelque chose de mieux. Nous finissons par trouver le *Chapeau rouge* d'Ernest. Une jeune fille en jaquette noire et chapeau rouge dont la tête est gentille, mais le fond où se reflètent dans une glace des passants et des voitures n'est pas très compréhensible. Il y a des choses de dessin qui ne sont pas tout à fait cela et dont Ernest n'a dû s'apercevoir qu'une fois que cela était accroché. Ce n'est pas aussi bien que sa copie du Mantegna. La seule chose vraiment jolie au Salon, c'est la décoration de Maurice Denis pour le collège du Vésinet. Les anges dans leur grande robe blanche chantant ont de jolis mouvements ainsi que les enfants de chœur qui balancent l'encensoir ou éparpillent des pétales de roses. Le paysage aux petits rosiers, aux arbres dessinant leurs formes sur le ciel est très bien. Dîner chez Mme Mayniel.

Jeudi 29 juin — Chez Petit, exposition de la collection Choquet, dont j'avais toujours entendu parler mais qu'on ne voyait pas depuis la mort de ce père Choquet qui a réuni avec un goût délicieux des tableaux, des meubles et des faïences qui devaient former un intérieur étonnant allant avec son particulier possesseur. Un délicieux portrait de Choquet peint par M. Renoir montre l'être fin qu'il devait être.

Il possédait de très jolis Cézanne ; des natures mortes surtout, une me plaît ; puis un Daumier, des Delacroix étonnants : *Ovide chez les Scythes,* esquisse merveilleuse, puis *La bataille de Taillebourg,* celle de *Nancy* puis des quantités d'autres toiles, de ravissantes petites esquisses, des aquarelles magnifiques et des dessins aussi. De mon oncle Édouard : *Monet peignant dans son bateau,* si réel, une rue, des fleurs très belles. De Maman, une petite femme en blanc coiffée d'un léger bonnet se regardant dans un petit miroir à main ; elle est assise sur un canapé également blanc et se détache sur un rideau de mousseline blanche au travers duquel passe la lumière qui se joue de façon délicieuse sur toute cette symphonie de blanc et le contre-jour y crée des gris étonnants. Quelle difficulté vaincue avec tant de charme. Ah ! il n'y a que Maman qui soit arrivée à cette perfection du tableau chez une femme. Il y a aussi d'elle une marine d'une finesse inouïe, une jetée qui s'avance dans une mer verte puis une autre représentant un quai. De Pissarro un brouillard qui est plus que brouillard. De M. Renoir : un *Moulin de la Galette,* une femme à la *Grenouillère,* la *Seine à Asnières,* un clapotis d'eau autour d'une périssoire, très joli, la falaise de Berneval et d'autres, puis le merveilleux portrait de Choquet.

Cette collection est une des plus jolies que j'ai vues, discrète en même temps que remplie de chefs-d'œuvre. Nous rencontrons M. Degas, nous lui faisons des compliments sur son dîner, il commence l'éloge des Rouart : « On ne sait pas ce qu'ils pensent ces jeunes gens », dit-il. Nous rencontrons Louis, puis M. Renoir, M. Monet, les Baudot, Jacques Blanche, Portier, Duret et Pissarro qu'on voit partout et un tas de gens. Nous rentrons à 5 heures pour avoir la visite de Valéry et celle de Lahalle.

Le soir nous descendons chez tante Edma où sont les Roudier et les Clément.

Vendredi 30 juin — Je passe encore la journée à l'exposition Choquet. J'ai envie d'acheter une petite esquisse de Delacroix d'après une gravure de Rubens si elle ne monte pas au-dessus de 100 frs. Je revois avec plaisir toutes ces merveilles.

Samedi 1er juillet — Dernière leçon avec Mme Boucherit ; Jules est déjà parti depuis quelques jours pour la Bretagne.

Vente Choquet — Je suis excitée à l'idée d'acheter peut-être un Delacroix. Je vais de bonne heure à la salle Petit avec Paule et je charge Vollard de me pousser l'esquisse.

Nous suivons la vente avec Fauché et nous voyons de loin M. Degas qui est très amusant dans sa façon de regarder chaque chose de près avec sa loupe. Il est à côté des Rouart. Je suis émue lorsqu'on vend la *Question au miroir* (la petite femme en blanc) mais je suis vite rassurée lorsque je la vois immédiatement monter à 8 000 puis s'arrêter à 10 100. Cela me fait bien plaisir que cette toile soit ainsi montée. *Le Quai* se vend 2 700 et la *Jetée* 1 650, ce qui n'est pas beaucoup, mais c'est le prix de la figure qui devait le plus marquer.

Les Renoir montent bien, l'un, la *Grenouillère* jusqu'à 20 000, les Monet aussi, les Cézanne grâce à Vollard, les Manet peu, ce qui m'étonne, les *Lilas* s'arrêtent à 4 210, la *Marée montante* à 1 451, les *Paveurs de la rue de Berne* à 15 500, *Monet dans son atelier* à 10 000 ; la *Branche de pivoine* à 1 550. Les Delacroix se vendent presque rien, les deux plus chers sont *La Bataille de Taillebourg,* 7 300, et *La Bataille de Nancy,* 6 700. *Ovide chez les Scythes* que je trouvais si merveilleux ne monte qu'à 1 800, je m'attendais à le voir aller à des milliers de francs, je regrette presque de ne m'être pas risquée à le pousser, il méritait de faire une folie. Mais enfin je suis contente car j'ai la petite esquisse d'après une gravure de Rubens pour 460. À la fin de la vente nous allons rejoindre M. Degas et les Rouart. Ernest me demande immédiatement si j'ai acheté quelque chose, puis nous parlons des prix de la vente, il dit que s'il avait pu, il aurait acheté *l'Ovide.* Nous regardons *La Bataille de Nancy* que M. Degas a achetée ainsi qu'une esquisse de décoration *Hercule délivrant Hésione.* Nous parlons du portrait de Choquer par M. Renoir, Ernest le trouve très beau. Il est très loquace aujourd'hui, il plaisante, comme il porte *La Bataille de Nancy,* il m'offre de m'en faire cadeau. Je reste en arrière à parler avec lui lorsqu'on sort de la salle Petit, enfin nous sommes très bien ensemble.

M. Degas nous offre de venir chez lui et il nous emmène en voiture avec les Delacroix et on quitte les Rouart. Il regrette d'avoir manqué le portrait de Choquet : « le portrait d'un fou par un fou » dit-il, il l'aime énormément. Durand-Ruel ne l'a acheté que 3 500 ; mais M. Degas craint que Camondo ne le prenne.

Zoé semble voir M. Degas arriver avec des tableaux sans étonnement : « Comme Monsieur m'avait dit qu'il rentrerait *se* changer, je pensais bien qu'il rapporterait des tableaux ». Nous contemplons les Delacroix, celui de la vente Desfossé est encore le plus empoignant.

M. Degas est gentil comme un amour, il parle

peinture puis tout à coup nous dit : « Je vais vous montrer des orgies de couleurs que je fais en ce moment », et il nous fait monter dans son atelier. Nous sommes très touchées car il ne montre jamais ce qu'il fait. Il sort trois pastels représentants des femmes en costumes russes avec fleurs dans les cheveux, colliers de perles, chemises blanches, jupes aux tons vifs et bottes rouges qui dansent dans un paysage imaginaire qui est des plus réel. Les mouvements sont étonnants de dessins et les costumes de très belles couleurs. Sur l'un elles sont éclairées par un soleil rose, sur l'autre on distingue leurs robes plus crûment et sur le troisième le ciel est clair, le soleil vient de disparaître derrière le coteau et elles se détachent dans une demi-teinte. La valeur des blancs sur le ciel est merveilleuse ; l'effet si vrai ; ce dernier est peut-être le plus beau des trois, le plus prenant, c'est inouï, tout à fait emballant.

M. Degas nous demande lequel nous trouvons mieux d'effet puis il nous montre encore des torses, des danseuses, tout ce qui doit payer ses achats de tableaux.

Nous le quittons à 9 h 1/2 après avoir passé une délicieuse journée, de ces journées comme il vous en échoit une parmi les autres. Il nous donne rendez-vous mardi à la vente des dessins ; j'ai grande envie de recommencer la petite fête.

Dimanche 2 juillet — Jour de la première communion des petites filles du patronage de Levallois. On offre à cette occasion un grand déjeuner où Blanche et moi sommes invitées. Rien de plus gentil que cette réjouissance en l'honneur de la première communion, ce jour qu'on s'efforce de graver le plus profondément possible dans ces jeunes cerveaux. Après la première communion, revenu au patronage, on chante des cantiques puis une demoiselle du genre des demoiselles de bonnes œuvres (Blanche à sa vue me dit qu'elle ne s'habituera jamais à ce genre) qui ont tant de vertu qu'elles vous en éloignent, distribue des crucifix en faisant un petit discours mal tourné et mettant sa tête, aux cheveux tirés coiffée d'un chapeau-bonnet au poil sortant du menton malicieusement de côté dit : « Et quand vous aurez 20 ans, vous comprenez ce que je veux dire (un sourire gracieux), vous demanderez à vos parents d'emporter ce crucifix avec vous. » À ce moment nous n'avons pu, Blanche et moi, nous empêcher de retenir notre rire. À table elle était à droite de l'abbé qui jeune et vivant ne semblait guère s'amuser entre les deux vieilles filles qui l'entouraient de prévenance autant que de leurs personnes. Le tableau le plus comique fut celui où l'abbé tenait un plat gigantesque d'épaisse porcelaine ressemblant plutôt à une cuvette où les tranches non moins épaisses d'un gigot s'étalaient pendant que la demoiselle frottait sa soutane où venait de se faire une tache de graisse. Je me reproche de voir le côté ridicule de ces personnes qui font le bien, donnent leur vie aux autres, mais vraiment elles ont du comique. Pour moi cette réunion était assez nouvelle et m'a amusée à voir, c'est drôle. Mlle Tarride ne ressemble pas du tout à ces vieilles filles-là, elle a l'esprit large, elle est tout à fait intéressante et intelligente. Les enfants étaient très émoustillées par le déjeuner et à la fin elles criaient toutes qu'elles étaient trop serrées.

C'est charmant de voir se promener parmi les arbustes du jardin ces premières communiantes en leurs robes blanches, en leurs robes de candeur. J'ai fait une douzaine de photographies d'après elles et je suis partie avec Blanche.

Lundi 3 juillet — Vente Choquet — Nous retrouvons M. Degas déjà installé, à côté de lui Alexis Rouart et Ernest ; puis les Fauché, Mme Baudot et Jeanne qui est dans tous ses états parce qu'elle veut acheter quelque chose, aussi je suis pincée à chaque instant par une main nerveuse et Mme Baudot charge Paule de transmettre à sa fille des phrases vagues et nerveuses, car nous les séparons, Jeanne fait pousser par tout le monde et par personne, se trompe de numéros, enfin si M. Degas n'avait la gentillesse de lui pousser une magnifique aquarelle de Delacroix elle repartait sans rien ; c'est la *Mort du cavalier* montée à 260 frs. Quelques-unes se vendent très cher, notamment celles dont j'avais envie. Ernest Rouart a un joli dessin pour 72 frs ; mais il n'y a pas beaucoup de ces occasions. L'aquarelle de Maman monte à 390. Le portrait de Cézanne au pastel par M. Renoir à 1 500.

Ernest paraît très amusé par la nervosité de Jeanne Baudot et il rit beaucoup. Il est juste devant moi tourné de profil, de sorte que je le contemple à mortaise et nous échangeons de temps en temps quelques appréciations. Il me plaît, il est très bien.

Il n'y a plus de chance de le rencontrer maintenant, on ne peut pas espérer qu'il se trouvera à Autun juste le jour où nous irons voir Yvonne (si nous y allons) bien qu'il ait dit qu'il allait chasser en Bourgogne.

Nous nous demandions en revenant avec Paule, si Jeanne B. avait fait sa conquête. C'est probable puisqu'elle fait sans exception celle de tous. Cependant Ernest paraissait la trouver un peu comique et, elle m'a semblée vraiment trop nerveuse aujourd'hui et fatigante, moi qui comprends si bien qu'elle plaise universellement et qui suis toujours très contente qu'on fasse des compliments sur elle ; peut-être est-ce par un sentiment inconscient, en pensant qu'elle pouvait fuite la conquête d'Ernest que je l'ai trouvée agaçante ; mais cependant elle était vraiment bien nerveuse cette bonne Jeanne.

Rien de plus comique à la vente Choquet que les héritiers, des gens des Halles qui paraissaient ne pas savoir marcher sur un tapis, assis sur un banc à marquer les prix de chaque chose de crainte d'être frustrés.

Mardi 4 juillet — Fernande et Gabrielle viennent passer la journée avec nous. Je ne me trouve pas gentille avec elles ; mais je ne savais que leur dire, j'étais tout à fait encore à la vente Choquet.

Jeudi 6 juillet — Tous les jeudis matin on est réveillé par une lettre de Geneviève. Cette régularité dans la correspondance est charmante. J'entreprends une nature morte inouïe de difficultés, un sujet pour mon oncle Édouard. Une nappe, un melon coupé sur une assiette, un couteau devant, derrière une grosse rose dans un vase de bohème, l'huilier très joli, un moutardier Empire. C'est de la folie que d'essayer même de faire cela ; mais plus je me le dis, plus j'ai hâte de commencer. Vers 5 heures je suis interrompue par notre première visite, celle de Valéry qui maintenant me semble avoir adopté la huitaine. Il est très gentil, Jeannie charmante dans une robe neuve un peu abricot, elle joue du Wagner avec passion. Caroline vient aussi nous voir, puis Cor très tard avec l'espérance de voir Blanche. Tante Edma et Blanche prétendent qu'il en est épris, il paraît sous prétexte de venir chercher un portefeuille perdu, puis de rendre service à Mlle Avoine, être ici uniquement pour Blanche qui très malheureusement est sortie et ne rentre qu'à 8 heures. Il l'attend fort tard mais pas jusque-là.

Vendredi 7 juillet — Nature morte… nature morte… En tout cas il me fait bien travailler mon melon et tout son entourage. En somme je ne pensais pas faire de cela quelque chose de moins mal que ce que j'ai fait et je ne suis pas fâchée de m'être lancée dans ces difficultés.

Samedi 8 juillet — Nous allons dîner à Saint-Cloud. M. Renoir a très bonne mine et est très bien avec un chapeau blanc sur la tête. Nous dînons avec Wyzewa qui est charmant, sa femme qui est très gentille, puis les Fauché et Vollard qui ne cesse de raconter des histoires en dévorant tout ce qu'il a sous la main. On rit beaucoup quand il raconte qu'il a acheté à la vente Choquet l'armoire de la reine Christine et que lorsqu'il ouvre la porte il lui semble entendre le frôlement des robes de soie de la reine. Wyzewa est fin et spirituel dans toutes ses réponses aux : « Dites-moi M. Wyzewa » du bavard de l'île de la Réunion. Il dit très bien que les caricatures de Léandre lui font l'effet de photographies et qu'il croyait jusqu'à il y a peu de temps que toutes ces caricatures étaient faites par des littérateurs qui dirigeaient les journaux où elles paraissent.

Nous rentrons très contentes de notre soirée.

Lundi 10 juillet — Le gouvernement est vraiment dégoûtant, on renvoie tous les hommes un peu capables, Bertillon qui rendait service est remercié. Nous parlons de la triste affaire avec les Heudes que nous allons voir. De tous côtés on entend dire que dans les lycées tous les petits jeunes gens sont dreyfusards, n'ayant aucun amour de la patrie et cela grâce à messieurs les professeurs. Les journaux sont idiots ; depuis que Dreyfus est arrivé à Rennes, on ne parle que de lui, on reproduit partout des photographies de tous ses faits et gestes.

Mardi 11 juillet — Tante Edma, Jeanne et Blanche partent ce soir pour Cherbourg. Comme elles dînaient à la maison, Blanche reçoit une lettre de Cor avec qui elle est plutôt en correspondance… Elles ne paraissent pas très pressées de partir.

Mercredi 12 juillet — Visite à Mme Mayniel, dîner à Bellevue. Voici la seconde fois que nous apprenons en y allant dîner une mort par accident. M. Morize, l'architecte de la maison, vient de perdre sa femme écrasée, c'est épouvantable.

Jeudi 13 juillet — Nous allons à l'enterrement de Mme Morize, les pauvres hommes, son mari et ses trois fils. La douleur des hommes est encore plus poignante. On éprouve une peine profonde à voir ce mari et ces fils pleurer ainsi la femme de leur intérieur enlevée par une mort si horrible.

Nous partons au milieu de la journée pour Valvins où nous trouvons Mme Mallarmé et Geneviève pas trop mal avec Bonniot à leurs côtés, car il est presque toujours dans une petite auberge près d'elles et il est heureux, il a su enfin prendre Geneviève.

Vendredi 14 juillet — Valéry vient passer aussi deux jours à Valvins et on fête le 14 par une promenade dans la forêt. Jeannie a avec sa robe abricot un grand chapeau qui lui va admirablement, elle est en gaieté et tout à fait bien. Valéry encore bien plus en gaieté disant tout ce qui lui passe par la tête, faisant sauter Laërte, portant nos jaquettes blanches qu'il nomme des caracots, comme un enfant. Au milieu de cette verve presque enfantine, au sérieux lorsqu'il parle de la France, des idées si patriotiques et si bien. On a du plaisir à entendre parler et à voir des jeunes gens comme lui, comme les Rouart qui aiment leur pays puisque maintenant cet amour qui paraissait si naturel chez un jeune homme n'existe presque plus.

On dîne chez Mme Mallarmé et l'on est extrêmement gai, on parle, on rit, on fume, Valéry ayant apporté des cigarettes de dames, il nous appelle maintenant, Jeannie et moi, les caracots ou le peuple des caracots. Oui, on s'amuse, chose étrange ! Il n'y a même pas tout à fait un an, en juillet, nous faisions dans cette même pièce un dîner charmant avec M. Mallarmé, et nous avons le cœur maintenant qu'il n'est plus, autour de cette table, de rire encore. Geneviève, elle-même, rit, est plus entrain que tout le monde, elle qui adorait et adore son père. Tandis que cette pensée me frappe je sens en Mme Mallarmé un nuage de douleur au milieu du contentement qu'elle a à voir sa fille et les autres s'amuser. Évidemment c'est une grâce de Dieu qui fait que la vie reprend et peut reprendre après des coups qui paraissent mortels.

Samedi 15 juillet — Nous passons le matin à l'aquarelle au bord de la Seine avec Valéry qui a fait autrefois de la peinture et cela l'amuse. Jeannie fait un dessin d'après lui qu'il emporte avec contentement. On déjeune chez Mme Mallarmé, on recommence un gai repas ; les caracots peuvent-ils avouer qu'ils fument encore ? Mais oui puisqu'ils ont changé de genre. Ensuite nous faisons composer une lettre qui nous ennuie à écrire par Valéry, puis nous le conduisons à son train par la forêt. Et on fait force signaux à son passage.

Dimanche 16 juillet — Qui nous paraît être le troisième dimanche.

À la messe à Samoreau puis au cimetière. En en revenant nous parlons de celui qui y repose, de sa femme, de sa fille. Mme Mallarmé qui me paraissait après cette chose affreuse, s'intéresser plus que Geneviève aux détails de la vie, me paraît beaucoup plus triste cette année, elle parle moins, on sent bien que des choses lui sont pénibles. Geneviève pour qui tout me semblait disparu est au contraire mieux. Elle se sent aimée et elle n'a pas l'impression pénible de voir son père remplacé par Bonniot ; que sa mère doit éprouver l'amour de cet être pour elle, et qui maintenant la touche, l'empêche de sentir le triste de sa présence là, et au contraire la distrait. C'est bien heureux qu'elle se soit laissée toucher par cet amour profond. Ce doit vous donner une grande joie d'être aimé ; Jeannie dit que ce doit être si délicieux, je ne le dis pas, mais je le pense. Je remarque chez Jeannie après un certain émoustillement de la tristesse. Elle fait un profil frappant comme ressemblance de Valéry. Je crois bien qu'elle est un peu pincée par lui, le fait est qu'il a été charmant ces deux jours. Je désire si vivement que Jeannie soit heureuse et il me semble que c'est lui qui pourrait la rendre heureuse. Il doit revenir en août à Valvins et Geneviève qui est bien gentille compte lui parler.

Mme Mallarmé, Geneviève et Bonniot viennent dîner. Bonniot plus gai que d'habitude. Il part demain.

Jeudi 20 juillet — Le commencement de cette semaine s'est écoulé d'une façon charmante. Tous les matins aquarelle dans le jardin de Mme Mallarmé, soit d'après Geneviève ou Jeannie ; dans le jour couture, thé, promenade, le soir dîner généralement avec Mme Mallarmé et Geneviève. Tout cela par un temps délicieusement beau. Ce dernier jour nous devions faire une promenade en voiture toutes ensemble, mais Bonniot vient surprendre Geneviève qui reste avec lui. Durant la promenade Mme Mallarmé nous dit qu'elle est agacée qu'il revienne si souvent, que ce serait bien que cela se passe ainsi si il était fiancé, pour cela il faudrait qu'il ait une situation, il doit être nommé docteur à la rentrée. Mme Mallarmé et Geneviève dînent avec nous. On fait une petite promenade au clair de lune sur le pont.

Vendredi 21 juillet — Nous quittons à regret Valvins où nous étions très bien en compagnie de Geneviève et de sa mère. Nous partons le matin de bonne heure car nous avons donné rendez-vous à la gare du Luxembourg à 2 heures à Mme Heimer pour aller chez Mlle Labillois à Antony. Nous déjeunons au buffet de la gare de Lyon, puis comme nous arrivons trop tôt au Luxembourg nous nous promenons dans le jardin où sont des quantités d'étudiants puis nous allons au musée du Luxembourg dire bonjour à Mlle Olympia comme l'appelaient les paysans de Gennevilliers et à ce qui l'entoure. Le temps s'étant écoulé nous avons trouvé Mme Himmer et nous sommes parties pour Antony où Mme Labillois nous a fait faire une promenade en voiture dans les bois et dans la campagne qui est très jolie. Elle nous a ensuite offert un délicieux goûter puis nous sommes revenues à Paris à la maison qui nous a parue être une chaudière.

Samedi 22 juillet — Nuit chaude à moustiques qui nous empêche de nous remettre de la fatigante journée d'hier.

Nous en avons une non moins fatigante aujourd'hui Jeannie et moi, qui nous a donné un tel mal de tête que je n'ai pas eu la force de parler du concours de piano femmes, si ce n'est pour dire qu'on a été d'une injustice criante pour Madeleine qui a bien joué et à laquelle on n'a rien donné. J'ai été tout à fait outrée de cela. Lucie Léon et la Petite Blancard qui ont très bien joué ont eu des 1er prix. Lucie est devenue bien poseuse. Mme Boucherit est très attristée par la mort du jeune violoncelliste Larcanade ; c'est en effet horrible. Cela doit porter un coup terrible à Jules qui l'aimait bien.

Dimanche 23 — Restées toute la journée à la maison et dîné chez les de Loure où, on s'est assez amusé, cela ne ressemble à rien d'autre chez eux. Revenues à minuit par un superbe clair de lune. Respiré sur le balcon à la lueur de cet astre énigmatique et attirant. Il y a une curieuse histoire dans Edgar Poe sur un voyage dans la lune qui paraît presque vraisemblable par la réalité que cet écrivain sait obtenir avec sa plume.

Lundi 24 juillet — Tous ces temps-ci j'ai lu de ces histoires extraordinaires d'Edgar Poe traduites par Baudelaire que Valéry nous a prêtées. C'est très beau, plein de vie, on ressent chaque événement, puis les parties philosophiques sont si intéressantes, rien ne me passionne comme ce genre de littérature qui fait penser ; j'aime la philosophie qui demande une certaine tension d'esprit.

Elles sont merveilleuses ces horribles histoires telles que l'assassinat dans la rue Morgue, le chat noir, et ce cœur révélateur qui vous fait peur, qui vous secoue, cet amusant roi peste, ce mathématique scarabée d'or qui me plaît beaucoup, et cette conversation avec une momie, cette révélation magnétique, ces dialogues dans celui entre Monos et Una retient l'esprit, le fait rêver... Quelles belles pensées en ce colloque, quel tableau il évoque. Ce que Monos dit du progrès paraît si juste, oui c'est bien : « Un mot d'abord, mon Una, relativement à la condition générale de l'homme à cette époque. Tu te rappelles qu'un ou deux sages parmi nos ancêtres, Sages en fait, quoique non pas dans l'estime du monde, avaient osé douter de la propriété du mot Progrès, appliqué à la marche de notre civilisation... » Plus loin : « ... que la science n'était pas bonne pour l'homme pendant la minorité de son âme... Pascal, un philosophe que nous aimons tous deux, chère Una, a dit, avec quelle vérité ! que tout raisonnement se réduit à céder au sentiment ; et il n'eût pas été impossible, si l'époque l'avait permis, que le sentiment du naturel eût repris son vieil ascendant sur la brutale raison mathématique des écoles, mais cela ne devait pas être. Prématurément amenée par des orgies de science, la décrépitude du monde approchait. C'est ce que ne voyait pas la masse de l'humanité, ou ce que, vivant goulûment, quoique sans bonheur, elle affectait de ne pas voir. Mais, pour moi, les annales de la Terre m'avaient appris à attendre la ruine la plus complète comme prix de la plus haute civilisation. J'avais puisé dans la comparaison de la Chine, simple et robuste, avec l'Assyrie architecte, avec l'Égypte astrologue, avec la Nubie plus subtile encore mère turbulente de tous les arts, la prescience de notre Destinée. Dans l'histoire de ces contrées j'avais trouvé un rayon de l'Avenir. Les spécialités industrielles de ces trois dernières étaient des maladies locales de la Terre, et la ruine de chacune a été l'application du remède local ; mais, pour le monde infecté en grand, je ne voyais de régénération possible que dans la mort. Or, l'homme ne pouvant pas, en tant que rare, être anéanti, je vis qu'il lui fallait renaître.

Et c'était alors, ma très belle et ma très chère, que nous plongions journellement notre esprit dans les rêves. C'était alors que nous discourions, à l'heure du crépuscule, sur les jours à venir, — quand l'épiderme de la Terre cicatrisé par l'industrie ayant subi cette purification qui seule pouvait effacer *ces* abominations rectangulaires, serait habillé à neuf avec les verdures, les collines et les eaux souriantes du Paradis, et redeviendrait une habitation convenable pour l'homme, — pour l'homme purgé par la mort, — pour l'homme dont l'intelligence ennoblie ne trouverait plus un poison dans la science, — pour l'homme racheté, régénéré, béatifié, désormais immortel, et cependant encore revêtu de matière. »

Que de tristes vérités en tout cela auxquelles on peut penser en ce moment si malheureux pour notre pays. Et ceci : « ... des efforts insensés furent faits pour établir une Démocratie universelle, le mal surgit nécessairement du mal premier : la science. L'homme ne pouvait pas en même temps devenir savant et se soumettre. »

Quel portrait du monde perdu par le progrès, la science. *Les Intellectuels !*

Jeudi 27 juillet — Nous sommes à Louveciennes chez les Baudot depuis mardi. Nous faisons une ravissante promenade dans la forêt de Marly et nous revenons par Mareil, village délicieux. Par une petite rue qui descend on aperçoit Saint-Germain, c'est un paysage du Midi, un primitif.

Nous avons une conversation sur le sentiment dans l'art, je commence par étonner Drogue en disant que pour moi le mot sentiment est l'expression de tout ce qui m'agace, puis je m'entends très bien avec Jeanne Baudot sur ce sujet. Nous tombons d'accord sur ce que le sentiment en peinture est plus parfaitement ridicule, ainsi qu'en poésie et en musique. Jeannie dit au contraire qu'il faut du sentiment en poésie et en musique, que Wagner en est plein, et moi, qui ne suis pas capable de comprendre quoi que ce soit en musique, il me semble que c'est appauvrir le talent, le génie de Wagner que de lui appliquer ce mot sentiment, pour moi son art est de la passion ; il me semble que le sentiment enlève de la grandeur à l'art qui doit avoir en lui-même son propre sentiment sans avoir besoin de recourir au sentimental en dépeignant des sensations humaines. La musique à sentiment me paraît être celle de ce rasant de Gounod ; enfin je ne puis rien dire là-dessus ; mais en peinture, que je connais plus, tout en sachant que je suis peut-être encore très ignorante sur son sujet, il me semble que ce que l'on appelle le sentiment, c'est-à-dire le sourire sur les lèvres, les poses contournées, c'est pas admissible. Jeannie voit dans Corot du sentiment, je trouve qu'il y a plus, je ne dirai pas de la passion, je la laisse plutôt à mon oncle Édouard. Corot était calme, sa peinture respire l'amour, la sérénité. Pour moi dire d'un grand artiste qu'il a du sentiment, c'est abaisser son talent. Je conviens que le peintre a un sentiment tout particulier du beau et que celui de talent a un sentiment d'amour pour son art lui-même ; mais du moment que l'on ajoute un adjectif à ce mot il change de valeur et ne dépend plus que du suivant. Peut-être que je prends ce mot dans un très mauvais sens puisque comme le fait remarquer Jeannie, il vient de sentir et d est très évident qu'il faut sentir pour être artiste ; mais il forme le mot sentimental et rien n'est plus ennuyeux que le sentimental ; or on entend si souvent sentiment employé pour exprimer la même chose que je le vois dans ce sens-là. La généralité des gens vous disant qu'il y a du sentiment dans un tableau, dans une poésie, dans de la musique parle du sentimental embêtant et pas du sentiment que l'artiste a mis dans son coup de pinceau, dans la sonorité de deux vers, dans un enchaînement d'accord.

Tard le soir je continue avec Jeannie cette discussion et plus je me butte à bannir le sentiment de l'art par contradiction, car au fond je trouve qu'il n'y a pas d'art sans un certain sentiment ; mais comme on me croit très froide, je garde cette attitude chaque fois qu'une discussion est amenée sur un sujet pareil. On croit que je ne comprends le sentiment en rien, ni l'amour, que je ne souffrirai pas de rester vieille fille, qu'au contraire j'ai la haine du mariage, et évidemment tout cela je le laisse croire, parfois je voudrais me sortir plus de moi-même et il me semble que ce serait faire croire à Paule et à Jeannie que l'existence avec elles ne me plaît pas si j'exprimais la moindre idée de mariage et cependant n'est-ce pas naturel que désirer ce que toutes désirent certainement, car la pensée de rester vieille fille est terrible, et encore je ne dois pas me plaindre si c'est mon avenir car j'ai une occupation, la peinture que j'aime tant, j'ai de quoi me payer quelques plaisirs, achats de tableaux,. etc., mais combien plus intéressant d'employer ce que l'on a à élever une famille. Je suis absolument pour le mariage et je le désire vivement pour mes cousines ; quand je les entends dire qu'elles sont faites pour cela, que Jeannie parle du bonheur d'être aimée, j'ai envie de leur répondre qu'elles ne sont pas seules ; mais je garde mon allure de personne froide qui ne comprend pas ; ah ! cependant il me semble que je comprends le charme immense que peut-être de se sentir aimée, d'aimer, d'être soutenue par un homme auquel on se livrerait toute entière.

Peut-être suis-je contre le mariage parce que

je n'admets pas celui par présentation unissant deux êtres qui ne se comprennent pas, qui ne se connaissent pas, et qui ensuite ne s'entendent pas. Avec le divorce le mariage est devenu sans importance, je trouve cela odieux ; pour moi c'est sacré et il me semble que pour éviter toutes ces séparations horribles d'à présent, faites si facilement, il faut se souvenir. N'est-il pas tout de même plus moral d'avoir un faible trop grand pour celui qu'on épouse, que de ne le pas aimer ? Puisque Dieu a établi le mariage n'est-ce pas pour que ceux qui s'entendent s'unissent ? Quelle différence que l'éducation des enfants dans un foyer de bonheur de cœurs unis. Parfois tous ces temps-ci je fais ce doux rêve de me donner à un être qui partagerait mes goûts, avec lequel je travaillerais cet art de la peinture, qui vénérerait l'œuvre de Maman et auquel je décrirais tous les charmes de cette mère unique. Avoir des enfants dont l'éducation serait si intéressante.

Aider les malheureux ; voir celles aimées avoir une vie semblable et travailler à deux à se rapprocher de Dieu et à essayer de lui montrer ta reconnaissance à sa grande Bonté et à s'unir dans un sentiment d'amour infini pour le Créateur.

De celui qui me plonge dans ces rêves, oserais-je dire son nom ; plus il me semble être… mais pourquoi ferait-il attention à moi ? Pourquoi demander ainsi le bonheur en ce monde, il faut avoir la force de se contenir… Ah, il me semble que pour une personne contre le sentiment, je m'y lance bien… fin à ces rêves…

Vendredi 28 juillet — Nous allons ce matin à Saint-Germain avec Jeanne qui n'a qu'une idée c'est d'aller voir Maurice Denis que nous n'avons jamais fait qu'apercevoir de sorte que cela ne nous paraît pas très possible. Cependant Paule entre chez un encadreur demander son adresse et nous allons jusqu'à la porte de sa maison.

Dans le jour nous quittons les Baudot pour aller passer quelque temps auprès de M. Renoir qui est sans sa femme et ses enfants. Il a assez bonne mine et va peut-être un peu mieux.

M. Renoir dit que l'on apprend quelque chose en peinture en en regardant plutôt qu'en regardant la nature.

Il parle du socialisme qui fait tant de mal : « Il a tout enlevé au peuple, à l'ouvrier, la religion qui lui était une telle consolation et il a remplacé cela par 25 c. de plus par jour. Ce n'est pas en faisant travailler l'ouvrier moins d'heures qu'il sera heureux, car l'homme sans travail fait le mal et l'ouvrier passe son temps inoccupé au cabaret ; mais ce qu'il faudrait c'est lui faire faire des choses moins dures. Il n'y a plus rien d'intéressant maintenant pour l'ouvrier qui autrefois faisait une chaise de sa façon avec plaisir ; à présent, l'un fait les pieds, l'autre les barreaux, un dernier les rassemble. On veut tout faire le plus vite possible pour être payé. Avant un peintre peignait avec soin une Vierge qui le conduisait au ciel ; maintenant il flanque des coups à sa Vierge pour qu'elle soit plus tôt faite. »

Samedi 29 juillet — M. Renoir commence quelque chose d'après moi dans le jardin avec ma robe rose et chapeau à fleurs de pommier. Fauché vient et reste à dîner ainsi que Dierx dont nous sommes très contentes de faire la connaissance ; il paraît être le bon homme dans le fond de l'âme ; à propos de l'affaire Dreyfus dont on parle toute la soirée, il dit qu'il espère, n'ayant pas l'air de penser qu'une injustice puisse être faite.

Dimanche 30 juillet — Wyzewa vient déjeuner et les Baudot dans la journée.

M. Renoir est très gai, tout à fait charmant, il parle beaucoup avec nous ; ce soir il nous explique ce qui s'est passé dans l'affaire Dreyfus : « On a photographié des pièces qu'on a dû rendre à l'Allemagne avec une lettre de l'empereur qui le compromettait ; puis on a copié ces photographies perdues depuis par des officiers dont le colonel Henri qui a été ensuite accusé d'avoir fait un faux. »

Ensuite M. Renoir raconte la visite de Carnot dans les salles de peinture à l'ouverture de l'exposition de 89 ; les gardiens ouvrant la marche, l'arrêt net de la troupe au milieu des salles. Carnot en bois regardant tout autour de lui ; puis le provincial se trouvant nez à nez avec lui, criant : « Vive le président » d'une voix étranglée d'émotion et n'en pouvant plus, se jetant sur une chaise. Puis il parle également très drôlement de son dîner avec son ami Lauth ce même jour de l'ouverture de l'exposition. Il décrit les foules se précipitant sur le buffet, lui se trouvant avec une mortadelle énorme dans les bras.

Lundi 31 juillet — M. Renoir travaille à mon portrait qui est très joli. il est interrompu par la visite des Deconchy.

Mardi 1er août — « On ne comprend pas, dit M. Renoir, que ce qui est caché et que l'on devine fait le charme d'une chose ; ainsi les femmes arabes qui ne laissent voir que leurs yeux et paraissent si jolies, seraient beaucoup moins bien si elles enlevaient leurs voiles. »

Mercredi 2 août — Tout le monde va à Paris. Arsène Alexandre, Vollard et le neveu de M. Renoir viennent dîner. On parle de Gustave Moreau ; Arsène Alexandre qui a fait un article des plus élogieux sur lui au moment de sa mort veut le défendre en disant que ce qui est dans sa maison ne ressemble en rien à ce que l'on voit au Luxembourg.

Jeudi 3 août — Mon portrait est terminé, il est délicieux, la valeur de la figure, de la peau sur le feuillage est merveilleux. Si M. Renoir compte le donner à Durand-Ruel, je voudrais m'arranger pour l'acheter.

Vendredi 4 août — La santé de M. Renoir varie chaque jour, parfois il paraît bien puis ses pieds, ses mains enflent ; cette maladie est vraiment très agaçante et lui, si nerveux, supporte cela avec beaucoup de patience. Il est gai, très gentil avec nous et parle d'une façon si intéressante. Quelle intelligence ; il voit clair et juste en tout connue en son art. « L'instruction, dit-il, est la perte du peuple, voyez-vous ces gens qui ne croiront plus au Bon Dieu, pour lesquels il n'y aura que la science. Voici la même idée exprimée que dans Edgar Poe qui dit que la science est la perte de l'homme. M. Renoir rit des gens qui s'imaginent qu'il faut peindre différemment des maîtres d'autrefois. « Geoffroy, avait conclu, un article sur l'exposition du centenaire de Corot en disant : Enfin ceci est l'art du passé, maintenant nous allons voir l'art de l'avenir ; faisant allusion aux Impressionnistes. » Alors j'ai dit à Alexandre « mettez donc dans votre article que la peinture de Corot est celle de l'avenir. »

M. Renoir nous parle de la beauté des femmes, de Judith Gauthier : « Elle, c'était la déesse, sa sœur était plus gentille, plus intime. » Il avait une grande admiration pour Judith, il lui a même fait, je crois, un peu la cour.

Nous allons à Louveciennes voir Mme Baudot et Jeanne.

Samedi 5 août — Temps lourd, Drogue à dîner. Orage. Jeannie est très fatiguée, elle paraît ennuyée et triste ; cela me tourmente de la voir ainsi ; nous en parlons avec Paule. Sa vie ne me semble cependant pas si ennuyeuse, je ne sais ce qu'elle a ; évidemment il lui faut autre chose...

Dimanche 6 août — Rencontré les Simon à la messe et revenues avec eux par le parc. Jeanne Baudot vient déjeuner, les Durand-Ruel font une visite à M. Renoir.

La soirée se passe toujours à écouter M. Renoir. Il dit que les Renan ont fait beaucoup de mal, que c'est eux qui ont enlevé les bonnes croyances au peuple. Puis comme on parle des métiers pénibles comme ceux de chauffeurs, à propos de l'horrible accident d'hier au soir à Juvisy, de mineurs, etc., il continue : « Il faudrait se priver pour éviter de faire des malheureux et les socialistes qui veulent l'égalité ne comprennent pas qu'il faut qu'ils commencent par se moins chauffer pour ne pas créer le mineur, par ne pas vouloir aller en 14 heures à Marseille pour ne pas créer des chauffeurs ».

Vraiment on ne devrait jamais se plaindre lorsqu'on pense qu'il y a de ces vies !

M. Renoir raconte très bien ses promenades aux environs de Paris avec sa mère. « Encore un dimanche de tiré », dit-il avant de monter se coucher.

Lundi 7 août — C'est aujourd'hui que commence le procès Dreyfus à Rennes.

Ce soir M. Renoir à propos de musique, de violon et de piano dit : « Ce doit être très difficile dans le violon comme dans la peinture de trouver du premier coup le ton juste ». Puis la conversation continuant : « Je considère qu'un art est inférieur lorsqu'il y a un secret : dans la peinture de Rubens comme dans celle de Vélasquez il n'y a rien de caché, pas de dessous, c'est peint du coup. Ceux qui parlent de glacis ne savent pas ce que c'est ; ces couleurs mises en transparence sur un dessous ne font qu'alourdir, les tons légers se font dans la pâte, mélangés de blanc. On cherche des dessous qui n'ont jamais existé, comme dans cette copie que Degas a fait faire au petit Rouart, Degas est troublant comme professeur ; je l'entendais dire à un peintre amateur : "lorsque vous vous mettez à un paysage regardez d'abord si l'harmonie en est verte, violette, etc., et faites une esquisse, un dessous dans un de ces tons". Moi je trouve qu'il faut frotter légèrement pour commencer une toile en cherchant à reproduire tout de suite le ton que l'on voit, puis ensuite il faut peindre chaque morceau du coup comme faisait le père Ingres quitte à recommencer jusqu'à ce que ça y soit. Pissarro a fait écrire à Georges Lecomte dans son livre sur l'impressionnisme qu'il fallait bannir de la palette le noir, couleur inutile. J'en ai fait l'expérience et on obtient une certaine légèreté qu'avec du noir : un grand peintre est celui qui sait se servir du noir dit le Titien. Il me semble qu'il vaut mieux écouter Titien que Pissaro. Rien n'est difficile à faire en peinture comme le noir et le blanc. Les noirs de Manet sont si beaux, toujours faits d'un coup. »

Puis M. Renoir parle de Vélasquez, de ses collerettes si légères faites de blanc et de noir, des tableaux du musée de Madrid, etc.

Mardi 8 août — Nous allons à Bellevue chez les Gabriel Thomas. Lorsque nous rentrons, M. Renoir nous dit avoir vu le Dr Baudot qui l'engage à partir dimanche pour Aix.

Mercredi 9 août — Le frère aîné de M. Renoir vient déjeuner ; on parle d'Aix, M. Renoir voudrait en avoir fini de cette petite saison aux eaux auxquelles il ne croit pas ; il y va pour qu'on ne lui reproche pas de ne pas avoir suivi les conseils qu'on lui donne. « Si le traitement m'ennuie trop, je le ferai suivre par Gabrielle », dit-il car il emmène Gabrielle, Mme Renoir reste tranquille à Essoyes. Nous lui recommandons de faire attention, de ne pas trop se fatiguer, on entend souvent dire que les eaux font plus de mal que de bien, si cependant cela pouvait lui dégager ses mains et ses pieds ce serait très heureux, c'est si pénible de le voir le matin n'ayant pas la force de tourner un bouton de porte.

Il termine un portrait de lui qui est très joli, il s'était d'abord fait un peu dur et trop ridé ; nous avons exigé qu'il supprimât quelques rides et maintenant c'est plus lui. « Il me semble que c'est assez, ces yeux de veau », dit-il.

Jeudi 10 août — Nous allons à Versailles voir au musée les Nattier ; il y en a de jolis ; les robes sont belles ; nous remarquons un charmant portrait de Mme Sophie, de Drouais. Nous faisons ensuite une visite à Madeleine Matter et en rentrant nous voyons partir M. Renoir dans une petite voiture derrière un tricycle à vapeur, il va ainsi avec l'air pas rassuré dîner chez Durand-Ruel avec M. Degas. Quant à nous il nous arrive Vollard ; nous n'osons pas ne pas le retenir à dîner et il doit être comique de nous voir toutes trois en tête-à-tête avec Vollard. M. Renoir revient le soir très gai à 11 1/2, on est obligé de mettre Vollard à la porte.

Vendredi 11 août. — On ne peut voir une intelligence plus grande, pénétrant avec justesse en tout, que celle de M. Renoir ; il voit juste dans la vie comme en sa peinture. Il se préoccupe de tant de choses, pense à tous, aux malheureux et finit par se trouver nullement à plaindre avec sa maladie en se comparant à tous ceux qui souffrent. Il vous apprend à penser à tout, il cultive les qualités du cœur. Il fait un tableau de la vie des malheureux ouvriers des forges, etc., à vous briser le cœur, et dire que beaucoup ont une telle vie de souffrance et qu'on ne pense pas constamment à ces êtres privés sur cette terre de toutes les jouissances. N'est-ce pas une preuve qu'un autre monde existe où ceux-là auront leur part de bonheur ? N'est-on pas redevable de beaucoup et ne doit-on pas faire un effort immense pour rendre à Dieu par la prière et la bonté, la charité envers les accablés de cette vie tout ce que l'on a reçu comme bienfaits de ce monde ? N'est-il pas permis de jouir sans partager cette jouissance ? Que ce serait doux de travailler à exclure cette souffrance qui tue les malheureux ouvriers ! Vraiment que c'est mal de proférer un seul mot de plainte lorsqu'on n'a pas une de ces affreuses existences. Ne devrait-on pas, comme dit M. Renoir, se priver de biens de ces choses que l'amour du luxe d'à présent vous fait paraître indispensables et qui créent de ces métiers atroces ? On s'apitoie sur le sort de Dreyfus et on ne pense pas à soulager des milliers d'hommes qui n'ont rien commis et qui sont condamnés à souffrir bien autrement que lui. Des idées pour réagir contre tout cela me viennent ; mais moi que puis-je faire ? et cependant je trouve qu'il est mal de ne pas faire beaucoup pour les malheureux. Faire vraiment du bien c'est une tâche difficile.

Samedi 12 août — Nous quittons M. Renoir qui a été si charmant, si gentil, si élevé d'esprit avec nous pendant ces quinze jours passés à Saint-Cloud. Il nous remercie des plus gentiment d'être resté avec lui « À mon âge, on n'est pas très amusant », dit-il. Nous lui disons au revoir à regret, lui faisons toutes sortes de recommandations pour son traitement à Aix.

Nous allons chez les Baudot à Louveciennes pour une huitaine avant de partir pour la Bourgogne.

Aujourd'hui a eu lieu au conseil de guerre la déposition du général Mercier qui est déclarée accablante pour Dreyfus. Il dit que pendant la nuit du 5 au 6 janvier 95 durant 2 heures on a attendu une dépêche de l'Allemagne déclarant la guerre.

Déroulède a été arrêté ce matin sous prétexte qu'il complotait ainsi que Thébault qui voyait des agents à sa porte lui dire qu'au nom de la loi ils l'arrêtaient, leur a demandé de lui laisser le temps d'enfiler un pantalon. Il s'est sauvé par le toit. Pendant que les agents gardaient toutes les portes de sa maison où il ne se trouvait plus, il a disparu : « Vous avez ramassé un bon bouchon » leur dit la concierge.

Le directeur de *l'Anti-Juif* Jules Guérin, que l'on poursuit aussi ne veut pas se rendre, il est enfermé chez lui avec quarante membres de la ligue, tous décidés à se défendre. Ils sont barricadés, ont des armes et pour trois mois de vivres disent-ils. On se prépare donc à faire le siège de la maison de la rue de Chabrol.

Les arrestations au gouvernement sont inouïes.

Dimanche 13 août — Nous faisons une ravissante promenade dans la forêt de Marly dans une voiture à légumes avec Jeanne B. et Jacques Drogue. Nous allons jusqu'à un petit pays très gentil appelé Saint-Gemmes, là un homme se retournant vers nous dit assez drôlement : « On joue ce soir au Châtelet, *Quatre femmes pour un mari.* »

Lundi 14 août — Peint d'après Jeanne qui pose très gentiment pour nous ; elle est très amusante à faire.

Un fou a tiré sur Labori qui est blessé ; quelle bêtise. Il y a eu ce matin au conseil de guerre un colloque entre le général Mercier et Casimir Perrier qui est pointilleux et hargneux, suivi des dépositions de Billot, Cavaignac Zurlinden.

Mardi 15 août — Assomption — messe. Le curé fait un sermon simple et bien.

Guérin est toujours enfermé dans sa maison dont on devait peut-être faire le siège ce matin. Un singe a été accroché à sa porte au-dessus duquel est écrit : Reinach. Les portes de sa maison sont soutenues par des plaques de fer. Des foules sont venues voir la maison.

Thébault écrit un article très drôle dans l'Éclair racontant son escapade.

Les Anglais viennent de fusiller un marin français qui pêchait sur les eaux anglaises. Quel acte de cruauté et que l'on accepte sans rien dire. L'étranger nous domine. On ne cesse d'être plongé dans les journaux, on voudrait agir contre cet idiot de Waldeck, on aurait envie de se faire arrêter, de crier. Quel gouvernement ! Dans quel état est cette pauvre France !

Jeudi 17 août — Peint des fleurs. Hier Picquart a déposé à Rennes.

Vendredi 18 août — Promenade à Marcille et Fourqueux, vue ravissante.

Samedi 19 août — On continue à vivre dans la politique, lisant les comptes rendus des séances du conseil de guerre. On forme le projet avec Jeanne Baudot d'aller voir Guérin dont la situation est toujours la même.

On reçoit des nouvelles de M. Renoir qui ne paraît pas trop ennuyé de son traitement.

Nous quittons les Baudot chez lesquels nous avons passé d'agréables journées à travailler.

Dimanche 20 août — (Paris) N'ayant pas communié mardi, je vais ce matin à la messe de 8 heures et je me confesse à l'abbé Marbeau. Je lui dis que je suis ennuyée de ne pas avoir été confirmée, il me répond que l'on est confirmé à tout âge, que je ne me tourmente pas et qu'à ma rentrée à Paris je pourrai aller à l'archevêché où l'on confirme chaque mois les personnes dans mon cas. Je croyais être la seule dans ce cas et cette idée commençait à me tourmenter. Je suis bien contente d'avoir parlé avec l'abbé Marbeau qui a été très gentil, il m'a donné un livre de méditation et m'a dit qu'il s'occuperait de moi.

Je communie pour la Sainte Vierge en priant pour M. Renoir, pour la France. Ô Jésus, exaucez ma prière ! Je vous remercie des grâces que vous me prodiguez, ô mon Dieu ! Je vais essayer de rester autant que possible en dehors du péché. Je voudrais tant me sentir une enfant digne d'être enfant de Dieu.

Lundi 21 août — Hier, troubles dans Paris, blessés.

Mardi 22 août — Hier courses dans Paris, aujourd'hui départ pour Valvins où nous nous arrêtons avant d'aller à Givry. Mme Mallarmé est fatiguée, Geneviève a très bonne mine, Bonniot est très heureux.

Mercredi 23 août — Nous couchons à la petite auberge où est Bonniot et nous repartons à midi bien contentes d'avoir pu embrasser Geneviève et sa mère. Nous arrivons le soir à Givry et nous descendons au Prieuré où Mme Clément a prié *ses* domestiques de nous recevoir pour que nous puissions nous installer plus facilement dans la petite maison d'un gendarme que nous avons louée.

Jeudi 24 août — À Avallon à la recherche d'un fourneau. Nous sommes obligées dans notre maison où l'on trouve des chiffons dans tous les coins, des rasoirs, des livres de prières et même des dents, de faire le salon, la salle à manger, la cuisine dans la même pièce, heureusement il y a une petite terrasse entourée de vigne où l'on peut prendre ses repas.

Vendredi 25 août — Nous faisons une gentille promenade en suivant la rivière, nous parlons de la visite à Yvonne Rouart que nous projetons de faire dans le courant de notre séjour ici. La campagne est délicieuse. Mme Clément et Jeanne arrivent de leur grand voyage en Allemagne et c'est nous qui les recevons chez elles.

Nous allons cependant coucher dans notre maison ce soir.

Samedi 26 août — Mme Clément lit tout haut les dépositions du conseil de guerre. Il y en a de bien terribles pour Dreyfus qui nous convainquirent tout à fait de sa culpabilité. Entre autres celles de Guiguet d'Abboville, Roget, Bertillon ont été cette semaine très intéressantes. On sent dans tous ces défenseurs de l'armée, ces généraux, colonels, une loyauté extrême, leurs esprits sont conduits par la conscience. Labori réapparu depuis mardi est agaçant et ridicule, il ne parle que de sa balle qui est une fameuse farce, il a reçu du plomb à lapin, voilà tout. On n'a pas, naturellement, retrouvé le meurtrier. Dreyfus a pour lui des dépositions assez ridicules, entre autres celle du lieutenant-colonel Cordier qui nous fit bien rire. Guérin est toujours enfermé rue de Chabrol, il n'a plus d'eau, ses amis sont gravement malades et on refuse de laisser entrer un médecin. Le gouvernement est indigne.

Lundi 28 août — Mme Baudot et Jeanne arrivent chez Mme Clément. C'est gentil de se retrouver ici comme l'année dernière.

Jeudi 31 août — Il fait beau, les journées passent à travailler, le matin dans le jardin de Mme Clément, ailleurs dans le jour. On lit les journaux, on voudrait écrire pour Guérin, enfin la politique occupe toujours beaucoup. Aujourd'hui nous allons à Vézelay. On y trouve des coins délicieux à peindre tout à fait à la Corot.

Samedi 2 septembre — Réveillée ce matin par une dépêche, Yvonne Rouart nous invitant à aller déjeuner et dîner avec elle dimanche, aux Plaines. Je lui avais écrit cette semaine en lui demandant si nous pourrions la trouver dans le courant de ce mois et elle répond avec cette rapidité. Il faut pour y être demain partir ce soir pour Autun ; cette petite fugue nous sourit ; c'est demain l'ouverture de la chasse ; Ernest Rouart m'avait dit qu'il irait chasser en Bourgogne, il est peut-être aux Plaines. Nous acceptons l'invitation.

Nous avons à déjeuner Jeanne B. et Jeanine C, Jacques Drogue qui vient d'arriver. On a mis une toile pour préserver la terrasse du soleil, ce qui donne une lumière délicieuse, les deux Jeanine avec des fleurs jaunes dans les cheveux se détachent sur les feuilles de vigne, très colorées derrière la nappe blanche de la table donnant un air espagnol à ce tableau qui serait tellement amusant à Caire. Nous n'annonçons qu'à la fin du repas que nous allons ouvrir la chasse à Autun demain et le déjeuner se passe très gaiement, on boit à la santé de Guérin, on crie : vive l'armée !

Vers 5 heures sous une pluie battante, nous partons sur la route de la gare accompagnées du dévoué Jacques Drogue ; on aperçoit perché sur une charrette le piano de Jeannie qui, attendu depuis notre arrivée ici, vient le jour où elle part, car il est allé se promener à Givry dans l'Yonne. Toujours par la pluie battante nous prenons le train.

Vers 9 heures arrivée à Autun ; comme l'année passée nous trouvons cette ville en fête ; les chevaux de bois tournent toujours, on leur a adjoint seulement depuis notre passage quelques petits cochons. Décidément tous les ans nous nous trouvons à Autun à la même époque. Il semble que nous faisons aujourd'hui un pèlerinage en souvenir de ce gai petit voyage. Il se mêle à ce souvenir de rires sur cette place illuminée, un sentiment de tristesse, quelque chose de pénible en pensant qu'ici nous étions si gais en ces jours qui devaient précéder le terrible coup de la nouvelle de la mort de ce pauvre Monsieur Mallarmé.

Nous descendons à l'hôtel de la Tête Noire où nous dormons très nerveusement.

Dimanche 3 septembre — Nous allons à la grand messe à Autun puis une voiture nous conduit à la ferme des Plaines qui n'aurait pas pu être nommée autrement car de grandes terres plates entourent la petite maison située clans la cour même de la ferme où sont les vaches, les poulets.

Yvonne est là toute en blanc ; c'est très amusant de la voir dans ce rôle de fermière. Son mari et Ernest (car il est là) chassent. Nous allons les retrouver sur la route puis on déjeune. Eugène Rouart a deux associés, c'est très drôle cette vie d'Yvonne au milieu de tous ces hommes ; généralement on manque d'hommes, mais aux Plaines c'est le contraire. On parle de M. Degas, M. Renoir, de peinture, de littérature, de Valéry, de Mauclair, après le déjeuner Jeannie fait de la musique. Ernest dit qu'il s'est beaucoup ennuyé à Bayreuth comme M. Renoir dont il semble partager les goûts ; il parle des femmes à sa façon et ne cesse de tomber les littérateurs ; il est devenu très loquace, il taquine tour le temps Yvonne. Après la musique, Yvonne danse de la Loïe Fuller dans une robe aux tournoiements d'étoffe infiniment légère d'un blanc moiré délicieux, c'est infiniment plus joli en ce ton blanc qu'avec toutes les projections de lumières dures. La tête blonde d'Yvonne apparaissait en cela comme au milieu d'une coquille. Ensuite nous sommes allées faire une agréable promenade avec elle tandis que les chasseurs partirent pour tirer quelques perdreaux. Le soir on se retrouve à dîner. Eugène Rouart voudrait bien connaître cette Mlle Baudot dont il entend tant parler. Comme Jeannie désire connaître Bonnard, elle dit qu'elle lui montrera Jeanne B. s'il lui montre Bonnard. Nous partons vers les 10 heures pour Autun après avoir passé une agréable journée.

Lundi 4 septembre — Réveillée vers 6 h 1/2 ; courses dans Autun pour acheter quelques victuailles qu'Yvonne n'a pas pour aller faire un picnic au château de Moyeux. À 9 heures Yvonne arrive nous prendre avec Ernest, Eugène n'a pas pu venir. Ernest conduit, je monte à côté de lui « avec légèreté » me dit-il et nous partons. Nous prenons une route qui monte derrière Autun d'où l'on a une vue superbe puis nous entrons dans le parc de Moyeux aux arbres séculaires et aux larges étangs. Arrivé devant le château on aperçoit de grandes lignes de montagnes : « C'est un paysage poussinesque » dit Ernest. Nous parlons peinture ensemble ; il ne travaille pas en plein air, en cela il est tout à fait disciple de M. Degas.

On descend de voiture sous des arbres pour déjeuner. Nous racontons l'enthousiasme de Jeanne Baudot pour Guérin et comme je dis qu'elle est très drôle en homme, Ernest dit qu'elle serait bien en Pierrot. Après le repas Ernest déploie ses forces à monter aux arbres, à ranger les débris du déjeuner, à soulever la voiture pour la faire passer par des sentiers et des fossés. On revient par une route en lacets d'où on domine Autun, la grande plaine et la ligne de montagnes, c'est un enchantement. Peu à peu, en descendant la cathédrale s'élève sur le fond. Nous arrivons trop tôt à la gare pour le train que nous devons prendre à 5 heures ; on ne veut pas nous laisser et on nous fait faire un petit tour en attendant, puis Yvonne et Ernest restent avec nous à la gare jusqu'au départ du train. Ernest nous porte notre valise, ouvre les fenêtres dans notre compartiment pour qu'il fasse moins chaud, nous achète des journaux, enfin c'est un garçon plein d'attentions, il est charmant. Nous remercions bien Yvonne de ces deux délicieuses journées passées avec elle et comme le train nous emmène, je remercie Dieu d'avoir permis que j'aie ces journées à Autun, y rencontrant Ernest comme je n'osais le rêver. Je n'ai rien fait pour mériter ce plaisir. Dieu est infiniment bon. Je lis en revenant un livre que j'ai commencé depuis longtemps sur l'authenticité des Évangiles et sur la vie de Jésus-Christ par le Père Bougaud. C'est très bien. Que cette vie de Jésus est émouvante, qu'il est adorable ce Christ !

Samedi 9 septembre — La vie de Givry a repris après les distractions d'Autun. On passe d'agréables soirées à lire les journaux, à dire que l'on va écrire une lettre pour Guérin ; mais on ne fait que le dire. Il est vrai que cela ne servirait probablement à rien, mais je trouve qu'il vaut toujours mieux essayer d'agir selon ses moyens. Chacun a peur de se compromettre en signant. On est dans l'anxiété en attendant l'issue du procès qui doit avoir lieu aujourd'hui ; le commandant Carrière a prononcé son réquisitoire, Démange sa plaidoirie, quant à Labori il a compris qu'il ferait plutôt du tort à son client en parlant et il s'est retiré.

Bien pensé en ce triste anniversaire à M. Mallarmé.

Dimanche 10 septembre — Dreyfus est condamné — 10 ans de réclusion — 2 sur les 7 membres du conseil de guerre ont voté son acquittement.

Mme Clément avait écrit à un jeune homme de ses amis de télégraphier le résultat aussitôt en mettant : Alphonse pour acquitté et Charles pour condamné. Aussi la dépêche arrive-t-elle ce matin avec : Charles, 5 contre 2.

Lundi 11 septembre — Les journaux dreyfusards sont furieux. Clemenceau est dégoûtant. Gip écrit un article très drôle dans la *Libre Parole* et Cassagnac un sérieux et très bien dans *L'Autorité.*

Jeudi 14 septembre — Les sergents de ville ont tiré sur des ravitailleurs du fort Chabrol qu'ils ont blessés, comment cette affaire-là va-t-elle se terminer ?

Vendredi 15 septembre — Depuis dimanche nous faisons de la bicyclette. Jeannie et moi nous allons ce matin avec Drogue jusqu'à Pierre Perthuis, un petit endroit délicieux par lequel nous avons commencé notre voyage l'année dernière. Un presbytère ancien à tourelles situé sur des rochers se reflète dans une eau limpide et dorée que traverse un vieux petit pont de pierre. Nous passons par Saint-Père à la merveilleuse église si élégamment élancée. À notre retour le mince clocher gris sur le toit d'un rouge velouté entouré des vermillons ; des bleus, des dorés appartenant aux maisons du pays se détachent sur la montagne de Vézelay sur laquelle se tient avec fierté la cathédrale. Tout cela sous un ciel merveilleux est étonnant de couleurs, c'est méridional, éblouissant, une joie pour le regard. On voudrait conserver en son regard ces notes vives, adoucies, enveloppées par l'atmosphère. Je vois d'après ceci un de ces paysages de M. Renoir enivrant de couleurs.

Lundi 18 septembre — La campagne est assez triste, le temps changeant, on ne peut guère travailler, j'ai hâte de faire le petit voyage dans le midi et de rentrer. J'ai une envie folle de voir Berthe, notre vraie amie de cœur. Les deux Jeanne sont de charmantes amies, on est des plus gentil pour nous ici, et bien que nous soyons liées avec les Baudot et les Clément, il n'existe pas entre nous la même intimité qu'avec les amis de toujours qui ont connu les êtres aimés, disparus, avec lesquels on peut évoquer des souvenirs, parler de ceux dont la disparition font qu'on ne peut avoir la même jeunesse exclusivement gaie que celles qui ont le bonheur d'être entourées de leurs parents.

Cette chère Berthe nous écrit constamment des lettres affectueuses, elle est tourmentée de la santé de sa mère et nous en sommes inquiétées aussi. Sa vie n'est pas gaie.

Vendredi 22 septembre — Arrive aujourd'hui chez les Clément des Suissesses dreyfusardes et le filleul de Mme Clément Robert Faure-Beaulieu que Jeanne considère comme son frère.

Jeanne B. a appris à monter à bicyclette et elle peut aller aujourd'hui avec nous jusqu'à Asquin. On se livre à des petits jeux le soir plus tard qu'à l'ordinaire pour la dernière soirée que les Baudot passent à Givry.

M. Renoir m'a écrit en me donnant un itinéraire pour notre voyage dans le Midi ; mais il ne parle pas de sa santé.

Samedi 30 septembre — Nous donnons un déjeuner de jeunesse dans la maison où l'on a mis le piano de Jeannie. Il y a huit couverts et autour de la table sont quatre jeunes gens et quatre jeunes filles car le sexe fort aurait été en trop petit nombre avec Drogue et Faure-Beaulieu, aussi Jeanne Baudot et Mlle Ritter en costume d'homme sous les noms de chevalier Gaétan des Effluves et de Baron Guy de la Hutte qui chahutent et remplissent admirablement leurs rôles de jeunes gens entreprenants. Jeanne B. est très drôle, elle n'a plus rien de féminin.

Après le repas on fait des photographies, les nouveaux cavaliers dans des poses grotesques et sentimentales avec Jeanne C., Paule et Jeannie, moi avec Faure-Beaulieu, Drogue en femme, etc. Ensuite on se rend au Doyenné et puis à la gare pour reconduire la famille Baudot. Chacun et chacune regrettent le cher Gaétan.

Dimanche 1er octobre — Journée de vent, dîner chez les Clément.

Je lis le volume de *L'Amour Suprême* de Villiers, c'est superbe ! Que de recherches dans Akedysseril. Comme l'instant de Dieu est d'une beauté grande, d'un esprit élevé et le secret de l'échafaud impressionnant. L'éléphant blanc et les autres nouvelles sont jolies. Dans la première intitulée *L'Amour Suprême* ce renoncement de cette jeune fille au monde, pour prendre le voile bien qu'elle dise : comme ce doit être bon d'être mère et de se sentir aimée, (pensée qui traverse si souvent notre cerveau, du moins le mien) est une élévation de l'amour.

Lundi 2 octobre — Jeanne Clément et Faure-Beaulieu viennent nous prendre, Jeannie et moi, pour faire une petite promenade sur un coteau dans un chemin entre des rosiers sauvages aux milliers de baies rouges. Le plaisir consiste à s'entrer des graines rouges dans le cou et Faure-Beaulieu invente de se venger en nous embrassant.

Après le déjeuner nous faisons à trois, Jeannie et moi appelées les petites Manet, et le petit Faure-Beaulieu une ravissante promenade à bicyclette en montant à des petits villages à l'aspect sauvage et en revenant par une route descendant sur Voutnay que l'on aperçoit à travers quelques arbres avec sa petite église dominant la rivière sur le fond des collines, dénudées et boisées, de hauts rochers au loin sont dorés et cuivrés par un soleil couchant radieux qui empourpre le ciel. Cette vue par cet éclairage est merveilleuse. Du petit pont en dos d'âne au milieu duquel est une croix, dans l'eau torrentueuse de la Cure qui effleure les saules gris, nous voyons répété, miroitant ce ciel qui s'y noie en pierreries.

Mardi 3 octobre — Nous nous sommes amusées avec la « petite Clément » à mettre de la farine dans les lits de Drogue et de Faure-Beaulieu. Aussi accourons-nous au Doyenné ce matin pour avoir des nouvelles de la nuit des jeunes gens. À notre entrée dans le salon ils se jettent sur nous pour opérer la forme de vengeance décidément adoptée et que Faure-Beaulieu continue dans le jour à propos de chaque taquinerie. Je retourne avec Paule au pont de Voutnay, il y aurait un délicieux paysage à faire : le pont, une tête de saule gris et une tour mince et carrée au pignon pointu au milieu de vieilles maisons. Un Corot. Jeanne Clément prétend que lorsque Jeanne Baudot trouve un endroit joli elle dit : « C'est un paysage du Midi, ou c'est un Corot. » Je m'aperçois que je suis de même ; mais réellement ne rencontre-t-on pas bien souvent dans les villages de Bourgogne aux maisons jaunies environnées de saules gris, de ces motifs devant lesquels Corot s'est si souvent arrêté avec sa toile ?

Nous conduisons Drogue au train de Paris à la fin de la journée ; il part l'air inquiet et attristé, un peu jaloux de voir que Faure-Beaulieu nous amuse plus que lui ; avec ses quarante ans ce pauvre Drogue il veut comme dit Paule : « faire le jeune premier », il croit de son âge d'avoir et d'entretenir un sentiment pour une jeune fille de l'âge de Jeannie ; cela lui a porté un coup de s'apercevoir de son ridicule. Madame Clément nous retient à dîner pour le dernier soir que Faure-Beaulieu passe à Givry ; nous allons chercher un gigot qui cuit à notre château pour compléter le repas.

Depuis que ledit Faure-Beaulieu est là on ne fait plus rien, Jeanne Clément la travailleuse lâche son piano, Jeannie suit son exemple et moi je renonce à la peinture en étant tout à fait dégoûtée par Drogue et Mlle Ritter qui, sous la pluie ou sous le soleil, pendant des heures travaillent toujours au même effet. Eux ne paraissent pas, ni Paule non plus ; mais les plus bébés de la société ne pensent plus qu'aux folles promenades.

Mercredi 4 octobre — À huit heures et demie nous sommes toutes les trois chez les Clément pour partir en promenade. On grimpe sur une colline et l'on en redescend dans de l'herbe mouillée sous des arbustes pleins d'eau qui servent à donner des douches à ceux qui passent.

Jeudi 5 octobre — Le Doyenné paraît attristé, on ne pense plus à se promener. On songe au travail abandonné ; mais il n'est presque plus temps pour nous de s'y remettre devant partir lundi pour notre voyage en Provence.

Dans le jour à Avallon.

Vendredi 6 octobre — Sachant que le ménage qui était au service de mon oncle parrain s'était retiré à Varsy près d'Avallon, depuis mon arrivée dans ce pays je voulais aller les voir et ce n'est qu'aujourd'hui que j'ai pu mettre mon projet à exécution. Nous sommes donc allées toutes les trois à bicyclette à ce petit pays très bien situé sur une riante colline, là, à un coin de rue, dans une maison très soignée, nous avons trouvé ces vieux domestiques qui ont poussé des exclamations en me voyant. Ils ont été attendrissants et je ne puis dire quel a été mon plaisir de trouver ces êtres si attachés au souvenir de mon bon oncle parrain dont je parle bien rarement, personne autour de moi ne l'ayant beaucoup connu. Retrouver des gens qui ont toujours vu votre famille, qui la vénèrent vous cause une certaine émotion. Cette visite à ces Mucengo m'apparaissait comme une fenêtre ouverte tout à coup sur le passé, la conversation avec eux sur mon oncle parrain, sur toutes ces choses ridicules mêlées à la tristesse au moment de l'héritage me transportaient à cette époque. Ils m'ont rappelé tout ce que Maman leur a donné en plus de ce qui leur revenait par le testament. Du vin entre autre qu'ils conservent précieusement et qu'ils nous ont offert trouvant que c'était la meilleure occasion de la boire. La façon dont ils nous ont dit : « Du vin de Monsieur Dejouy » était touchante. Leur chambre d'une propreté admirable n'est meublée que des meubles qui étaient dans la chambre de mon oncle parrain. Ils ont des miniatures et photographies d'après lui et dans leur salle à manger le polichinelle de mon oncle Edouard. Quiconque connaissant la peinture et arrivant dans ce village de Vassy serait étonné de trouver en une de ces maisons un Manet.

Ces braves gens ont leur maison admirablement située au-dessus d'un petit jardin bien cultivé. Ils dominent la vallée au fond de laquelle est Givry ; tandis qu'à droite s'étale une pente de vigne dorée dans le fond s'élève Mont Marte en une belle ligne grise sur le ciel.

C'est gentil d'être reçues avec tant de plaisir par ces âmes attachées qui vivent d'un souvenir. La femme m'embrasse en parlant d'une façon charmante. Cette visite me donne envie de pleurer d'attendrissement, je suis bien contente de l'avoir faite. Nous revenons comme le vent jusqu'à Givry.

Chose curieuse, je rêvais l'autre nuit que j'allais à Varsy et que je revoyais les Mucengo exactement comme ils sont maintenant et non pas comme ils étaient il y a 5 ans, et mon songe m'ayant remis leur figure en la mémoire je n'ai pas eu aujourd'hui un moment d'étonnement en les voyant.

Samedi 7 octobre — Temps gris — Le Doyenné est dans l'admiration d'une lettre de Jacques Drogue qui est en effet très bien.

Dimanche 8 octobre — Arrivent ce matin toutes les photographies faites le jour du déjeuner ici avec Mlle Ritter et Jeanne Baudot en homme et Drogue en femme. Elles sont admirables et des plus amusantes ; il y en a des quantités, c'est vraiment très gentil de la part de Faure Beaulieu de nous avoir envoyé si vite tout cela. Les poses ont extraordinaires ; Paule tournant le dos à Mlle Ritter qui lui chatouille le menton. Jeannie sur un genou de Jeanne Baudot, Jeanne Clément la tête sur l'épaule de Jeanne B. avec un air ravi, et encore avec elle dans la pose de la courtisane du Van der Mer, le groupe, moi avec le prince Bob comme on l'appelle, tous deux souriant en nous tenant, Drogue avec son chapeau à fleurs nous divertit infiniment. C'est amusant d'avoir des souvenirs de la vie folle d'été.

Passé beaucoup de temps à regarder ces photographies. Puis paquets. Dernière promenade à bicyclette du côté de Voutnay. Dernier dîner au

Doyenné. Regrets de quitter la famille Clément. Jeanne est bien charmante.

C'est toujours triste de partir. Ce serait à ne jamais bouger pour éviter le moment pénible des départs. Mais c'est bon pour la santé et le cerveau de voyager.

Lundi 9 octobre — Temps superbe. Départ de Givry. Quitté avec tristesse ses habitants. Collines rocheuses très belles entre Autun et Chagny Arrivées le soir à Lyon. Descendu hôtel Collet.

Mardi 10 octobre — Lyon, ville animée. Nous commençons ce matin par aller prendre des renseignements sur le bateau qui va à Avignon. Les quais et le Rhône sont enveloppés de brumes. Nous allons ensuite voir mon oncle Octave, nous ne trouvons que sa fille Céline qui nous accueille froidement.

Passé la fin de la matinée au Musée, il vaut la peine d'être visité. J'y remarque deux paysages de Corot, dans l'un, un beau ciel. Plusieurs Primitifs de l'école Flamande assez curieux ; deux femmes de Tintoret dont l'une très belle. Des Véronèse ; dans l'un *L'Adoration des mages* probablement, un homme vêtu d'orange et à côté une tête de cheval blanc sur le ciel bleu, très jolis de couleurs. Un autre représentant je suppose : *Moïse sauvé des eaux,* est dans une ravissante tonalité. Une petite copie du Titien par Delacroix. Des Rubens, des Jordaens pas très amusants ; des Breughel décoratifs, un Terburg, des Champaigne plutôt ennuyeux. Petite étude d'après Van Dyck de Ricard. Des Van der Meulen, des Touvenet. De belles natures mortes de Desportes, l'une surtout avec un chien, faisans, canard, abricots et prunes violettes ; dans une autre de jolies pêches et pommes. Un portrait d'homme de Largillière. Dans l'escalier *Le Bois sacré* de Puvis de Chavanne, triste, le fond de mer dans le panneau de gauche en descendant est bien. *L'Automne* d'une belle coloration, la ligne de dos de la femme est jolie, c'est une des rares femmes de Puvis de Chavanne qui n'ait pas l'air d'un homme. Les corbeilles de vigne et de fruits sont belles. *Portrait de Mme Puvis de Chavanne.*

Dans le jour, visite aux Guinand qui nous invitent à dîner, puis montée à Fourvière d'où une vue très étendue sur Lyon, le Rhône, la Saône qui serpente entre des montagnes joliment taillées, est superbe.

Nous prenons dans notre journée quantité de tramways électriques qui parcourent la ville en tous sens. Lyon n'a rien de particulier.

Mercredi 11 octobre — Sur le Rhône. Dans une cabine vitrée sur le pont d'un bateau, voyant se dérouler sur chaque rive du fleuve vert et puissant les lignes les plus pittoresques de montagnes et de collines, les petits pays colorés ; passant tous les ponts suspendus soutenus par un pilier à chaque extrémité et un au milieu, charmée par ce voyage paisible et sans cesse animé par les surprises que réserve à chaque instant le paysage qui se fait au fil de l'eau ; j'écris, je lis, je dessine et je fais même de l'aquarelle. Malheureusement le ciel est gris. Il tombe même maintenant quelques gouttes d'eau. Néanmoins nous jouissons beaucoup toutes trois seules à l'avant du bateau en ce petit salon où nous nous livrons à diverses occupations, nous précipitant de temps en temps dehors pour admirer, faire quelques croquis. Cette journée s'écoulant en compagnie de l'eau du fleuve nous procure de ces heures délicieuses en lesquelles on se complaît, de ces heures que l'on traverse sans soucis, ne pensant qu'à jouir et à remercier Dieu de vous permettre d'avoir le plaisir de sourire d'admiration devant cette nature qu'il a créé si belle. Notre France est vraiment jolie.

Depuis 8 heures du matin nous sommes en route. Ne nous lassant pas de ce mode de transport nous désirons faire le plus de chemin possible sur ce Rhône qui tout gonflé de fierté traverse ces arides montagnes où çà et là apparaissent des ruines, des petites tours rosées. Le bateau devait quitter Lyon à 6 heures et nous étions levées à 5 heures, mais le brouillard nous a forcées à poser deux heures avant de lever l'ancre. Heureusement le volume des *Contes cruels* de Villiers de l'Isle-Adam nous a aidées à passer le temps. Nous avons commencé à être enthousiasmées par Vienne dominant si bien le Rhône. J'essaie de faire un petit bout d'aquarelle du fleuve vert gris sous le pont au pilier blanc se trouvant devant un groupe d'arbres d'un vert doré qui entoure une sorte de tour vermillon, en briques, et un fond de collines enveloppées de bleu. Nous passons ensuite par Condrieux, petit village situé aux pieds des coteaux de vignes qui descendent jusqu'au Rhône, les maisons aux toits bas de tuiles roses ont des tons jaunes et orangés et ont déjà un aspect méridional. Le mont Pilât surgit caché à demi dans la brume au-dessus des sommets dorés des petits monts rocheux regardant à pic le grand fleuve. Ensuite on s'arrête à Endance au clocher pointu ; puis à Saint-Vallier, pays de Diane de Poitiers. On aperçoit sur chaque rive des ruines placées sur des monticules, puis le bateau stoppe à Tournon à la vieille tour adossée à la montagne au solide pont suspendu. Je suis de la plume notre trajet qui, à présent, se continue sous une pluie battante. On distingue vaguement des grands murs naturels qui retiennent le fleuve en son lit. Que ce serait beau à voir avec un rayon de soleil.

Maintenant nous sommes devant Valence à faire de l'aquarelle d'après de superbes rochers violets et or situés derrière un groupe d'arbres en face de la petite ville. Le pont dont le pilier du milieu est surmonté d'une espèce d'arc de triomphe ou portail est joli à dessiner.

En continuant la descente du Rhône à droite, la Voulte village entourant un petit château situé sur un rocher au pied d'une montagne, c'est charmant. À gauche de belles lignes de hautes montagnes. Regardant de nouveau à droite : trois petits ponts les uns sur les autres au milieu des rocs. Des côtes roses se baignent dans le fleuve à leur pied est le Pouzin où le bateau s'arrête pour la nuit.

La journée ayant commencé paisiblement, voici maintenant les aventures. Nous descendons donc dans ce curieux village du Pouzin adossé à de grands rochers. Il fait nuit, nous parcourons des rues boueuses cherchant un hôtel où coucher. Dans le premier, pas de place, dans le second des chambres imprenables, le troisième et le quatrième combles, le cinquième, réunion d'hommes à la mine farouche effrayants, une seule chambre dégoûtante, le lit pas fait, d'après le récit de Paule et de Jeannie qui vont visiter pendant qu'au milieu de ces hommes sauvages je pense que l'arrivée de trois femmes portant des sacs, assez bien mises, pourrait leur donner l'idée de faire un mauvais coup. Cela m'apparut comme des plus naturel, il me semble que c'était les tenter ; aussi je fus ravie de repartir de cet hôtel qui ne m'inspirait pas confiance. Nous sommes réduites à aller implorer l'hospitalité au bateau, ne désirant pas coucher sur la route. Le capitaine ému de notre situation nous reçoit très aimablement. Nous dînons et on nous donne un petit salon du fond d'où on entend le fleuve impétueux suivre son cours en heurtant les flancs du bateau. Il pleut très fort, les collines de roc répercutent le bruit de la foudre. Enfin on est au milieu d'un potin immense ; mais je préfère le lit du Rhône aux lits du Pouzin et je vais dormir bien plus tranquille ici sur la banquette dans cette cale que dans un hôtel de ce sauvage endroit nommé Pouzin.

Jeudi 12 octobre — Bonne nuit à 5 h 1/2 du matin, le bateau lève l'ancre. Après nous être procuré de quoi se laver, nous montons sur le pont. On glisse toujours sur le fleuve qui s'élargit et commence à nous balancer légèrement. On passe par Vivier aux beaux rochers, par Bourg-Saint-Andéol où le Rhône impétueux et trouble, tourbillonne ; il se divise en plusieurs bras et reçoit de petites rivières. Nous passons sous le seul pont de pierre à Pont-Saint-Esprit, endroit délicieux à la grande église aux tours carrées et à l'escalier sculpté descendant jusqu'à l'eau. Le quai de cette ville est très animé. Lorsque nous la quittons, elle apparaît toute rose dans le lointain sur un fond bleu.

Plus loin on nous montre le mont Ventoux sur lequel de petits nuages blancs se promènent, puis le château de Montfaucon qui a un peu l'air d'un nougat. À gauche, toujours descendant, se montre Château-Neuf-du-Pape, en amphithéâtre sur la colline, un monument carré à la tonalité un peu vermillon, un peu jaune des pierres de cette contrée. Maintenant nous venons de passer au confluent de la Sorgue. Le soleil commence à se mirer dans la grande étendue d'eau, la chaleur du midi se fait sentir. Nous allons encore déjeuner sur le bateau qui nous a valu de si délicieuses sensations de voyage puis à midi nous arriverons à Avignon. 11 heures, voici Avignon qui apparaît splendide avec ses tours crénelées sur le ciel bleu.

Jeudi soir — Après avoir dit adieu à tout l'équipage, nous avons débarqué et sommes allées à l'hôtel Crillon situé dans la principale avenue d'Avignon, bordée d'immenses platanes qui l'obscurcissent. Après avoir enfilé des corsages plus frais pour supporter la chaleur nous sommes allées voir Mme Boissière, l'amie de Geneviève qui nous a accueillies très gentiment. Après nous avoir offert le thé, elle nous *a* promenées en nous faisant passer devant le Palais et monter sur le rocher d'où l'on a devant soi Villeneuve-lès-Avignon. Ses murailles jaunes devant des montagnes découpées, un groupe d'arbres foncés au milieu des maisons, la descente d'un gris vert jusqu'au Rhône, tout cela offre un véritable paysage de Corot. À droite le mont Ventoux, très haut. À gauche le Rhône se perdant dans l'horizon bleu et devant Avignon avec ses tours et ses toits bas. Ici les toits devenant presque plats et étant en tuiles de couleurs presque semblables à la pierre donnent un aspect tout à fait différent aux maisons. Cette vue est merveilleuse. Villeneuve est ainsi que je me figure une ville arabe. J'ai une envie folle de faire un petit paysage de cela. Nous descendons et passons le pont suspendu ; on aperçoit alors ce qui reste du vieux pont de pierre et le Palais des Papes dont les vitres sont rendues d'or par les reflets du soleil couchant. Cet Avignon est féerique !

Nous rentrons en faisant le tour des remparts. Mme Boissière, petite femme très brune, jolie, est bien du midi, elle est très gentille et nous avons du plaisir à parler avec elle de la famille Mallarmé.

Ce soir, un peu sorties, grande animation dans les rues. C'est bien le midi. De tous côtés on entend cet amusant accent. J'aime le midi ; quel beau pays. Je ne croyais pas Avignon aussi charmant. C'est le pays de la peinture. Vive la Provence ! Sur ce, à dodo dans un lit cette nuit-ci.

Vendredi 13 octobre — Mme Boissière vient nous prendre ce matin pour aller à Villeneuve-lès-Avignon. Nous montons dans un petit tramway rouge et vert qui nous passe de l'autre côté du pont d'où l'on voit Avignon se découper en une même demi-teinte bleue que le ciel ensoleillé. Nous montons à Villeneuve par une petite rue aux trottoirs taillés dans le roc. Aux maisons jaunies et rosées, en guise de portes, des portières faites de vieilles toiles à matelas, de cotonnades colorées et déteintes. Là sur les marches, étalés, des fruits et des légumes, melons jaune vif et vert, oignons brillants, etc. Nous arrivons aux deux tours bien arrondies, porte du mur d'enceinte de l'ancienne petite ville située sur le rocher, ne se composant plus que de ruines dorées et poudrées qui laissent apparaître le ciel bleu ou un coin de paysage entre leurs bords crénelés. Tel ce petit pays, je me figure un coin de l'Arabie. Nous pénétrons par un porche sculpté dans l'emplacement d'un ancien couvent ; là restes d'église, dans un coin un puits au milieu d'une rotonde semblable à un petit temple. Nous revenons à pied, contentes de notre promenade admirant ce curieux Villeneuve si fait pour être peint.

Dans la journée essayé de faire de petits croquis du rocher d'Avignon ; je n'ai pas eu le temps de finir Villeneuve ce qui me fait grogner. Nous allons passer la soirée chez Mme Roumanille et sa fille Mme Boissière qui nous intéresse beaucoup. Elle nous parle de sa vie au Tonkin où elle a perdu son mari il y a deux ans au moment où elle allait accoucher de son fils. Situation tragique. Elle raconte tout cela d'une telle façon que l'on n'est nullement étonné par ce caractère expansif du midi. Elle semble vouloir faire connaître ce mari qu'elle adorait et qui l'adorait. On comprend l'amour, la passion pour cette jeune femme dont le charme émane de sa parole, de tout son être. C'est une créature dont le caractère doit être ferme et féminin comme sa beauté est d'un dessin régulier, mais enveloppé de douceur.

Samedi 14 octobre — Le matin visite du Palais des Papes transformé maintenant en caserne. Dans l'immense cour carrée, dans les grands escaliers, dans les spacieuses salles, mouvement de soldats qui vont et viennent. On nous fait visiter tout ce bâtiment aux tours crénelées qui fut l'antique demeure des Papes. Donnant sur un charmant couloir sont les cellules où les évêques étaient enfermés pour élire le Pape. Dans une des tourelles se trouvait la cloche que l'on sonnait seulement à l'élection et à la mort du Pape. La cloche a été volée et a disparu en la nuit du 8 novembre 1791. D'une certaine tour, toujours en 91, 61 visiteurs ont été précipités dans les fossés, hommes, femmes, enfants. Qu'elle a été terrible cette révolution. Le gardien nous mène à l'oratoire du Pape Clément VI où, nous dit-il, Puvis de Chavanne venait pendant de longues heures contempler les fresques délicieuses de Giovanetti qui couvrent les murs. Malheureusement beaucoup de têtes ont été enlevées par le colonel Tiburce Sebastiani revenant de Corse. Quel crime. Ces fresques représentent la vie de saint Jean-Baptiste et celle de saint Jean l'Évangéliste ; les figures ont de la grâce, des mouvements délicieux, la coloration est très belle. Au-dessus de cet oratoire se trouve la chapelle du pape Innocent VI décorée aussi de fresques curieuses mais moins jolies, œuvres de Mathieu de

Viterbe, elles représentent la vie de saint Martial. En sortant du Palais des Papes, visite du musée. Plusieurs Primitifs ; un petit portrait du cardinal Bembo de Clouet, des Mignard ennuyeux, deux petits Sébastien Bourdon jolis ; *La Chute de Phaë-ton* et une « Bacchanale ». Un portrait de Le Nain, un autre de Largillierre, *La Mort du jeune Barat* de David. Plusieurs Vernet, pas amusants. Un Corot de jeunesse 1842, des Breughel. Le concierge, très fier de son musée, nous dit que c'est un petit Louvre. Marchands d'antiquités.

Dans la journée à 4 heures nous allons louer des bicyclettes et nous prenons le train pour Orange. Nous soin mes très surprises en apercevant le gigantesque mur du théâtre romain et en pénétrant à l'intérieur de ce demi-cercle en entonnoir aux centaines de gradins derrière lesquels on circule par des couloirs voûtés. Un homme devant le haut et large mur récite quelques vers et nous pouvons nous rendre compte de l'acoustique étonnante de cette salle en plein air ; je m'imagine cette représentation d'Alceste qui a eu lieu dernièrement, ainsi que Mme Boissière nous l'a si joliment décrite. À l'autre extrémité de la ville dont les rues ne sont nullement curieuses se tient noblement sur une place le petit arc de triomphe bien joli tout jauni sur le ciel bleu.

Orange vu, nous partons à bicyclette pour rentrer à Avignon, ces instruments sont si mauvais que nous arrivons à la nuit en cette ville, les membres et les organes broyés. D'Orange à Sorgues la route est belle, à la gauche s'élève la chaîne de montagnes dont le mont Ventoux au sommet neigeux.

Dimanche 15 octobre — Temps gris, un peu de pluie. À la messe à l'église Saint-Agricol, curieuse coutume, comme pain béni on vous passe des croquignoles. Nous allons dire adieu à Mme Boissière et à sa mère que nous avons été contentes de voir ici, puis après le déjeuner nous quittons Avignon. Une heure plus tard nous descendons de chemin de fer à Arles. À la gare des Arlésiennes en costume, des hommes, l'un portant un parapluie vert pomme au manche orange, c'est bien méridional. Nous nous faisons conduire à l'hôtel du Forum. Le premier aspect de cette ville est attrayant.

Après avoir pris du thé nous commençons l'exploration. Une petite rue au pavage de galets nous conduit à une place carrée où à gauche l'église Saint-Trophime étale son joli portail sculpté. Nous entrons, c'est l'heure du salut ; tandis que le prêtre en de grands plis d'une étoffe d'or est agenouillé devant le Saint Sacrement, de petits enfants de chœur chantent de leurs petites voix bien à l'unisson et ce chant s'élève avec l'encens, où les cierges brillent en une lueur entourée de buée. On se sent enveloppé d'une sérénité religieuse, un grand recueillement règne, il semble que chaque âme est avec Dieu. D'une petite porte de cette église bien proportionnée on sort sur un petit cloître, délicieuse surprise. Des galeries aux doubles colonnades sculptées entre lesquelles la lumière s'introduit, on voit de l'herbe et l'extérieur de ces rangées de colonnes. Chaque côté est d'un siècle différent, l'un du XIIe siècle, l'un du XIIIe et un autre du XIVe et enfin un autre du XVe et tous s'accordent pour, en de délicieux bas-reliefs, raconter joliment la vie de Jésus et la vie des saints ; à chaque coin sont de plus importants motifs, là l'Ascension, à côté la lapidation de saint Étienne aux figures ayant la tête sur le sable rose entre les deux lignes droites, les Aliscamps prennent un caractère imposant ; le silence, le déclin du jour enveloppent de mystère cette promenade en *ce* lieu de repos éternel qui se termine à une chapelle de pierre grise surmontée d'un court clocher en rotonde. Un ou deux pins de côté s'avancent sur cette chapelle abandonnée qui est un ravissant motif de peinture ; motif à la Corot.

Nous passons à la nuit par le théâtre romain ; dans le chaos des ruines on devine dans l'obscurité deux colonnes restées droites. Puis nous contournons les Arènes qui s'élèvent en une masse d'une belle rondeur et pleine de force. Comme ils possédaient le sentiment des proportions ces Romains ; quels artistes ! La pauvre architecture est à présent trop grosse et des mouvements exagérés et vivants. Ici les Saintes Maries-de-la-Mer toutes droites, etc.

Nous repassons par l'église puis nous nous rendons au musée qui se trouve en face sur la même place ; il renferme de curieux et beaux fragments de statues et statuettes antiques, des pieds, des draperies, des torses étonnants sculptés en marbre blanc. Quel calme et en même temps quelle réalité dans les mouvements ont obtenus les Grecs et les Romains dans leurs sculptures ; maintenant on ne fait que du contorsionné sans mouvement. En quittant ce musée nous nous rendons par une grande allée d'arbres à cette autre appelée Alis-camps, bordée de tombes de pierres et de rigides peupliers aux troncs gris, après avoir passé et laissé à gauche une porte ronde, à mesure que l'on chemine une terrible décadence, et la sculpture suit.

Je ne sais pourquoi depuis le commencement de notre voyage, j'ai le désir d'aller dans un petit théâtre par curiosité ; aussi après avoir aperçu les arènes romaines pleines de style, allons-nous le soir dans un baraquement loin de ressembler aux Arènes, leur réputation de Folies Arlésiennes ; là quelques jolies Arlésiennes, leur réputation de beauté n'est nullement surfaite, elles ont beaucoup d'allure et ne dénotent pas dans leur merveilleuse ville, puis une nombreuse population, les hommes furent autour de petites tables. Nous nous trouvons assises auprès d'officiers qui nous avaient regardées avec étonnement à l'hôtel, ils doivent être encore bien plus étonnés maintenant, car je comprends que l'on se demande ce que trois personnes jeunes font seules aux Folies Arlésiennes. Nous écoutons deux actes d'une pièce drolatique aux couplets aigrelets, aux costumes criards, aux acteurs grotesques, puis nous rentrons nous coucher contentes de tout ce que nous avons vu dans cette journée.

Lundi 16 octobre — Des torrents d'eau coulent, à croire que l'on est revenu à l'époque du déluge. Hier au soir en apercevant les Arènes je me croyais à celles des Romains mais aujourd'hui c'est encore plus antérieur.

Vers 10 heures du matin nous nous hasardons sous cette pluie. Il nous manque pour être dans le ton du pays les larges parapluies rouges qu'arborent les Arlésiens. Nous nous dirigeons du côté du Rhône qui s'étend large au bas des murailles d'Arles vers le musée de peinture appelé musée Réattu et qui renferme un bien grand nombre des toiles de ce peintre du pays dont le concierge du musée avec son accent amusant nous parle avec admiration. Cet homme nous montrant un camaïeu représentant des amours nous dit : « Et ces petits enfants, quel relief ils ont, on les croirait en caoutchouc. » Dernier mot de l'éloge pour lui, et critique admirable. Outre les œuvres de Réattu ce musée renferme un gentil petit Watteau, un petit tableau de figures nues d'Hubert Robert, un portrait de femme de Giraudon, une esquisse bien abîmée du Titien, etc. Quelques jolis meubles, des chaises François Ier. Nous rentrons à l'hôtel toujours sous des torrents d'eau ; les petites rues pavées par les galets pointus de la Crau deviennent des ruisseaux. Dans le jour, la pluie étant un peu moins effrayante nous allons en voiture aux environs, à l'abbaye en ruines de Montmajour située sur une colline d'où l'on voit très joliment la campagne, il faut seulement s'imaginer que le ciel est bleu et que le soleil brille. Du haut de la tour on aperçoit les Baux, Arles et Tarascon. Nous visitons l'ancienne église en descendant dans la crypte, puis le cloître au milieu duquel est un puits, entre les petites colonnes on voit le clocher de l'église. Il est moins rempli de charme, moins joli que celui de

Saint-Trophime à Arles. Nous allons ensuite dans une toute petite chapelle à colonnes très gentille datant du IIe siècle et qui conduit au confessionnal de Saint-Trophime.

Nous rentrons à Arles pour voir au jour les ruines du théâtre aux deux colonnes de marbre un peu rosées, un peu vertes, qui sont bien jolies ; puis nous entrons dans ces immenses arènes formant un si beau cercle ; j'y retrouve l'impression de grandeur de sentiment, de proportion que me fit éprouver hier à la nuit l'extérieur. En montant on voit joliment les toits de la ville d'Arles à côté de l'amphithéâtre.

Mardi 17 octobre — Le temps d'hier nous a décidées à ne pas aller maintenant aux alentours de l'étang de Berre et à nous diriger sur Marseille, pensant qu'il serait préférable d'être dans une ville par la pluie et de voir la campagne provençale par le soleil. Ayant pris cette décision, il ne fait pas mauvais aujourd'hui. Nous sommes pour déjeuner à Marseille après avoir passé par ces montagnes de terre rouge aux oliviers trapus et à l'aspect des paysages de Mantegna, par l'Estaque où se montre si joliment la mer près des terrains roses.

Dans la journée nous allons voir mon cousin Octave Thomas, percepteur à Marseille, nous faisons la connaissance de sa femme, de ses deux grands fils, de sa fille Toinette et des deux petites filles et garçon. Cette nombreuse famille nous paraît très gentille. On nous montre la Cannebière si animée et si peuplée que j'en suis toute ahurie, c'est du reste en ce moment les fêtes du

25e centenaire de Marseille, les rues toutes enguirlandées de lanternes. Nous pouvons jeter un coup d'œil à la nuit tombante sur le vieux port aussi très peuplé de bateaux puis, nous faire une idée de l'emplacement de Marseille en le regardant d'un jardin public. Nous rentrons dîner chez les Octave Thomas.

Mercredi 18 octobre — Nous allons ce matin avec Toinette au musée. Je trouve très bien les deux fresques de Puvis de Chavanne ornant l'escalier, surtout celle intitulée : *Marseille colonie grecque.* Dans les galeries : d'après Poussin *Le Triomphe de Flore ;* Ingres, copie de la *Rebecca* du Poussin, Fragonard *Allégorie à la ville de Marseille,* Lesueur *Jésus Chez Marthe et Marie ;* Tocqué, portrait, Ribera, portrait, Corot *Le Bouleau* et un paysage assez noir plus ancien ; Largillierre, portrait ; Vernet, marine, un petit Van der Meulen, *Le Passage du Rhin ;* Panini, galerie Colonna à Rome. Dessins de Puvis de Chavanne. Vierge d'un Primitif. Carracci, une noce de village ; Holbein, portrait d'homme, Rubens, *La Chasse au sanglier, L'Adoration des Bergers* (tous dorés, femme au corsage lilas, jupe verte retroussée sur une autre bleue, portant un vase de cuivre, homme en manteau rouge largement peint), *La Résurrection.* Un Vanucci, un Vasari. Ph. de Champagne, portrait de Sébastien Bourdon. Véronèse, charmant portrait plein de noblesse d'une petite princesse vénitienne, elle est debout, une main sur une table au tapis rouge tenant quelques fleurs, puis de son autre petite main, de son bras potelé, elle retrousse sa riche robe brodée de couleurs et d'or ; sur sa tête si jeune des rubans rouges parmi les cheveux puis des boucles d'oreilles et des rangs de perles autour du cou. Comme fond, draperie foncée relevée d'un côté sur une pièce claire où court un petit chien. Jordaens, *La Pêche miraculeuse ;* Tintoret, beau portrait du doge Morosini en rouge avec bandes d'hermines, peint amplement sur grosse toile ; petit Mignard ; portraits de Drouais. Dans la sculpture, le monument aux morts de Bartholomé en une pierre d'un vilain ton ; ses figures paraissent chétives lorsqu'on vient de voir de l'art antique, ces fragments de statues qui sont à Arles. Plâtre assez contourné de Rodin, des Puget.

Dans la journée Mme Thomas nous conduit en bateau au château d'If, la sortie du vieux port lorsque l'on voit la tour carrée et rose de l'entrée se détachant sur Marseille est très jolie. Au château d'If dont la vue est belle aussi sur la baie de Marseille, nous voyons différents cachots, celui de l'intriguant Masque de fer. Pour le retour nous avons la mer plus bleue car jusqu'ici la Méditerranée ne semble pas vouloir soutenir pour nous sa réputation de mer très colorée.

Nous déjeunons et dînons chez les Thomas, ce doit être ainsi chaque jour. On nous accueille d'une façon charmante et nous faisons avec plaisir la connaissance de cette famille.

Jeudi 19 octobre — Mon cousin Octave nous mène ce matin à Notre-Dame de la Garde. La vue sur Marseille et sa baie est superbe, cela me fait penser au fond de l'Entrée des Croisés à Constantinople de Delacroix. Dans la journée nous faisons la promenade de la Corniche et du parc Borély et nous jouissons d'un coucher de soleil merveilleux devant ressembler à ceux d'Orient. L'astre comme une grosse boule de feu se plonge rapidement dans la mer calme après s'y être miré en la rendant étincelante de pierreries de lumière et d'or. Il faudrait des descriptions semblables à celle d'Akedysseril de Villiers pour peindre cette disparition dans les flots de ce soleil qui s'est montré si resplendissant qu'il en succombe. On comprend à ce spectacle toutes les délicieuses fables des Anciens, la demeure de Thetys. Nous rentrons par le Prado et le soir nous allons aux illuminations de la Canebière. Les lanternes rouges, jaunes qui parent les bateaux se reflètent violemment dans l'eau noire. La foule nous empêche de bien voir.

Vendredi 20 octobre — À l'Estaque, le petit port de pêche charmant, la vue sur Marseille très belle. Nous revenons par le port de la Toilette aux nombreux bassins et passons par un pont tournant sur la longue jetée. Dans les bassins l'eau d'un vert clair est étincelante, les bateaux détachent la ligne droite de leurs mâts sur les montagnes rosées par le soleil couchant. C'est très beau. À la nuit nous traversons le vieux port, les barques de pêche confondent leurs silhouettes, çà et là des lumières se reflètent en virgules dans l'eau. Nous montons à l'église fortifiée de Saint-Victor très curieuse. Dans la crypte les voûtes et les colonnes sont taillées dans le roc. Il y a encore quelques jolis ornements dans la petite grotte de Saint-Lazare qui renferme de vieilles tombes.

Samedi 21 octobre — Seconde visite au musée dans la matinée ; dessin d'après la princesse vénitienne de Véronèse.

Dans la journée, promenade dans les vieilles rues de Marseille, étonnamment étroites à l'aspect des plus bizarres. Dans ces couloirs à l'abri des rayons du soleil des êtres au type italien vivent indolents au milieu de la saleté ; des pastèques, des tomates roulent sur les marches des maisons tandis qu'aux fenêtres pend du linge crasseux. Tout se passe dans ces rues qui n'en sont pas, on s'y peigne, on y dort, on y parle. Ce coin de ville est extrêmement curieux, de là l'arrivée sur le vieux port est très jolie. Nous le traversons en bateau et allons au Pharo, d'où coup d'œil sur le vivant Marseille avec sa tour rose qui marque l'entrée de la Cannebière. Un bateau où l'on gratte de la mandoline qu'accompagne quelque chant italien, nous ramène dans la ville. La lumière devient superbe éclairant la foule de barques aux couleurs vives clapotant dans l'eau. Il me semble que cela doit avoir un aspect italien.

Dimanche 22 octobre — Nous assistons à la piteuse cavalcade des fêtes de Marseille.

Toujours soirée très agréable avec la charmante famille Octave. Mon cousin parfois très drôle. Il s'entend admirablement à faire l'éducation de *ses* enfants qui sont tous particuliers et gentils.

Lundi 23 octobre — À 7 heures du matin quitté Marseille pour visiter la côte d'Azur. Nous arrivons à Nice à 9 heures après avoir été rapidement emportées par un express entre une mer parfois trop bleue et des côtes parfois trop rouges. Nous descendons à cet hôtel Richemont où à 3 ans j'ai passé plusieurs mois, où à dix ans je suis revenue avec Papa et Maman. Nice est un endroit de souvenirs pour moi. Nous allons par l'avenue de la Gare à la place Masséna, rose aux arcades, de là sur les Ponchettes, au vieux port si joliment adossé à la montagne du château et entouré de collines aux oliviers, que si souvent Maman a peint et dessiné. Nous montons ensuite sur la montagne du Château et je revois en mon esprit une aquarelle de Maman représentant les masures jaunes de la vieille ville, les toits violets, les deux petits clochers carrés et le dôme des églises, si justes de ton. On a de cette petite montagne un joli aperçu de Nice, ville gentille comme son nom et bien enchâssée en son cercle de montagnes enveloppé d'une douce atmosphère.

Nous rentrons par le quai du Paillon à la nuit.

Mardi 24 octobre — Nous prenons le matin une voiture pour nous mener à Cimiez. Je veux montrer à Paule et Jeannie ce Cimiez où tout un hiver de la vie de Papa et de Maman s'est écoulé. J'en trouve les abords bien changés, d'immenses hôtels envahissent maintenant une partie de la colline. Nous passons par les vestiges d'arènes où si souvent Papa et Maman s'asseyaient causant art, philosophie avec l'esprit qu'ils possédaient tandis que je jouais à courir en ce cercle. Je revois ce mont chauve qui me plaisait tant ; je revois cette petite place de la chapelle des Capucins qui se retrouvait sur le chemin d'une promenade. Nous descendons par la route entre les villas et nous arrêtons à la villa Ratti ; ce n'est pas sans émotion que je pénètre dans ce grand jardin dont tant de toiles de Maman ont conservé le souvenir. Nous voici devant la jolie porte de la villa verte dont le paysage si beau est dans ma chambre. Là un Anglais paraît étonné à notre vue, il ne comprend ce que nous faisons. Nous repartons par l'allée des orangers que j'escaladais journellement et sous lesquelles Maman posait ses modèles. Que de souvenirs ici à rappeler, ils sont innombrables, je ne puis les tracer tous. Je suis contente d'avoir revu cette villa Ratti. Comme Maman a bien rendu ce pays, elle a su en captiver l'atmosphère en ses toiles et en ses aquarelles. J'ai hâte de rechercher dans les cartons les moindres croquis faits ici.

Dans la journée nous nous rendons à Cagnes par le chemin de fer. Cagnes ressemblant à un Mantegna doit avoir quelques rapports avec les villages italiens, situé sur une montagne pointue que domine son vieux château. En grimpant par les petites rues passablement en pente où descendent des ânes chargés de deux paniers, on voit sans cesse entre les maisons des étroits passages souvent en escaliers, la mer, les montagnes. ici c'est entre les arcades que l'on a une jolie vue, en face d'un coin sale c'est le Haut de Cagnes au-dessus rocher tapissé d'aloès que l'on aperçoit. Du sommet du château s'étalent devant vous de petites maisons aux toits roses au milieu de la verdure foncée et veloutée des orangers, derrière les oliviers gris, puis les montagnes aux belles lignes découpées. En descendant de ce curieux village nous passons devant une petite chapelle au clocher carré, petit toit rouge et devant un if foncé aussi droit que le clocher ; M. Renoir a fait une charmante petite toile de ce motif.

Avant de reprendre le train nous faisons une visite aux Demouchy.

Mercredi 25 octobre — Par un temps radieux vers 10 heures nous montons dans la voiture qui stationne sur le quai du Mont Vieux et qui porte l'inscription : « Villefranche — Saint-Jean — ». Vue du mont Boron, Nice est tour enveloppée sous le ciel rose au bord de la mer d'un bleu clair. Dans la rade de Villefranche la Méditerranée est plus colorée. Nous allons jusqu'à Saint-Jean où nous déjeunons ayant devant nos yeux la côte rosée de Beaulieu plongeant dans les flots ; comme elle est jolie, trop jolie, cette presqu'île de Saint-Jean où les rosiers abondent, où l'herbe est ponctuée de fleurs sauvages, où les grands oliviers aux branches contournées, au feuillage argenté se penchent vers l'eau turquoise. Ce serait curieux de demeurer là un mois sans en sortir, il semble qu'on y éprouverait comme un étourdissement qui ferait oublier ce qu'est la vie, ce serait un mois de rêve. Mais en ce grand jardin on deviendrait trop exigeant, on voudrait s'y entendre dire qu'on vous aime et passer de longues heures sous les oliviers parmi les rosiers en de légères robes claires, à prononcer des paroles d'amour.

Mme Boissière disait très joliment en décrivant cette côte que l'atmosphère, la végétation y étaient telles qu'il lui semblait que là on n'était plus responsable de rien.

Nous prenons le train à Villefranche pour nous arrêter à Monaco qui comme planté dans un pot de fleurs s'avance dans la mer, de là nous allons à Monte Carlo où les montagnes sont beaucoup trop près de la mer et trop hautes, je n'aime pas du tout ce coin, c'est terriblement factice comme les femmes qui viennent y jouer en des costumes extravagants, un petit sac aux bras et aux physionomies les plus curieuses. C'est bien ce même prince qui peut avoir une maison de jeux et inviter Dreyfus, il me dégoûte ainsi que sa principauté. Je ne fais que grogner en passant dans ce sale endroit et je déclare que je ne veux pas aller voir la salle de jeux.

Nous reprenons le train pour Menton. Ici il me semble que l'on est très loin, il y a une transition notable entre la côte à Nice et à Menton ; voici évidemment maintenant l'aspect italien, du reste tout près un tout petit pont presque perdu entre les montagnes plus dénudées marque les confins de la France et de l'Italie. Une voiture nous mène jusqu'au cap Martin ; entre les grands pins, la mer au pied de la montagne éclairée par le soleil couchant est toute nacrée d'un rose laiteux. Les derniers rayons de l'astre lumineux disparaissent et une ombre bleue envahit le paysage maintenant triste. Je plains les poitrinaires que l'on envoie mourir ici, loin de chez eux : tel a été le sort de mon pauvre oncle Gustave ; bien que j'eus 5 ans à cette époque je me rappelle encore son départ, Papa l'accompagnant pour ce lointain pays qui devait voir sa fin. Même je me souviens comme la lune était ce soir-là entourée d'une buée lumineuse lorsque je suis rentrée en voiture avec Maman et mon oncle parrain. Peu de jours auparavant mon oncle Gustave étant au lit m'avait donné une montre d'émail bleu avec sa chaîne et la bague de turquoise que je porte toujours. Tous ces faits sont très précis dans ma mémoire ainsi que la peine que me causa la mort de mon oncle que j'appris par ma bonne. Je me souviens que durant un déjeuner j'avais tellement envie de pleurer que je cherchais par des moyens saugrenus de m'empêcher de verser des larmes.

Jeudi 26 octobre — Nice — visite de la vieille ville aux étroites rues. Entrées dans l'église au Dôme très ornementée à l'intérieur ; puis à l'église Saint-Jacques, sur la façade, au milieu, de belles guirlandes sculptées de fruits et de fleurs, de chaque côté plus petites guirlandes, dessous couronnes entre deux palmes, dans l'une un casque, dans l'autre une coquille. À l'intérieur plusieurs petites fenêtres joliment encadrées dont Maman a fait le dessin pour la fenêtre de la princesse qui donne dans le salon du rez-de-chaussée rue de Villejust (d'après la correspondance de mes parents c'est d'après les fenêtres de l'église du Jésus qu'ils se sont inspirés pour la fenêtre que je comparais à celle d'une petite princesse qui recevait sa nourriture à l'aide d'une corde). Nous débouchons ensuite sur la place des Ponchettes où se tient, animé, le marché ; les poissons, les fruits, les fleurs aux colorations vives n'y sont pas rares.

Une erreur de gare nous fait manquer le train que nous devions prendre pour aller à Grasse. Nous sommes obligées d'attendre jusqu'à 4 h 40 puis nous partons passant par des tunnels et des gorges étroites où la respiration vous manque ; mais bientôt nous suivons la belle vallée de ce fougueux Var presque à sec en ce moment qui voit s'élever de si imposantes montagnes à ses côtés, l'une que l'on aperçoit de Nice et de Cagnes paraît coupée par une hache.

La nuit ne tarde pas à plonger dans l'ombre le paysage et l'on ne distingue plus que les silhouettes des montagnes sur le ciel étoilé. Nous nous élevons beaucoup et nous sentons parfois suspendues au-dessus de précipices d'une immense profondeur qui nous donnent le vertige. Malgré les dangers apparents et le caractère effrayant de ce parcours nous arrivons à Grasse d'où se dégage une odeur de parfumerie. Après avoir pris diverses rues en couloirs, passé sous des voûtes et monté des escaliers nous nous trouvons à l'hôtel Muraour, assez confortable.

Vendredi 27 octobre — De 7 1/2 à 10 heures visité Grasse. Jolie vue sur la ville gentiment construite, d'une route bordée d'oliviers. Partout des odeurs de parfumerie et de fleurs. Champs de jasmins, jardins remplis de fleurs et palmiers. Nous allons jusqu'à l'hôpital où soi-disant il y a des Rubens, c'est une perte de temps. Nous passons par le cours et descendons à la maison de Fragonard, dont on ne voit que le vestibule orné en camaïeu de têtes dans des couronnes ; de faisceaux de flèches, etc., dans lequel se trouve l'escalier à la jolie rampe de fer forgé. Cette maison est située à gauche d'une courte allée mystérieuse qui se termine par une arche surmontée d'une nymphe étendue se silhouettant sur les jardins ensoleillés. C'est bien ici la demeure de Fragonard ; on voit quelques-unes de ses figures sous ces arbres aux formes arrondies qu'il savait si bien rendre. Pendant que nous nous arrêtons à dessiner un peu on entend une sonate de Mozart tout à fait dans la coloration du lieu, qu'esquissent des mains inexpérimentées et l'on pense à la délicieuse leçon de musique de Fragonard du Louvre.

Nous parcourons les étroites rues et visitons l'église dont la porte et l'escalier de marbre jaune de forme de fer à cheval sont jolis.

À 10 1/2 nous quittons l'odorante cité pour aller jusqu'à Saint-Raphaël où après un mauvais déjeuner nous allons attendre l'heure du train étendues sur le sable au bord de la mer bleue.

Le reste de notre journée se passe dans le petit chemin de fer du sud à suivre les côtes. Fréjus aux constructions roses joliment situé sur l'Agens dont l'embouchure forme un étang. À Sainte-Maxime la côte de Saint-Tropez ferme la mer d'une façon charmante. Plus loin La Tour construite sur le sommet d'une colline pointue, Gassin sur l'échiné d'une autre colline dont les maisons émergent des oliviers et des pins. Ici, la nature est plus discrète, on ne voit plus de palmiers, ce sont des oliviers déjà plus petits, des chênes-lièges et des pins qui dominent. Cette côte charmante me fait penser à quelques endroits du Finistère. Nous nous arrêtons au Lavandou qu'un merveilleux paysage de M. Renoir m'a depuis longtemps fait naître l'envie de connaître.

Nous nous demandions presque si nous allions trouver un hôtel dans ce petit pays du Lavandou et quel n'est pas notre étonnement d'en trouver un fort bien (celui de la Méditerranée) où dans la grande salle à manger dînent à une table une personne légèrement peinte et à une autre, une Anglaise en luxueuse robe de maison en satin lilas en face de son mari en smoking.

Samedi 28 octobre — De bonne heure nous nous promenons au bord de la mer entre les barques de pêcheurs étendues au soleil sur le sable, nous allons jusqu'au bout de la jetée. Le petit village du Lavandou adossé à une colline pointue se reflète dans la mer limpide d'un bleu turquoise. La matinée est délicieuse, l'air pur et chaud ; sous les pins on foule le thym qui embaume et en s'élevant un peu derrière les maisons la vue est charmante. Là un terrain à vendre à 1 fr 25 le mètre nous attire, nous voyons le propriétaire et bientôt de 1 fr 25 il monte à 5 frs, aussi quittons-nous le Lavandou sans terrain.

Nous reprenons le chemin de fer du sud. À Bonnes situé sur le versant d'une côte d'oliviers une locomotive déraillée barre la voie ;

on est obligé d'opérer un transbordement et de reprendre après un long arrêt un autre train au-delà de la machine. La côte est continuellement attrayante, Hyères beaucoup plus joli avec ses vieilles murailles que je ne me le figurais. Près de Toulon apparaissent les montagnes très grises. Nous descendons en cette ville ; après un déjeuner pas mal (hôtel du Louvre) nous parcourons le quai du port de commerce où des centaines d'embarcations aux couleurs vives se heurtent. Nous prenons le bateau pour la Seyne et jouissons pendant la courte traversée de la vue de cette très belle rade de Toulon. Les grandes montagnes grises et lumineuses se dessinent sur le ciel bleu clair et semblent se plonger dans les flots épais de la mer très bleue.

Nous essayons de visiter l'Arsenal ; mais sur quelques paroles très désagréables d'un officier de marine nous nous retirons. Un tramway nous mène jusqu'au Mourillon sur une route d'où l'on voit une grosse tour jaune, quelques bateaux de pêche sur le fond de la mer bleue et des côtes roses.

Nous passons par la cathédrale qui n'a rien de curieux et prenons le train pour Marseille ; là, à la gare, nous trouvons mon cousin Octave qui nous emmène dîner chez, lui où les enfants nous accueillent par des cris de joie. Nous sommes enchantées de retrouver cette charmante famille.

Dimanche 29 octobre — Après avoir été à la messe à Marseille, nous partons pour Aix avec mon cousin Octave et Toinette. Le parcours en chemin de fer est très joli, l'aspect provençal avec ses rochers bleus, ses terrains rouges et ses oliviers rabougris reparaît.

Aix : ville déserte aux rues peu méridionales. La cathédrale possède une superbe porte en bois sculpté, un triptyque œuvre d'un peintre avignonnais représentant sur un des battants le roi René, sur l'autre sa seconde femme Jeanne de Laval, sur le panneau du milieu l'Assomption de la Vierge. Puis un autre triptyque moins intéressant. Des tapisseries de Flandres venant de Saint-Paul de Londres faites en 1511 représentant la vie de la Sainte Vierge et la vie de Jésus-Christ. Ces tapisseries qui sont admirables, les plus belles que j'ai vues, pures et simples aux bleus superbes, aux contours marqués par un trait bistre, aux trois couleurs fondamentales : bleu, rouge, jaune, ont été achetées par un chanoine français lors de la conversion de l'église Saint-Paul et il en a fait don au chapitre d'Aix.

Le tout petit cloître entre la cathédrale et l'archevêché est assez curieux.

L'Archevêché construit par l'archevêque italien Grimaldi en 1610 est formé de pavillons bas de style italien. Dans deux pièces sont des tapisseries des Gobelins représentant l'histoire de Don Quichotte ; elles sont bien moins belles que les autres dont nous retrouvons encore une grande partie ici. Les étoffes sont étonnantes. L'Assomption très jolie, l'Ascension très belle. La Vierge blonde en un grand manteau bleu retenu par une grosse agrafe devant. Le Christ sortant tout blanc de sa robe écarlate. Il faudrait passer des mois à regarder ces tapisseries et à les étudier, ce sont des merveilles. On nous montre une salle à manger de marbre vert et rose éclairée par le plafond, un salon Empire et une chambre où Napoléon a couché et dont les meubles ont été donnés par lui. Dans cette pièce un portrait de Pie VII qui fait une tête ennuyée.

Au musée, d'Ingres : *Jupiter et Thétis,* Jupiter beaucoup plus grand que nature, ennuyeux, Théthis belle. Portrait de Granet — Profil d'homme ressemblant à celui que possède M. Degas. Puis une salle de Granet. On découvre en province des peintres inconnus qui remplissent le musée d'une ville, Granet est à Aix ce que Réattu est à Arles, *Toilette de Vénus* à l'école de Fontainebleau. Petite femme dans un intérieur de Metsu. Petite tête de jeune homme de Thierry Bouts. Tryptique de l'école flamande. Primitifs flamands et italiens. Quelques débris de sculpture.

Nous rentrons dîner à Marseille. Les discussions entre les différents membres de la famille Thomas pendant les repas sont très amusantes. L'aîné Toto est toujours en contradiction avec son père tandis que Gaby et Toinette se disputent pendant que les deux petits, Mimi et Chariot, s'endorment dans leurs assiettes. Mme Thomas sourit d'un air indulgent. Elle est très agréable. Mon cousin Octave est parfois très drôle. Aujourd'hui il a bien dépeint M. et Mme Mayniel qui étaient autrefois, disait-il, « comme des singes qui se cherchaient leurs poux à se gratter mutuellement l'intellect ».

En revenant d'Aix Toinette a amusé tout le compartiment par ses réflexions comiques.

Lundi 30 octobre — Aquarelle au Pharo. Comme on le voit à Marseille s'illuminer glorieusement au coucher du soleil. C'est la dernière journée que nous passons dans cette belle ville.

Mardi 31 octobre — Nous allons nous confesser et communier. À 11 h 50 nous prenons le train pour Martigues. La famille Thomas nous accompagne à la gare et nous sommes très à regret de la quitter ; le chemin de fer nous emporte tout attristées de laisser ces aimables hôtes. En m'embrassant mon cousin Octave me dit : « Je t'aime beaucoup et quand tu auras besoin d'une aide je suis prêt ». Ces paroles paternelles me touchent beaucoup et je ne sais que lui dire.

Les départs sont toujours choses ennuyeuses.

Vers 11 heures nous arrivons aux Martigues situé sur l'étang de Berre à l'endroit où par une espèce de canal naturel il communique avec la mer. Les rues du village sont bordées de canaux où fourmillent des barques de pêche. Ce doit être très joli avec le soleil mais malheureusement le ciel est très gris et l'eau terriblement noire.

Nous allons en voiture à Marignane en suivant l'étang. Nous visitons l'hôtel de Mirabeau maintenant l'hôtel de ville à la grande porte à colonnes. Il y a une vieille cour intérieure avec un grand escalier de pierre, une petite porte ronde très curieuse. À l'intérieur se trouve une grande pièce très ornée de sculptures dans des boiseries dorées et de peintures représentant des amours et différentes figures formant la corniche. Une petite pièce ronde contiguë entourée de guirlandes donne sur un petit balcon surmontant la grande porte d'entrée. Nous rentrons aux Martigues à la nuit.

Mercredi 1er novembre — Temps gris. Messe à l'église de Martigues. Ensuite promenade à pieds dans la campagne. Pris un joli chemin. Paysage à la Cézanne : au premier plan, oliviers tortillés, sentier en pente au pied d'une hauteur surmontée d'une maison rosée, des ifs et des arbres morts ; derrière de l'eau et une côte s'y baignant.

Midi, départ en voiture des Martigues pour faire le tour de l'étang de Berre. Jusqu'à Port de Bouc des petites bastides entourées d'arbres émergeant de la colline sont de vrais petits Corot. Port de Bouc est curieux. Des barques dont les voiles brillantes effleurent l'eau, filent sur la mer houleuse et foncée telle que Puvis de Chavannes l'a peinte.

Plus loin Fos, vieille petite ville aux remparts dorés assez élevée entre des marais salins qui l'entourent de tous côtés. Au haut, petite place d'herbes fleuries autour, une chapelle, une vieille tour carrée, des ruines. De là vue superbe sur la mer et les étangs.

Après Fos nous parcourons la plaine aride et pierreuse de la Crau où l'on voit encore des oliviers rabougris, des ifs, des amandiers et des genêts. Nous nous arrêtons à Istres, également fortifié de vieilles murailles et placé sur une élévation que domine l'église aux solides et primitives tours de chaque côté de la porte ovale, placée tout particulièrement sous la protection de la Sainte Vierge.

De cette église descendent des escaliers tortueux, de petites rues curieuses à moitié taillées dans le rocher jaune où passent de délicieuses femmes au costume arlésien. En bas, l'entrée de la petite ville est marquée par une porte un peu cintrée, ornée de guirlandes. Tout près se trouve l'étang de l'olivier au bord duquel repose le cimetière. D'Istres nous allons jusqu'au vieux Miramas si solidement perché sur son rocher d'où il domine l'étang de Berre ; ces vieux remparts émergent des oliviers gris et offrent de curieux aspects en leurs dégradations. Là-haut, une porte de pierre se détache sur le ciel tandis que par l'ouverture on aperçoit la campagne, mer infinie d'oliviers bornée par la ligne des montagnes.

Après avoir vu tous ces endroits particuliers où nous avons constaté que le jeu de boules est très en honneur, notre journée s'est terminée à Saint-Chamas où nous sommes descendues à la tombée de la nuit à l'auberge de la Croix Blanche. Le soir, le petit pays est très animé, on n'entend que cris et chants.

Jeudi 2 novembre — J'aurais voulu ce jour être à Paris pour ne pas manquer d'aller porter quelques fleurs à ceux qui m'ont quittée, mais notre voyage ayant été prolongé, je ne pourrais offrir que mes pensées à Papa et à Maman et prier longuement avec eux, prier pour tous ceux auquel le 2 novembre est consacré.

La matinée commence par la messe, puis nous allons au pont Flavien dont les deux arcs petits et très fins se confondent en leurs colorations grises avec les rochers de la campagne immense. Ils se tiennent isolés et fiers à chaque extrémité de ce pont, traversent le lit caillouteux d'une rivière, en ce moment par elle abandonné. Ils paraissent glorieux d'avoir malgré leur finesse vécu tant de siècles, d'avoir assisté à tous les levers, à tous les couchers du soleil qui a sur leurs pierres, marqué son empreinte en longues coulées d'or et d'avoir vu aussi des hommes robustes vêtus de péplum passer noblement sous leurs arcades. Hélas maintenant, plus de ces longues robes blanches aux plis ondulés par le mouvement d'un corps souple, comme il faudrait en voir sous les oliviers, aux pieds de ces monuments d'un style simple et superbe. Pauvres voyageurs au costume parisien nous n'allons guère avec ses paysages de grand caractère et ces restes romains. Ce sont des bijoux ces deux arcs : de chaque côté de la grande ouverture ronde les pilastres à rainures, aux chapiteaux corinthiens soutiennent une corniche ornée surmontée à chaque extrémité par un lion.

Après le déjeuner, au minuscule port de Saint-Chamas sur l'étang de Berre. La petite ville se trouve séparée en deux quartiers par deux grands rochers au ton jaune dans lesquels sont creusées des habitations, un aqueduc, d'où l'on a un peu le vertige, mais la vue en est belle, les relie.

Ensuite, sorti nos boîtes de peinture de la caisse ; les couleurs sont en bouillie, tout est envahi de vert émeraude. Malgré ces désastres le vert et les moustiques, nous allons nous installer à peindre devant l'arc Flavien qui apparaît de plus en plus joli à la contemplation. J'imagine de le faire sur le fond des collines, celle sur laquelle est situé le vieux Miramas se montrant juste dans l'ouverture du premier arc. Au coucher du soleil cela devient superbe, les ocres et les ors de la pierre se transforment en des roux enflammés ; les lions se détachent en clair sur le ciel et les murailles du vieux Miramas brillent entourées d'une lueur rosée qui se convertit en lilas ; puis les feux s'éteignent, un charme enveloppant plane dans l'atmosphère. Nous suivons la vallée rocheuse de la rivière, cheminant parmi le thym odorant et nous jouissons de l'étendue magnifique de la campagne ; d'un côté, presque la mer, l'étang de Berre, d'un autre les collines de rochers ou d'oliviers, au loin Flavien dont les arcs si minces, si purs sortent de terre noblement en cet immense paysage.

La poésie des crépuscules, en ce lieu charmant, en ce calme émanant de la souveraine beauté, envahit l'âme et fait vibrer tout ce que l'on possède de sentiment artistique. Ne rêve-t-on pas aux poèmes antiques, ici à cette heure tandis que les troupeaux de moutons couleur de pierres suivis de leurs pasteurs en grandes capes blanches s'unissent au paysage en la mystérieuse approche de la nuit ? Seul se fait entendre le frôlement des petites pattes sur le thym qui imprègne l'air de son parfum. Nous suivons les troupeaux qui arrivent au pont Flavien où en rangs compacts ils se présentent. Depuis l'Antiquité, ces arcs ont dû voir passer nombre de moutons gris, que suit, enveloppé de sa cape, le pasteur, semblable à une ombre. Cette radieuse et calme fin de journée éveille en moi des idées poétiques et me porte vers les pâtres et leurs flûtes de Virgile. J'aime la Provence, le pays de l'art et des grandes impressions, elle est belle et captivante par sa simplicité, son absence de fard, elle est belle en son aridité, belle en sa pureté, attachante même.

Vendredi 3 novembre — 8 heures du matin, départ de Saint-Chamas. Passé par Salon, petit pays joli au vieux château, puis par Orgon adossé à de hauts rochers et au bord de la Durance. Le parcours est beau jusqu'à Saint-Rémy où nous nous arrêtons vers une heure. Hôtel de Provence. Après avoir déjeuné nous prenons une confortable voiture pour aller aux Baux. Nous passons d'abord aux Antiques : un petit arc de triomphe à un seul arc soutenu par plusieurs petites colonnes, de chaque côté de l'ouverture de grandes figures sculptées ; la partie supérieure ornée de fruits et de fleurs et la voûte formée de caissons dissemblables dans le genre de ceux de l'arc de triomphe d'Orange. Un mausolée à la base carrée, sur chaque face un curieux bas-relief, un représentant un combat, l'autre des divinités, le troisième une chasse et le dernier la mort de Patrocle.

Au-dessus, soutenue par des colonnes aux chapiteaux corinthiens, une petite plate-forme carrée sur laquelle reposent deux statues et soutiennent une sorte de calotte. Ces deux monuments romains posés côte à côte, noircis d'un côté, roussis de l'autre par les rayons du soleil sont entourés des rochers des Alpilles et d'une belle campagne de vignes.

Nous prenons ensuite une route bien tracée

serpentant entre les Alpilles et bordée de grosses pierres de taille qui sortent, comme des dents, régulièrement de terre. À une certaine hauteur la vue est superbe : les rochers, parfois d'un gris velouté, parfois montrant des échancrures béantes de terre sanglante, parfois parsemés de verdure foncée se dessinent sur l'horizon bleu.

Après avoir passé entre de beaux oliviers chargés à la fois de fruits verts, rouges et noirs, nous arrivons aux Baux qui semblent fortifiés de rochers. Ce pays en ruines où rocs et constructions se confondent est d'un aspect des plus curieux ainsi situé dans une sorte de cavité au milieu des Alpilles.

On y compte encore quelques maisons et des habitants, mais de ville qu'ont été les Baux, ils sont devenus village et ils se sont dépouillés de leur importance, hormis celle de curiosité. Parmi le chaos de ce très extraordinaire et indescriptible coin on retrouve des vestiges de civilisation de l'époque des Romains, de l'époque de la Renaissance, de l'époque de la Réforme. Chose curieuse tout est également en ruine, ce qui fait supposer que les habitants ont aidé à la chute de leur propre ville.

Je ne peux sur les Baux que jeter çà et là sur le papier des mots sans suite afin de me les rappeler. Nous passons par de curieuses petites rues, maison jolie à un angle. Fenêtres et colonnes d'un temple protestant. Cheminée François Ier, plus loin on aperçoit au travers des ruines une vieille cheminée avec coquille fine. L'école, jolies fenêtres à colonnettes au-dessus de la porte, petite descente de croix en bas-relief. La rue tourne et débouche sur une petite place.

Au milieu une croix, à gauche vue sur la campagne, en face chapelle dont la porte est surmontée d'un cœur formant cadran solaire ; à droite la petite église romane : escalier à rame, portail à colonnes, de côté tour poivrière à gargouilles. À l'intérieur gros piliers, petites voûtes taillées dans le roc. Voie romaine coupée dans le rocher, salamandre. Plateforme d'herbe, vestiges d'arènes, camp romain, glacis pour recueillir l'eau. Ruines du château pris dans le roc (profil de Napoléon), vue très étendue aux alentours jusqu'à la Méditerranée, Aigues-Mortes, etc. Ancienne chapelle, archivoltes, nervures fines, sorte de musée, jolie colonne. Plus loin porte basse, le haut orné de feuillage. Le château, trous à pigeons. D'une tour vue sur les Baux, clochers, toits, ruines entourées des hauts rochers, cimetière romain sur un rocher, où les tombes sont creusées comme des baignoires. Tout cela excessivement curieux.

Retour à Saint-Rémy à la nuit.

Je vois aux alentours se promenant des figures vêtues de blanc. Je vois représenté en ce décor l'Orphée de Gluck dont les sons purs et doux mêleraient leurs charmes enchanteurs à ceux de ce beau (Baux) pays de Provence.

Samedi 4 novembre — Orage et pluie rappelant celle d'Arles durant la matinée. Départ de Saint-Rémy sans avoir pu jeter un second coup d'œil sur les Antiques. Arrêtées à Tarascon pour déjeuner. Tour dans la ville, église Sainte-Marthe, la petite porte de côté entourée de colonnes et surmontée de colonnades est jolie. Presque au-dessus une tourelle aux parois ornées de guirlandes. Nous allons jusqu'au milieu du pont contentes de revoir le beau Rhône dont nous conservons un si délicieux souvenir. D'un côté le château fort de Tarascon aux pierres jaunes se plonge dans les flots ocre du fleuve. De l'autre les maisons aux toits roses de Baucaire s'échelonnent joliment sous le sommet boisé d'une colline où un vieux château est perché.

Vers une heure nous reprenons le train pour Nîmes où nous sommes peu après. Nous descendons à l'hôtel du Luxembourg. Cette ville aux grandes avenues offre un aspect triste et les monuments romains par cela même qu'ils sont entourés de plus de place donnent une impression moins grandiose qu'à Arles où d'une rue étroite on a tout à coup la surprise de déboucher devant les ruines du théâtre aux deux colonnes devant les belles arènes. Celles d'ici n'égalent pas pour nous les autres, bien que plus réputées. La maison carrée, solide et élégante, de style corinthien est très jolie, mais ce qu'il y a certainement de mieux à Nîmes c'est le Jardin de la Fontaine bien qu'il ait tout à fait un caractère du nord et un vague air de ressemblance avec les Tuileries. Les allées sont bordées d'orangers en de grands vases aux tons verts. La Source forme deux bassins dont l'un était les anciens bains romains où coulaient des rigoles d'eau pour alimenter les baignoires placées dans la partie en retrait soutenue par de petites colonnes. Un vieux gardien plein de prétention nous donne toutes explications des bains de « ces dames ». Au milieu du carré que forme ce bassin se trouvaient autrefois quatre grosses colonnes soutenant un vélum, mais elles ont été remplacées sous Louis XIV ou Louis XV par un large socle carré également, aux coins desquels sont des vases puis des amours et une nymphe au milieu. Près des bains se trouve le temple de Diane aux voûtes largement cintrées, renfermant quelques restes d'ornements, de caissons de plafond et une des colonnes, occupant dans l'Antiquité le milieu des bains, qui est particulièrement joli avec sa base arrondie et feuilles d'acanthe et son fût à cannelures. Nous finissons la visite de la ville par la cathédrale au fronton assez beau et par la porte d'Auguste.

Dimanche 5 novembre — Au musée où il n'y a que des croûtes, puis à la messe. Nous lisons dans *l'Écho* que les Anglais ont été une seconde fois battus par les Boers et le général White blessé mortellement. Ils ne sont donc plus invincibles ces Anglais, pourquoi avoir si peur d'eux. Les pauvres Boers finiront bien par être vaincus mais pour le moment ils se défendent joliment.

Le temps est gris et pluvieux cependant nous avons des éclaircies pour voir le pont du Gard ; encore un de ces larges et beaux travaux de ces architectes de génie : les Romains. Il ne reste plus que ce pont aux trois rangées d'arches superposées d'un immense aqueduc mesurant je ne sais combien de kilomètres. On peut passer par l'endroit où s'écoulait l'eau jusqu'au Ve siècle et qui est presque obstrué par places par la quantité du dépôt calcaire qui s'est formé sur les parois. Dans la campagne sauvage au-dessus de ce Gard pierreux le grand pont à la pierre imprégnée des rayons dorés du soleil est superbe.

Jeannie nous lit ce soir quelques pages de Wyzewa intitulées le « soleil en Provence » qui décrivent tout le charme enveloppant et presque inexplicable de cette merveilleuse contrée pour laquelle on conçoit de l'amour.

Lundi 6 novembre — 7 h 1/2 du matin, quitté Nîmes pour prendre la ligne du Bourbonnais qui nous ramènera vers Paris. C'est avec un certain plaisir que je reverrai la rue de Villejust, les tableaux, les amis, malgré les impressions délicieuses que m'ont procurées tous les différents aspects de cette attachante Provence, qui vous invite si souvent à peindre.

Nous parcourons des montagnes lilas aux châtaigniers roux entre lesquels courent des torrents impétueux aux eaux vertes. Paysage à la Degas.

À la montagne du gouffre qui descend toujours dans le Gard, le pont du chemin de fer vient d'être coupé par les débordements de la rivière et on nous transborde en omnibus de Grand Combe-La Pise à La Levade. C'est assez drôle.

Vers 9 heures du soir nous nous arrêtons à Clermont.

Mardi 7 novembre — Clermont-Ferrand, atmosphère grise et brumeuse, cathédrale noire. 3 heures départ pour Paris. Arrivée après avoir dormi et bien dîné au wagon-restaurant à 11 heures du soir. À notre grand étonnement nous trouvons Edme à la gare. À la maison tante Edma vient nous voir et nous restons à parler assez longtemps.

J'ai un sentiment de contentement à la pensée que nous avons enfin fait ce voyage en Provence qui nous laisse tant de charmants souvenirs et que nous sommes de retour à la maison, dans cet intérieur que j'aime et qui est une partie de ma vie. En entreprenant ce voyage je me demandais si nous aurions la chance d'en revenir sans aucun accident. Je dois maintenant remercier Dieu de nous avoir protégées et de nous avoir permis toutes ces distractions, en lui demandant de m'aider à présent à bien travailler pour lui durant cet hiver. Ah, si je pouvais faire un pas dans la voie de Dieu sous la protection de la Sainte Vierge.

Mercredi 8 novembre — Jeanne et Blanche montent nous voir, puis Berthe vient déjeuner.

Jeudi 9 novembre — Nous allons au cimetière porter quelques chrysanthèmes. Les Angoulvent viennent nous voir.

Vendredi 10 novembre — Nous allons au Père-Lachaise. Le monument de Bartholomé est en place.

Visite à Mme Renault à laquelle nous ne trouvons pas aussi mauvaise mine que nous le pensions.

Samedi 11 novembre — Chez M. Renoir qui ne va guère mieux. Il parle beaucoup avec nous du

Midi ; nous prenons du plaisir à cette conversation. Visite aux Baudot.

Dimanche 12 novembre — Je vais à Levallois puis aux Enfants de Marie.

Lundi 13 novembre — Matin, modèle fade. Mlle Lapshinsky vient nous voir et nous raconte très drôlement son voyage en Bretagne.

Nous dînons chez les Baudot pour aller ensuite chez Vollard à l'ouverture d'une exposition de Cézanne qui sont bien moins beaux que ceux que l'on voit habituellement. Nous rencontrons : Redon, Fauché, Faivre, Pissarro.

Mardi 14 novembre — 21 ans aujourd'hui : je n'y pense guère et ne suis nullement attristée. Il paraît cependant, que généralement la jeune fille accueille ces deux chiffres très mal ; mais Jeannie pleure à ma place sur mon âge, cela suffit. J'entre dans ma majorité à Bellevue où l'on nous a invitées très gentiment pour déjeuner, pour me fêter cet âge vénérable on boit à ma santé ; la pauvre Mme Guastalla, qui vient d'être opérée de la cataracte, me souhaite un joli jeune homme à plusieurs reprises, car laide comme elle l'est, elle a un culte pour la beauté. Après ce souhait ma pensée erre dans de vaines espérances et je vois Ernest comme joli jeune homme. Je n'hésite plus maintenant à me dire que c'est celui que je voudrais. Il me semble qu'il y a peut-être une analogie entre nos caractères, froids d'apparences ; je suis passionnée en réalité. On a dit en faisant ma graphologie que j'avais de la passion contenue, et je puis juger la justesse de cette remarque. C'est même l'excès de cette passion contenue qui engendre chez moi la froideur. Je préfère me montrer de glace que de faire soupçonner qu'il y a en moi de la sentimentalité, et pour la cacher je suis forcée d'avoir recours à un complet travestissement. Ce jeu qui, à ma nature, semble simple pudeur me porte parfois sur les nerfs et je voudrais m'en délasser, mais malgré ma volonté, je demeure de même et je n'acquiers aucune exubérance.

À mesure que le bois s'amoncelle au milieu d'un feu, les flammes deviennent plus fortes, plus colorées et plus brûlantes aussi ; de même que je retiens en moi-même tout élément d'enthousiasme, cette passion augmente au point que je voudrais... plus ! il me semble irrésistible de ne pas hurler ! C'est alors que je pense que le choc de ces deux caractères (que je crois analogues) amènerait en se transmettant l'un à l'autre un baume d'une douceur ineffable. Ah, c'est un rêve d'amour que je trace, un amour de l'esprit, un amour de deux âmes !

Ce qui peut s'appeler la vie ici-bas n'existe guère que dans le mariage. On garde quelque chose en soi ; ou l'on veut garder ce que l'on a de moins mauvais pour l'être qui vous prendra ; si jamais il ne vient le temps s'écoule et l'on s'en retourne n'ayant pas dévoilé qui on était.

Pourquoi se réserver ainsi pour cet être que l'on sait ne pas mériter ? Vaine demande ! Oui c'est folie de ma part ; je le sais et malgré cela tout en me livrant avec mes cousines sœurs, ne leur cachant rien, je garde cependant quelque chose qui n'est jamais sorti de moi-même, que je ne connais pas bien, un je ne sais quoi pour l'être qui ne viendra pas. Mais pourquoi vouloir à toutes forces vivre sur cette terre, pourquoi ce besoin à peine réprimable ? Voici donc les sages pensées qui envahissent mon esprit pour mes 21 ans.

La journée à Bellevue se passe très gentiment.

Nous descendons le soir chez tante Edma. Edme raconte drôlement son voyage en Allemagne avec d'Indy fils où ils couchaient dans la Forêt-noire afin de faire des économies.

Mercredi 15 novembre — Jules Lemaître vient de faire une conférence des plus intéressantes et absolument sensée. J'en lis aujourd'hui le compte rendu dans *L'Écho de Paris*. Nous allons dîner à Vincennes où la famille Clément nous accueille tout à fait affectueusement, nous passons une agréable soirée.

Jeudi 16 novembre — Recevons diverses visites. Le soir nous allons chez les Lerolle qui nous ont invitées à venir voir Yvonne en ce moment à Paris. Nous retrouvons cette famille avec plaisir. Nous voyons chez eux les Bernard, les Renoir ; Ernest Rouart avec lequel nous parlons du Midi et de diverses choses. Il est certainement très bien. J'avais le vague sentiment que nous le verrions peut-être. Yvonne nous raconte la brouille entre M. Degas et M. Renoir. C'est ennuyeux de savoir ces deux amis brouillés. M. Degas a été tout de même un peu loin en écrivant une lettre insolente à M. Renoir parce qu'il a vendu un pastel de lui et cela paraît grave cette fois ; car ils se sont déjà brouillés maintes fois, mais pas aussi sérieusement. C'est même en se rencontrant autrefois à la maison aux dîners du jeudi qu'ils se sont réconciliés.

Vendredi 17 novembre — À Asnières, nous passons chez Mme Boucherit puis allons chez tante Suzanne. Sa pauvre sœur Mme Vibert est terriblement changée et fait peine à voir, la disparition de son fils a laissé l'empreinte de la douleur sur son visage.

Nous finissons notre journée chez Mme Mallarmé et Geneviève qui vont aussi bien que possible. Nous sommes contentes de les voir ainsi.

Samedi 18 novembre — Geneviève nous a prêté le livre de Boissière intitulé : *Fumeurs d'opium,* c'est très curieux comme analyse de l'état d'esprit sous la domination de l'opium et c'est bien écrit.

Dimanche 19 novembre — Concert Colonne : symphonie de Rabaud, dirigée par le jeune auteur, le premier morceau ample, mais me paraît manquer de particularité. Le second, l'andante, d'une jolie sonorité est beaucoup plus personnel. L'allegro scherzo assez commun ; le quatrième morceau doit être bien.

Pugno dévoile tout son charme dans un curieux et joli concerto de Castillon.

L'orchestre exécute de délicieuses pièces de Bach dont la flûte occupe la place principale en des phrases précises et claires.

Marsik nous ennuie après un concerto de Max Bruch et Pugno termine par les Djinns ; conversation si mouvementée entre le piano et l'orchestre.

Mardi 21 novembre — Nous trouvons aujourd'hui les dames Mallarmé au milieu de leurs visites du mardi. C'est plus agréable de voir des amies aussi intimes seules ou au moins avec peu de personnes.

C'est ce soir la huitième représentation de *Tristan et Yseult* donnée par Lamoureux pour laquelle nous avons depuis septembre retenu nos places.

Nous sommes frappées au premier acte par le peu d'intérêt de la scène, le manque de mouvement de ces deux femmes aux bras si courts et si gros. Mais la musique est trop captivante pour que l'on ait besoin d'autre chose. Cette aventure dont le motif est cette phrase si mouvante aux sons soutenus qui s'effacent en une chromatique lenteur ; puis la phrase plus vive et résonnante des matelots, le chant d'Yseult durant lequel l'orchestre s'atténue, le moment où elle et Tristan boivent le philtre plein d'émotion traduit par le silence, puis leur joie plus bruyante mêlée au motif de la mer, me rappellent tout le plaisir que j'ai eu à entendre cet acte au concert l'an passé. Dans le second exulte le débordement de passion, durant le grand duo d'amour poussé à l'extrême, d'amour envahisseur de toutes les fibres de ces deux êtres qui laissent les sons passionnés de leurs voix monter parmi les arbres et les accords de la nuit interrompus aux entrées en scène par des clartés de sonorités. Puis ce sont crescendo enfiévrés de violons, vibrations d'instruments, vibrations des sens. La passion qui ne s'exprime pas est décrite par cet orchestre enflammé d'amour. Le dernier acte s'ouvre sur le prélude à la lente tristesse suivie du clair solo de cor anglais qui revient presque trop souvent durant la pénible agonie aux exaltations dissonantes de Tristan que le ténor Gibert chante parfois si faux qu'on le siffle. Ces phrases lentes sont suivies par l'annonce rythmée de l'arrivée de Mark. Puis ce drame se termine par la merveilleuse mort d'Yseult que Sitvine chante triomphalement conservant la douceur et le charme de sa voix tout en dominant l'orchestre qui arrive à l'apogée de son éclat en ces trois, puis cette dernière exclamation du nouvel amour par ces cuivres foudroyants et resplendissants qui semblent laisser planer leurs résonances tandis que peu à peu tout s'éteint.

Pendant les cinq heures que durent *Tristan et Yseult,* pas une minute on ne s'éloigne de la musique et pas une minute l'on s'ennuie. Wagner passe pour très difficile à comprendre ; et pourquoi ? il sait vous intéresser ; son art est si exprimé, parle tant aux sens et ses thèmes si marqués sont des points de repère. Il me semble vraiment que j'ai pu suivre tout ceci naturellement pas à un point de vue harmonique.

Une personne musicienne me trouverait peut-être pleine de prétention ; mais il me semble impossible de rester tout à fait en dehors d'un opéra que l'on entend du moment qu'il vous intéresse sans cesse lorsque la scène n'y est pour rien. En sortant de cette salle on se sent très remué par cette expression musicale si vive et l'on ne peut à peine dire son enthousiasme ; aussi Jacques Cor et Raymonde que nous rencontrons paraissent-ils nous trouver presque froides.

Jeudi 23 novembre — Mme Boissière vient nous voir, sa présence nous rappelle sa jolie ville d'Avignon.

Nous avons à dîner les dames Mallarmé, Bonniot et Valéry qui est très gai. La soirée se passe d'une façon charmante. Jeannie joue plusieurs passages de *Tristan et Yseult,* elle rend dans sa mort tout à fait bien les diverses sonorités de l'orchestre.

Vendredi 24 novembre — Nous allons avec Blanche à l'Opéra dans une des petites 4e loges. Après le ballet *L'Étoile* nous entendons ce pourquoi nous sommes venues : *La Prise de Troie* de Berlioz, charmante œuvre qui paraît malheureusement inachevée, la fin est précipitée, mais plusieurs passages sont beaux. « Ce que j'aime dans Berlioz, dit M. Renoir, c'est qu'il y a des passages très bien et d'autres très mal. » Cette phrase s'applique assez à la prise de Troie. Je ressens une impression de calme en entendant cet opéra qui n'en est presque pas un après *Tristan et Yseult.* La mise en scène est jolie, les costumes sont gais de couleur (je note quelques groupes de figures à faire de souvenir). Delma manque des attitudes dans son rôle de Cassandre. Nous rencontrons M. Redon enthousiasmé qui, la larme à l'œil, dit : « C'est tendre, c'est tendre. »

Samedi 25 novembre — Je vais au Louvre regarder un peu les Flamands.

Nous recevons un télégramme de Mme Maras nous invitant à aller ce soir à l'Opéra dans une loge de premier rang à voir *Salammbô*. Je me réjouissais hier au soir d'être dans les hauteurs, pas habillée et de n'avoir pas à exhiber mes os sous des lumières électriques. Mais aujourd'hui il n'en est pas de même et il faut sortir les robes de bal de leur armoire. Nous trouvons à l'Opéra M. Maras à la tête si terrible et sa femme et sa fille. Nous causons agréablement avec eux dans les entractes de cet opéra dont la musique peut ne pas s'entendre et dont les décors et les costumes parfois rappellent assez bien la belle littérature de Flaubert aux phrases enrichies de pierreries.

Dimanche 26 novembre — Jeanne Baudot vient déjeuner avec nous, puis je vais à Levallois et le soir nous dînons avec Mme Renault et Berthe.

Lundi 27 novembre — Je vais à Asnières prendre une leçon de violon avec Jules que je suis tout étonnée de trouver avec une barbe, il n'a pas bien bonne mine et ne paraît pas très entrain. Il ne semble pas émerveillé par mon violon.

Je passe à l'atelier de M. Renoir que je trouve assez bien, pouvant travailler en ce moment ; puis je vais rejoindre Paule et Jeannie chez Mme Heude et nous allons dîner chez Mme Mayniel qui nous fait manger un faisan de Loubet.

Mardi 28 novembre — Dîner chez les Angoulvent qui ont un vieux garçon assez drôle.

Mercredi 29 novembre — Nous allons voir M. Degas que nous trouvons comme toujours dans son atelier obscur où il dort un peu après avoir travaillé. Nous parlons sans nous arrêter pour qu'il ne dise rien sur M. Renoir et il n'aborde pas le sujet de la brouille ce qui nous fait penser qu'il regrette peut-être un peu sa lettre. Il nous montre un portrait de lui enfant qui lui ressemble encore étonnamment ; puis un Corot : *Le Pont de Poissy,* une de ses récentes acquisitions. C'est superbe.

Jeudi 30 novembre — Nous avons eu du monde durant toute cette journée qui se termine entre Valéry et Lahalle, celui-ci nous donne quelques renseignements sur l'architecture car nous nous sommes aperçues en voyage que bien des termes nous manquaient pour décrire les divers monuments que nous voyons.

Vendredi 1er décembre — Nous allons faire une visite aux Redon ; nous parlons avec eux du livre d'Eugène Rouart qu'ils viennent de nous prêter et que nous trouvons curieux.

Samedi 2 décembre — Je vais me confesser et je reparle au curé du désir que j'ai d'être confirmée ; il me dit de retourner le voir demain matin pour avoir tous les renseignements dont j'ai besoin.

Dimanche 3 décembre — Je communie ce matin en demandant tout particulièrement à Jésus de m'aider à bien recevoir le sacrement de la Confirmation ; je voudrais me trouver en la Sainte Vierge et son divin Fils pour être présentée au Saint Esprit.

Le curé est très gentil avec moi, il me donne une lettre à remettre demain matin au secrétaire de l'archevêque de façon à être confirmée à l'archevêché. Il me conseille de communier à la messe avant. Je me prépare par plusieurs lectures sur la confirmation, puis par des méditations de l'abbé Renaud sur les Sept paroles de Notre Seigneur qui sont très belles et vous exhortent à penser à la mort. Elles vous démontrent combien en ces sept paroles brèves, Jésus-Christ a parlé de tout, de tous les états d'âme, combien il a montré l'infinie délicatesse de son cœur et combien ont été grandes ses douleurs. Ces sept paroles sont à elles seules une ligne de conduite, il faudrait sans cesse y penser ; les entendre continuellement et alors peut-être pourrait-on progresser, s'attacher moins à la vie.

Jeannie ne veut pas aller au concert sans moi, de sorte que je m'y laisse entraîner. Nous allons à Colonne où nous entendons : *Le Carnaval Romain* et Berlioz, un concerto de Dubois pour violon, très bien joué par le jeune Thibault ; puis *La vie du Poète* de Charpentier. Cette musique qui semble être très bien ne me plaît pas énormément, c'est trop imitatif. *Le Moulin de la Galette* doit être rendu dans son expression la plus canaille avec ses rires communs de femmes. J'aurais mieux aimé entendre autre chose aujourd'hui, ceci n'accompagne nullement mes pensées.

Lundi 4 décembre — À 7 heures du matin je pars avec Paule pour l'archevêché. La chapelle est remplie de personnes de tous âges qui viennent se faire confirmer.

Monseigneur Richard dit la messe à laquelle je communie puis avant la confirmation il nous adresse quelques paroles très simples et très bien.

C'est sous le nom de Marie, invoquant cette sainte patronne que je m'approche du Saint Esprit. Je suis enfin heureuse de le sentir entrer en moi et je prends la résolution de le conserver et de dire chaque jour, ainsi que nous le demande Mgr Richard : *Notre Père, Je vous salue Marie et Je crois en Dieu*... comme si le Saint-Esprit parlait en moi.

Après la cérémonie, on passe dans les salons de l'archevêque qui donne à tous sa bénédiction parlant avec simplicité et bonté aux uns et aux autres.

Nous quittons ensuite l'archevêché, moi très contente de ce qui vient de s'opérer en moi. Depuis si longtemps l'idée que je n'avais pas été confirmée me troublait. Je remercie Dieu de m'avoir permis aujourd'hui de goûter aux bienfaits de ce sacrement et j'espère qu'il m'aidera à devenir meilleure.

Jeudi 7 décembre — Mme Mallarmé et Geneviève viennent déjeuner avec Mme Boissière. Geneviève et sa mère passent toute la journée à la maison, ce qui nous fait grand plaisir ; un tel charme émane de cette délicieuse amie, on aime à rester longtemps avec elle. Bonniot vient faire une longue visite ; il fait de la musique avec Jeannie qui est troublée par l'arrivée des Angoulvent ; puis Jeanne et Blanche montent.

Vendredi 8 décembre — Il fait tout à coup très froid et en faisant une visite à Valentine Scheffer je m'évanouis bêtement en entendant le récit d'un accident qui lui est arrivé. On me rentre en voiture, puis à la maison je continue pendant 2 heures à perdre connaissance ayant des effets très bizarres, tels que de me sentir la main paralysée, les doigts sans vie. Il me semble que je deviens complètement folle, que je sors de l'hôpital du docteur Goudron de Roc. Il m'est impossible de constituer une phrase et je ne puis plus me rendre compte de la signification des mots, je torture en vain mon cerveau que je sens se prendre, je crois que de ma vie je ne pourrai parler et je passe par de pénibles sensations qui me font souffrir de la tête. Paule et Jeannie croient que j'ai une congestion et s'inquiètent ; lorsque je me sens un peu revenue à moi, je vois le docteur Martin, tante Edma et ses filles dans ma chambre.

Dimanche 10 décembre — Je ne suis pas sortie depuis vendredi sur les conseils du docteur Martin bien que je ne sois plus que fatiguée.

Je lis le second livre de *La Jungle* que Valéry nous a apporté, il contient quelques jolies histoires, entre autres celle qui montre comment la crainte pénètre dans la jungle sous forme d'un être sans poils, marchant sur deux jambes et comment le tigre de jaune qu'il était lors de sa création fut marqué de taches noires par les arbres qui s'abaissèrent sur lui pour le punir d'avoir tué l'homme.

Nous allons ce soir dîner chez Mme Baudot où nous retrouvons les Clément, Drogue, Faivre qui est des plus sérieux. Nous apprenons que le froid a déterminé une crise de rhumatismes chez M. Renoir qui a beaucoup souffert.

Lundi 11 décembre — Leçon de violon. Jules paraît très effrayé à l'idée que je me trouve mal si facilement et craint de me fatiguer. Il joue très joliment une sonate de Bach avec Jeannie.

Mercredi 12 décembre — Nous allons avec Mme Renault et Berthe visiter la collection de M. Alexis Rouart. En entrant dans le salon nous apercevons Ernest qui nous montre les tableaux de son oncle, dont de jolis Degas, danseuses et modistes ; des Corot, un d'après la cathédrale de Chartres, deux paysages et une charmante figure ; des fleurs de Delacroix ; des japonaiseries, etc. Dans l'escalier des assiettes décorées par M. Degas de jockeys, chanteuses de cafés concerts et danseuses. Je reste longtemps devant avec Ernest tandis que l'on est entré dans une pièce remplie de vitrines renfermant des Tanagras et des vases chinois, choses qui me laissent très froide. Je parle donc avec lui tout en admirant ces délicieuses et spirituelles assiettes sans m'apercevoir que les autres personnes sont descendues et j'éprouve une impression de charme à m'entretenir avec lui de cette peinture que nous aimons tous les deux ; il me semble qu'avec lui j'échangerai beaucoup d'idées, partageant ses goûts. Il cause agréablement et il est absolument aimable et gentil ; il m'offre un modèle « très comme il faut », dit-il, car il est très pour le concert. Il doit aller à *Iphigénie en Tauride* avec M. Degas vendredi. Nous avons chargé Drogue de nous prendre des places pour une des représentations mais je crains que nous n'y allions pas le même jour que M. Degas et qu'Ernest, cela aurait été si agréable de le retrouver. Je rentre tout à fait charmée par Ernest, contente de l'avoir vu, regrettant seulement de ne l'avoir pas engagé à venir voir les tableaux qui sont à la maison.

Nous prenons Jeanine et moi une leçon avec miss Vos, puis nous allons avec Jeanne et Blanche et Mlle Rossignol réentendre Tristan ; nous rencontrons Cor, Piedelièvre et apercevons Jules et Oberdeoffer. Nous rentrons très excitées par cette musique encore plus énervante, plus envahissante à la seconde audition. C'est admirable, magnifique, vibrant. Il me semble que je deviendrais folle au bout de quelques soirées passées à abreuver mes sens de cette trop forte nourriture, de cette griserie sonore, de ce poison violent qui n'est autre que la passion.

Mercredi 13 décembre — Drogue nous écrit qu'il a pris une loge pour vendredi pour *Iphigénie ;* j'en suis enchantée !

Nous allons voir M. Renoir qui va un peu mieux et conserve toujours cette patience que j'admire. « Nous voilà presque à l'été à présent » dit-il.

Il est très beau dans une épaisse veste ouatée et une casquette sur la tête.

Jeudi 14 décembre — Nous recevons Mme Maras, Redon qui est charmant dans sa conversation, plein de douceur et de bonté, Valéry et Rossignol qui amuse tout le monde en racontant comment il veut s'y prendre pour faire fortune avec la musique à l'exposition.

Le soir nous avons Drogue car nous recevons maintenant le jeudi soir.

Vendredi 15 décembre — Nous allons voir Mme Lerolle et Christine qui vont également en famille à *Iphigénie.* Nous les y retrouvons donc ; mais nous parlons surtout durant les entractes avec Ernest et sa belle-sœur qu'il nous présente et qui est charmante. Quant à M. Degas on semble le cacher et il ne sort de sa loge qu'à la fin. Ernest jusqu'alors très à son aise avec nous prend un air intimidé. Je comprends que la façon dont M. Degas le présente ou l'amène soit gênante. Jeanne Baudot que nous avons emmenée ne jouit donc pas beaucoup de son fiancé qui paraît moins chaud.

En dehors du plaisir que j'ai eu à rencontrer tous ces gens agréables, j'ai été très contente *d'Iphigénie en Tauride,* bien qu'Ernest nous ait trouvées pas assez enthousiasmées. Cette musique de Glück est comme un beau dessin aux lignes pures ; elle plaît du reste généralement aux peintres et c'est qu'elle est très picturale, elle éveille une idée de mouvements ; de gestes mesurés et grands. Ces chants ascendants qui s'élèvent graduellement sont bien ceux qui doivent sortir de la bouche d'une femme antique pleine de majesté, drapée en un péplum telle qu'Iphigénie. Ce rôle est bien chanté par Mme R. qui, dépourvue du factice habituel des actrices, sait trouver quelques jolies poses. Les avis sont partagés sur son compte. Ernest trouve qu'elle manque de passion. On ne peut discuter sur les autres chanteurs car ils sont totalement ridicules ; c'est même regrettable que les rôles d'Oreste et de Pylade n'aient pas été mieux remplis car la scène entre les deux amis est bien belle, touchante même. Ce sont surtout les IIe et IIIe actes que j'ai appréciés ; je n'aime pas le ballet du premier puis c'est vraiment trop mal monté, l'orchestre n'en est pas un, il gratte dégoûtamment. Enfin l'ensemble d'*Orphée* m'a produit une meilleure impression qu'*Iphigénie* dont plusieurs passages m'ont tout à fait charmée.

Dimanche 17 décembre — La gelée ayant continué nous allons patiner avec Christine et nous nous amusons assez ; elle vient ensuite prendre le thé à la maison. Nous parlons des Rouart ; elle nous raconte que Louis qui est maintenant au Caire, a passé huit jours avec elle et sa famille cet été sans parler et qu'ayant demandé de l'argent à son père il a reçu comme réponse une dépêche ainsi conçue « espèce de brute ». Quant à Ernest il paraît que le soir où nous sommes allées voir Yvonne chez sa mère, il n'a parlé que lorsque nous sommes arrivées. Nous en demeurons extrêmement flattées.

Mardi 19 décembre — Encore patinage avec Christine qui est bien gentille. Le soir à dîner Berthe, Jeanne Baudot et Drogue.

Mercredi 20 décembre — Courses, visite à M. Renoir qui va profiter d'un commencement de dégel pour partir dans le Midi vendredi.

Nous allons après le dîner chez Mme Renault. Nous soupçonnons Berthe d'être éprise du jeune Lafargue, seul homme bien que l'on rencontre chez elle, et nous sommes contentes de le voir ce soir tout à fait gentil avec elle. D'après son air préoccupé nous pensions que c'était moins avancé. Je suis étonnée qu'elle n'ait rien dit à Jeannie ; car je crois que nous n'imaginions pas tout cela.

Jeudi 21 décembre — Bonniot vient après le dîner faire de la musique avec Jeannie, il joue donc de délicieuses petites pièces de Schumann. Nous avons aussi la visite de Drogue qui nous apprend la mort de Lamoureux. Dimanche encore il conduisait un concert et samedi à la dernière représentation de *Tristan et Yseult* il recevait les acclamations et les remerciements qui lui étaient dus pour avoir fait connaître ici cette œuvre admirable et avoir contribué à sa splendeur par l'exécution irréprochable de son orchestre dont il était l'âme, en se donnant tout entier, ne se ménageant pas, abrégeant sa vie même pour, l'amour de l'art. Il est parti au milieu de son triomphe. Après avoir absorbé ce poison violent, il est mort avec *Tristan et Yseult*.

Vendredi 22 décembre — Nous allons dire au revoir à M. Renoir qui part ce matin pour Grasse. Il paraît aller beaucoup mieux, il est très gai. Il nous accueille en disant : « Ah, vous voilà, j'avais peur de ne pas vous voir avant mon départ pour placer mon calembour. On me demandait l'autre jour pourquoi vous alliez si souvent entendre des opéras et j'ai répondu : c'est parce que ces demoiselles aiment les *Boërs* ». Je suis contente de le voir partir ainsi, tout en regrettant qu'il ne passe pas l'hiver près de nous.

Samedi 23 décembre — Enfin nous allons entendre les *Maîtres chanteurs* qui font leur première apparition cette année. Nous y allons toujours dans une petite loge de 4e avec Blanche.

Je m'attends à une impression de fatigue, puisque ceci passe pour une des œuvres dures à entendre de Wagner. Le premier acte, dont l'ouverture, souvent entendue au concert Lamoureux, est bien belle, me paraît plutôt long et me fait prévoir deux autres actes peut-être lassants. Mais, au contraire, le second me charme infiniment, depuis la belle scène entre Hans Scha et Eva on cette phrase si mélodieuse revient, s'élève..., le chant amusant de Benne dont les fioritures et l'accompagnement vieillot du luth font un contraste plaisant avec l'orchestre aux larges sonorités tirées de cette harmonie sans parade ; le passage du crieur de nuit à la voix sombre comme le ciel, puis le tumulte de la foule suivi d'un grand calme. Le troisième, ne me paraît ni plus long, ni plus fatiguant que le précédent et il m'intéresse tout entier. Le duo entre Sach et Becknesser est superbe puis toute la Fin très belle et le chant de Becknesser troublé, très drôle. Le rôle est admirablement joué et chanté par Renaud qui sait prendre avec art une voix du nez et faire des couacs admirables. Delmas est également très bien dans Sach.

Il reste des *Maîtres chanteurs* une impression de charme qui me donne pour la première fois le désir de connaître l'Allemagne. Car cette œuvre est une page de vie comme Tristan est une page de rêve sans bornes. Jeannie dit très justement que les *Maîtres chanteurs* sont le « contre poison » de *Tristan et Yseult.*

Cor qui se trouve avec deux vieilles cousines clans une loge proche de la nôtre, nous emmène souper au café de la Paix pour finir cette agréable soirée. Les garçons de café le regardent le sourire aux lèvres en le voyant suivi de six demoiselles de tous âges dont l'une, Paule, a une jupe pleine de taches, car elle a trouvé bon de s'étaler dans la boue de la place de l'Opéra.

Lundi 25 décembre — Noël — Fête toujours charmante et touchante qui vous fait tout particulièrement penser à la venue de ce Christ si humble et si bon.

Nous communions à la messe de 8 heures et nous retournons à l'église dans la journée, puis nous allons chez Mme Mallarmé qui nous a à dîner avec Bonniot et Valéry. Cette réunion pour Noël est très gentille. Chacun apporte une petite surprise ; Valéry a fait des vers que l'on tire au sort. Ce soir Jeannie et Bonniot font de la musique. Vers cette époque l'année dernière nous rencontrions Valéry au mariage d'Yvonne et Paule l'engageait à venir nous voir ; et souvent depuis il s'est trouvé à nos jeudis. Mais encore rien de fait, cependant il a tout dernièrement reparlé à Geneviève de son désir de se marier, et de nous, n'osant probablement pas parler particulièrement de Jeannie, dont Geneviève a dit un mot. Je partage l'espoir de cette affectueuse amie qui pense que ce que nous désirons arrivera.

Mardi 26 décembre — Leçon de violon. Jules joue d'une façon admirable une sonate de Bach tout en disant que cette musique est ennuyeuse. Il l'a fait cependant entendre comme s'il l'aimait passionnément.

Ce soir à l'Opéra Comique avec tante Edma et Christine pour entendre *Fidelio*.

Le Ier acte dans le style mozartien me plaît moins que le IIIe dont l'ouverture est superbe et que le IIe où le chant de Florestan est absolument prenant par son accent de supplication. Il vous émeut. Du reste tout est émouvant dans *Fidelio :* la sortie des pauvres prisonniers au IIe acte, Léonore cherchant parmi eux son mari, puis au IIIe la scène dans le cachot de Florestan, Léonore apparaissant devant Rizzare. C'est superbe ! Rose Caron dont la voix est tout à fait fine joue d'une façon charmante, elle est infiniment femme.

JOURNAL

DANS LA MÊME COLLECTION

COLONEL COMTE CHARLES D'AGOULT, *Mémoires.*

COMTESSE D'AGOULT, *Mémoires, souvenirs et journaux.*

ANONYME, *Mémoires d'une femme de qualité sur le Consulat et l'Empire.*

MADEMOISELLE AVRILLION, *Mémoires sur l'impératrice Joséphine.*

BARRAS, *Mémoires.*

MARGRAVE DE. BAYREUTH, *Mémoires.*

CARDINAL DE BERNIS, *Mémoires.*

MÉMOIRES DU BARON DE BESENVAL SUR LA COUR DE FRANCE, *Mémoires.*

LÉON BLOY, *Histoires désobligeantes*

COMTESSE DE BOIGNE, *Mémoires*, I. Du règne de Louis XVI à 1820.

COMTESSE DE BOIGNE, *Mémoires,* II. De 1820 à 1848.

LES BORGIAS, *Correspondance, Lettres et documents.*

MARQUIS DE BRETEUIL, *Journal secret, 1886-1889.*

PRÉSIDENT DE BROSSES, *Lettres d'Italie*, I.

PRÉSIDENT DE BROSSES, *Lettres d'Italie*, II.

COMTE DE BUSSY-RABUTIN, *Mémoires.*

ALVAR NUISIEZ CABEZA DE VACA, *Relation et commentaires sur les deux expéditions qu'il fit aux Indes.*

MADAME CAMPAN, *Mémoires de la Première femme de chambre de Marie-Antoinette.*

HENRI DE CAMPION, *Mémoires.*

CANLER, *Mémoires.*

SCIPION DE CASTRIES, *Souvenirs maritimes.*

MADAME DE CAYLUS, *Souvenirs.*

BENVENUTO CELLINI, *Mémoires.*

ROBERT CHALLE, *Journal d'un voyage fait aux Indes orientales*, I

ROBERT CHALLE, *Journal d'un voyage fait aux Indes orientales*, II.

JEAN-ANTOINE CHAPTAL, *Mes souvenirs sur Napoléon.*

DUC DE CHOISEUL, *Mémoires.*

ABBÉ DE CHOISY, *Mémoires.*

CLÉRY, *Journal de ce qui s'est passé au Temple.*

SOPHIE-HENRIETTE COHENDET, Mémoires sur Napoléon et Marie-Louise, 1810-1814.

COLLECTIF, *Actes du tribunal révolutionnaire.*

CONSTANT, *Mémoires intimes de Napoléon, Ier*, I.

CONSTANT, *Mémoires intimes de Napoléon Ier*, II.

EUGÈNE CORSY, *Chroniques du Paris apache (1902-1905).*

COURTILZ DE SANDRAS, Mémoires de Monsieur d'Artagnan.

ELIZABETH CRAVEN, *Mémoires.*

FRANÇOIS CRON, *Mémoires.*

LORENZO DA PONTE, *Mémoires.*

PRINCESSE DASCHKOFF, *Mémoires.*

ANNA GRIGORIEVNA DOSTOÏEVSKAÏA, *Dostoïevski.*

GEORGETTE DUCREST, *Mémoires sur l'impératrice Joséphine.*

MADAME DU DEFFAND, *Lettres (1742-1780).*

ISAAC DUMONT DE BOSTAQUET, *Mémoires sur les temps qui ont précédé et suivi la révocation de l'Édit de Nantes.*

MADAME DE DURAS, *Édouard.*

MADAME D'ÉPINAY, *Les Contre-Confessions, histoire de Madame de Montbrillant ;* I.

MADAME D'ÉPINAY, *Les Contre-Confessions, histoire de Madame de Montbrillant ;* II.

MADAME D'ÉPINAY, *Les Contre-Confessions, istoire de Madame de Montbrillant ;* III.

EQUIANO, *Ma véridique histoire.*

AUGUSTE ESCOFFIER, *Souvenirs culinaires.*

FERDINAND FEDERICI, *Flagrants délits sur les Champs-Élysées.*

VERA FIGNER, *Mémoires d'une révolutionnaire*

ESPRIT FLÉCHIER, *Mémoires sur les Grands fours d'Auvergne.*

COMTE DE FORBIN, *Mémoires (1686-1733).*

LOUISE DE PRUSSE, Mémoires.

MADAME DE GENLIS, *Mémoires.*

MADAME DE GIRARDIN, *Lettres parisiennes du vicomte de Launay,* I.

MADAME DE GIRARDIN, *Lettres parisiennes du vicomte de Launay,* II.

CARLO GOLDONI, *Mémoires.*

GRANDE MADEMOISELLE, *Mémoires.*

MADAME DU HAUSSET, *Mémoires sur Louis XV et Madame de Pompadour.*

REINE HORTENSE, *Mémoires.*

REGINALD F. JOHNSTON, *Au cœur de la cité interdite.*

MADAME DE LA FAYETTE, *Histoire de Madame Henriette d'Angleterre.*

PRINCE DE JOINVILLE, *Vieux souvenirs (1818-1848).*

PAUL-ÉMILE LAFONTAINE, *Campagne des mers du Sud.*

MADAME DE LA GUETTE, *Mémoires (1613-1676).*

MARQUIS DE LA MAISONFORT, *Mémoires d'un agent royaliste*

sous la Révolution, l'Empire et la Restauration (1763-1827).

DUCHESSE DE LA ROCHEFOUCAULD, *Lettres à William Short.*

MARQUISE DE LA ROCHEJAQUELEIN, *Mémoires (1772-1857).*

MARQUISE DE LA TOUR DU PIN, *Mémoires, suivis de sa Correspondance (1815-1846).*

DUC DE LAUZUN, *Mémoires*

COMTE DE LAVALETTE, *Mémoires et souvenirs.*

GASTON DE LÉVIS, *Souvenirs-Portraits.*

PRINCE DE LIGNE, *Mémoires.*

JEAN LORRAIN, *Souvenirs d'un buveur d'éther*

MARTIN LUTHER, *Mémoires écrits par lui-même, suivi de Correspondance.*

MADAME DE MAINTENON/PRINCESSE DES URSINS, *Correspondance, 1709 : une année tragique.*

HORTENSE ET MARIE MANCINI, *Mémoires.*

JULIE MANET, *Journal.*

GÉNÉRAL BARON DE MARBOT, *Mémoires, I.*

GÉNÉRAL BARON DE MARBOT, *Mémoires, II.*

JEAN-FRANÇOIS MARMONTEL, *Mémoires.*

JEAN MARTEILHE, *Mémoires d'un galérien du Roi-Soleil.*

COMTESSE MERLIN, *Souvenirs et mémoires (1789-1852).*

ATHÉNAÏS MICHELET, *Mémoires d'une enfant.*

MATHIEU MOLÉ, *Souvenir de jeunesse.*

ABBÉ MORELLET, *Mémoires.*

GOUVERNEUR MORRIS, *Journal (1789-1792).*

MADAME DE MOTTEVILLE, *Chronique de la Fronde.*

ABBÉ MUGNIER, *Journal.*

BARONNE D'OBERKIRCH, *Mémoires sur la Cour de Louis XVI et la société française avant 1789.*

MARIE D'ORLÉANS, DUCHESSE DE NEMOURS, *Mémoires.*

PRINCESSE PALATINE, *Lettres (1672-1722).*

MAURICE PALÉOLOGUE, *Le crépuscule des tsars.*

SAMUEL PEPYS, *Journal.*

LOUIS PERGAUD, *Lettres à Delphine.*

MONSIEUR DE PONTIS, *Mémoires.*

ERNEST RAYNAUD, *La vie intime des commissariats.*

JOHN REED, *Dix jours qui ébranlèrent le monde.*

MADAME ROLAND, *Mémoires.*

VICTOR SCHOELCHER, *Journal de voyage en Égypte (1844).*

ARTHUR SCHOPENHAUER, *Journal de voyage.*

WALTER SCOTT, *De Waterloo à Paris — 1818, Lettres de Paul à sa famille.*

MADAME DE STAAL-DELAUNAY, *Mémoires sur la société française au temps de la Régence.*

COMTE ALEXANDRE DE TILLY, *Mémoires pour servir à l'histoire des mœurs de la fin du XVIIIe siècle.*

MADAME LA DUCHESSE DE TOURZEL, *Mémoires.*

GÉNÉRAL TOUSSAINT-LOUVERTURE, *Mémoires.*

MARQUIS DE VALFONS, *Souvenirs.*

MARGUERITE DE VALOIS, *Mémoires et autres récits.*

VOLTAIRE, *Mémoires.*

Composition Nord Compo
Impression Novoprint
à Barcelone, le 10 août 2017
Dépôt légal : août 2017

ISBN 978-2-7152-4547-1./ Imprimé en Espagne.